証言

我ラ斯ク戦ヘリ

兵士たちの戦争秘史

平塚柾緒 編　太平洋戦争研究会 著

ビジネス社

はじめに

敗戦後の日本人が、先の戦争に関する事柄を口にするようになったのは、占領期が終わった昭和三十年（一九五五）以降ではなかったかと思う。それもごく限られた人々が内輪に語り合うだけで、各メディアが活発に論議をするといったものではなかった。

占領下の日本では、旧日本軍の〝活躍〟などを話すことははばかられたし、一種のタブーでもあった。もちろん中学校以上の学校教育で、大東亜戦争《だいとうあせんそう》に関する詳しい「歴史」を教えることはなかったし、むしろ意識的に排除していた。いや「大東亜戦争」という呼称自体が、軍国主義思想を鼓吹するものとして占領軍から使用を禁じられていた。その代わりに使われ出したのが、アメリカが使っている「太平洋戦争」という呼称で、それがいつの間にか定着して今日にいたっているのである。

そんなことよりも、人々はやっと戦後の飢餓状態から脱出したばかりで、「職を見つけて喰うこと」に全神経を集中しているときだった。そして、昭和三十年代に入り、いわゆる高度経済成長の時代に入っていく。「もはや戦後ではない」という言葉も流行《はや》り（昭和三十一年）、人々は戦争の悲惨さや体験を語ったり、あるいは聞くことなどより、〝三種の神器〟（白黒テレビ・冷蔵庫・洗濯機）をいかに手に入れるかに一喜一憂する時代になっていた。

そして時代は昭和三十年代から四十年代に入る。高度成長のゆがみから大企業の倒産などの揺り戻しもあったが、景気は回復して昭和四十年十一月から四十五年七月まで、五十七カ月間という戦後最高記録の繁栄をもたらす。いわゆる「いざなぎ景気」へと突き進むのである。庶民の目標も三種の神器から〝三C〟（カー・クーラー・カラーテレビ）に変わり、人々の生活にもようやくゆとりが出てきた。

私たちが「太平洋戦争研究会」という取材・執筆グループを作り、動き始めたのはそうした昭和四十五年だった。軍隊の経験者は一人もおらず、終戦時に国民学校（小学校）低学年だった私ら数人が一番の年長で、あとはもっと若い人たちだった。しかし、いずれも〝戦後の民主教育〟を享受した世代には変わりなく、太平洋戦争を含む「十五年戦争」にはかなり批判的な見方をしていた。

だが、時は「70年安保」闘争の真っ最中で、大学はいたるところで紛争を起こしていた。ベトナム戦争は泥沼化していて、「ベトナムに平和を」と反戦平和運動も高揚していた。赤軍派による日航機「よど号」ハイジャック事件や、作家・三島由紀夫と「楯《たて》の会」が東京・市谷の陸上自衛隊東部方面総監部（現防衛省の場所）に押し入り、三島らが切腹自殺するという事件も起きていた。いってみれば激動の時代でもあったのである。しかし、戦後の日本社会を立て直し、いまや社会の中心にいる五十歳前後の壮年層は、これらの「激動」になぜか沈黙気味だった。

当時の五十歳前後の男の大半は、その青春時代を兵士として戦場で過ごしていた。彼らの「沈黙」と戦場経験は、なにか関係があるのではないか――この漠然とした疑念が、実は太平洋戦争取材の発端だった。幸い取材原稿は『週刊アサヒ芸能』（徳間書店）の昭和四十六年（一九七一）新年号から一年間、五十一回にわたって掲載されることが決定した。それが本書に収録する『ドキュメント太平洋戦争・最前線に異常あり』である。

先にも記したが、戦後も二十数年経《た》ってはいても、まだまだ「戦記」とか「戦史」などと口にすれば、軍国主義者か超保守主義者というレッテルを貼られかねない時代である。しかし、私たちはほとんど意に介さなかった。

取材開始にあたって、私たちはいくつかの約束事をした。

①取材相手は一般兵士を中心とする。

②執筆にあたっては、証言者は実名を基本とし、できるかぎり生の声を反映させる。

③特定の史観にとらわれず、事実を伝える。

取材相手を「一般兵士を中心」にしたのは、将校な

1970年（昭和45）は日米安全保障条約の改定時期で、同条約の破棄を求める「安保反対闘争」が全国的に盛り上がった年だった。

ど元指揮官クラスの人からは、なかなか本当の話は聞けないのではないかと思ったからだった。

陸軍将校の多くは陸軍士官学校出身者であり、海軍では海軍兵学校出身者である。それらの人々は軍人を職業としていた人たちで、いわば国家公務員、官僚である。決して自分や軍が不利になることを言わないよう訓練されている。また同期を中心とする横の連携は強固で、それは戦後も連綿として生きていた。もしも日本軍に不利になるような戦場の「事実」を第三者に話した場合、もしかしたら同期の誰かに累が及ぶかもしれない。その場合、その元将校は同期会で「お前、余計なことをあまり言うなよ」などと言われ、村八分にもなりかねない。

その点、一般兵士は赤紙一枚で嫌々召集された者が大半で、横の連携といえば親睦《しんぼく》を前提にした戦友会くらいで、本当の体験談を話すのにはばかるものなど何もないだろうと思ったからだ。

証言者にはできうる限り実名で登場願うことにしたのは、証言者も取材者もその内容に責任が生ずるからである。本書の第三章に入れた〝従軍慰安婦・芸者菊丸〟は、記事の連載中に研究会宛にご当人から申し出があり、急遽《きゅうきょ》、連載枠とは別掲で掲載したものであるが、そのときは本名と顔写真も同時に載せている。しかし今回は、当の菊丸さん自身が亡くなられてすでに五十数年が過ぎており、ご冥福《めいふく》をお祈りする意味で源氏名のみにさせていただいた。

約束事の③の「特定の史観」にとらわれないとしたのは、史観を優先させるものの見方は、往々にして「真実」とか「事実」を見逃しがちだからである。自分たちの史観に合いそうな材料や現象だけを抽出して構成することは、実態をゆがめると考えた。

私たちはジャーナリストのグループである。たとえ証言者の体験が「悪」であっても、それが事実なら書くべきであるとしたのである。いまでも喧《かまびす》しい南京事件に関しても同様で、何人かの方々が「見た」「やった」と証言している。「人肉を喰った」という元兵士も登場している。私は「仲間を殺《や》った」という話も聞いた。戦争とは醜《みにく》く、おぞましく、卑劣で、格好の悪いものである。そしてなによりも人と人との殺し合いだ。

前置きはともかく、こうして取材と執筆の同時進行が開始された。当初は各戦場別に系統だてて取材し、執筆する予定でいた。ところが連載が始まるや、元兵士の皆さんや戦友会の反響が意外に大きく、たちまち取材に追われるようになり、取り上げる戦場はいつの間にかアトランダムになってしまった。

いま思えば、旧軍隊の組織や構成もよく知らない戦後育ちのメンバーだったが、よく頑張ったものと述懐している。取材を承諾してくれた元兵士の皆さんに、助けていただいた面も多い。なにしろ元兵士とはいえ皆さん五十歳前後だったから、記憶も鮮明だし、そのうえ仲間の体験も聞かそうと、なかにはあらかじめ戦友を呼んでおいてくれた人々も多かった。日本の歩兵連隊は郷土部隊を原則にしていたから、戦友は同じ町や村にも必ずいたのである。

昨今は太平洋戦争も含めた十五年戦争を、あたかも日本の〝正義の戦争〟だったかのように装おうとする

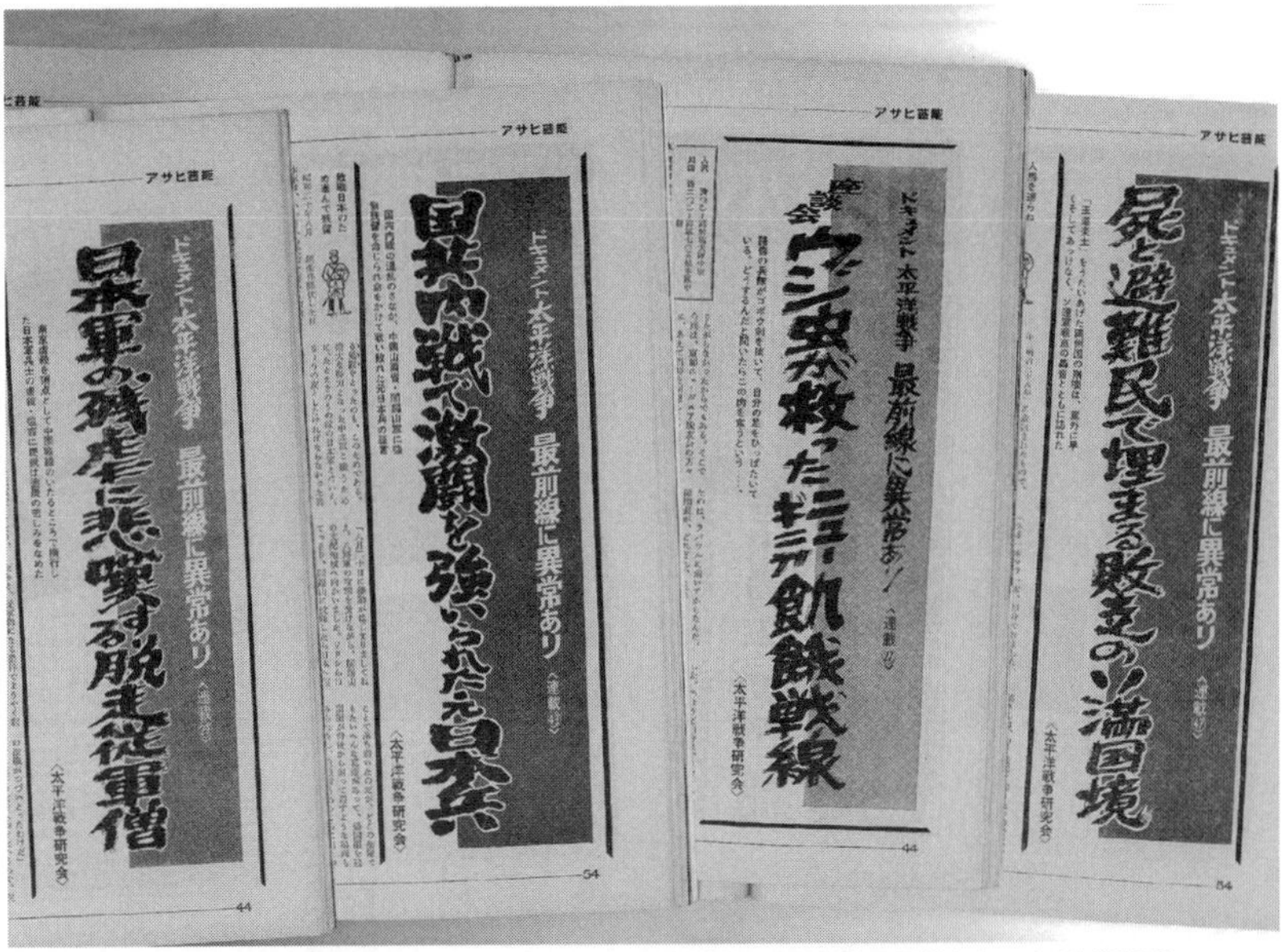

『週刊アサヒ芸能』に連載された「ドキュメント太平洋戦争・最前線に異常あり」の連載記事。

人たちがいる。戦争を美化しようとする人たちもいる。戦争には正義も美もない。それは、本書に収めた証言記録をお読みいただければ、一目瞭然《いちもくりょうぜん》であると思う。

本書には連載記事（『ドキュメント太平洋戦争・最前線に異常あり』）の大半を収録している。一部の記事では、前後の関係を分かりやすくするために書き加えたり、あるいは削除したものもあるが、基本は連載時のままとした。また、取材時の雰囲気を残すために、証言者の年齢や住所は昭和四十六年（一九七一）当時のままとした。

太平洋戦争研究会代表　平塚柾緒

第1章 日本軍「快進撃」の真実

第2章　敗走の飢餓戦線

第3章　戦場に生きる女性たち

第4章　泥沼の戦場・中国戦線に生きる

第5章　見捨てられた戦場

第6章　戦いに敗れて……

第1章

日本軍「快進撃」の真実

真珠湾奇襲攻撃隊員の告白

開戦劈頭《へきとう》の奇襲攻撃に参加、そして負傷のゆえに戦中戦後の三十年を生きのびた攻撃隊員たちが語る真珠湾攻撃の真実とは——

座して死をまたず奇襲攻撃

あの日——昭和十六年（一九四一）十二月八日の朝、日本人の多くは、さまざまな思いでラジオから流れる「大本営発表」を聞いた。

《十二月八日午前六時、大本営陸海軍部発表。帝国陸海軍部は今八日未明西太平洋において米英軍と戦闘状態に入れり》

第一回目の大本営発表は、繰り返し繰り返し流された。ついに来るべきものが来た、という興奮のなかで。しかし、人々はしばらくの間、どこで何が始まったのか分からなかった。そもそも「西太平洋」とは、どの辺《あた》りを指すのか。勇ましい行進曲に胸を躍らせる者も、日中戦争が長びいて厭戦《えんせん》気分のところへ、さらにエスカレートする戦局に絶望してうちひしがれた者も、新しい戦場がどこであるかを知るまでの焦りは同様だった。

やがて徐々に分かってきた。

《八日午前十時四十分、大本営陸軍部発表。我軍は本八日未明戦闘状態に入るや機を失せず香港の攻撃を開始せり》

《八日午前十一時五十分、大本営陸海軍部発表。我軍は陸海緊密なる協同の下に本八日早朝マレー半島方面の奇襲上陸作戦を敢行し着々戦果を拡張中なり》

人々は、もし米英と戦争になれば、戦場が南方になるであろうことはすでに予期していた。

日本の艦上機の奇襲攻撃で炎上するハワイ真珠湾の米太平洋艦隊。写真は轟沈する戦艦「アリゾナ」。

ABCDライン（米・英・中・蘭《らん》）による経済封鎖とは、すなわち東南アジアの石油を日本に売らない締め付けであった。開戦論者のいう「座して死を待つより起《た》ちて生を求む」とは、その南方の石油資源を力ずくででも獲得するということである。

だが、次の発表はまったく予想外であった。

《八日午後十一時、大本営海軍部発表。帝国海軍は本八日未明ハワイ方面の米国艦隊並に航空兵力に対し決死的大空襲を敢行せり》

夜に入ってハワイにおける戦果が続々と伝えられ、翌朝の新聞はでかでかと勝利を書きたてた。九日の朝日新聞の見出しは、こんなふうだった。

「ハワイに嚇々《かくかく》の大戦果／米海軍に致命的大鉄槌《だいてっつい》／戦艦六隻を轟沈《ごうちん》大破す／空母一、大巡四をも撃破」

ハワイの真珠湾奇襲は、連合艦隊司令長官山本《やまもと》五《い》十《そ》六《ろく》大将の発案であった。南方作戦一本ヤリの軍令部（海軍作戦を統括する中央機関）に対し、太平洋の全戦局を決定するアメリカ艦隊を攻撃しないのではたちまち反撃を受ける、と主張して実行させた作戦である。

この真珠湾奇襲攻撃に参加した機動部隊（空母を中核にした世界初の艦隊）は航空母艦六、戦艦二、巡洋艦三、駆逐艦九、潜水艦三、それに給油船八であった。一万空母「蒼龍《そうりゅう》」もこの機動部隊に編成されていた。一万五九〇〇トンの「蒼龍」は、時速三四ノット（約七三キロ）を出せる快速空母で、僚艦「飛龍《ひりゅう》」とともに海軍の虎の子とされていた。

移民の肉親を案じながら

小俣定雄さん（五三）＝東京都杉並区＝は、昭和十五年一月に横須賀海兵団に志願兵として入り、その年の五月から空母「蒼龍」に乗り組んだ。電気系統の分隊七七人は、被害を受けた場合を想定して応急処置をする訓練が戦闘訓練であり、昭和十六年の三月ごろからそれが厳しくなった。

「船酔いなんかしようものなら、吐いたゲロを食わされるほどだし、酒の酔いを残して乗り組もうものなら、ケツがいくらあってもたりぬほどぶちのめされる。ずっと洋上訓練ですから、世帯持ちの上官なんか、四カ月も船内生活で生理現象を起こして、箸《はし》の上げ下ろしにまで文句つけるし……」

九州の佐伯湾に集結して、十月二十四日に択捉島《えとろふとう》単冠湾《ひとかつぷわん》に向けて出港した。北上する途中、横須賀沖で皇居遥拝《ようはい》があったので「これはどこかと戦争だな」と小俣さんたちは思ったが、行先が単冠湾ならソ連と開戦になるだろうと予想を立てた。

「目的地がパールハーバーと聞いて、よくぞ『蒼龍』に乗り合わせた、よくぞ男に生まれけり、と思ったなあ。機関科の電気分隊といえば、毎日毎日が地道な整備ばかりだもの、山本五十六長官の〝十年兵を養うは今日あるがためなり、各員奮励努力せよ〟てな訓辞を聞かされると、たいてい勇みたっちゃうよね。

ところが単冠湾を出て一週間たったころ、第一リフトが故障しましてねえ。飛行機を出し入れする昇降機が三つある。その一つです。パールハーバーを目前に、もし、故障のままなら腹切りものだから、三日三晩眠らずに修理してなんとか間に合わせたんです。それでほっとして、あとはキンタマにぎって、飛行機にすべ

単冠湾を出航した第1航空艦隊の空母を発艦しようとする攻撃隊。写真は空母「瑞鶴」の攻撃隊。

てをまかせました」

元木茂男さん（四九）＝東京都小金井市＝は、昭和十四年六月に横須賀海兵団に志願入隊したが、三〇〇人に一人合格という狭き門なので、小学校卒業から二年浪人して三年目にようやく合格したのだった。「蒼龍」に乗ったのは昭和十六年四月からだが、その前に「厳島《いつくしま》」という機雷敷設艦にいたため、ここでは魚雷の整備兵であった。

「単冠湾に向かうとき、私物をみんな艦内から引き揚げさせられたので、ただごとじゃないと思いましたね。これはあとで聞いたんですが、『蒼龍』と『飛龍』は航続距離が少し短いんで、ドラムカンの燃料を積んで間に合わせた。救命用の大発艇を二台降ろしてまで燃料を積んだんだから、私物を降ろすのは当たり前ですよね」

十一月二十六日に単冠湾を発《た》ってから、毎日欠かさず魚雷の整備をやった。整備はやってやりすぎということはないので、念には念を入れた。そして、その合い間に総員集合をかけて、艦長が訓辞をした。白色人種が世界の支配者づらをしているが、われわれは抑圧された黄色人種解放のために決起するのだというような内容だった。

「いざ真珠湾に向けて飛行機が発つというとき、移民でハワイに行ってる叔父さんのことが……私の頭をひっぱたくんですね。まさか電報打って逃げろとはいえないし、まあ真珠湾のあるオアフ島じゃなくマウイ島だから安全だろう。それに日本軍は一般市民には危害を加えないはずだし、と思い直して心配しないことにしましたがね。戦後になって、この叔父さんから『お前らのおかげでひどい目にあったぞ』といわれましたけど……。

雷撃機に魚雷を積むのは四個班ありました。一個班五人で、五本ぐらい魚雷を積むんです。別に誰がどの飛行機に積むと決めてるわけじゃないから、搭乗員とはあまり口を利かない。搭乗員は黙って見てるだけです。ところが、森拾三さんはちがってた。一緒になって魚雷を積むんです。おもしろがって」

水平線に昇る旭日を見つつ

森拾三さん(五四)=東京都中野区=は、昭和十年(一九三五)に志願して海軍航空兵になり、昭和十六年九月に長崎の大村航空隊で着艦講習を受けているとき、空母「蒼龍」への転勤命令がきた。

「空母に乗艦できるのを夢にまで見ていたんですが、まだ一度も着艦したことがないうちに命令でしょう。とくにお願いして着艦を経験させてもらってから霞ヶ浦の原隊に戻ったんです。

『蒼龍』には艦上爆撃機が一八機、水平爆撃機が一〇機、雷撃機が八機でした。さて、このうちどちらにまわされるかが問題ですよね。水平爆撃機なら高度四五〇〇メートルくらいから爆弾を落とせばいいんだけど、魚雷攻撃機は海面を這うように飛んで、目標のすぐ前で発射して逃げるんだから、やられる可能性が大きいです。私ら雷撃隊に決まった八人、思わず顔を見合わせたです。そして〝第一回目でバンザイかあ〟と言ったもんですが、それならそれで一発でかいことやりたい気持ちはありましたね。まさか真珠湾奇襲とは思いませんでしたが」

訓練は鹿児島県の出水《いずみ》基地で続けられた。魚雷は高度五〇メートルで、目標の一〇〇〇メートル手前で落として逃げることになっていたが、船のほうで身をかわして避けることも可能だから当たりにくい。そこで、

真珠湾の米太平洋艦隊を奇襲して戦果を確認する97式艦上攻撃機。

このときは〝刺し違える〟ことになり、目標の二〇〇メートル手前から高度五メートルで魚雷を落とす猛訓練になった。これは真珠湾の水深がわずか一二メートルなので、発射した魚雷が海底に突きささってしまうことになりかねないため、低いところから攻撃する必要があったのである。

「エンジンを止めたり入れたりしながら一挙に高度を落として五メートルにするんですがね、飛行機の高度計というのは一〇メートル単位だから、五メートルといえばメーターはゼロを指しています。あとは勘ですよ。高度五メートルというのは、パイロットの位置です。飛行機の胴体と乗員の座高が二メートルはあるから、実際には海面から三メートルの空間しかない。波にプロペラがふれようものなら、たちまちひん曲がってしまうでしょう。とにかく、非常に危険な訓練でしたね。

この訓練中に死んだ者が一〇名を下らないんじゃないですか。海面に激突したのもいれば、着艦のとき艦尾にぶつかってセンベイみたいになったのもいる。そ

れでなくとも飛行機乗りの神経は張りつめてるから、航空神経症という、いまでいうノイローゼに罹《かか》る。あの訓練でも、だいぶ航空神経症に罹りましたよ」

阿部平次郎さん（五九）＝鎌倉市＝は昭和五年に海軍兵学校に入り、海軍の主流は砲術科だったが、あえて飛行科へ進んだ。そして昭和十二年から空母「加賀」に乗り、支那事変いらい爆撃機のパイロットだった。「蒼龍」に乗ったのは昭和十六年八月で、分隊長だった。

「源田実さんが引っぱってくれたんですがね、昭和十二年いらい戦争ばかりしていて戦場慣れしているのを選んだんでしょう。私は水平爆撃の方でしたが、ハワイに行くときは落下傘なんか持っていなかったですよ。海兵出の者で、遺書なんか書くのはいなかったな。死ぬのは当たり前なんだから。

ハワイに向かう『蒼龍』のなかで、格納庫入りしてる飛行機の操縦席に座って〝これが棺桶《かんおけ》になるのかなあ〟と思ったあとで、若い連中と酒を飲んでのんびりしてました。『蒼龍』には全部で二二〇〇人ぐらい乗り組んでいて、パイロットが花形ではあったけど、とくに優遇されたわけじゃないです。私は水平爆撃機を一〇機連れて飛び立ちました。日の出前に出発して、真珠湾に着いたのは日の出三〇分後くらいでしたが、水平線から太陽が昇り、それが雲の切れ目をつき抜けてアカネ色に空を染め、ちょうど旭日《きょくじつ》のようになっていたのが印象的でした……」

義手を付けて二度目の奉公

「蒼龍」からは阿部さんと森さんが飛び立ち、小俣さんと元木さんが見送った。

「うまくいってくれと、艦内の蒼龍神社に二度もお参りに行きました」（元木茂男さん）

「失敗すれば、われわれも敵の爆撃圏内に入るんだから、飛行機が帰ってくるまでの時間が長く感じられて……」（小俣定雄さん）

「僕らの雷撃隊は、間違えて標的艦（艦砲射撃のときの標的を引っぱる船）ユタに六本も魚雷を発射した。僕は、これはいかんとやりなおして、砲火が集中するのもかまわずもういちど突っこみ、戦艦に命中させたん

日本軍機の攻撃を受けて炎と黒煙を吹き上げる戦艦「ウェストバージニア」と「テネシー」。

です。雷撃機でやりなおしをしたのは僕だけじゃないかな」（森拾三さん）

「戦艦『ウェストバージニア』と『テネシー』が私らの目標で、命中させたときは私が写真を撮りました。海軍では戦果報告は写真でやるんです。『蒼龍』に帰艦してから水に不自由しながらさっそく現像して、旗艦『赤城』まで報告に行きましたよ」（阿部平次郎さん）

機動部隊は大戦果に気をよくして、一路日本へとって返すのだが、しかし「蒼龍」と「飛龍」だけは針路を南へ向け、ウェーク島攻略を支援することになったのである。だから、帰国したのは十二月二十九日のことであった。

「佐伯湾に着いてから、宇佐（大分県）の航空隊から霞ヶ浦に飛びましてね、新しい飛行機を受理したんですが、ちょうど正月なんで慰安休暇をもらいまして、郷里の土浦（茨城県）に帰りました。手柄話をするつもりじゃなかったけど、つい話が戦果になって、村長以下集まった人々に昼も夜もぶっつづけにしゃべらされましたよ」（森さん）

「私には宇佐航空隊が気をきかして、別府温泉につかって戦場のアカを落とせといってくれたんで、正月は家族を呼びよせて別府でのんびりしてました。ところが別府では、ウェーク島攻略に参加せずに帰った連中がすでに大モテにモテていて、われわれは二番煎《せん》じです。余分な苦労をさせられて二番煎じとはなにごとかと思うたなあ」（阿部さん）

「佐伯湾から呉《くれ》に行って、大晦日《おおみそか》に上陸しました。町全体が歓迎ムードで、世界一の海軍さんというんで女郎屋で大モテでしたよ。むろん外出は制服ですから」（小俣さん）

「呉では派手にやりました。私は芸者なんて見たこともなかったですけど、このときはじめて〝芸者あげ遊び〟を知ったようなわけです」（元木さん）

しかし、昭和十七年は「蒼龍」にとって悲劇の年であった。六月のミッドウェー海戦で機動部隊は惨敗、「蒼龍」は六月五日に沈められ、艦長以下七一八人が死んだ。

「機関科がやられたときくらい悲惨なことはないですよね。船底にいるから焦熱地獄です。私はたまたま応急員で電灯の修理に走りまわっていたから助かったけど、電気分隊七七人のうち救出されたのは四人だけです」（小俣さん）

「右手が焼けただれて、ずっと呉の海軍病院に入院してましたが、ミッドウェーで負けたことを隠すために監禁されてたみたいなもんです。外出はむろん許されないし、手紙を出すことさえできない」（元木さん）

「ミッドウェーでは助かったが、その年の十月十七日、ガダルカナルでグラマン機にやられて……右手首がふっ飛びました。一八年に海軍やめて田舎に引っこんだけど、もういちど御奉公しろといわれて、義手をつけて横浜の飛行訓練所に勤めたんです」（森さん）

「ミッドウェーのときはハワイのときとはだいぶ搭乗員も入れ替わっていたんで、私は内地にいたんですよ。あとであれこれいうてもしょうがないが、日本は国力がないくせにチャンバラの面ばかりが先行して、失敗したんですなあ。だいいち真珠湾奇襲は表向きのことで、アメリカは暗号解読で日本の動きを全部知ってたというじゃないですか。ルーズベルト大統領が情報を握りつぶして、わざと奇襲させて〝真珠湾を忘れるな!〟と、アメリカの世論をまとめたんですからね」(阿部さん)

空母搭載の艦上機

空母に搭載されている艦上機(艦載機)は零戦に代表される戦闘機と艦上爆撃機(艦爆)、艦上攻撃機(艦攻)の三機種であった。艦爆はもっぱら急降下爆撃を行う機種だが、艦攻は使い方によって目的も呼び名も変わった。魚雷を抱いて低空から敵艦を攻撃するときは雷撃機、八〇〇キロ爆弾を抱えて三〇〇〇~四〇〇〇メートルの高空から投弾するときは水平爆撃機と呼ばれた。真珠湾攻撃は、この三機種が三位一体となって奇襲を敢行した。

解説

空母を集中投入して、航空機によって敵艦を撃滅するという戦法は、それまでの世界の艦隊戦術にはまったくなかった。日本はもちろん、世界各国の戦術家たちの唯一最大の目的は、敵艦をいかにしたら主砲で葬り去れるかにあった。いわゆる「大艦巨砲主義」である。それを根底からひっくり返したのが、日本の連合艦隊(司令長官山本五十六大将)麾下《きか》の空母機動部隊・第一航空艦隊(司令長官南雲忠一中将)の真珠湾攻撃だった。

それまで飛行機はあくまでもサブ兵力で、決して戦闘の主役にはなり得ないとされていた。それを飛行機の攻撃のみで戦艦を撃沈し、一挙に攻撃兵器の主役にのし上げたのが真珠湾攻撃だった。そのプランナーが山本大将だった。ちなみ真珠湾では米戦艦四隻撃沈、四隻大破着底、その他重巡、軽巡、駆逐艦など六〇隻近い艦艇に損害を与えている。

この「航空機の威力」をいち早く見抜き、即刻、海上の戦略戦術に採《と》り入れたのが被害国アメリカだった。そして、なぜか、本家本元の日本は空母機動部隊をないがしろにしていくのである。

開戦前夜、南方で繰り広げられた隠密戦

最前線「仏印」で、日本陸軍将校たちが行った大胆な隠密戦の実態とは――

作戦前に作られる軍歌

中国大陸の日本軍は、泥沼にズブズブとのめり込むかのような苦しい戦いを続けていた。中国軍は広大な地形を巧みに利用し、押せば退《しりぞ》く作戦で奥地へ逃れ、まさに〝点と線〟を占領しただけの日本軍の弱い部分を逆襲していた。

南京攻略のあと、昭和十三年（一九三八）五月の徐《じょ》州《しゅう》占領、そして広東作戦、武漢作戦と続けたが、十月の武漢三鎮《ぶかんさんちん》占領で、日本軍はひとまず進撃を打ち切らざるをえない状態であった。

この年の一月、近衛文麿《このえふみまろ》首相の「今後、国民政府を対手《あいて》とせず」という強腰の声明が出されてはいたものの、ひそかに和平工作は続けられていた。だが、重慶の蔣介石《しょうかいせき》将軍は、徹底抗戦のかまえを変えなかったのである。むろん、前線の兵士や銃後の日本国民は、和平工作のことなどは知らされず、ひたすら進軍ラッパばかりが鳴り響いていた。

このころ発売されたレコードは、ほとんどが軍歌のたぐいであった。たとえばポリドールレコードは『大陸だより』と題する次の歌を売り出していた。

♪内地のみなさん　いかがです
慰問袋も　ありがとう……
♪でんでん太鼓に　豆鉄砲
べそかく蔣に　こそこそと……

定価一円六五銭のこのレコードは、上原敏が独唱したが、作詞は「騎兵大尉上田良作」となっている。その上田良作さん（六五）＝東京都杉並区＝は、当時、

陸軍省情報部の新聞班として中国に派遣され、仕事の合間にレコードの作詞をしていたのであった。

「私は陸士三八期生ですが、なにしろ騎兵は戦車そのほか機械化の波のなかで時代遅れになっていたので、あんまりパッとしない。それでいつの間にか情報部にまわされたわけです。戦地では新聞記者の世話をしながら、兵隊の美談やら武勇伝やらを、かなり政策的に作るわけです。徐州作戦のころ行ったんですが、麦畑のなかを歩くばかりで、別にどうということもない。しかしレコードの作詞は、いかにも砲弾をかいくぐる調子でやりましたな」

上田良作さん

大きな作戦があると、その戦果を歌い上げるレコードがすかさず発売される。だから作詞は早目にしなければならない。上田さんは作戦の開始前にそれをやっておいた。

「新聞記者には、直前でなければ作戦の内容を教えないが、私たちは早くから知っておる。予定記事よろしく、予定作詞をするわけですが、けっこう流行しましたよ。何十曲も作りましたけど、そのうちの『揚子江《ようすこう》の歌』というのがミュージカルになって、歌舞伎座で上演されたこともありました」

無抵抗で仏印に上陸

上田さんが作詞した『大陸だより』のなかの「べそかく蔣（介石）に　こそこそと機嫌とる」というのは、いうまでもなく国民政府を支援するアメリカ、イギリス、フランス、オランダなどの各国を指す。これらの国が、いうところの〝援蔣物資〟を、仏印（フランス領インドシナ）、香港、ビルマ経由で中国大陸に送り込んでいたからだった。

しかし昭和十四年九月三日、第二次欧州大戦が始まり、ドイツ軍は電撃的にヨーロッパを席捲《せっけん》した。その年の十一月に日本軍が開始した南寧《なんねい》作戦は、国民政府との和平工作に見切りをつけたからであったが、ヨーロッパで〝盟友〟ドイツから英仏蘭が痛めつけられている間に、一気に〝援蔣物資〟の輸送路を遮断してしまおうという狙《ねら》いも持っていた。

この南寧作戦は、仏印国境からわずか三〇〇キロたらずの都市・南寧を占領して、さらに奥地を目指したものの大変な苦戦だった。日本軍の進撃が予測された道路はズタズタに裂かれていて、野砲、重砲、戦車が使えない。この作戦の主力だった第五師団（広島）は、約四五〇〇人もの死傷者を出したほどであった。

このとき川嶋松之介さん（五七）＝水戸市東原町＝は、近衛師団（東京）の砲兵観測班長であったが、苦戦の第五師団を救出する目的で南寧から奥地へ向かっていた。

「重慶の七〇キロ地点まで肉迫したのは、おそらく自分たちが最初だったでしょう。あのあたりまで行くと、南画の山水の絵とそっくりの風景が見られます。よい米がとれて、豊かな土地でしたけど、戦闘のほうはとても苦しかった」

〝援蔣物資〟は依然として続いていた。そこで日本政府は昭和十五年（一九四〇）六月に、イギリスに対してビルマおよび香港ルートの物資輸送停止の要求を突きつけ、ヨーロッパで苦境に立っていたイギリスはやむなく三カ月間の閉鎖を承諾した。

次に日本政府は、仏印（現在のベトナム、ラオス、カンボジア）に対しても同様の要求をしただけではなく、日本軍の通過、飛行場の使用などを認めさせた。すでにドイツに降伏したフランスだけに、それを拒むことはできず、昭和十五年九月二十三日に、日本軍は仏印北部に進駐したのである。

川嶋松之介さんが仏印に移動したのは十二月のことだった。

「私は近衛第二旅団でしたが、海南島に集結して、三〇〇隻近い大輸送船団でハノイに向かいました。入港の前からイギリスの戦闘機がつきまとい、ほとんどマストすれすれに偵察する。撃ってはいけないという命令なので放っておいたけど、イギリスにしてみれば気が気ではなかったんでしょうな。中国大陸の山岳地帯に配置されていた私たちは、海南島で馬を返納して、ここからトラック部隊を編成したわけです。そしてハノイ入りしてからは、つねに一個大隊が査察行動をしていましたが、ハイフォンの港をおさえているし、重慶に向けて開通寸前の鉄道は封鎖するし、こちらの援蔣ルートは完全に遮断されたと思います。他にはたいした任務もなく、もっぱら訓練でしたが、これがジャングル突破一筋でしてね。おかしいな、とは思いましたけど、まさかそれがマレー作戦につながるとは……」

トラックを連ねて仏印に進駐する日本軍。

空中撮影の密命を帯びて

馬奈木《まなき》敬信《たかのぶ》さん（七六）＝東京都世田谷区＝は、昭和十三年から二年間、ドイツ駐在武官だったが、昭和十六年から仏印に行った。開戦直前に南方軍の第二五軍参謀副長（少将）に任命されるのだが、そのときは〝仏印・タイ国境確定委員〟なる外交官資格だった。

「仏印進駐が、すでに南方作戦の始まりだったといえます。この構想はドイツの参謀本部からいってきており、たしか、オットー大使を通じてだったです。日本軍も以前から東南アジアに拠点を持たねばと考えておったので、インドシナには目をつけていましたが、仏印にはなかなか手が出せなかった。フランスはここで徹底した恐怖政治をやっていて、いたるところに探偵の目が光っていたからね。探偵局をシュルテというけど、シュルテといえば拷問の意味にとられるくらいだったから、現地人は恐れおののいていましたよ。日本は語学研究の名目で、留学生交換を申し入れたりもしたが、フランス語ならパリで勉強しろ、といった調子で警戒が厳しい。ようやくハノイに何人かを送り込んだにすぎなかった。そこで昭和十年ごろから、タイを抱きこむための工作に重点を置いたのです。

タイと仏印はしばしば紛争を起こしていたけど、非常にタイミングよく、昭和十五年暮れから国境紛争が激化して、仏印がタイを圧迫していた。侵入されたタイが、そこで日本にすがりついてきたので、松岡外相が調停役を買って出たんです。結局、仏印がタイに領土をいくらか割譲することで話がつき、新国境確定委員会の仕事が始まった。日本の矢野公使が委員長で、私は陸軍部の代表として行ったですが、実はそのときマレー北部および南ビルマの空中撮影の密命を帯びていたんだ」

国境確定委員は、このときタイ・仏印両国からたいへんな歓待をされた。なにしろ一〇〇メートル違っても広さが大違いになるから、委員の機嫌を損《そこ》ねたくないわけである。

馬奈木さんは、サイゴンではフランスが提供した自動車つきの別荘住まいだった。使用人の給料と食事代を負担するだけでよく、あとはすべて向こう持ちである。軍からの給与は外交官なみに出るから、このころが軍人生活でもっともよい時期だったとか。

確定委員会の日本側メンバーは約五〇人だった。司令部偵察機だけでなく、爆撃機まで持ち込んでいた。軍医二人に衛生兵から看護婦まで加わっている。作戦にそなえて、熱病や毒虫の研究をするための衛生班だった。あまりの大編成にタイも仏印も驚いて、その行動に苦情を突きつけてきた。とりわけ飛行機を飛ばせたがらない。

そこで馬奈木さんは、開き直った。

「ジャングルのなかを這いまわり、メコン川を舟でウロウロしろというのか。そんなことをしていたら一年も二年もかかるぞ」

空中撮影の口実は得たものの、サイゴンからマレー北部には行けるが、ビルマ南部へは爆撃機を用いても航続距離が足りない。そこで、バンコクへ本部を移すように要求した。

タイ側から「そんな必要はない」という苦情がでた。またしても馬奈木さんは強弁せねばならず、「外交はすべてとヒフティ・ヒフティだから、仏印側にばかり面倒を見させるのではなく、タイも協力してくれ」といいくるめた。

矢野公使は、日本軍が航空写真を必要としているとは知らないから、そう無理をいわなくても……、とでもいいたそうな顔をしている。やむなく打ち明けて、ようやく本部をバンコクに移した。

しかし、飛行機は仏印国境に向かうと見せかけて、南の方ばかりを飛ぶ。とうとうタイの新聞が〝怪飛行機出現す〟と記事に書き始めた。

「しまった、ここでバレては国際問題になると判断したので、サイゴンに引き揚げることにした。必要な写真はだいたい撮り終えていたからね。もちろん、写真

1941年7月28日、南部仏印のサイゴン（現ホーチミン市）に進駐する日本の銀輪部隊。

はみんな東京の大本営に送りました」

対米交渉妥結か決裂かをめぐって、日本の指導部が激しく動揺しているときであった。

「タテマツル」とはなにか

近衛首相は、中国から撤兵してもいいから、米英とことを構えたくない姿勢をみせていたが、東條英機《とうじょうひでき》陸相がこれを激しく突き上げ、一九四一年十月十四日の閣議では次のように〝聖戦の完遂〟を主張した。

「支那《しな》事変は数十万の戦死者、これに数倍する遺家族、数十万の負傷兵、数百万の軍隊と一億国民に戦場および内地で苦労を積まし、なお数百億円の国帑《こくど》(国の財貨)を費やしているのです……」

この二日後の十六日、近衛首相は辞職し、いよいよ十八日に東條内閣が登場する。そしてソ連に宣戦するか、南方に向かうかで激しい対立があったが、南方作戦に大勢はかたむいていた。すでに七月二十八日、日本軍は南部仏印に強引に進駐していたのである。

川嶋さんはトラック部隊で陸路を南下したが、サイゴンに到着してまもなく、大がかりな武器集積を不審に思いはじめた。

「当時の新兵器だった歩兵砲をはじめ、弾薬類が山のように積んである。援蔣ルート遮断にしてはあまりにも大がかりなので、もしや、という気もしてきたんですよ」

国境確定委員の資格のまま、十一月一日付で第二五軍参謀副長になった馬奈木さんは、そのことで頭を痛めた。

「ドラムカンや木箱に詰めた弾薬をゴム林のなかに隠すのですが、いくら分散しても目につく。国境確定委員のなかにはイギリスの武官もいて、何事ですかと問う。隠しても何かやることはわかっているから、下手に弁解せずにいたけど、まさかシンガポールをやるとは思っていなかったらしい」

シンガポールはジブラルタル、真珠湾、マルタ島に並ぶ世界四大要塞の一つで、イギリスのアジア支配の要石《かなめいし》であった。十年の歳月と千数百万ポンドの巨費を投じたこの要塞は、鉄とコンクリートで固められ、世界最大といわれる一八インチ砲が海正面を向き、大飛行場と大軍港とを持っている。

馬奈木さんはいう。

「シンガポール攻略は、太平洋作戦の基本的構想です。あそこに飛行機と軍艦で居すわられたら、インドと太平洋はどうにもならん。だからといって、海正面から攻めたのでは歯がたたないので、背面である陸側から奇襲することにしたわけです。イギリスは、まさかジャングルと湿地帯を一〇〇〇キロあまりも走ってくるとは思わなかったんでしょう」

上田良作さんは陸軍省本部に転勤になっていたが、十一月に入って南方軍の報道班長（少佐）に任命された。二十日ごろ、新聞記者とフランス語のできる徴用班員を約一五人、東京・品川の森村という男爵の屋敷に集め、そのまま品川駅から汽車に乗せ、広島の宇品港で船に乗り換えてサイゴンに向かった。

どこへ連れて行かれるのか、何が始まるのか、誰も知らない。上田さんも行き先以外は知らされない立場だったが、しかし、陸軍大学卒の連中の配置を印刷した文書を見て、作戦計画のほぼ全容がわかった。

「わからないのは開戦の日だけでしたけど、その時点では東條さんも決めかねていたわけですからな……」

第3次近衛内閣が総辞職し、東條内閣が登場した。写真は1941年10月18日、首相官邸で内閣の引き継ぎを終了した近衛文麿（左）と東條英機大将。

陥落したシンガポールのチャンギー要塞を視察する第25軍司令官山下奉文大将。

十二月八日の開戦が決まったのは、十二月一日の御前会議においてだった。

マレー・シンガポール作戦にあたる第二五軍の山下《やました》奉文《ともゆき》司令官は、十一月十五日にサイゴンに着いた。目立たないようにするため、出迎えたのは馬奈木さん一人だった。着いた山下中将も、迎える参謀副長も背広姿だった。

第二五軍の作戦開始の電文は「タテマツル」であった。山下奉文の奉をとってそう呼んだのであり、暗号というより隠語であった。暗号は解読されるが、隠語はその心配がない。

十二月八日午前二時二十五分（日本時間）、佗美《たくみ》支隊がマレー北部のコタバルに上陸した。ハワイの真珠湾攻撃に先だつこと一時間五分であった。

しかし、上陸成功の電文を傍受しながらも、サイゴンの南方総軍ではまごついていた。「タテマツル」とはなにか、通信兵がいくら暗号解読表をめくっても記入されていなかったからだった。

解説

太平洋戦争は、日本海軍航空隊によるハワイのパールハーバー奇襲で始まった。ときに昭和十六年（一九四一）十二月八日午前三時二十五分（ハワイ時間十二月七日午前七時五十五分）だった。日本海軍は太平洋戦争をアメリカ海軍との決戦と考え、開戦早々、その最大の根拠地であるパールハーバーを叩き、敵艦隊を壊滅させようとしたのである。

一方、日本陸軍の作戦範囲は広大だった。なにしろアメリカ、イギリス、オランダを相手とする戦争である。当時、東南アジアはこの米・英・蘭・仏四カ国の植民地で、独立国はタイの一カ国だけだった。このうち仏の植民地はベトナム・カンボジア・ラオスで、総称して仏印（フランス領インドシナ）と呼ばれたが、ここは開戦前に日本軍の事実上の占領下にあった。本国フランスがナチス・ドイツに占領されていたので、日本軍が二度にわたる進駐（昭和十五年九月の北部仏印進駐、十六年七月の南部仏印進駐）を申し入れたとき、それを拒否する軍事力はなかった。

したがって残るはマレー半島やシンガポール、ビルマ（現ミャンマー）のイギリス軍を、フィリピンとグアム島のアメリカ軍を、蘭印（オランダ領東インド、現在のインドネシア）のオランダ軍を追い払うことが必要である。その作戦を総称して南方作戦と呼んだ。

このように米・英・蘭との戦争とはいっても、その本国に攻めこむ戦争ではない。東南アジアにあるそれらの国の植民地をすべて占領して、日本の支配下に組みこもうとした戦争だった。それが大東亜共栄圏という考え方だった。

一日二〇キロ、驚異のマレー半島縦断作戦

陸上戦闘初戦のマレー作戦を、最前線で指揮した隊長たちが明かした戦闘の実相とは――

荒波を蹴《け》っての奇襲上陸！

先に登場した第二五軍の参謀副長であった馬奈木敬信さん（七六）が、山下奉文司令官（中将）とともに乗り込んだ輸送船「竜城丸」は、昭和十六年（一九四一）十二月八日午前二時にマレー半島北海岸の上陸予定地であるシンゴラ（タイ国）沖に錨《いかり》を下ろしていた。

海南島の三亜港に集結した奇襲上陸の部隊は、第五師団（広島）と第一八師団（久留米）の一部である佗美支隊の計二万人であり、四日早朝に二〇隻の輸送船で出発した。

五日、六日、七日……と、輸送船団はイギリスの潜水艦と飛行機を警戒しながら南下したが、このときはまだバンコクへの進駐を装っていたから、もし発見されても開戦意図は見抜かれないはずであった。

そして七日夜半、いったんシャム湾に入った船団は一気に進路を南に取り、三手に別れて上陸予定地点に直進したのである。三つの上陸予定地は、いずれもタイとマレーの国境付近であったが、目指すシンガポールまでの距離は約一一〇〇キロ、いわば下関要塞を攻めるために東京湾に上陸したようなものである。

馬奈木さんはいう。

「作戦主任は辻政信《つじまさのぶ》（第二五軍参謀）でした。軍では早くから一〇〇〇キロ余の海南島一周行軍などで訓練しており、三カ月後の陸軍記念日にはシンガポールを陥《おと》す目標だった」

当時の日本軍はなにかにつけて、目標を祝祭日や記念日に置いていた。陸軍記念日といえば三月十日だが、しかし、シンガポール陥落は昭和十七年二月十五日。予定よりも二五日間も早かった。日本軍にとってはまさに嬉しい誤算だったが、それは以下に述べる戦闘で予想外の戦果を挙げたからであった。

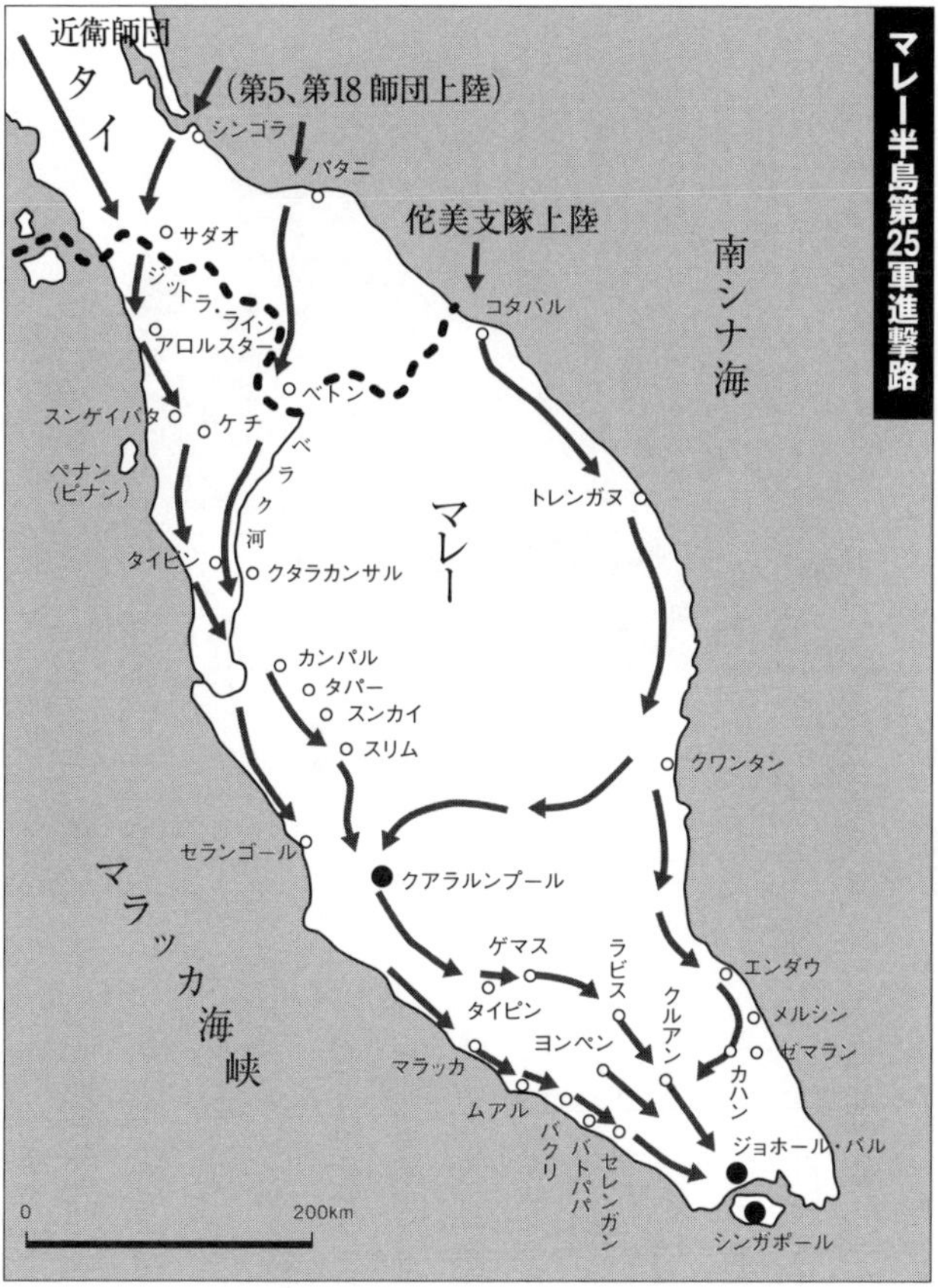

マレー半島第25軍進撃路

第五師団の捜索連隊長だった佐伯静夫《さえきしずお》さん（七六）=千葉県市川市=は、司令部と同じくシンゴラからの上陸だった。

「この日は波が荒くて、上陸が大変でした。五師団は上陸作戦のために特別に仕込まれた部隊で、騎兵をやめて機械化していたから、トラックと軽戦車を揚げなければならんのだが、これを大発（上陸用舟艇）になかなか乗せることができない。大発が波でどっと持ち上がったかと思うと、どっと下がる。クレーンで吊《つ》った戦車やトラックは、がちゃがちゃとぶつかるばかりで、どうしようもないんだ。山砲もダメだったから、ワシの連隊は速射砲一門だけを積んで岸に向かった」

軍旗を奉じてクアラルンプールに突入する日本の銀輪部隊。

大発艇を横一列に並べ、佐伯さんの懐中電灯を合図に前進する。だが、岸へ近付くにつれて逆波《さかなみ》が激しくなり、転覆するものもある。そこで仕方なく一〇〇メートル沖合から海に飛び込んだという。

こうして奇襲上陸は成功したものの、やがてタイ軍の抵抗が始まり、第一線部隊は銃火を交えだした。

「外交交渉でタイ側が通過を容認するはずだったので、バタバタやりだした音を聞いてびっくりしましてね。ちょうどワシが、ずぶ濡《ぬ》れのまま握《にぎ》り飯《めし》をほおばったところでね。あわてて兵を集めたけど、二五〇人しかいない。それでも夜が明けたらえらいことになるから、悲壮な決意でもって前進しました」

上陸部隊が焦ったのは、いかにして迅速にマレー国境に到達し、これを突破するかの難題をかかえていたからだった。ぐずぐずしていると、マレーのイギリス軍が国境をかためて、逆にタイ側に進攻しかねない。

英軍、タイへ侵入を開始

佐伯連隊の任務は、シンゴラから四〇キロの地点にあるハジャイを占領することであった。このハジャイは、バンコクからの鉄道がマレー半島の北岸と南側に分かれる交通の要所で、ここを抑えて列車と自動車を鹵獲《ろかく》し、部隊のシンガポール進撃に役立たせる狙いだったのである。

「自転車をかついで上陸した兵隊がおったので、それで二個小隊を編成して、通訳と宣撫《せんぶ》班員をつけて先発させた。タイの民衆はたいてい一台ずつ自転車を持っておるから、それをかき集めては前へ前へと出したんです」

シンゴラとハジャイの中間に、トンリーというところがある。ここのタイ軍が迫撃砲と重機関銃で攻撃を加えてきた。水田に飛び込んで、お湯みたいになっている水に浸って応戦したところ、たった一台の速射砲が威力を発揮し、タイ軍はたちまち白旗を掲げてきた。

「このとき向こうの指揮官が、橋の真ん中で話し合いたいから、隊長一人だけ武器を持たずに来いという。よし、といって出かけたら『約束が違う、武器を持っているじゃないか』とワシの軍刀を指していう。『これは武器ではなく、軍人の魂《たましい》じゃ』と橋をはさんで怒鳴りあい、結局、無条件降伏をさせました」

ここで自動車を手に入れて走り、ハジャイには八日午後二時に到着、まさに煙を吐いて出発寸前のバンコク行きとシンガポール行きの二つの長距離列車を止め、道路も封鎖した。

外交交渉の失敗で思いがけぬタイ軍の抵抗にあい、マレー作戦の第一歩から大きくつまずきかけた日本軍は、こうして佐伯捜索隊の活躍で救われたのである。

午後三時、ハジャイ警備の態勢をとりながら、再び握り飯を取り出したとき、またまた海軍飛行隊から連絡があり、イギリス軍の機械化部隊が正午を期してタイへ侵入を始めたという。

佐伯隊の任務は、ハジャイを占領して南下する部隊を援護しろということだったが、そんなのんびりしたことはしていられない。一緒に行動していた辻参謀に「前進させろ！」と命令変更の具申をした。

午後五時、司令部から命令が出て、ハジャイを出発した。ようやく上陸した軽戦車中隊が追いついてきたのでこれをともない、イギリス軍が待機しているという国境から三〇キロほどタイ寄りのサダオに向かったのである。午後十一時、まずイギリス軍が射撃してきた。

「これが敵の下手なところだ。闇夜の鉄砲でどうせ当たりはしないのに、バッバッと火が噴いて自分の位置だけは知らせる。こちらは夜襲が得意だから落ちついたもので、戦車中隊に道路を突進させ、歩兵がゴム林を突進して、一時間あまりで敵を追い散らしたよ」

後退したイギリス軍は、サダオ南方の橋を爆破していった。あまりにも念入りに爆破していったため、部隊はここで思わぬ足止めを食うハメになってしまった。

命を捨てて再び金鵄勲章《きんしくんしょう》を

翌九日の午後五時、国境の敵陣地を捜索する命を受けてサダオを出発したが、夜のことなので思うにまかせない。そこで威力捜索に踏み切り、破壊された道路とゴム林のなかを前進し、混乱する戦線を強引に突破したのである。

「十日の明け方、マライ・ケダー州という丸い大きな標識を見たときには、思わず涙が出たね。捜索連隊だけで国境を突破したんだからね……」

三日三晩、休むひまもない突進だった。歩兵の到着を待つあいだ、部隊は初めて休養をとることができた。

「だが、この後どう進むか。イギリス軍は道路をずたずたに裂き、橋を爆破して後退するから、尋常な手段ではどのくらい時間が食うか見当もつかない。そこで私は、敵にその余裕を与えずに進む挺身隊《ていしんたい》の編成を意見具申したんだ」

世界の天然ゴムの三分の一を生産するマレーである。見渡す限りがゴム林だった。だが、このゴム林もジャングルを切り拓《ひら》いて植えたもので、その両側は未踏のジャングルと湿地帯である。したがってゴム林の真ん中を走るアスファルト道路か、ゴム林を進むしかないが、隘路《あいろ》の一本道だから守るほうには好都合だ。イギリスがシンガポールの防衛に自信を持っていたのは、海正面は要塞の巨砲で守り、陸背面のマレー半島はこのジャングルと湿地帯だから、よもや日本軍が攻めることはあるまい、との見方が支配的だったからだった。

英印軍が撤退に際して橋梁を破壊してしまったため、マレー随一のペラク河に架橋工事をする日本軍工兵隊。

十二月十一日午後六時三十分、戦車を先頭に防疫給水部を殿《しんがり》にした佐伯挺身隊は出発した。このとき、隊長は次のような訓示を与えた。

「一車進まざれば一車を捨て、二車進まざれば二車を捨て、友軍敵軍を問わず乗り越え乗り越え、ただ驀進《ばくしん》するのみ。側射背射は不断にあると思え。装甲なき部隊は損害はなはだしきを予測するが、停車応戦を禁ず、行きつくところまで突進すべし」と。

文字どおりの挺身隊が、悲壮な決意で出発して間もなく、大スコールが見舞った。ほとんど視界がきかない。それでも日本軍は手探りで前進を続けていると、インド兵を主力とするイギリス軍にぶつかった。

猛烈なスコールを避けて、敵兵はトラックの中に入っており、速射砲、機関砲約一〇門の前はがら空きだった。今だ！　部隊はすかさず戦車で襲いかかり、思うがままに踏みにじった。一個大隊のイギリス軍はあっという間に壊滅してしまった。ジャングルに逃げ込んだ一部のイギリス兵は、数日後に空腹にたえかねて投降したが、むろん佐伯隊は見とどける間もなくすぐ前進し、〝ジッドラ・ライン〟に迫った。ここはその名も勇ましいライオン中将が三個旅団で守りをかため、日本軍を全滅させるか、三カ月食い止めるかを豪語していただけに、快進撃の佐伯隊も苦戦した。

双方の砲撃でゴムの木が倒され、明るくなったときには、ゴム林には一本の木も立っていなかった。増援隊が来たものの、たちまち砲を破壊されて後退し、やむなく戦車の機関銃をはずして撃ちまくるようなさまだった。

昼過ぎ、佐伯隊長は自ら先頭に立って突進しようとした。「多数の青少年を失ってなんとお詫《わ》びするか。満州事変、支那事変でも生命ながらえ金鵄勲章《きんしくんしょう》をもらい、マレーでも連戦連勝で思い残すことはない、最前線で屍《しかばね》をさらそう」という心境だったが、大尉と中尉が必死になって制し、もみあっている最中に、とめていた大尉が貫通銃創を受けて倒れてしまった。

そのうち、敵の砲撃がおとろえ、夕方には完全にイギリス陣地を占領した。佐伯挺身隊五八〇人のうち、戦死二七人、負傷八三人であった。

「戦闘では負けたことがない。ワシは日本でいちばん強い部隊長だったといまでも思っておる」という佐伯さんは、この作戦の武勲でも金鵄勲章を受け、一度ならず二度までというので話題になった人だ。

島田戦車隊の快進撃は続く

そしてもう一人、マレー作戦の立役者は島田豊作《しまだとよさく》さん（五九）＝群馬県館林市＝である。マレー半島のマラッカ海峡側海岸に出た第五師団の主力と第十八師団佐伯支隊は一路南下し、マレー連邦の首都クアラルンプールに迫っていた。

第二五軍直属の島田戦車隊も、シンゴラから上陸して、ほぼ佐伯支隊と同じ路《みち》を進んでいた。だが、なかなか第一線に出る機会がなかった。隊長の島田少佐は八月に本土を発ち、中国の広東省に上陸、ここでもっぱらジャングル戦を想定しながら、戦車の夜襲訓練に励んでいたことでもあり、じりじりして命令が下るのを待っていた。

「戦車はもともと夜盲症で難聴者だから、夜間に使用

シンガポール攻略を目指して、マレー半島突端のジョホール州に突入した島田戦車隊の軽戦車。

することはどこの国でも考えていなかった。夜襲を得意とする日本軍でさえ、首をかしげていましたからね」

しかし、マレー作戦ではその地形からして、包囲殲《せん》滅《めつ》という日本軍お決まりの戦術がとれない。包囲できないということは、敵も四方に逃げられないということでもある。そこで島田さんは、突貫作戦を密《ひそ》かに練っていたのである。

「一挙に敵陣を抜いて、後方の重要地を抑えるわけです。戦車砲をぶっぱなしながら、グングン入って行くと、敵陣は恐怖のあまり浮足だつ。それを抜いて退路を断つわけですが、スリム殲滅戦ではそれが計算どおり、いや、計算をはるかに上まわる戦果を挙げましたね」

ジットラ・ライン突破から四週間たっていたが、日本軍はまだ中部マレーにさしかかったばかりである。むろん、当初の計画からみればはるかに快調だが、ベラク州スリムの敵陣は九十九折《つづら》れの道を進み、山系を横断するところにあり、約二〇〇キロにおよぶこの長隘路をどう突破するかに日本軍は頭を痛めていた。

明けて昭和十七年一月六日、司令部はトロラクースリム突破作戦をたて、島田隊長に出撃命令を出した。待ちに待った出番に勇躍したが、しかし、ゴム林を進む歩兵を援護するかたちで正面攻撃をしてほしいといわれて、計画変更の意見具申をした。

「一五台の戦車に、歩兵八〇人と工兵二〇人をつけてください。戦車で突破して見せます、といったんです。上部ではためらいましたが、自信があるならやれといい、歩工兵の決死隊を募ったのです」

最初の命令は七日正午を期しての攻撃開始だったが、六日午前十一時半の出発に変更、エンジンの音を抑えるために時速四キロでゆっくり前進した。歩兵には、敵は戦車を狙って発砲するのだから、絶対にこちらからは撃つな、どんなことがあっても戦車は停止しないからついて来い、と厳命した。

一〇〇キロにわたり二個旅団が守備陣形を布《し》いていた。島田戦車隊の奇襲は完全に成功し、低速で砲撃して敵を追い散らし、敵の姿が見えないときは時速三八キロの最高速度で進撃してはるか深く入り、味方がほとんど撤退していないために爆破することができないでいるスリム峡谷の二つの橋を確保したのであった。

「この戦車で、マレー半島の南端ジョホール・バルまでほとんど無人の野を行くがごとき快進撃ができたのです」

この戦功で天皇の単独拝謁《はいえつ》ができたという島田さんは、戦後七年間にわたる追放処分を受けた。いま、高校の英語教師であるが「平時では一生かかっても体験できぬものを、戦場では数時間で体験できるのです。これを自分の人生体験に生かすべきだと考えています」

ナポレオンの「わが辞書に不可能という字はない」を、しみじみ実感したという島田さんは、その体験をすでに三冊の本に著している。

だがそのひとつ『サムライ戦車隊長』に、部下を失ったときの悲しみを、島田さんは次のように書いている。

「私に何ができるというのか。私にできることといったら、このうえまた、不幸な人々をつくり出すだけなのだ。戦うことしかできない男なのだ。そして、一人で苦しむ男なのだ」

解説

シンガポールはイギリスの極東における最も重要な拠点で、東洋艦隊の根拠地だった。しかし、シンガポール要塞の大砲群はすべて海に向けられており、そこへの敵前上陸作戦は損害が大きく、難しいと判断した。そこで、マレー半島の付け根から南下し、最後にシンガポールを攻略しようとしたのだ。この作戦がマレー・シンガポール攻略戦と呼ばれるものである。

動員されたのは第二五軍（軍司令官山下奉文中将）で、兵力は三個師団約六万一〇〇〇人、他に第三飛行集団の約四五〇機、戦車部隊や砲兵部隊などである。部隊は英領マレーのコタバルやタイ国のパタニ、シンゴラなどに上陸する一方、カンボジアからタイへ入り、そのままマレー作戦に参加する部隊（近衛師団）もあった。

当時のカンボジアは仏印（フランス領印度支那）の一部だった。太平洋戦争が始まったとき、日本はすでに仏印に軍事進駐しており、南方進攻作戦を指揮する南方軍総司令部（軍司令官寺内寿一大将）は、仏印のサイゴン（現ホーチミン）に置かれていた。

マレー半島のイギリス軍は英印軍ともいわれたように、高級指揮官だけはイギリス人だが、下級指揮官と兵隊はインド人中心の部隊だった。インドは一七世紀以来のイギリス植民地だった。

日本軍はマレー半島約一一〇〇キロを五五日かけて南下し、その間、戦闘を九五回行ったという。

「一日平均二〇キロ、一一〇〇キロの突破はドイツの東方進撃（ヒトラーのポーランド侵攻をさす）にも優り、世界戦史にいまだその例を見ないところである」（当時の第二五軍参謀・國武輝人「マレー軍司令部　第二五軍かく戦えり」『丸　別冊』「戦勝の日々」特集号所収）と回想されているほどの〝快進撃〟ではあった。（太平洋戦争研究会『日本陸軍20大決戦』ＰＨＰ文庫より）

血で染まるジョホール水道渡河作戦

イギリス東洋艦隊の拠点シンガポール攻略を目指す日本軍は、ついにマレー半島との境界ジョホール水道の渡河を開始した。海が燃える闇夜の戦いは……。

三日三晩ぶっ続けに手術

マレー・シンガポール作戦は、たしかに世界の戦史に永遠に記録されるであろう、奇襲側の大勝利であった。それは軍司令官の山下奉文中将や作戦主任の辻政信参謀などの名を高め、また挺身隊長の佐伯静夫さんや、戦車隊長・島田豊作さんら、第一線の英雄をも生みだした。

　しかし、それら英雄の手足となってひたすら突進した将兵たちの体験は、恐怖と苦痛と飢餓以外のなにものでもなかった。敵の意表をつく奇襲戦法で、しかも一日平均二〇キロ余の快進撃をしたということは、それだけ兵隊が酷使されたということにほかならないからだ。

　第一八師団（久留米）の軍医だった斉藤国保さん（六二）＝北九州市＝は、マレー側のコタバルから上陸した佗美支隊に従った。

　タイ側のシンゴラとパタニーはほとんど無血上陸であったが、真珠湾攻撃開始より一時間五分早く太平洋戦争の火ぶたを切ったコタバル上陸戦では、兵力五三〇〇のうち戦死三二〇人、負傷五三八人という激戦であった。

「なにしろ敵前上陸など夢にも思っていませんでしたからね。コタバル沖に停泊した輸送船三隻のうち、一隻の兵隊が鉄船に乗って陸に向かったときも、三十分か一時間すれば戻ってくるだろうと考えていたんです。

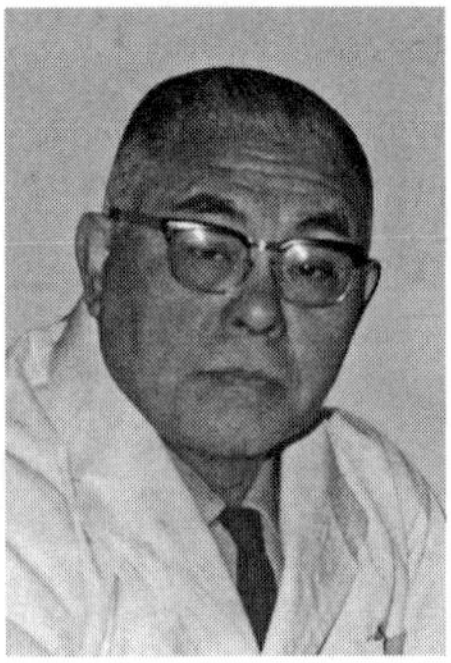
斉藤国保さん

ところが、なかなか戻ってこない。おかしいなあと思っているところへ、いきなり敵飛行機が私たちの船に襲いかかり、それこそ阿鼻叫喚《あびきょうかん》の修羅場でした」

斉藤さんが船内の負傷者の処置に追われているうちに、夜が明けた。乗っていた佐倉丸は敵襲を逃がれてタイ側へ移動していたが、第一陣が全滅したとか、いろいろ悪い情報ばかり入る。それでも再びコタバル沖に引き返したら、輸送船淡路丸が炎上しており、乗員が海に飛び込んでいるところであった。

「わたしは泳ぎができない。もし、この船がやられたらと、気が気ではありませんでしたけど、第二陣も上陸して飛行場を制圧したので、なんとか上陸できました。上陸してから三日三晩、ぶっつづけに手術です」

コタバルを死守しようとしていたのはインド第三軍だったが、その砂浜のトーチカのインド兵たちの多くは、鎖につながれていたという。それだけに激戦をきわめた。砂浜をジリジリと前進しながらも、思わず手で穴を掘って頭を突っこみ、弾丸を避けたくらい猛烈な機関銃の攻撃だった。

しかし、日本兵のなかには白鉢巻き、白ダスキ姿で、文字どおり雨あられのような弾丸をかいくぐってトーチカに突撃し、手榴弾《しゅりゅうだん》を投げ込む者もいた。

「そういう場合、一杯飲んでいることが多いんです。実際、そうでもしなければ、あそこまで勇敢になれるものではありませんよ」

もっとも、負傷者は敵前上陸のときだけとは限らない。たとえば敵陣地を沈黙させて、やれやれというのでフンドシひとつになって海に走るとき、砂浜の地雷にやられた兵隊もいたのである。

ゲリラと交戦、第一線を追尾

第一八師団は北部九州を主力とした編成で、炭坑労働者が多く〝暴れん坊部隊〟の異名をとっていた。

馬奈木敬信さん（第二五軍参謀副長）によれば、ある

シンガポール攻略　昭和17年2月8～15日

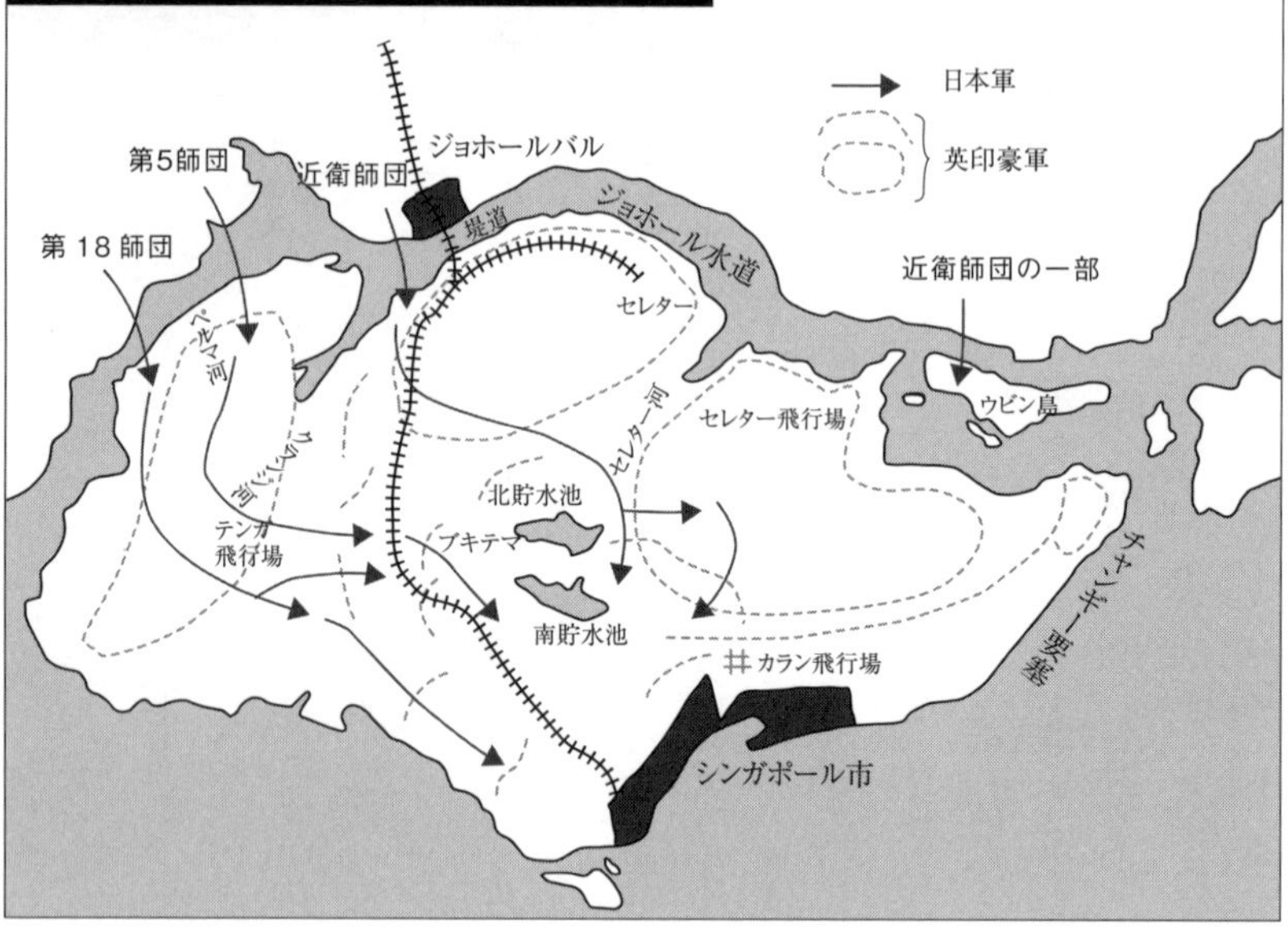

とき師団長の牟《む》田《た》口《ぐち》廉《れん》也《や》中将が山下司令官に挨拶に来て、「うちの兵隊は、ご期待以上の活躍をするはずですが、ときどきいたずらをいたします。そこはどうか、強いのに免じて大目に見ていただきたいですな」と、言っていたという。

　牟田口師団長も九州出身で、なかなか向こう意気が強く、作戦の途中で馬奈木さんが陣中見舞いに行ったときも、弾丸がビュンビュン飛んでくる最前線で頑張っていたが、シンガポールでは参謀長もろとも砲撃で吹き飛ばされて負傷している。

　この牟田口という人は、盧《ろ》溝《こう》橋《きょう》事件のときの歩兵第一連隊長で、よく「大東亜戦争の口火をつけたのはワシだ」と公言し、彼が軍司令官だったインパール作戦はその総決算でもあったのだろうが、およそこれほど無謀な作戦はなかったのであり、荒けずりな豪傑の典型であろう。

　只松正敏さん（五二）＝福岡県糟屋郡久山町＝は昭和十五年に応召、いきなり中国の広東に連れて行かれて、牟田口師団長の猛訓練を受けた一人である。

只松正敏さん

「ちょっとだけ訓練のことをいいますとですね、起床ラッパとともに下で毒ガスがたかれて、二階に寝ておりました私どもは急いで防毒マスクをつけ、縄バシゴをつたって降りて点検場に駆ける、という調子でございましたから、必死の毎日で、まあ精鋭化したわけでしょう」

開戦を広東で知らされ、非常呼集で一時間後に軍装をととのえて集合せよとの命令だった。軍装というのは、一週間分の食糧をはじめ何もかも持つことで、真夜中の一時ごろ集合して移動し、あわただしく黄埔港《こうほこう》を船出した。

シンゴラに上陸して国境を通過、第一線を追尾したわけだが、ゲリラ化した敵兵ともあちこちで交戦しながら、トラックで前進した。

「一人くらい生き残ってシンガポールに行きつこう、とよく話合ったものです。そしてシンガポールでは、白人を皆殺しにしてやるぞといい交しながら前進しました」

このとき只松さんたちは、もし腹をやられたときは互いに殺し合おう、との約束もした。腹部に弾丸を受けると、即死はしないが狂い死にといった状態で悲惨きわまりないからである。

「死んだ戦友は、コブシをしっかり握り締め、うつぶせになっています。仰向《あおむ》けになって死ぬ者は一人もおりませんでした。どういうわけか、白人は仰向けに死んでいるのが多かったですけどね」

いずれにしても、中国戦線とはちがって主要な敵は白人である。それだけにアジア人を西洋人の植民地支配から解放する、という〝聖戦の目的〟は、末端の兵隊にもわかりやすかった。

マレー快進撃の要因の一つは、敵が植民地軍だったところにもある。インド人やマレー人たちは、〝白人の旦那〟を生命懸けで守るに値するかどうか、おそらく悩んだに違いない。

イギリスの作家ジェイムズ・ソーサーは、その従軍記『シンガポール』で、パーシバル将軍の言葉を次のように書いている。

「土地の人たちは、平気でこう尋ねたものだ。『どちらが勝つんでしょうね?』。だから、彼らからはたいした協力は期待できなかった」と。

たしかに、現地の人たちは日本軍に敵意を持っていなかった。それは多くの人が証言する。

日本軍の宣伝班も、ここぞとばかりに〝大東亜共栄圏〟について訴えた。だが、はたして現地の人にその言葉の意味は通じたのだろうか。

当時の従軍作家・井伏鱒二《いぶせますじ》さんは次のようにいっている。

「どうもちょっと、いま思い出しても、はずかしくてね。マレー語では、そういう言葉はないから、通訳が〝だいじょうぶおまんま食べさせてやる〟といっていましたね」(東京12チャンネル編集『証言　私の昭和史③』)

チャーチル給与でただ進撃

混戦になってくると、只松さんたちは次のように小隊長から号令された。

「突撃!　太いものはそうぞう突け!」

〝そうぞう〟とは、九州弁で全部という意味である。つまり、白人は大柄だから、闇のなかの白兵戦で大きい相手に出会ったら全部やっつけてしまえ、という号令であった。

もっとも日本兵にとって相手は身体が大きいだけでなく、物量の国であることを知らされたのもこのときであった。それは戦利品のなかの食糧であった。

「なにしろ弾丸よけの土嚢《どのう》がわりに、砂糖の袋を積み上げているくらいです。缶詰や煙草はたっぷりあるし、酒類も豊富でした。ところが、みんな横文字ですからねえ……」

只松さんは旧制中学卒で、当時の兵隊のなかでは知識層だったが、英語はほとんど教えられていない。だから、缶詰に印刷された絵で判断するのだが、イチゴやトマトの絵に喜んで開けると、ドロリとしたものが入っているのを、ジャムやケチャップとは知らず、初めは食べるのをやめていた。なかにはチーズを保革油

ジョホール水道を渡ってシンガポールに上陸する日本軍。

と間違えて皮製品にやたら塗ったり、石鹸と思い込んでフンドシを洗い「泡が出ないし、匂いがますます強くなるわい」と不思議がる兵隊もいたが、部隊に高専卒のインテリがいたので、やがて、その人に全部解読してもらうようになった。

日本軍の伝統は「糧《かて》は敵による」にあり、マレー・シンガポール作戦では〝チャーチル給与〟と呼んで、こうした栄養価の高いものを食べながら進撃したわけですが、シンガポールでは敵が水のなかに毒を流したという噂が流れたため、ヤシの実の汁で米を炊いたようなこともあった。

斉木晃さん（五二）＝東京都千代田区＝は、近衛師団第三連隊の歩兵一等兵としてこの作戦に参加した。近衛師団は天皇の親衛隊だから、全国から町村の青年団長クラスのエリートが集められ、いわば〝お坊ちゃん部隊〟だが、このときはそんな優雅なことはいっていられなかった。

「銀輪部隊といいましてね、自転車を連ねてマレー半島を南下したわけですよ。いくら舗装道路でも山あり谷ありで大変だし、破壊された橋を渡るときは担《かつ》いでいかねばならない。それに、暑いからすぐパンクするので、落後しては一大事と必死に修理しましてねえ」

むろん列車やトラックにも乗ったが、昭和十七年一月三十一日にタイとマレー国境を通過し、二月八日には最南端のジョホール・バルに着いている。だが、近衛の先遣部隊兵のほとんどが、戦死した戦友の指を切断して入れた小さな缶を、三角巾《さんかくきん》で首から吊るして、半島での激戦をしのばせていた。

ジョホール・バルとシンガポール島とのあいだには、幅一五〇〇メートル前後のジョホール水道が流れている。日本軍はこの水道を渡河し〝紀元節シンガポール占領〟を目指して、翌九日未明には早くも攻撃を開始したのである。

斉木　晃さん

「近衛師団は、向かって西側から敵前上陸をすることになりました。実はこれは陽動作戦で、第五、第一八師団が東側から主力として進むのを助けるためでしたが、わたしたち兵隊は知るはずもなく、われこそ主力なりと、突撃したんです」

〝燃える海〟を丸腰で上陸

一方、パーシバル中将のもと、一〇万人に近いイギリス軍はシンガポールを死守すべく陣形を敷いているが、ジョホール水道は約一一〇キロの長さであり、どこに重点をおくかが問題で、右往左往していた。そして、日本軍の陽動作戦が図にあたり、イギリス軍は近衛師団を阻止するために兵力を集中したから、当の兵士はたまったものではない。

斉木さんは続ける。

「闇のなかを、エンジンを止めて櫂《かい》で漕《こ》ぐ舟艇で渡ったのですが、敵の照明弾でまるで花火大会みたい。たちまち猛烈な攻撃を食らいました」

舟を漕ぐ工兵が、これ以上は近づけないから降りてくれという。仕方がないから飛び降りたら、ちょうど首から上が出るくらいの深さだった。しかし、ところ

1942年2月16日、シンガポールに上陸してエンパイヤドックを占領、万歳を三唱する日本兵たち。

どころに深みがあり、たちまちズブズブと沈む。

「泳ぎができても、腰に巻いた三二〇発の小銃弾の重みで沈みます。それに背嚢《はいのう》が水を吸いこんで、おそろしく重くなる。夢中で弾帯と背嚢をはずして岸に向かいましたけど、驚いたことは海が燃えだしたんです」

海が燃える――信じられないことだったが、ともかくぬるりとした海を進み、ようやく岸にたどり着いた。あとでイギリス軍が重油を流して火をつけたからだとわかったが、この火焔《かえん》戦術にまともにやられて、近衛師団は数百人もの焼死者をだした。斉木さんは銃だけを持ってかろうじて上陸したものの、進むことも退くこともできない。みんなバラバラだから、命令系統などはっきりせず、ただマングローブの林で、じっとしているほかはなかった。

「弾帯を捨てたから、鉄砲は銃剣だけが頼りですし、背嚢を捨てたから食うものもない。そう、一日半くらいそんな状態で、ただじっとしていました」

ときどき真っ黒な顔をした兵隊が、林のなかでうごめく。インド兵かと思ってぎくりとしたが、そのうち自分も同じであることに気付いた。油の海をもぐって来たためで、初めてぬるりの正体がわかった。

大神文和さん（五八）＝北九州市門司区＝は、第一一四連隊第七中隊の曹長であった。

「シンガポールに渡り、テンガー飛行場を攻撃しているとき敵にぶつかり、闇のなかの白兵戦になりました。夜だから銃に弾丸をこめておらず、軍刀でわたりあいました。間違いなく二人の敵を斬り倒したのですが、私も右腕をやられ、つぎに胸を突かれて倒れました」

痛くはなかったが、これで終わりだろうと思った。しばらくたって、大隊本部の衛生兵が包帯をしてくれたが、行くとき注射を一本打ったので、ますます気安めだなあと観念したという。

大神文和さん

大神さんは火野葦平とおなじ部隊にいて、伍長同士の付き合いをしながら中国を転戦した。だが、芥川賞を受賞した火野はやがて除隊になり、大神さんは南方作戦に動員されたのであった。

「夜が明けて、戸板を持った兵隊が、山から海岸に下ろしてくれました。ジョホール水道は両側から潮が流れてくるのですが、その潮のぶつかるさまを眺めながら死ぬのを待っていました。後続部隊が次々にシンガポールに渡ってくる。そのときの帰り船がジョホール・バルに運んでくれました」

後送されたものの、野戦病院がまだ開設されていないので、ゴム林のなかに寝かされたままだった。負傷兵はいたるところに転がっており、手当の順番はなかなかこなかった。軍医が診療してくれたのは、負傷してから二日後だった。

「銃剣で腎臓を突き破られていたんですが、なんと腕に四発と首筋に八発、弾丸が入っていました。いつやられたか、全然覚えていないんです」

血尿を流しながら、大神さんは病院のベッドでうめいていた。二月十五日、シンガポール陥落で、周りはすっかり戦勝気分だが、負傷兵にあるのは苦しさだけである。ときどき機関銃の音が聞こえる。野戦病院は高台なので、窓の下に目を向けると海岸に並ばされた男たちがなぎ倒されているのが見えた。主要な敵は白人のはずだったが、そこで虐殺されているのは黄色い肌をした人たちだった。ゲリラ掃討の名のもとに、華《か》僑《きょう》の大量虐殺が行われていたのである。

解説

日本軍がマレー半島の最南端の都市ジョホール・バルに到達したのは昭和十七年（一九四二）一月三十一日で、ジョホール水道を渡ってシンガポール攻略を開始したのは二月九日である。

シンガポールでは英印軍約八万五〇〇〇人が抵抗した。とくにブキテマ高地（シンガポールで最高標高）での戦いは一進一退を続け、ついに日本軍は砲弾切れという危機に陥った。砲弾補給を待ち、攻撃を再開するしかないと考えていた矢先、ブキテマ高地の最前線に白旗を掲げた英軍の軍使が訪れて、降伏を申し出た。あっけない幕切れだった、日本軍が水源地を押さえたのが響き、市内は水不足になっていたという。降伏の正式調印は二月十五日に行われた。

マレー・シンガポール攻略戦における日本軍の損害は戦死三五〇七人、戦傷六一五〇人という。英印軍の捕虜は総指揮官パーシバル中将以下、約一〇万人とされる。

シンガポールは昭南《しょうなん》と改称され、シンガポールに住む華僑への大虐殺が始まった。シンガポール攻略戦では華僑の義勇兵部隊が最も激しく戦ったということもあり、日中戦争が継続中で華僑の反抗を警戒したということだが、裁判もなく虐殺された華僑はシンガポールの占領直後だけでも約六〇〇〇人という。（太平洋戦争研究会『日本陸軍20大決戦』ＰＨＰ文庫より）

では、このシンガポールでの「華僑虐殺」はいかに行われたのか、次に当事者である日本兵たちの〝証言〟を聞いてみたい。

特別座談会

シンガポール華僑《かきょう》虐殺事件の真相

戦争とは何か、戦場とは何か――異常な世界に投げ込まれた若者たちが体験した〝戦場掃除〟の実態をここに告白する。

残敵を求めて〝戦場掃除〟

シシガポール島は面積五八一平方キロ、だいたい神戸市ほどの広さである。当時の人口は約五〇万人の避難民が加わり、平時の二倍にあたる一〇〇万人の民間人がいた。

シンガポール住民の多くは華僑であった。さらに避難民のほとんどが中国人なので、住民の圧倒的多数が華僑だった。英軍司令官のパーシバル中将は、住民が「どちらが勝つんでしょうね」と他人《ひと》ごとのように聞いたことを嘆いているが、しかし、中国系住民にとっては決して他人ごとなどではなかった。

すでに日本軍は長期にわたり彼らの祖国を蹂躙《じゅうりん》している。その日中戦争がエスカレートして、アジア全域に向けて日本軍は侵攻を始めたのである。

蔣介石は、日本の大戦突入を評して「飲鴆止渇《いんちんしかつ》」という中国の古語を用いたという。一時の渇きをいやすために、刺激の強い毒酒を飲んだという意味だ。

少なくない中国系住民が、抗日のために立ち上がり、すでに〝抗日義勇軍華僑連合会〟も結成されていて、マレー半島の連合軍に協力してきた事実もある。一方、日本軍はマレーのイポー、クアラルンプールなどで徹底した〝華僑狩り〟を行い、抗日を理由にその多数を殺し、斬った首をさらしものにしてきた。

中国人の義勇軍が、むしろ連合軍兵士よりも勇敢に戦ったといわれるのは、このような背景があるからだ

1942年2月15日、大きな白旗とイギリス国旗を掲げて降伏してきた英印軍司令官パーシバル中将一行を、降伏交渉会場へ引導する日本軍参謀。

った。しかし、約四〇〇〇人といわれた華僑義勇軍が果敢に抵抗したのはたしかだが、多くの民衆は、ただ恐怖にかられて逃げまどうだけだったのである。

だが、日本軍は中国系住民と見れば、即抗日分子とみなして目の色を変えた。通敵が怖いし、ゲリラ活動を警戒する必要もあるからだが、かくして恐怖と恐怖がぶつかりあい、それは強者による虐殺という結果を生む。

近衛師団歩兵第三連隊の一等兵であった斉木晃さん(五二)=東京都千代田区=は、陥落後のシンガポールの〝戦場掃除〟をした一人だ。掃除といっても、なにも箒《ほうき》とちり取りを持ってやるわけではない。箒の代わりに銃を持ち、残敵を探すことだ。

「徹底抗日の中国人を探しだし、転向の勧告をして、それでも言うことを聞かない者を処刑した事実はあります。海へ連れて行って銃殺するのですが、小銃ではとても間に合わないから、機関銃でやりました。だけど、具体的にどうだったか、そのとき私が何をしたか、それは話せない。いまさら思い出したくないからでもあるし、また、記事にして意味があることとも思えないからです」

同じ近衛師団の砲兵観測班長であった川嶋松之介さん（五七）＝水戸市東原町＝は、占領直後にイギリス人から取り上げたオートバイでシンガポール市内を走っていて、やはり徴発した乗用車を酔っぱらい運転していた将校にはねられ、入院していたため、くわしいことは知らないが、「裁判もなしに、七〇〇〇～八〇〇〇人が殺されたといいますね。でも中国人同士の反目も激しく、お互いに密告しあった事実もありますから……」という。

要塞砲直撃にスパイの疑い

私たち太平洋戦争研究会は、昭和十二年十二月の南京陥落直後の大虐殺について取材してきたが、そのときと同様に「シンガポール虐殺」についての取材も、きわめて難航した。実行者、目撃者を問わず「知らぬ」「誇張だろう」という言い方で私たちの質問をかわし、逆に、虐殺をいま取り上げることは有害であると主張する人もいるのである。

仮に有害であるとしたら、いったいそれが誰に害を与えるというのであろうか。再び戦争を起こすようなことがあってはならないと願う立場の人ならば、虐殺の加害者であった日本人としての反省をまず謙虚になすべきであり、そのためにも事実を知る必要があるのではないだろうか。だから、虐殺の事実を明かすことで害をこうむる人がいるとすれば、それは戦争を美化しようとする立場の人たちにほかならないと、私たちは判断する。むろん今後、日本人が被害者になった虐殺についても、私たちの取材は続けられるだろう。

次の座談会は、シンガポール攻略に参加した人たちに、あえて「虐殺」について語ってもらったものである。三人とも第一八師団歩兵第一一四連隊第二大隊第二機関銃中隊の将兵であった。敬称略。

浜竹守（六二）＝北九州市八幡区＝。

私は小隊長でしたが、とにかくシンガポールはイギリスが百年かけた要塞だけに大変なものだと、驚きばかりでしたね。中国戦線では、弾丸が右にきたから左へ逃げろ、ということだったけど、ここではいたるところに線が張りめぐらしてあり、こちらの動きが全部向こうにわかっていて、敵の砲の狙いはじつに正確だった。

祐野利夫（五六）＝北九州市八幡区＝。

私は上等兵だったけど、将校の服を着ていましたよ。というのは、敵の将校からはぎとったからですが、連中のは厚いラシャ生地なんで、それだけタマよけになると思って……。なにしろイギリス軍の砲撃はものすごく、繁っていた林がみるみる裸になりましたからね。

大森睦夫（四八）＝福岡市千代町＝。

私は初年兵だから、とにかく夢中です。海に向いているはずの要塞砲が陸を向いてドカーン、ドカーン撃ってきて、逃げればまたそっちに落下する。配線のことなんかわからないから、きっと誰かスパイが正確な情報を知らせているんだろうと思った。上陸三日目くらいから、民間人でもなんでも殺してしまえという空気がみなぎったのは、こういう事情だったからじゃないですか。

浜竹　華僑の多くは、戦闘の最中にもゴム林にいましたね。穴の中にもぐっているんだけど、どうやら一〇人のうち三人までがスパイらしいと分かった。山下将軍はあいう人柄だから、食糧と兵器は徴発してよろしいが、婦女子や非戦闘員を殺すことはまかりならん、そんなことをしたら銃殺だ、といっておられた。しかし、あまりにも味方の損害が大きいものだから、全部殺してしまえということになった。これは、辻政信参謀の命令でしたよ。

だけど、殺せるもんじゃない。電線で木にくくりつけて行きましたけど、後続部隊がそれを殺した。陥落後に戦友の死体処理をしているときわかったんですが、木に縛ってあるのが皆腹わたが出ている。女なんか、穴から引っぱり出されるとき、自分から下着を脱いで股《また》を広げて、手を合わせて拝《おが》む。こっちは、それどころじゃないから、木に縛ったんですがねえ……。

非戦闘員も味方も見境なく

大森　第一線の戦闘部隊には、非戦闘員を殺す余裕がないですからね。それに敵はイギリスなんだから、参戦していないオランダ人は殺すな、と注意されたり、無益な殺人はしてはならないと自分は思っていましたけど。でも、こちらの命が危くなると、どうしてもなあ……。

浜竹　二月の九日から十五日まで、どこでメシを食い、どこでクソをしたのか分からないんだな。クソをした記憶がまったくないくらいの戦闘では、もう極限状態ですよ。ジャングルの中で誰かに出会うと恐怖心にかられて、見定める間もなく撃つ。非戦闘員も撃っただろうし、味方同士の相撃ちも多かったんじゃないかな。

祐野　ジャングルの中で伏せていたら英語を話しながら近付いてくるのがいたので、刀で襲ったことがある。ワーッと断末魔の声を上げて倒れましたけど、あんな声は初めて聞いたね。

浜竹　生きようとするのが人間、それを殺すのも人間。戦争とは、それが本質ですからね。殺したことに責任を持てと言われたって、持てませんよ。戦争犯罪などと、何事かといいたいです。

あのとき勝って、市内に入る日を待っていたら、戦闘部隊は行かせないという。入れたらどんなことをするかわからないからだというけど、皆それでグラグラして（頭にきて）ねえ。

祐野　凱旋《がいせん》祝いはワシントンでやろうとか、ロンドンでやろうとかいわれて、市内には行かせない。私はこっそりもぐり込みましたけどね。

浜竹　私も半ソデ半ズボンの軍属になりすまして市内に行った。でもやっぱり、戦闘部隊を入れなくて良かったんじゃないかな。

祐野　戦闘部隊がすぐ入ったら、無茶苦茶するですからね。

浜竹　そりゃするですよ、頭が変になっとるんですから。市内に入った部隊は、兵隊が自動車を一台ずつ盗《と》って乗り回したけど、初めて運転するんだから事故ばかりでね。

祐野　戦場掃除は十七、十八日でしたね。九日、十日に死んだ者がもう骨になっていたけど。

浜竹　あれだけ砲を撃ったのに、ハゲタカがまだいて、

英印軍の降伏で戦闘が休止し、シンガポール市内に戻ってきた中国人。いわゆる「華僑虐殺事件」はこの直後から行われたのだろうか…。

どこからともなく姿を現していましたね。

祐野　あれは息をしていてもだめだ。

浜竹　目の玉から食い始めるんだけど、戦友の死骸《しがい》を見ておると、とてもじゃないけど……。開戦前に広島から船に乗せられ、羊羹《ようかん》は食わせるし、酒は飲ませてくれるし、米のメシだし、大いに意気が上がったけど、考えてみると死刑囚が死ぬ間際に最高の接待を受けるようなものですよ。

作戦後に華僑を殺したのは、軍の口達命令があったからです。スパイだということでね。それで、やったわけです。ずいぶん殺したです。それはもうずいぶん……。だから、無実の人もずいぶんおったでしょう。

二万人？　うーん、全部でそれぐらいの数になるかもしれませんなあ。私らも命令に従って、ずいぶんやりましたから。戦争ですな、戦争。戦争はそういうことをするということです。

いまだに残る真っ黒な焼跡

浜竹さんは、以前にコタバル上陸作戦の経験を語っている。軍医の斉藤国保さんらビルマ戦友会の人たちと、昨年、マレーシア、シンガポール、ビルマ旅行をした。そのときジョホール水道の東側に、真っ黒な焼跡を見た。近衛師団が渡るとき、イギリス軍が重油を流して燃やした火焔壕作戦のときのものが、まだ残っていたのである。

マレーシア連邦から一九六五年に独立したシンガポールは、現在の人口約二〇〇万人だが、中国系国民が七〇パーセントを占めて、唯一の華僑国家といわれている。

一九六〇年に工業化政策を打ち出したシンガポールでは、湿地帯と密林を切り拓《ひら》いて工場敷地にしたが、このとき大量の白骨が発掘されて、華僑虐殺問題が再びクローズアップされ、日本政府は六〇億円余の〝供与〟でその賠償をしている。

ではここで戦後の戦争犯罪裁判の速記録を見てみよう。『極東国際軍事裁判所速記録一―四三六号』のなかからの引用である。

昭和二十一年九月十日から、イギリス陸軍大佐シリル・ヒュー・ダリンプ・ワイルドによる証書がおこなわれている。ワイルド大佐は作戦室勤務の参謀のときシンガポールで捕虜になり、戦後は戦争犯罪連絡将校に専任し、日本軍による華僑虐殺と捕虜の虐殺・虐待を証言したものである。

ワイルド大佐は、日本軍がシンガポール市内に入った二月十六日から一週間だけ、引き渡しをスムーズにするための連絡官として行動の自由を保障され、二月十九日から始まった〝不良支那人一斉検挙〟の光景を目撃した人である。

検事　シンガポールには多数の華僑が居ましたか。

証人　非常に大勢いました。大多数は英国籍であったといえましょう。

検事　彼らになにがなされましたか。

証人　支那人街の二カ所において、日本軍が軽戦車ならびに軍隊をもってその街から隔離しているのを見ました。

検事　華僑の銃殺について日本の降伏後調査しましたか。

証人　私および私の部下である将校が過去一年間調査していた問題です。

検事　日本軍により何人の華僑が殺戮《さつりく》されたと、あなたはいえますか。

証人　私は申し立てることができます。その数はたしかに五〇〇〇人を超しております。

ワイルド大佐は、イギリスが降伏する三日前に、赤十字旗をかかげた陸軍病院が襲撃され、手術を受けている最中の患者と軍医が刺殺されたのをはじめ、病兵二〇〇人が銃殺されたことなどを証言している。

そして九月十六日には、日本軍側が降伏後に作成したという『捕虜調査委員会』の報告書を、証拠として提出した。

弁護人の清瀬一郎らは、真偽のほどが明確でない証拠だと抗議したが、それは読み上げられた。それによれば、日本軍はマレーのイポーにおいて入手した「抗日華僑名簿」や探偵局資料や警察署犯人名簿など、さらに救出された在留邦人の申し立てを参考に、第一次約五〇〇〇人、第二次一五〇〇人、第三次三〇〇人が検挙され、そのうち二〇〇〇人が釈放されたほかは〝厳重処断〟されたとある。

それらシンガポールにおける処刑のほか、マレー半島でも約三五〇〇人が連行されたといい、とりわけ混血児は老若男女を問わず〝敵性〟として殺害されたというのである。

むろん日本本土では虐殺について何ひとつ報道されず、二月十六日の『読売新聞』は、

――萬歳・シンガポール陥落／大東亞に歓呼あがる！／驕りし英崩壊の第一歩

と、大見出しをかかげている。

全ページが戦勝記事のなかに、東京府がお祝い特配として一世帯三合の酒、子どもには一〇銭相当の菓子を配ることを決め、また〝戦果〟のハンコを押した地下足袋やゴムマリなどのマレー産ゴム製品も特配になることが書いてある。もっとも〝夜のゴム製品〟は、産めよふやせよの時代であったから含まれてはいなかった。

マッカーサー軍を追いつめた比島攻略戦

本間雅晴《ほんままさはる》中将率いる第一四軍の命令で、米軍を追ってバターン半島に突入させられた〝悲劇の旅団〟の将兵の叫びを聞く。

船舶工兵が仁王立ちで叱咤《しった》

すでに触れたように、南方作戦の最大の目的は、オランダ領東インド（インドネシア）の石油資源を奪うことであった。そのために、まずイギリスの東洋支配の拠点であるシンガポール要塞攻略を目指すマレー作戦がとられた。そしてもうひとつ、どうしても沈黙させなければならないのが、アメリカが領有するフィリピンのコレヒドール要塞であった。

マレー作戦に重点をおくか、それともフィリピン作戦に主力を注ぐかについて、開戦前の大本営には迷いがあったけれども、結局はマレー作戦が主になり、フィリピン攻略作戦はそれを支える形となった。

真珠湾、マレー・シンガポール、香港攻略などなど、開戦直後の作戦が予想をうわまわる〝大戦果〟を挙げたのにくらべて、フィリピン作戦が逆に予想以上の大犠牲を払わされる苦戦に終始したのは、支作戦というので十分な配慮がなされなかったからでもある。

フィリピン作戦にあたったのは、本間雅晴中将を司令官とする第一四軍で、主力は第一六師団（京都）と第四八師団（台湾）、それに占領後の警備隊として編制された第六五旅団だった。

大小七一〇〇余の島からなるフィリピンは、明治三十一年（一八九八）にアメリカが対スペイン戦争で奪った植民地であるが、このときフィリピンに米極東軍司令官でいたのがダグラス・マッカーサー大将である。

高波の中をリンガエン湾に暁の敵前上陸をする日本の第14軍主力部隊。

広田和雄さん（五〇）＝東京都府中市＝は昭和十六年（一九四一）一月に第一六師団の第九連隊に入営したばかりの現役兵だったが、十月になって連隊本部付の暗号手を命ぜられた。そして、十月二十日に大阪港から船出するのだが、このときは演習を装って港に集合したから、派手な見送り風景はなかった。むろん、兵隊はどこへ向かっているのかわからず、そのうち、台湾と海南島に何度か上陸したが、降りたかと思えばすぐ船に引き返さねばならない。

輸送船に長期間にわたり閉じこめられた兵隊たちは不満たらたらだったが、やがて、それが敵前上陸の訓練だったことがわかる。第一四軍は、フィリピンの首都マニラを攻めるために、ルソン島に敵前上陸したからである。

コレヒドール要塞はマニラ湾の入口にある小さな島に築かれているが、全島がコンクリートと鉄でできているといっていいくらい、強固なものだった。

だから日本軍は、マニラ背面のラモン湾と北西のリンガエン湾から主力を上陸させることにし、広田さん

日本軍マニラ攻略路

は十二月二十二日未明、リンガエン湾側のバウアン沖に到着していた。第一六師団はラモン湾から上陸したのだが、このとき第九連隊だけは切り離されて軍直轄になっていたため、リンガエン湾に回ることになったのである。

広田さんは連隊本部付だった。

「第一回目の上陸でしたが、ルソン島北部から十二月十日に上陸している部隊の活躍で敵がすでにいない予定なので、背嚢《はいのう》にシャベルに防毒面まで付けた重装備でした」

ところが、高波のなかを進む大発艇が波打ち際まで一〇〇メートルくらいまで近付いたとき、岸で待ちかまえていたアメリカ軍が一斉に機関砲と重機関銃で攻撃してきた。

大発艇の舳先《へさき》に立てた鉄板が撃ち抜かれる、手榴弾が投げ込まれる、爆雷にふれるなど、海岸線はたちまち大混乱に陥った。

「このとき、船舶工兵は偉かったね。三〇メートルくらいまで近付いたとき、すっくと立ち上がり『天皇陛下のためにやろやないか、飛び込めー！』と叫びました。それで飛び込むことにしたけど、『歩兵が先や』『通信隊が先に行けえ』とちょっともめましてな。結局、通信隊が先に海に飛び込んだわけですが、これがよかった。敵の狙いが定まらんうちに進んだ私らのうしろで、バタバタやられとります」

フィリピン上陸作戦中最大の損害を受けたのは、このときの第九連隊であった。完全装備のまま高さ二メートルもの逆波の海に飛び込んだものだから身体の自由がきかず、ようやく砂浜にたどり着いたものの、銃口に砂がつまっていて使えないし、一時は全滅かと思ったくらいだった。だが、海水浴場でもあるリンガエン湾は海岸線が長いため、回り込んだ別の部隊が正面の敵を追い払い、ようやくフィリピンの土を踏みしめることができたのである。

米比軍八万、バターン半島を死守

バウアンに上陸してからは、歩きに歩いた。自転車部隊もいたが、広田さんは徒歩だった。夜歩いて昼休むのだ。むろん、米比軍は各所に阻止線を張っていて、銃撃を加えながら後退していた。

このとき広田さんは、連隊本部付の当番兵が戦死するのをすぐ横で見た。

「やられたとき『天皇陛下万歳！、お父さん、さようならー！』と叫びましたよ、たしかに。まだ勝ち戦さのときだったから、こういう戦死者もいたわけですが、後の負け戦さになると、誰一人こんなこと言わない。黙って、うらめしそうな目をして死んでいきました」

ルソン島中部の平原に出て、マニラ市へと進撃をするのだが、しかし、マニラまであと一〇〇キロたらずに迫ったタルラックの戦闘で、第九連隊長の上島大佐が戦死した。

敵の待ち伏せ攻撃を受け、連隊長はヤシの木を背にして指揮をとっていたのだが、その木に迫撃砲弾が当たったため足を吹き飛ばされ、出血多量で戦死したのである。十二月三十日の昼ごろであった。

マッカーサー大将は、十二月二十七日にマニラ市の非武装都市宣言をし、日本の大本営も配慮を払うように注意をうながしてきたため、一月二日にほとんど無血占領がなされた。

台湾を出るとき、第一六師団と第四八師団のあいだでは、功名争いを避けるための協定が結ばれていて、マニラ市の北と南で待ち合わせて、同時に市内に入ることになっていた。

その協定は実行されるのだが、しかし、待ち合わせの間に、マニラ市内のアメリカ軍特務機関員が石油タンクに放火し回っていた。

当時、マニラ市周辺には約三五〇〇人の在留邦人がいた。そのなかの何人かが「早く入ってくれ」と矢の催促をしに来たものの、両師団は〝紳士協定〟を重んじて動かなかったといういきさつもあった。

こうして、マニラ占領までは予想よりも早いペースだったのだが、それは米比軍がマニラ死守の作戦をとらず、バターン半島に撤退したからであった。

バターン半島とコレヒドール要塞は、マレー半島とシンガポール要塞の関係によく似ている。コレヒドール要塞にはマッカーサー大将が立てこもっているのだが、ここを攻めるには海正面からは無理なので、背面のバターン半島側から攻めなければならない。

このバターン半島には米比軍約八万人（アメリカ軍一万五〇〇〇人、フィリピン軍六万五〇〇〇人）が立てこもり、本国からの援軍が到着するまではと、死守する構えをみせていた。

悲運の第九連隊は壊滅的打撃を受け

ところが日本軍は、バターン半島を簡単に攻略できるものと考え、無造作な攻撃にとりかかるのである。

湯浅益夫さん（五四）＝京都市中京区＝は、一月十日から開始されたバターン作戦で第九連隊第二大隊重機関銃中隊長であったが、のちに負傷する。

「九連隊は、奈良晃中将の第六五旅団に編成されて、第一四一連隊とともにバターン半島に入ったわけですが、そもそもこの旅団は占領後の警備隊用に編制されたもので、三〇歳を越した兵隊が多いし、装備も貧弱でした」

マレー作戦の快進撃に気をよくした大本営は、オランダ領東インドへの進攻を予定より繰り上げたため、フィリピン作戦用の第四八師団をそちらに転用したため、急遽《きゅうきょ》、第六五旅団をバターンに差し向けたのであ

マニラ市に進撃した日本軍の大観兵式で、戦車隊を歓呼で迎える在留日本人の児童たち。

る。

「甘い考えだったんですなあ。なにしろバターン半島の地理さえろくに調べておらず、二〇万分の一の地図だけが頼りだったんですから。それに、六五旅団のうち現役兵がいるのは九連隊だけですから、いやでも第一線主力にならざるをえない」

第四師団（大阪）の第八連隊と、第一六師団の第九連隊は、大阪と京都の商人気質《かたぎ》のソフトムードのせいか、明治いらい弱い部隊の代表のように言われていた。

またも負けたか八連隊

金鵄勲章九連隊《くれんたい》

などと、勇猛さを自他ともに許す九州の師団あたりからからかわれることもあったが、バターン半島ではまさに悲運の部隊だった。

戦死した上島連隊長の後任は、武智大佐であったが、さきの広田和雄さんにいわせると〝梅干し〟という渾名《あだな》をつけられた〝しわくちゃ爺《じい》さん〟で、あまり頼りにならなかったという。

ともかく、バターン半島の米比軍を甘くみ、さらに疫病で名高いジャングル地帯であることを軽く考えた参謀本部のせいで、第六五旅団はさんざん苦しめられ、第九連隊は壊滅的な打撃をこうむったのである。

鈴木敬一さん（五〇）＝大阪府豊中市＝は第九連隊第二大隊の二年兵だったが、バターン半島で所属の中隊が全滅し、わずかに生き残れた人である。

「敵の強力な陣地があるナチブ山に向かったんですが、たちまちジャングルに迷い込み、一週間も孤立して、飲まず食わずでした。まったく草一切れさえ口に入れられずに、散発的に戦闘を続けたんです」

ところが、ひょっこり山の中腹に出てしまい、旅団主力と向かい合っている敵の背後に回ったことが分かった。敵を発見したことにも驚いたが、同時に谷間にサトウキビ畑があることに気付いて、にわかに色めきたった。

「降りて行けば、向こうの山の敵に撃たれます。だけど、サトウキビは欲しい。そこで決死隊が組織されましてね。私、こんな男ですけど、真っ先に志願しましたよ。同じ死ぬなら食えるだけ食ってから死のうと思いましてね」

挟み撃ちになった敵はあわてて姿を隠し、無事にサトウキビを手に入れることができたが、あまりかじり過ぎたので真っ赤な尿が出たという。

そのサトウキビをかじっているとき、友軍機が食糧投下に来た。それまではいくら投下されても、敵との間に落ちて拾えなかったが、挟み撃ちになった敵が逃げ去ったというので来たのだった。

連隊本部付の暗号手である広田さんが〝一片のパンも口に入れず、重ねて糧秣《りょうまつ》の投下頼む〟という電報を打ったからなのだが、このときもだいぶ敵側に流れて、結局のところ乾パン三個と金平糖《こんぺいとう》半粒が配給になっただけであった。

死体の山を残して前線へ、前線へ

そんな配給品で腹を満たすこともできないまま、鈴木さんたちはひたすら逃げる敵を追った。一月二十四日に追撃を開始し、三日後に敵のカポット台陣地に迫った。

「このとき、うちの中隊はもう五〇人になっていました。敵は山を背にトーチカを築いて、鉄条網を張りめぐらしているんですが、工兵が爆弾三勇士さながら長い爆薬筒をかかえて突進し、破りました」

それっと、その突破口に殺到したが、狙い撃ちされてたちまち死体の山になる。鈴木さんたちは、鉄条網の前に這いつくばったものの動けない。

味方の重機関銃などの支援はあるが、頭上すれすれに弾丸が飛ぶので、うっかり頭も上げられない。やむなく壕を掘ってもぐることにしたが、朝になって人員の点検をしたときには中隊は一四人に減っており、その夜、後退して味方に戻ったときにはさらに減って九人だった。

手島貞次さん（五〇）＝京都市右京区＝は、このときの九人の一人である。

「壕のなかで、それぞれ名前を呼び合いましてね。神山という曹長がタバコを放ってくれたのを憶《おぼ》えていますが、その煙りをめがけて敵弾が飛んでくる。タバコの煙が敵弾のためにかき乱れるくらいもの凄《すご》い銃撃でした」

結局、第六五旅団は敵の堅陣を突破できずに後退する。第九連隊は道に迷って迂回したことが、敵の後方を衝《つ》いた怪我の功名めいた結果になったが、手島さんはいう。

「武智連隊長は、のちに敗残兵に狙撃《そげき》されて戦死しますが、連隊長の器やなかったんと違いますか。〝迂回戦術〟にしたところで、敵の主力を避けるためだったともいえますし……。その前に戦死した上島連隊長も、弱い部隊ほど前に出す、先に出す人でした。これという頼りになる者を手元に置いときたいのは人情でしょうし、それが軍隊と違いますか。で〝五中隊を前へやらせ〟が続いて、終わりですよ」

手島さんに軍隊不信を植えつけたのは次のようなこともあったからだった。将校のなかには、砲撃で自分の身が危くなると、「おい、お前ら、人垣を作れ。おい、おまえは俺の上に乗れ！」という人物もいたのである。

第一六師団の第二〇連隊から第一大隊七〇〇名と第二大隊九〇九名がバターン半島西側の海を舟で進み、

バターン半島のバランガ占領を目指して突進する日本兵。

南端の岬に果敢に上陸したが、このうち第二大隊は負傷者三〇数名を残しただけで玉砕した。

　手島さんたちは、カポット台を撤退したあと両大隊の救出に向かったが、脱出できずに捕虜になった兵もいた。

　五月のコレヒドール陥落で、そのときの捕虜は取り返されたが、彼等を待っていたのは「ご苦労さん」のいたわりの言葉ではなく、軍法会議だった。そして、そのうちの一人は敗戦の年まで陸軍刑務所に入れられていたのである。

　八万人の敵に、わずか一個旅団の戦力で向かった第一次バターン作戦は、二月二十三日に攻撃を中止した。実に戦死一七〇六名、負傷三〇四九名、行方不明二三〇名であった。そして、生存者はまず例外なくマラリアに罹《かか》っていたのである。

　鈴木敬一さんはいう。

「戦死者を焼く余裕がないから、小指を切りとって携行燃料で燃やし、その骨を空き缶に入れて首から下げて、上から下まで血だらけのボロボロで後退すると、前へ出ろ出ろと追いあげられる。なんや、死なな帰してもらえんのかい、と思いましたな」

　そう、兵隊はつねに消耗品なのであった。前線へ前線へと追いやられた第九連隊は、こうして死体の山を築くことによって〝名誉を挽回《ばんかい》〟するのであるが、金鵄勲章とはいったいなんであったのであろうか。

解説

フィリピンを攻略したのは第一四軍（軍司令官本間雅晴中将）で、兵力は二個師団と一個旅団の三万五〇〇〇人、それに第五飛行集団（集団長小畑英良中将）の約一四〇機で、総兵力は七万五〇〇〇人だった。

攻略戦は開戦当初から五月雨《さみだれ》式に始まり、第一四軍主力がルソン島リンガエン湾に上陸したのは昭和十六年十二月二十二日だった。

当時の米比軍はダグラス・マッカーサー大将率いる約一〇万の兵力だった。アメリカ軍そのものは約二万三〇〇〇人で、このうち六〇〇〇人はマニラ湾入口のコレヒドール島の要塞に配置されていた。

第一四軍主力が上陸したとき、マッカーサーの戦略は適当に戦って後退し、マニラも無防備都市宣言をして明け渡す。その代わりにバターン半島に立てこもり半年ぐらい頑張って援軍を待つというものだった。

実際、リンガエン湾に上陸した日本軍は一九四二年二月二日、マニラを無血占領したのである。それを尻目に米比軍は続々と撤退し、バターン半島に逃げ込んだ。

本間軍司令官からバターン半島の米比軍撃滅を命じられた第六五旅団は、軽い気持ちで半島のジャングルに分け入ったが、そこで初めて猛烈な反撃にあった。バターン半島には本格的な陣地が幾重にも構築されていたことを日本軍は知らなかったのである。

約一カ月の攻撃で被った損害は戦死二七二五人、行方不明二三〇人、戦傷四〇四九人で、大部分が第六五旅団の将兵である。ほとんど壊滅に近い状態だった（第一次バターン攻略戦）。

この旅団はもともと占領地区の治安維持を目的に編制さた部隊で、大砲部隊もなかったし、本格的な砲兵陣地を幾重にもかまえて、戦闘態勢を整えていた米比軍にはまったく太刀打ちできなかったのは当然だった。それにようやく気付いた軍司令官が攻撃中止を命じたが、その判断はかなり遅かった。

バターン半島攻略戦と「死の行進」

首都マニラを放棄してバターン半島に撤退した米比軍だったが、追撃する日本軍に降伏し、収容所への「死の行進」が開始された――

掠奪強姦《りゃくだつごうかん》も要領次第で看過

バターン半島でのつまずきは、日本軍に大きなショックを与え、ただちに増援部隊を派遣しての第二次攻略戦にとりかかることになったが、第一線将兵はようやく束の間の休養を得た思いだった。

第一四軍直属の特殊部隊にいた岡本正雄さん（五二）＝千葉県流山市＝は、昭和十三年（一九三八）十二月に徴兵され、股下が長くて格好のいい兵隊に向いた騎兵になり、習志野の第一五連隊で訓練を受けたあと中国に渡り、ソ満国境の警備に当たっていたところを、フィリピン行きに選抜された一人であった。

「南方では馬は通用せんので、オートバイ部隊になったんだ。支給されたのは〝アサヒ〟というのだったけど、しょっちゅう故障してたんで、フィリピンに上陸してから手に入れたアメリカ製の〝インデアン〟というすごいやつを、もっぱら愛用したね。鉄砲も敵の残した自動小銃と取り替えて、うしろの荷台にくくりつけ、格好良く走ったもんです。ところが、マニラで一段落して兵器の検査があったもんで、いやもう、怒られた怒られた。でも、現役の四年兵だからね、いいかげんに聞き流しておいたよ」

岡本さんは、マニラ市内の在留邦人が監禁されているのを救出した。倉庫にぎっしり、それこそ天井に届くくらい「積み上げられていた」という。

「第一次バターン攻撃のとき、自分はマニラ警備に当たっていたけど、マニラには各国の女がずいぶんいたからね。留学生で来ていて、送金が途絶えて淫売婦《いんばいふ》になったのも多かった。でも、セックスは庶民の方がやっぱり具合がいいですな。中国でも金持ちの女よりも、普通の方がよかった」

フィリピンでも、掠奪や強姦は各所で行われた。

「一人が自動車一台ずつ持って掠奪に行く。銀貨、時計、洋服生地なんかね。古年兵だから、軍のウラオモテを知り抜いているから、こんなこと平気ですよ。でも二回ほど、強姦罪で銃殺されるところを見たなあ。私らは、仮にやっても尻尾《しっぽ》を捕まえられるようなことはしないから。いまでも、家の者にも戦友にも言えないようなこと、いろいろありますよ」

大山正五郎さん（六三）＝栃木県足利市＝も、独立自動車第三八大隊の主計中尉として、フィリピン作戦に参加した。

「日本の軍票をどんどんばら撒《ま》いたが、全然ありがたがらない。フィリピン人は必ず日本軍は負けると信じている様子でしたね。アメリカ軍が戻って来たとき、忠誠心を表すのはドルしかないといって、ドルを大切に扱っていたなあ」

主計中尉だから慰安婦の〝配給〟があると、その〝給与〟を命ぜられたりする。

「最初はフィリピン人を集めてやっておったけど、やがて朝鮮人が来て、日本人が来て……。日本人のなかでは、天草の人が多かったね」

慰安婦の管理は女郎屋の主人がやるが、大山さんは、たとえば一五人の〝配給〟があると、そのための部屋を作るのである。

「今日は××部隊、と命令を出す。すると兵隊が一五列に並びましてね。一番長い列は一五〇人くらいになり、兵隊は前もってチケットを売りつけられていて、順番を待つわけ」

慰安婦はシュミーズ一枚で、ねじり鉢巻きというのもいた。兵隊たちは待ちに待った順番が来ても、女の体臭と肌にふれただけで、たちまち終わってしまうという。

「兵隊が部屋に入ったかと思うとすぐ出てくる。女が飛び出して便所へ行く。兵隊が入って出てくる。女が飛び出して便所へ行く。これの繰り返しです。それをずっと数えたことがありましたな。七六人を三時間くらいでね……。馬鹿みたいに見ておったもんですよ」

バターン半島における死闘の直後であっても、女性に関するかぎり、生気はたちまちよみがえる。

「今の人には想像もつかんだろう。一カ月半も女から隔離されると、目はランランと輝いてきて、喧嘩《けんか》っ早くなり、言葉も目立って荒々しくなる。部隊が戦闘から戻ってくると、日の丸を持った女が迎えてくれる。すると、それが慰安婦とわかっていても、懐かしさのあまり涙が出るんですよ」

一片のパンに飢える米比軍

人見潤介さん（五三）＝京都市伏見区＝は、第一六師団の宣伝班要員として訓練を受けた。フィリピンにはアテモ湾から上陸したが、このとき『アジア人でアジアを取り返そう』という宣伝ビラを大量に撒いた。

情報を集めなければならないので、つねに先頭に立たされ、真っ先を行くオートバイ部隊に配属された。

「私がつけられた部隊は現役兵だったから、軍紀は厳正でしたよ。宣伝班や衛生隊以外は、家屋の中へ入ったらあかんといわれて、軒下で寝ていたくらいです。よその部隊では、掠奪なんか普通だったんとちがいますか」

この宣伝班は、ヒットラーのプロパガンダ隊を見習って作られたもので、まもなく石坂洋次郎、今日出海、尾崎士郎など作家も徴用されてきた。

しかし、プロパガンダを英訳すると〝嘘つき〟という意味も持ってくるので、嘘つき部隊ではまずいため、やがて報道部と名称を変えた。

この報道部は、報道課と宣伝課に分けられて、人見さんは宣伝課だった。宣伝課はさらにこまかく対敵、対地区（住民）、対軍内部、対後方と分けられていたが、フィリピンではあまりうまくいかなかったようだ。

バターン半島に立てこもった米比軍に向けて、しきりに投降勧告のビラを撒いたけれども、それにはたいてい煽情《せんじょう》的な絵が書かれてあった。女と男がベッドでからんでいて、「郷里では奥さんが浮気しているぞ、早く帰ったほうがいい」と説明をつけたり、赤ん坊を抱いてベッドでもだえる女が「なぜ私をこんなふうに置き去りにしたの？　なぜか忍びがたい寂しさ、この沈黙。この湧《わ》きいずる満たされぬ情熱に、なぜ私一人が苦しまねばならないの？　なぜ？　なぜ？　なぜあなた帰ってきてくれないの？」と訴えている構図であったりする。

いま文壇の大家と呼ばれる人たちも、かつてはこんな安っぽい作文を得意になって作っていたわけであるが、どうやら日本人は、アメリカ人といえばセックスのことしか考えない人種と思い込んでいたらしい。

前線の米兵の戦闘意欲をくじこうと、日本軍が飛行機からばら撒いた伝単（宣伝ビラ）。ビラには「愛《いと》しいジョニーよ」などと書かれた裸体の女性が描かれている。

だが、バターン半島の米比軍は、それどころの話ではなかった。長期籠城《ろうじょう》で食糧がとぼしくなり、飢えに苦しみはじめていた。腹がへって苦しんでいるときは、妻や恋人の浮気などより、一片のパンが手に入るかどうかが大問題のはずである。

あっけない白旗に欣喜雀躍《きんきじゃくやく》

十二月二十二日の日本軍上陸直後に、マニラを無防備都市宣言してバターン半島に後退した米比軍は、四月三日から第二次総攻撃を受けることになる。

司令官マッカーサー大将は、三月十一日にコレヒドール要塞を脱出して、オーストラリアに逃がれていた。このときの有名な言葉『アイ・シャル・リターン』は、満三年後に実現するわけだが、しかし、大将が脱出したあとの米比軍の士気はいちじるしく低下したといわれる。

広田和雄さん（五〇）＝東京・府中市＝は歩兵第九

続々と投降してきたフィリピン兵と一般住民を整列させる日本兵たち。中央に立っているのが大山正五郎中尉。

連隊の暗号手として、再びバターン攻略に向かった。

「コレヒドール要塞のどでかい大砲が、直径七、八〇メートルもの大穴を開けている。いまさらながら、この間の砲撃のものすごさを思い、ぞっとしました。われわれはコレヒドールから飛んでくる砲弾を、ドラム缶と呼んでいましたからね」

また岡本正雄さんは、コレヒドール要塞の大砲のものすごさを、次のように表現する。

「要塞砲が撃ちかけてくるときは、ドーン、ドーンと一発ずつじゃなく、ドドドド……ツと切れ目がない。とにかく、どうしようもない。もの凄い」

口径三〇センチ砲が二〇門もある。ドラム缶というのは大仰だが、しかし、恐るべき威力を発揮した。

鈴木敬一さん（五〇）＝大阪府豊中市＝は、第九連隊の上等兵として第一次攻撃でも辛酸をなめつくしていた。

「第二次は、増援の第四師団（大阪）が主力になった。九連隊がもしこのまま負け続けると、一六師団（京都）は功績がないままで終わってしまう。まあ大阪師団も京都より強いところを見せようと張りきってたんでしょうけど、とにかくこっちは、大阪に負けるないうて連日連夜の大行軍で東海岸へ出て海岸沿いの道路を急行し、とうとう四師団を追いこして前へ出てしもうたんです」

だが、鈴木さんと同じ中隊だった手島貞次さん（五〇）＝京都市右京区＝は、そのような先陣争いに強い疑問を抱いていた。

「うちの中隊長なんか、よく軍刀を抜いて〝勇敢なるわが五中隊の兵士は、わがあとについて突撃せよ！〟とやりよったけど、ありやあ、楠正成《くすのきまさしげ》の時代ですね。そこへいくと、アメリカは無茶をしない。危い、と思うと主力は退いて、砲撃と飛行機で徹底的にたたいてから、攻めて来よる」

ところが、慎重に作戦をたて、天長節（四月二十九日）にバターン制圧を目標にした日本軍の前に、米比軍は思いもかけぬ白旗を掲げてきたのである。四月九日であった。鈴木敬一さんはいう。

「最初の投降軍使を捕まえたのは私です。なんとかいう名前の中尉やった。朝の六時ごろ五人で路上斥候に出されて、マリベレスへあとわずかというところまで歩いたとき、白旗を掲げたジープが来て『本部はどこか』と聞く。私は飛び上がって喜びたい思いを後回しにして、もうすぐ本部が来るから待っとれというたんです」

立命館大卒のインテリである鈴木さんは、英語で応答した。そして、ようやく「戦争が終わった！」と叫びあって、戦友と一緒に飛び上がって喜んだという。

西海岸方面には無傷の米比軍が残っているし、マリベレス周辺の要塞がコレヒドール要塞と連係した抵抗をすれば、日露戦争の旅順口と同じ困難を予想した日本軍にとって、この米比軍のギブアップはあまりにもあっけない終わりであった。

炎天下にあえぐ「死の行進」

バターンの米比軍総指揮官エドワード・キング少将は、コレヒドールに立て籠《こ》もるマッカーサーの後任であるウェインライト中将の反対を無視して、降伏を決めたといわれる。

広田和雄さんはいう。

「連隊本部が進んだとき、白旗を立てたジープが来て、キング少将が降りてきた。私の目の前に、降りたです」

このとき日本軍は、全軍の無条件降伏を迫ったが、キング少将は権限外だといって承服せず、コレヒドール要塞を残してバターン軍だけが降伏した。こうして、アメリカ兵一万二〇〇〇人、フィリピン兵六万四〇〇〇人は指揮中枢を失って、続々と投降してきた。それに避難民と一般住民二万六〇〇〇人も、米比軍と行動をともにした。

大山正五郎さんは、その数が多いのに驚いた。

「出てくるわ、出てくるわ。ジャングルの中から引きもきらず米比軍が投降してくるんです……」

しかし、敗残兵の卑屈さは、彼らの表情になかった。

「投降してきても、傲然《ごうぜん》たるものでね、負傷兵や将校を真ん中に入れて、ダッ、ダッ、ダッと歩いてくる」（手島貞次氏の話）

バターンが陥落したら、いよいよコレヒドール攻略であるが、そのためにはこれら捕虜を後方に送らなければならない。

マリベレスに集結した捕虜を、八八キロ離れたサンフェルナンドに送ることになった。最初、日本軍は自動車による輸送を計画した。しかし、コレヒドール攻略優先でその自動車はない。日本軍は徒歩で行かせる決定をしたのである。

フィリピンの四月は真夏で、炎天下は四〇度を越す。しかも捕虜は飢えに耐えかねた連中であり、負傷兵も少なくない。そのうえ四分の三はマラリアに苦しめられていた。だが、徒歩による移動は強行され、これが〝死の行進〟となるのである。

「米兵たちは三カ月半におよぶ籠城で、すでに体力の限界にきていた。食糧は日本軍でさえなく、六五旅団からも行き倒れが出るくらいだったし……」（人見氏の話）

「アメリカ兵の水筒を取りあげて、空き缶しか持っていないフィリピン人に与えたことはあるけど……」（手島氏の話）

「われわれは捕虜の虐待なんかせん。よく降参してく

マリベレスに集結した大勢の米比軍捕虜は、88キロ離れたサンフェルナンドの収容所まで徒歩で移動をさせられた。のちに「死の行進」と叫ばれる移動である。

れたと、感謝する気持ちが強かった。それを後方部隊がひどい目にあわしたんだ」（鈴木氏の話）

そして、広田氏はこういうのである。

「捕虜に直接タッチしなかったから分からないけど、別にことさら虐待しているようじゃなかった。私はバスでマニラへ戻ったのでね」

捕虜七万六〇〇〇人のうち、収容所にたどり着けたのは五万四〇〇〇人であった。そして難民や住民にいたっては、その数字さえつかめていない。

大山正五郎さんはこのときの模様を、太平洋戦争研究会宛に次のような手記を寄せくれた。

――いずれも骨と皮ばかり、よろよろと一歩歩いては倒れ、二歩歩いては倒れて、この行列は一刻も休みなく、十五日間もわたしの前を通ったのです。

炎天下四〇度のアスファルトの路上、ついに力つきて動けなくなった人々の群れが三々五々、道路の側に死を待つばかりで、遠く地平線の彼方までつづいていたのです。トボトボと歩く人々のなかに、いたいけな幼女が素足の足首から血をだしているのを見ても、クツもホータイも与えられません。

ある日、五人連れの家族がたどりついて休ませてくれといい『キャプテン、ケースが欲しい』と父親らしい男が頼みます。段ボール箱を一コ与えて、何に使うかと見れば、ああ、惨たり、末の女児が絶命。それを入れて出た夫婦が埋葬より戻れば、ああ、惨たり、次男絶命したり、長男正に落命寸前。

必死の注射の甲斐《かい》もなく、やがて長男も他界せり、だれかこの惨状に泣かざらん。三児の落命を呆然《ぼうぜん》と座してながめるばかりの両親は、やがて翌朝そのやせおとろえた身を助けあいつつ、またトポトポと果てしない途を歩いて行ったのでした――（以下略）。

この「死の行進」は、のちに脱出した米兵によって明らかにされ、デスマーチ・オブ・バターン（バターン死の行進）と呼ばれて、日本人に対する憎悪をいっそう煽《あお》った。

さて、バターン半島が陥落し、米比軍に残された最後の砦《とりで》は、半島南端から一〇キロの海上に浮かぶコレヒドール島となった。同島には約一万三〇〇〇名の米兵が立て籠っていた。四月十四日から日本軍による砲撃が開始され、ときに爆撃機による攻撃を加えて要塞の防衛力を削り取った。こうした十分な砲爆撃のあと、五月五日に第四師団が上陸を開始し、七日、コレヒドール島の米比軍は白旗を掲げて降伏した。

解説

バターン半島への第二次攻撃は二カ月後の昭和十七年四月三日に開始された。さすがに前回の失敗に懲《こ》りたのか、日本軍はもともと第一四軍に属する第一六師団、第六五旅団のほかに、第四師団と歩兵第六二連隊基幹の永野支隊を増強した。さらに北島驥子雄《きたじまきねお》中将の指揮する軍砲兵隊は、大小一九二門の火砲を並べてバターン半島の堅陣に撃ち込んだ。さらに第二二飛行団から重爆撃機隊も参陣した。

砲兵隊の盛大な支援を受けて日本軍は、米比軍の激しい抵抗を受けたものの混乱は少なく、米比軍は後退を重ねて、九日にはバターン守備隊の指揮官エ

米比軍捕虜の移動には、幼い子供たちを連れて戦火に追われるフィリピンの一般人も数多く混じっていた。

ドワード・キング少将が降伏した。日本軍の損害は戦死三八二人、戦傷一〇二〇人と、第一次攻略戦にくらべればはるかに少なかった。

　バターン半島には約八万人の米比軍と、二万六〇〇〇人の一般市民が立て籠っていたという。米比軍の降伏によって日本軍は一挙に一〇万人近い捕虜を抱えることになったが、大量の捕虜をどうするのか、まったく準備していなかった。

　とりあえず六〇キロ後方のサンフェルナンドまで移送し、そこからマニラ周辺に設けた捕虜収容所に収容することになった。しかしトラックなどの移動手段を欠き、捕虜に与える水や食糧も満足には用意していなかった。そのためサンフェルナンドに徒歩で向かう途中、捕虜がバタバタと倒れだした。なかには殺害命令によって殺された捕虜もいたという。こうした〝蛮行〟は、脱出した米兵によって明らかにされ、デスマーチ・オブ・バターン（バターン死の行進）と呼ばれて日本人に対する憎悪をいっそう煽《あお》ることとなった。

見よ落下傘、パレンバン奇襲攻撃

日本陸軍初の落下傘降下部隊の生き残り兵が語る、スマトラ島精油所奇襲作戦とは——

大陸を転戦し落下傘部隊へ

いままで繰り返し書いてきたように、日本が太平洋戦争を始めたのは、蘭印（現インドネシア）の石油資源をどうしても手に入れたかったからだが、とりわけ重視していたのは最大の油田パレンバンであり、ここを占領できるかどうかにすべてがかかっていたといってもいい。

パレンバンはスマトラ島の南部にある大油田で、海岸から約八〇キロも奥地にあるため、奇襲上陸で一気に突進するというわけにはいかない。スマトラ島攻略の主力である第三八師団（名古屋）が、バンカ島から出発して数条の河をさかのぼり、パレンバンに迫ることになってはいるものの、それまでに徹底して精油所を破壊されたのでは台無しになってしまう。

開戦前から蘭印当局は公言していた。

「パレンバンには五〇万トンの石油を貯蔵しているから、もし日本軍が攻めてくれれば一日一万トンずつ河川に放流して火をつけ、絶対に近付けさせない」

だが、まさか日本の落下傘部隊の奇襲攻撃があるとは、考えてもみなかったらしい。それというのも、太平洋戦争が始まるまで、日本軍は落下傘攻撃を実施したことはない。昭和十七年（一九四二）一月十一日に、海軍機がセレベス島のメナドに三三四人を降下させたのが、日本軍として初めてのパラシュート作戦であったからだ。しかし、このときの落下傘使用は、すぐには発表されなかった。陸軍が海軍に申し入れて、パレンバン奇襲降下まで待ってくれるように頼んでいたからである。

同じ大本営発表ではあっても、陸軍部と海軍部がことあるごとに張り合って、それぞれ自分たちの手柄を国民に印象づけようとしていたときだけに、海軍側はただちに初の落下傘攻撃を発表したかったに違いない。それを我慢して一カ月以上も延ばしたのも、パレンバン奇襲降下の重大さを知り、その意図が事前に漏れてはならぬと判断したためだった。

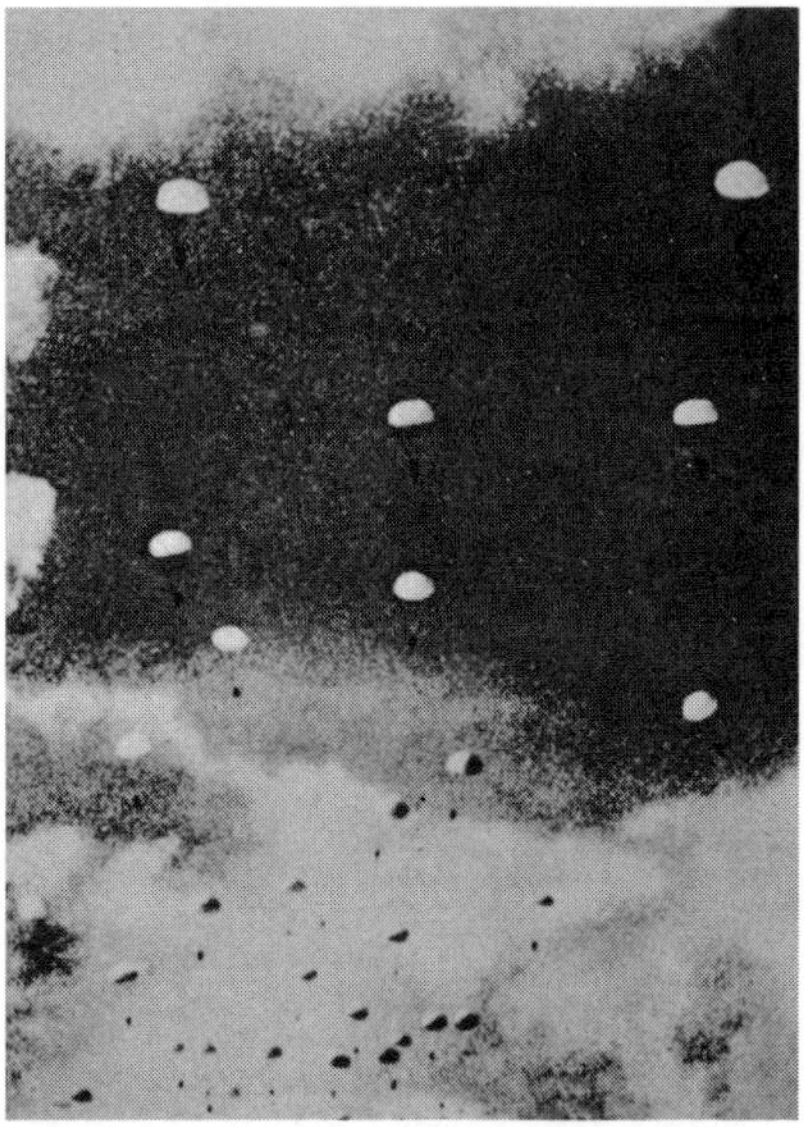

日本軍初の落下傘降下作戦は、海軍が昭和17年1月11日にセレベス島のメナドに対して行った。

日本軍が落下傘部隊を編成したのは昭和十五年（一九四〇）からであるが、その実戦化が差し迫ってきたのは、南方作戦が具体的に考えられるようになった昭和十六年後半からである。つまり、パレンバン油田を無傷に近い状態で占領するにはどうすればいいかを考えはじめたとき、落下傘の使用を思いついたのである。

名井治美さん（五二）＝千葉市花見川＝は、昭和十三年（一九三八）に一八歳の志願兵として入営して中国を転戦、第七〇連隊（篠山）の歩兵伍長としてソ満国境の警備に当たっているとき、次のような貼紙を見た。

「機動部隊要員募集」

当時、中国戦線の将兵は行軍また行軍で、ほとほと歩くのが嫌になっていた。

「何か、歩かんでもええものないか、と思うてたときやから、飛びつきましてね。そう機動部隊というんなら、トラックかなにかに乗せるんやろう、とにかく歩かんでも済むと、すぐさま応募したわけです」

蘭印攻略作戦の経過

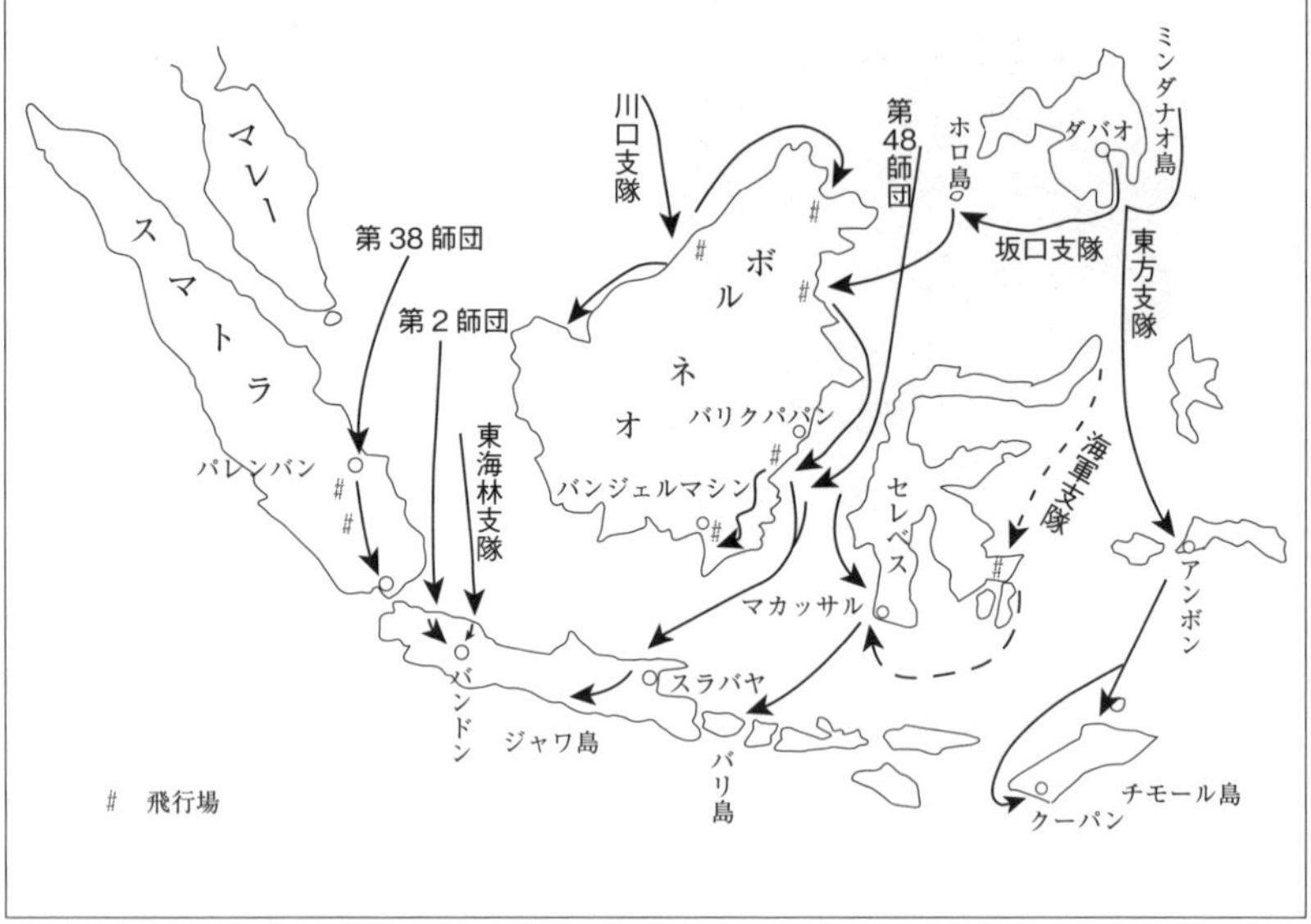

小川弘さん（五二）＝千葉県船橋市＝も、昭和十三年に一八歳の志願兵として入営、第六一連隊（和歌山）の歩兵伍長で中国南部戦線の南昌にいるとき、その貼紙を見た。そして、やはり「歩かんでも済む」と考えて応募した。

「試験を受けられることになって、落下傘部隊らしいと気付いたんです。長男でないこと、独身であること、というのが条件なんでね。『こりゃ、どうせ、殺すつもりやなあ』と話しながら、内地へ受験のために帰りました」

試験は九月の初めで、場所は東京郊外の航空技術試験所だった。二階の屋根から飛び降りさせられたり、輪状のなかに入れられてグルグル回転させられたり、かなり荒っぽかった。

終わると三列に並ばされた。そして試験官が言った。

第一列目は、落下傘部隊。

第二列目は、航空飛行隊要員。

第三列目は、原隊へ帰れ。

名井さんも小川さんも、第一列目であった。すなわち、もっとも優秀とみなされたわけだが、最後にもういちど「辞退したければしてもいい」と念を押され、大変な任務であると気付いたが、名井さんは「キンタマ持っとればイヤとはいえんわい」と思い、小川さんは「覚悟のうえや」と思った。

死ぬ気で買った香水を胸に

かくして、歩くのが嫌さに応募した二人は、落下傘部隊に入るのであるが、なるほど、歩く必要はなくても飛び降りるほうがよほど大変であることを、いやというほど思い知らされる。

訓練は所沢の陸軍航空整備学校で始まったが、教本はドイツのものが一冊あるきりで、最初はもっぱら体力づくりに集中し、陸軍学校の体育の教官からみっちり鍛えられた。

東京の玉川遊園地に降下鉄塔があった。そこで降下の初歩を始めることになったのだが、スパイの目に落下傘部隊の訓練と映ってはまずい。

小川さんは言う。

「一人一人、大学生に化《ば》けて出かけるんです。ところが服装というたら、帽子は早稲田、服のボタンは明治、靴は運動靴というぐあいでデタラメ。そのころ、よくニセ大学生狩りがやられていて、隊員がだいぶとっ捕まってね。警察も憲兵も事情を知らんから、釈放までえらい面倒でしたな」

実際の降下訓練は宮崎で行われた。落下傘部隊は、ある程度の戦略判断がつかめなければ務まらないというので、中国戦線の現役下士官を主として集めたから、いわば猛者《もさ》ぞろいであった。

だが、名井さんはいう。

「飛行機への信頼もないし、なれぬ手つきで自分がたたんだパラシュートが、はたして開いてくれるものやらと、さすがに本番になるとみんな深刻でしたよ」

二人とも第一挺進団の挺進第二連隊に編成された。挺進第一連隊は、かなりの訓練を受けた落下傘部隊だが、第二連隊のほうは訓練期間も浅く、いわば第二軍的な存在であった。

一月十五日、この〝第二軍〟は門司港を出て、仏印のハイフォンに向かった。
「私は門司の街で香水を探し歩いて、オリジナルというのを一〇個買いましてね。中国にいたときもろうた慰問袋に入っておった、その百合の匂《にお》いのする香水が好きになって……。死ぬとき、戦友にイヤな匂いを嗅がしとうなかったんでね」(小川さんの話)
「ところが門司を出るとき、持たされる武器、被服、糧秣があんまり多いので、みんな文句たらたらやった。仏印に着いて分かったんですが、第一連隊の乗った船が海南島沖で沈没してしもうたんで、二個連隊分を積み込まされていたわけだったんだよ」(名井さんの話)
すなわち、挺進第一連隊を乗せた船は積荷の自然発火から沈み、人員は護衛の駆逐艦に救助されたものの、予定の作戦に参加させることは不可能になっていたのである。
この事故で陸軍は深刻な打撃を受けた。パレンバン降下作戦は、二月五日に予定されていたのに、とても間にあいそうにない。まして予備の第二連隊は訓練不足で、荷が重すぎる。
一月二十二日、南方総軍はついにパレンバン降下作戦を断念する決定を下さざるを得なくなった。

重点を飛行場への強行着陸に!

一方、スマトラ上陸の第三八師団の作戦も、もたついていて遅れ気味であった。だが、第三八師団の上陸作戦開始の前日に奇襲降下を行う予定の落下傘部隊にとっては、部隊の行動が遅れていることはそれだけ時間が稼げるわけで、ありがたいことである。
結局、せっかくの落下傘奇襲だから、是非やらせてほしいと飛行隊側がねばり、二十四日に再び実施することに決まるのだが、総司令官の寺内大将は、このとき降下部隊の全滅を覚悟していたといわれる。
「お前たちの働きに、日本の戦争の運命がかかっている、とよくいわれてきたけど、予備から正面に出て、さすがに緊張しました」(小川さんの話)
「マレーのカハン基地では、実に待遇がよかった。あのへんの食料の上等なものを全部集めて食わせてくれる感じでね。ウイスキーにコーヒーに、弁当にはセロ

昭和17年2月14日、パレンバン奇襲降下作戦に出撃する陸軍落下傘部隊。

ハンに包んだ巻き寿司まで入っておる。こりゃあ義理にも死なんといかんぞ、と思いましたよ」（名井さんの話）

パレンバン奇襲降下は、飛行場と精油所の二手に分かれて行うべく最初から計画されていた。精油所への降下は、いうまでもなく連合軍が敗走するとき破壊作戦をとるのを防ぐためで、大きな目的だった。そして飛行場占領は、日本軍の上陸作戦を容易にするためであった。

だがこのとき、南方総軍の命令は「飛行場を占領せよ。精油所は、なしうれば占領確保せよ」となっていた。精油所は第二目的になったのである。

精油所にあれほど執着してきたのに、目的の第二義になったのは、二兎《にと》を追うものは一兎を得ず、となることを恐れたからだった。つまり、飛行場には零戦も歯が立たない、空の要塞といわれる大型爆撃機B17とB24が配置されているから、なんとしても制圧しなければならない。いくら精油所を占領しても飛行場が無事ならたちまち逆襲されて、元も子もなくなる。それなら降下作戦の重点を飛行場に置こう、ということになったのである。

それはいうまでもなく第一連隊が参加できなくなり、予備の第二連隊が降下することになったためであった。

第二連隊は二手に分けられた。二月十四日の出撃だった。二六〇人が飛行湯へ、一三〇人が精油所へ降下することになったのである。名井さんは飛行場であった。そして、小川さんは精油所であった。

「出発を前に記者会見があって、新聞記者が、なにか郷里へ言付けはないかといってくれた。だけど、いまさら何を、と変な気持ちでねえ、黙っておったですよ」（名井さんの話）

「飛行機に乗って、オリジナルを部下に一個ずつ分けました。99式輸送機でパラシュートをつけた九人が乗り込んでいましてね、二個残ったから、わたしはパラシュートから靴の先まで、たっぷり香水をふりかけた。もう使うこともないだろうと思いながらね」（小川さんの話）

二人とも軍曹で、分隊長だった。

パレンバン飛行場に向かう名井さんの乗機は、途中で故障して編隊から遅れてしまい、引き返さなければならないと操縦士がいい出した。

「とんでもない、なんとか追いつけと脅迫して無理に追わせたのがたたって、帰りの燃料がないという。ええい、そんなら強行着陸やと覚悟を決めて、飛び降りるのをやめて突っ込んだんですわ。高射砲がパンパンパンパン上がってね、尻のあたりがむずむずしたけど、それでも落下傘で降りるよりは気分が楽やったなあ」

しかし、強行着陸は失敗、尾翼を大木に引っかけた飛行機は炎上した。さいわい地上に放り出された九人の隊員は、分隊長の名井さん以下五名が負傷したが、死者は出なかった。

製油塔確保に捨て身で挺進

名井分隊は投下した武器を集め、即座に戦闘に入った。

「もっとも戦闘というても組織だったものじゃなくて、なんだか喧嘩みたいやったな。まあ、奇襲攻撃やから

スマトラ島南部の油田地帯、パレンバンに降下する陸軍落下傘部隊。

成功して、夜になると敵はトラックで後退を始め、十五日の朝には飛行場を制圧できました」

小川さんは午前十一時二十六分に、飛行機の扉から身をひるがえした。

「瞬間、放心状態でね、ショックを受けて（落下傘が開いて）ひょいと上を見たら、かたまりがスーッと落ちてきた。〈ああ、やった〉と思って見ているうちに、傘の開かない私の部下は、ジャングルに吸いこまれていった。他の者はどうかと再び上を見上げた瞬間、ドシンと何かにぶつかった。……私が水たまりのドブに着地しとったんです」

傘が開かなかった一人を除いて、他は無事だった。わりに早く集結することができて、武器を集めて本部を追及したら、中隊長以下、オランダ資本の工場の正門を攻撃している。

パレンバン精油所のかなり精巧な模型を作って、攻撃方法の研究は綿密になされていた。要するにトッピング（精油塔）を爆破されなければ、ほかに少々の被害があってもかまわないということであった。

「とにかく、トッピングを押さえることや、と思いましてね。正門攻撃で苦戦の最中の本隊に近づくと〝小川分隊、さあ突っ込め〟とやられるに決まっとるから、伝令を出して『小川分隊、裏門より攻撃します』と言わせて回り込んだ」

裏門にもトーチカがあった。だが、守っていたのは守衛だったからあっさり撃退、次の鉄条網には電流が通じているはずなので警戒しながら近付いたが、どういうわけか電気はきていない。

「ひとまたぎして一気に突入して、第二トッピングに駆け寄り、小銃でカギをこわして鉄塔を登って、私の手で日章旗を掲げました。それが一番乗りだったわけです……」

一番乗りはいいけれど、破壊装置を早く取り除かねばならない。第一トッピングの事務所にオランダ人の技師がいて、いやに落ち着いている。ところが訊問《じんもん》をしようにも言葉が通じないので、逆にこちらはあせるばかりである。

「まあ落ち着けと自分にいい聞かせて、タバコをつけようとした。するとオランダ人の技師が、すごい見幕で止めにくるんですよ。どうやら、ガソリンに引火するからやめろといっているらしい。その真剣な目をみて、私は本当だろうと判断したんです。破壊の意志がない、本気に火事を心配している、とね」

小川さんの判断は、正確だった。破壊装置を探すよりも、敵を探すことだと気付いたとき、逆襲のオランダ兵がすぐ近くまで迫っていた。そこで激しい戦闘になった。

やがて中隊長の一行が正門の攻撃をあきらめて、裏門に回ってきた。砲撃のためタンクがいたるところで炎上しているのを見た中隊長は「破壊装置だ」といってきかない。

そこで分隊長ばかりこっそり集まって「独断で気をまわしてやらんと朝まで生きとられんぞ」と相談し、もっぱら敵襲に備えた。

「私らが生き残れたのは、最初の判断が適切やったからと思うとります」

小川さんは、いまでもまだ、それが嬉しいらしい。

このパレンバン降下作戦の三二九人のうち、戦死は三九人、負傷者四八人であった。戦死者のうち二人は、落下傘が開かなかったのが原因である。

その後、落下傘部隊のほとんどが全滅したなかで、名井さんも小川さんも奇跡的に生き残り、戦後はともに警察予備隊と自衛隊で過ごし、昨年退職するまでパラシュートの指導をしてきた。

いま、落下傘製造工場に勤務する名井さんは、ヒゲをひねりながらいう。

「わたしの一生は、人殺しに明け、人殺しに暮れるわけですなあ」

解説

日本が最も欲した油田は蘭印（オランダ領東インド）のボルネオ島とスマトラ島にあった。その中でスマトラ島東部にあるパレンバンには蘭印最大の油田があった。できれば無傷で手に入れたい日本軍が行ったのは、落下傘部隊による奇襲作戦だった。

陸軍の落下傘部隊は昭和十七年（一九四二）二月十四日にパレンバンの油田地帯に降下した。挺進第二連隊の約四〇〇人で、このニュースはただちに大本営発表としてラジオを通じて知らされた。もっとも、海軍落下傘部隊によるメナドへの空挺作戦の方が一カ月も早いが、海軍落下傘部隊の戦果が知らされたのは、パレンバン降下作戦のあとだった。落下傘部隊はいつしか「空の神兵」と呼ばれるようになり、同名の映画が作られ、主題歌「空の神兵」が大ヒットした。

落下傘部隊に喝采《かっさい》を浴びせたのは日本人だけではなかった。蘭印には、「北方から黄色い人々がやってきて、自分たちを解放してくれる」「天から白い衣をまとった神が舞い降り、自分たちを白人の圧政から救ってくれる」などといった伝承があった。パレンバンの油田は撤退する蘭印軍によって施設の多くが破壊されたが、なかには破壊命令に従わなかった現地の作業員もいた。インドネシアの人々は、日本軍を解放者として迎えたのである。

ジャワ・スマトラ謀略戦を演出した「F機関」

日本軍の蘭印攻略作戦に先立って、密かにタイやマレーシア、仏印などに忍び込んだF機関員は、巧みな謀略放送を駆使して住民を日本有利に誘導していった――

戦史に例のない遠距離渡洋作戦

周知のように、日本が対米英蘭戦＝太平洋戦争に踏み切った直接の動機は、南方の石油資源を獲得するためであった。アメリカ、イギリスなどの対日禁輸で石油を断たれた日本は、たちまち中国との戦争に支障をきたしてきた。

当時、日本は年間五〇〇万トンの石油を必要としていた。しかし、日本の領土で採取できるのは、その一割にも満たないわずか四〇万トンにすぎなかった。石油がなければ飛行機は飛ばせないし、船も動かせないし、戦車も走らせられない。苦肉の策で、豊富な石炭を原料に人造石油の開発にも乗り出していたが、海水を真水に変える以上にコスト高になるうえに、設備ができあがるまでに時間がかかり過ぎる。

そこで、東南アジア最大の産油国である蘭印（オランダ領東インド＝現インドネシア）から、なんとか石油輸入を増大させたいとして、その交渉が続けられていた。

蘭印は赤道を中心に南北両半球にまたがる多数の島からなり、その総面積は一九〇万平方キロにおよび、実にオランダ本国の五八倍の広さである。石油はそれら島々のジャワ、スマトラ、ボルネオ島から産出し、年間約八〇〇万トンであったが、他にも鉄鉱石、錫《すず》、ボーキサイト、ニッケル、ゴムなどなど、日本にとってはノドから手が出そうな資源の宝庫である。

すでにオランダ本国は、日本の盟友ドイツに占領されている。仏印に強引に進駐したように、蘭印にも圧力をかけたいところだが、ここの石油会社はほとんどが米英系資本ということもあって、交渉は難航した。

　オランダ本国は占領されていたが、亡命政権はイギリスにあり、イギリスとドイツの板ばさみになった蘭印当局は、のらりくらりとなま返事を繰り返すだけだったのである。

蘭印のジャワ、スマトラ、ボルネオの各島を占領した日本軍は、ただちに油田の復興作業に取り組んだ。写真は復興作業が成功し、勢いよく噴出する石油。

　結局、オランダも米英に同調して、いよいよ開戦となるわけだが、防衛庁戦史室がまとめた『蘭印攻略作戦』から引用すると、その意図は次のようである。

「南方作戦の構想は、端的にいえば、英領マレーと米領フィリピンを急襲して足場を築き、これを踏み台として迅速に蘭印を攻略する。そして、蘭印の資源を占領確保するとともに、スンダ列島線に防衛線を形成する」というものであった。

　もっとも、ハワイの真珠湾奇襲が成功するかどうかが、大きなカギになる。蘭印作戦は、世界の戦史にも例をみない、遠距離渡洋作戦であるから、オランダの強力な後ダテになっていたアメリカの連合艦隊が健在では、とてもではないが不可能だと判断されていたのである。

　しかし、真珠湾奇襲は成功したし、マレー作戦も順調だし、フィリピンの首都マニラは陥落した。蘭印作戦の成功はまず疑いのないところだから、それなら早いうちに一気にやってしまおうというわけで、昭和十七年（一九四二）二月上旬に開始する予定を一カ月繰り上げたのであった。

手薄だった南方事情の研究

蘭印作戦の成功は確信できたものの、日本軍は大きな悩みをかかえていた。それは、占領の前に石油生産設備が徹底的に破壊される可能性があるからである。時間をかければ修復も可能であろうが、いますぐにでも石油を役立てたい日本にとっては、それは大問題である。蘭印作戦の一カ月繰り上げは、敵にその余裕を与えないために決められたものであり、最大の石油基地パレンバンへ落下傘部隊が降下したのも、その目的からである。

藤原岩市中佐（写真は少佐時代）

だが、戦闘部隊を派遣しなくても、その効果を上げる方法は他にもある。謀略である。

藤原岩市さん（六二）＝東京都港区＝は大本営陸軍部第八課の少佐として開戦を迎えた。第八課は宣伝・工作などを担当する謀略専門の軍人たちが集まっているところで、藤原さんは陸軍中野学校の教官でもあった。

「謀略というと、なにか暗いイメージがつきまとうようだけど、そんなものじゃあない。中野学校の精神は、きわめて次元の高い日本精神に立脚しておったんですからね」

その日本精神とは、藤原さんによれば①国のために捨て石になる、②アジア解放に尽くす、③建国の大理想を実現する、の三本柱であったという。

藤原さんは中野学校卒業の部下五人を率いてタイへ

向かった。開戦前の昭和十六年九月下旬である。

「開戦となれば、英米蘭の植民地が戦場になる。私に与えられた任務は、これら植民地の人々が支配者に反旗をひるがえし、進撃する日本軍に協力するよう工作することでしたけど、なにしろいきなりの命令でねえ」

藤原さんは、満州鉄道調査局の印度研究資料をはじめ、インドシナ事情をさぐるために猛勉強をしたが、ほとんど役に立たなかったという。

「日本の参謀本部は、ソ連と中国への作戦準備にばかり力を入れてきておったから、南方はひどく手薄でしてね。とにかく現地へ行けばなんとかなる、といった調子でしたよ。私の身分は、バンコク日本大使館の嘱託ということにし、部下はそれぞれ日本人経営のホテルのボーイ、商社員などに身分を変えてタイに入ったんです。ところが、軍人だから坊主刈りでしょう。任務を与えられて大急ぎで髪を伸ばしたんだが、やっぱり短い。感づかれるんじゃないかと、たえず気になってねえ」

バンコクはアジアにおける諜報戦の拠点であり、イギリス、アメリカ、中国、ドイツ、日本の諜報要員がしのぎをけずっていた。特にこのときは、日本の開戦準備をめぐって各国が目を光らせていたから、慎重でなければならない。

タイは列強に挟まれて、巧みにバランスを取りながら、かろうじて独立国家として存在しているだけに、自分の国を火床にしたくない。だから、タイの探偵の目も厳しいものがあった。

「下手に動いて、開戦前に身分がバレては大変なことになる。まさか『大本営の命令で来た』とはいえんし、おそらく闇《やみ》から闇に葬られて、家族はなんの保障ももらえんだろう。私たちの任務は徹底して裏方さんだったわけで、もちろん女房にも任務や行き先はいわなかったですよ」

インド国民軍の勧誘工作が奏功

藤原さんのグループは、藤原の頭文字をとって『F機関』（藤原機関）と名付けた。そのF機関がまずとりかかったのが、インド独立運動の活動家と連絡をつけることだった。

インド人は中国人華僑ほどではないまでも、アジア全域に広がって定着している。そして、イギリス軍に編成されたインド人兵士がマレー、シンガポール、ビルマ、ボルネオなどに従軍している。

ガンジーやネールなど国民会議派の非暴力抵抗路線にあき足らず、武装蜂起《ほうき》してイギリスの支配をくつがえそうとしている組織を味方にすれば、日本軍の作戦は容易になるわけだ。

「初めに連絡がついたのは、インドのシーク族の秘密結社ＩＩＬだった。漬物小屋みたいな異臭のただよう粗末な納屋へ案内されて、蚊に刺されながら、なま暖かい水を飲みながら、主にタイ・マレー国境の英印軍のインド兵に反英宣伝を続ける相談をしました。日本軍が進攻すると、なるべく銃口を空に向けるとかいった具体的なことも含んでいました」

このＦ機関が事前に行った工作が奏功して、開戦まもなく、予想をはるかに上回る効果を上げ始める。

六人のメンバーを中心に、シンガポールやマレー半島で写真屋、理髪店、雑貨店を営んでいた民間人たちも手足となって働き、地理不案内の日本軍を導いたりもした。

だが、なんといっても覆面をぬいだＩＩＬの活躍が目覚ましかった。急な日本軍の進撃で戦線が入り乱れているため、工作員が英印軍にもぐりこむのも容易であり、そこでインド国民軍（ＩＮＡ）参加勧告文を手渡すのである。

「しかし、やっぱり効果的なのは、飛行機からビラ撒《ま》きすることだった。ところが、日本軍には爆弾を落しに行くのならどんな危険も冒《おか》すが、たかがビラ撒きに行くのなんか面白くない、という奴が多くてねえ。しぶしぶ引き受けたけど、ビラを束のままドスンと落としたりするのもいた」

すでにマレー作戦の項でふれたように、マレー進撃はジャングルと湿地帯を切り拓いたゴム林のなかのアスファルト道路を突破したものである。逃げ遅れた英印軍もジャングルにもぐりこみ、やがて飢えに耐えかねて投降するのだが、ぞろぞろ出て来るインド兵は

マレー戦線で日本軍の捕虜になった英印軍の将兵。

「F」のマークが入ったINA参加勧告文を手にしていた。

「中国戦線で、日本軍が捕虜にどんなひどいことをしたか、インド兵たちはよく知っているから、最初は半信半疑だったと思う。だから私たちは、白人なら殺すがアジア人は味方として扱うという宣伝を事前にするために、それはもう気をつかいました」

藤原さんは、まだ武装解除をしていないインド兵の群れのなかに単身乗り込んで投降を勧告し、垣根のない収容所に捕虜たちを入れ、やがてはF機関の衛兵にインド兵を使ったりもした。

あるとき、インド兵捕虜収容所に、中隊長以下トラックで乗りつけた日本軍の一行が、腕時計を片っ端から強奪していく事件が起きた。

「せっかく得たFの信用が台なしになるでしょう。さっそく司令部に抗議して、犯人を探し出しましたよ。そうしたら時計を奪った部隊の将校は、責任を感じて自決しましてねえ。寝ざめが悪かったけど、それを知ってインド人がえらく感激したもんです」

ＩＮＡの参加者が急増する。そうすれば生命が保障されるからと思ったインド人もいただろうが、しかし、イギリスの植民地支配への怨《うら》みを晴らすチャンスとして、はりきった者が多かったであろうことは想像に難くない。

のちにＩＮＡはインパール作戦で日本軍と行動をともにする。祖国インドのインパールに向かうというので、この作戦が絶望的になってからもなお、インド兵だけは戦意が旺盛《おうせい》だったといわれる。

スマトラを〝平定〟した謀略放送

だが、日本軍はＩＮＡ志願のインド人を、精鋭主義の名のもとにふるいにかけ、日本軍の軍夫として労役に狩り出したため、トラブルは絶えず、あわや日印衝突の場面もみられるほどだった。

「現マレーシア首相のラーマン氏を救出したのも、Ｆ機関でしてね。ラーマン氏は、ケダ州のサルタンの長男だったけど、不平分子のマレー人やインド人がどさくさにまぎれてリンチしようとしていたんだ。Ｆ機関に救出されて、ラーマン氏がスマトラ向けの放送に協力するといい出した……」

マレー半島とマラッカ海峡を挟んで向かいあっているのが、蘭印のスマトラ島である。マラッカ海峡は、まだイギリス海軍が制圧していたが、Ｆ機関の要員がすでに渡っていた。

「サイゴンとかバンコクからの放送とは違うからね。昨日までイギリスが使っておったピナン放送局から、マレーのサルタンの息子が〝日本軍は寛大である。協力したほうがいい〟と呼びかけるんだから、そりゃあ、絶大な効果がありますよ。銃剣で脅されながらマイクに向かうのと、心からそう思うのとでは、やはり迫力が違う。ラーマン氏やスマトラ人有志の放送のおかげで、日本軍が上陸する前から、スマトラ島の民心を獲得できたともいえる」

マレーでもスマトラでも、Ｆ機関の名は高まる一方だったが、現地の人々は、Ｆは富士山のＦだと思い込んでいるようすだったという。そのころ、上田良作さん（六五）＝東京都杉並区＝は、南方軍の報道班長と

オランダ、イギリス、オーストラリア、インドネシアなど各民族が入り交じった蘭印駐留軍の捕虜の群れ。

してサイゴンにいた。

「徴用員のなかには放送関係者が目立って多かった。占領地の放送局をただちに再開することと、ジャワ向けの謀略放送を計画していたからです」

蘭印の総人口は約六一〇〇万人であったが、その三分の二にあたる四〇〇〇万人がジャワ島に集中していた。蘭印作戦のジャワ島上陸を円滑にし、オランダ側の焦土戦術を未然に防ぐために計画されたのが、謀略放送だったのである。

「開戦後、蘭印側はジャワ島のバンドン放送だけにしぼって統制を強めていたけど、こっちが四六時中バンドン放送に耳を傾けておったのは、なにも情報を取るためじゃなかったです」

バンドン放送がどんな音楽を流しているか、アナウンサーはどんな口調で話すのか、それを研究していたのである。

そして、昭和十七年三月一日に、蘭印作戦の第一六軍がジャワ島上陸を開始したため、サイゴンの特殊放送班に謀略放送のチャンスが訪れた。サイゴン放送局は仏印がにぎっていたが、それは形式的なものであり、実質的には検閲その他、日本軍の思うがままに動かし、いつでもバンドン放送局と同じ周波数に切り替えられるようにしていた。

三月三日の早朝、いつもより三十分早く〝バンドン放送局〟のニュースが始まった。

日本軍は約一〇万の大軍のため、蘭印軍は苦戦している。アメリカ、イギリス、オーストラリア軍は消極的で、増援部隊は到着しそうにない。自動車およびオートバイの所有者は、急いで市内に集合せよ。海軍へ召集された者は、本日は入隊しなくてもよい。戦禍目撃者の談によれば、日本軍は焦土戦術に協力した者を厳重に処罰しているようだ——。

これは、むろんサイゴンからの電波だったが、ジャワ住民への影響は大きかった。その日の夜、本物のバンドン放送が「謀略放送に注意せよ」といって最後のニュースを終えると、その瞬間「臨時ニュースです」と叫び、日本軍が四方から攻めてくるようなニュースを流した。そして「謀略放送に注意してください」と結んだ。

上田さんはいう。

「民衆はデマに弱いし、しかも異常心理のさなかだから効果は絶大でしたが、上陸しないところから上陸したと放送したのに、蘭印軍がだまされただけでなく、当の日本軍もだまされて、先陣争いに夢中になったようなオマケもありました」

解説

藤原岩市氏は明治四十一年に兵庫県で生まれた。昭和六年に陸軍士官学校を卒業し、昭和十三年に第二一軍参謀として広東攻略作戦に従軍した。そして昭和十六年に南方総軍参謀（藤原機関長）としてマレー作戦に参加、続いて同第一五軍参謀としてインパール作戦に従軍して敗戦を迎えた。戦後はＧＨＱで戦史編纂に従事。昭和三十年に自衛隊に入隊。第一二師団長、第一師団長を歴任した。陸将。晩年は日本郷友連盟常務理事、東部防衛協会理事長、国民外交協会常務理事などを務めた。

前記したように、昭和十六年九月、藤原岩市少佐（当時）は「南方総軍参謀」の肩書きでマレー作戦に参加したと紹介したが、実際は大本営の密命で数名の青年将校を率いて、秘密工作機関としてバンコックに潜行したのであった。そのとき、戦後、藤原氏が著した『藤原（F）機関』（原書房）によれば、密命の内容は次のようなものだった——。

密命は次の五つの任務が与えられていた。
一、インド工作——マレー九〇万のインド人の協力を獲得すると共に、マレー英印軍内インド人将兵を背反投降せしめ、将来の対インド独立施策の基盤を樹立すること。

晩年の藤原岩市さん

二、マレー人工作——マレー人の反英協力の獲得、各州サルタンの庇護。
三、ハリマオ（虎の意）工作——マレーのハリマオと呼ばれる日本人谷豊を頭目とするマレー人匪徒《ひと》の対英闘争操縦。
四、華僑工作——シンガポール華僑の反英サボタージュの指導。
五、スマトラ工作——スマトラ特にアチエ民族運動との協力指導。
この任務を遂行するために各関係方面からの引き揚げてきた邦人や永住の人々を加えて総員三〇人の組織をつくり、これを藤原機関と呼ぶことにしたのである。

略称は、Fとしたが、これはフリーダムFreedom（自由）フレンドシップFriendship（友情）とそれに藤原のイニシャルのFに因《ちな》んだものであり、この工作に参加挺身する同志をすべてFメンバーと呼んだのである——と。

ジャワ攻略戦にもあった捕虜集団虐殺

ジャワ島守備の連合軍（米英蘭豪と現地兵）約八万人に対し、攻める日本軍の兵力は約四万人。だが日本軍は、わずか八日間でジャワ島を占領した。そこでは何が行われていたのだろうか――

敵の姿も見ずに銃乱射

蘭印作戦は周到な準備がなされていたものの、ジャワ島奪取には相当な犠牲を払わされるだろうと大本営は覚悟していた。なにしろ、スマトラ島からニューギニア島までは東西四五〇〇キロもの長さがあり、それはちょうど、当時の日本領土である樺太《からふと》から台湾までの長さに等しい。

平面の世界地図を見ることに慣れている私たちは、南北両極に近付くにつれて狭くなっているのを忘れて、赤道周辺の広さと同じであると錯覚しがちであるが、実際のインドネシア（旧蘭印）はたいへんな広域にまたがる国なのである。

その蘭印作戦にあたったのは、今村均司令官の第一六軍で、第二師団（仙台）と混成第五六歩兵団（久留米）、それに増派された第三八師団（名古屋）、第四八師団（熊本）であり、その兵力は約四万人だった。

ジャワ島上陸が開始されたのは昭和十七年（一九四二）三月一日だが、その作戦を容易にするために、まず周辺の島々を抑えておかなければならない。

中尾清さん（五一）＝福岡市＝は第五六歩兵団第三大隊の初年兵であった。

「フィリピンを通って、ボルネオ――ジャワに向かったんだが、なにかしらん小さな島々を上陸して回ったのを憶《おぼ》えとる。そもそも召集を受けたのが昭和十六年七月三日で、教育召集じゃから百五十日で終わるはずなのに、いっこうに帰してもらえず、それどころか十二月に門司から船に乗せられて……」

昭和二十一年（一九四六）六月の復員まで、満五年間の旅になるとも知らぬ中尾さんを乗せた船は、まず北上して北海道に向かい、ここで足ならしの行軍をやらされ、あとは一気に南下した。

「フィリピンの敵は、もう逃げておったので、ほとんど自転車行軍じゃったが、途中に山が多いもんで登りきれず、捨ててしもうた。戦争を経験するのは初めてだから、敵がどげな人間か見たかったけど、ぜんぜん見当たらん。殺しあいをする相手の顔がわからんちゅうのは、なんかしらん、おかしな気分じゃったバイ」

一月十一日、ボルネオのタラカン島に上陸、やっと敵にめぐりあえた。

「初めて弾《たま》を撃ったバッテン、やっぱし顔が見えん。ジャングルに入ったら木の上に気をつけえといわれて、そっちばっかり狙うたタイ。それでもまだ敵の顔がわからん。どうにもおかしな気分でおったけど、ようやく戦死体をみつけた。色の黒い現地人じゃった」

世界第三の大島ボルネオは、面積が約七五万平方キロだが、このうち三分の二がオランダ領で、残りがイギリス領であった。タラカン島は、その国境線の東側にある小さな島だが、ここの石油はとくに良質で、海軍が一番欲しがっていた油田であった。

ジャワ島北西部のバタビア（ジャカルタ）の街にアドバルーンを上げた日本軍宣伝班。

四地点から上陸し飛行場へ

そこでタラカン島をいかに上手に奪取するかで、坂口兵団（混成第五六歩兵団）の参謀たちは頭を痛めていた。ところが、たまたま開戦前に帰国していた日本人業者が、ありがたい〝現地情報〟をもたらし、歩行が不可能とみられていたジャングルに抜け道があることが分かった。そこで、オランダ軍の強固な陣地がある南側を避け、東側から奇襲上陸をしたのである。

このとき蘭印軍の兵力は約一四〇〇人であったが、四日目に降伏して八七一人が捕虜になっている。日本軍の戦死者はわずか七人だった。

「わしらは戦闘部隊というよりも、消耗部隊だったらしい。じゃけん、タラカン島で大部分がやられる見込みで、占領後に入れかわる部隊まで決定しておったちゅう話タイ」

入れ替わる予定だったのは、のちにガダルカナル島で辛酸をなめつくす第一二四連隊＝川口支隊であるが、中尾さんたちの大隊はタラカン島から南下して、ボルネオ島の石油積出港であるバリクパパンを奇襲し、さらに陸路バンジェルマシンに向かって、ここの守備に当たった。

「バンジェルマシンに三カ月おって、それからビルマに回されたからね、ジャワには行っとらん。消耗部隊のつもりじゃから、作戦本部も思いがけぬ生き残りどもを、ビルマへでもやっちょけ、ということにしたわけタイ」

岡田栄さん（五五）＝静岡県清水市＝は昭和十三年の入営で満州独立守備隊に配属になり、下士官候補生の教育を受けていたとき、ノモンハン事件（昭和十四年、ソ満国境で衝突してソビエト軍の戦車隊に痛撃を受ける）で同年兵がほとんど戦死した。

やがて第三八師団の二三〇連隊に配属され、広東から香港島攻略戦に加わり、サイゴン経由でジャワ島に向かった。

「四〇数隻の輸送船が、同じ数の艦隊の護衛を受けてジャワ島に向かったけど、ちょうどジャワ沖海戦に出会って引き返し、また出かけるといったわけで、赤道を三回またぎましたなあ」

ジャワ島の守備にあたっていたのは、オランダ軍二万五〇〇〇、イギリス軍一万、オーストラリア軍五〇〇〇、アメリカ軍一〇〇〇、現地兵四万人の合計八万一〇〇〇人であった。攻める第一六軍の兵力四万人にくらべると二倍だが、連合軍であるために連絡が悪く、前記した謀略放送にまどわされて、大いに足並みが乱れていた。

ジャワ島の連合軍の艦隊は、日本軍を迎え討ったものの壊滅的な打撃を受け、さらにオーストラリアに逃がれようとしたところを追撃されて、わずかに駆逐艦四隻だけが助かるという惨敗ぶりだった。

しかし、このジャワ沖海戦では日本軍も痛めつけられ、今村均司令官が乗り込んだ龍城丸が沈没してしまうほどだった。もっとも、これは日本側の魚雷が誤って命中したからではあったが——。

「上陸したのは西寄りのエレタンだったけど、ちょっと飛行機の空襲を受けただけで、たいしたことなかった。その二、三日前までオランダ軍がいたけど、バンドン死守のために後退したらしい」

ジャワ島には、四つの地点から上陸した。岡田さんらの東海林《しょうじ》支隊は、まず最初にカリジャティ飛行場を占領する任務をおびていた。

「とにかく、急いで取らねばならんかった。うまい具合に、日本軍が攻めてきたというんで、橋梁爆破に来ておったオランダ軍の自動車部隊を捕まえてね、その自動車で飛行場に乗り込んだ。私は見ておらんけど、このとき大隊本部付の曹長が、飛行場の歩哨《ほしょう》を軍刀で切り捨てたそうです」

そのときカリジャティ飛行場へ空襲に来た敵の飛行機を、つい先ほどまではオランダ軍のものだった機銃で応戦したり、あるいは装甲車の大部隊が反撃してくるというので掃討に行くという奮戦ぶりで飛行場占領は成功したが、日本側もまたかなりの犠牲者を出した。

〝東海林支隊の独断専行〟

エレタンから上陸したのは、東海林俊成《とししげ》大佐が指揮する一個連隊である。作戦どおりカリジャティ飛行場を奪取して、すぐさま第三飛行団を迎えた。そして第三飛行団もまた、すぐさまカリジャティ飛行場を基地にバンドン要塞の爆撃に出撃していた。

さしあたって東海林支隊は飛行場の確保と整備に協力しながら、第一六軍のジャワ作戦展開を待つだけでよかった。しかし、バンドン要塞を中心に約三万五〇〇〇人の連合軍は、カリジャティ飛行場奪回を期して、東海林支隊を包囲する作戦に出てきた。

圧倒的に優勢な敵は、装甲車を使って逆襲に出て、飛行場近くの支隊本部に迫った。三月二日には二五輛の軽戦車と装甲車が突っ込んできて、思うがままに暴れまわり、東海林大佐に危険が迫るほどであった。

すでに第一六軍司令部とは、連絡がまったく途絶えていた。そこで平地に孤立していては全滅させられると判断した東海林大佐は、むしろバンドン要塞に向かって突進し、活路を見出す決心をする。〝東海林支隊の独断専行〟として知られるのは、このときの作戦である。

岡田さんはいう。

「三月五日の朝、トラックで出発しました。道路の両側はずっとお茶畑でね。日本のものよりやや大ぶりな、胸の高さくらいある茶畑がずっと続いておったんで、私たちはトラックの上から眺めながら、静岡あたりで演習でもやっとるみたいだなあと、郷里を懐かしんだもんですよ」

ジャワ島の道路は立派に舗装されていたから、進撃は早かった。マレー進撃がそうであったように、日本軍は一気にに突き抜ける戦法が得意で、東海林支隊の〝独断専行〟は、まさにイチかバチかの突貫作戦だったのである。

だが、茶畑を眺めて郷里を懐かしんだのもつかの間、たちまち敵と遭遇する。

「たいした戦闘じゃなかったけど、連隊副官が戦死するようなこともあった。このとき捕虜をだいぶ捕まえて取り調べ、バンドン要塞の全貌が分かったから、時を移さず攻撃ということになった」

そこで問題になったのが「じゃー、捕虜たちをどうするか」ということだった。

「なにせギリギリの兵力で突進しとるんだから、後送するために兵隊を割《さ》くのが惜しい。それでは……とい

蘭印駐留軍は総兵力では日本軍をはるかに上回っていたが、援軍の見込みもなく、あっけなくギブアップをしてきた。

うことで、ゴム林のなかの原っぱで全員を銃殺してしまった。いや、全員やっとけばよかったんだけど、一人だけ生き残ったのがいてね。戦後、これが明るみにでて、東海林連隊長が戦犯裁判にかけられるようなことになってねえ……」

岡田さんの記憶では、殺した捕虜の数は「数十人という感じ」だそうである。

捕虜虐殺については、これまでも度々取り上げてきた。そして『シンガポール華僑虐殺事件』の座談会出席者である浜竹守さん(六二)=北九州市=からは、「戦闘行為であり、スパイの処刑であり、それを虐殺と表現するのはおかしい」と、太平洋戦争研究会宛に抗議があった。

浜竹さんは、何人もの人から「お前はひどいことをやった男なんだな」と言われたというのである。

たしかに、戦闘で何人もの人間を殺した〝手柄話〟は許されて、捕虜を殺した話は〝内緒話〟にしなければならない風潮がある。しかし、戦闘での殺人は名誉で、平時の殺人は罰を受けるという人間社会の奇妙なルールについてと同様、私たちはもっと根源的なところで「戦争」を考えなければならないのではなかろうか。したがって、今後も虐殺についても、大胆に事実を明らかにしたいと思う。

ゴム林の穴のなかでの接近戦

　坂口兵団にいた中尾清さんは、ボルネオ島のバンジェルマシンでのことを、次のようにいう。

「オランダの捕虜が、俺たちの二〇倍くらいおってね、武装解除というときに、その周りをトラックでグルグル回ったたい。一回ごとに衣服を取り替えてね。つまり、少ない人数を多く見せるためよ。暴動でも起こされたら大変じゃもん」

　虐殺はなかったというが、略奪はおおっぴらにおこなわれた。

「歩哨にでも立っておれば、一時間で時計が一〇個も二〇個も手に入る。万年筆を二〇本も三〇本も持っとる日本兵もおったバイ。なかには病院で金歯をいっぱい入れて、口がしまらんのもおったなあ。オランダ兵で、ダイヤの指輪をしたのがいて『捕虜のクセに生意気な』と取り上げようとしたら『お母さんの形見ですから許してください』と日本語をしゃべったから驚いた。なんでも、子供のとき長崎におったちゅうことじゃったバッテン」

　さて、東海林支隊に話を戻せば、戦闘はもっぱら士気旺盛な日本軍ペースで進められた。

　山の稜線に要塞砲のあることを確認して、一斉攻撃に移ったとき、岡田栄さんは頭部を負傷する。

「三〇メートルから五〇メートルまで接近して、思うがままに撃ちかけていると、向こうから狙い撃ちされて、頭が焼け火箸《ひばし》で殴られたみたいだった。鉄カブトの星のところから入った弾が浅く貫通して、カブトの破片が頭につき刺さったんだな。衛生兵に『繃帯をくれ！』というたら、白いものを投げてよこす。『馬鹿、目立つじゃないか』と怒鳴りつけて、国防色の繃帯を自分でまきつけて戦闘を続行しましたな」

　岡田さんたちの中隊は、ジャワ島で一一人の戦死傷者を出した。即死七人（頭部貫通）、負傷四人（頭部三、

ジャワ島に進撃してきた日本軍に、親指を立てて歓迎の意を表すインドネシアの住民たちと、それに応える日本兵たち。

臀部《でんぶ》二）であった。

「頭をやられたのが多いのは、わかるでしょ、それだけ近くで撃ち合ったということです。ゴム林の中にところどころに肥料を四方に流す穴というか、溝《みぞ》というかが掘ってあって、その穴と穴のあいだで撃ち合ったんだからね。それともうひとつ、それほど近接した撃ち合いをやるくらい、わが軍はつねに不意討ちを食らわせていたということですよ」

要塞砲は一〇数門あったが、接近戦のため弾は日本軍の頭上を飛び越え、いたずらに後方で爆発するだけだった。

それに東海林支隊の捨て身の急襲を、カリジャティ飛行場を基地にした第三飛行集団が援護し、その効果が大きかったからでもある。

ただ、日本軍の飛行機が来ると、インドネシア人が歓迎の意を表して手を振るので、爆弾の落しようがなくて困る場面もみられたという。南方作戦で、もっとも住民の支持があったのは蘭印だったからである。

三月六日には、早くもバンドン要塞の頂上に迫り、最重要拠点を占領したが、このとき負傷の岡田さんは頂上近くの炭焼小屋に残った。

「戦友の死体を焼くためです。片腕だけ切り落としてね……」

七日朝からは、山頂線付近の陣地掃討にとりかかり、追撃に移るかまえをみせた。

バンドン市を見下ろす地点を占領されて、もはやこれまでと観念した蘭印軍は、降伏の軍使を送る。そして三月九日午後二時五十分、蘭印軍司令官テルポーン中将が降伏文書に調印して、日本軍のジャワ島攻略は終わったのである。

解説

蘭印の中心地ジャワ島に対する上陸作戦は三月一日に実施された。第一六軍主力のうち、第二師団がバタビア（ジャカルタ）近郊のバンタム湾、歩兵第二三〇連隊基幹の東海林支隊がエレタン海岸、ジャワ島東部のタラガン岬に第四八師団と坂口支隊がそれぞれ上陸した。上陸に先立って日本艦隊と連合軍艦隊（米英蘭豪各国の頭文字からＡＢＤＡ艦隊と呼ばれる）との海戦が行われ、今村軍司令官が味方魚雷の誤射で海中に投げ出される事態も起こったが、二度の海戦でＡＢＤＡ艦隊は全滅した。

地上の戦闘は順調に進んだ。蘭印軍にもはや戦意はなく、各地で敗退、降伏が相次いだ。八万名以上の兵力が籠るバンドン要塞の攻略に向かった東海林支隊は、三日にバンドン要塞手前のカリジャティで激しい抵抗を受けたが、これを撃退すると蘭印軍の戦意は衰えていった。

小部隊が要塞の一角を抑えた三月七日、蘭印軍が停戦を申し込んできたのである。東海林支隊の兵力はわずか二三〇〇人、東海林俊成支隊長は敵の計略ではないのかと疑ったという。

三月九日に蘭印軍指揮官は降伏、ラジオを通じて蘭印軍全体の投降を命じた。第一六軍がジャワ島に上陸してからわずか九日目のことだった。

第2章

敗走の飢餓戦線

餓島《がとう》と化した「さまよえるガダルカナル島」

日本軍にとって太平洋戦争の分水嶺《ぶんすいれい》となるガダルカナル島の争奪戦とは——飢餓の戦場に送りこまれた兵士たちが語る、生きるための敵とは誰か……。

集中砲火を浴びて一木《いちき》支隊全滅

ガダルカナル島の略称は「ガ島」であるが、いつの間にか「餓島」と書かれるようになっていた。日本軍にとってミッドウェー海戦に続く大敗北のガダルカナル島作戦は、まさに飢餓との戦いだったからである。

昭和十七年（一九四二）八月から翌年の二月までの半年間におよぶ日米のガ島争奪戦で、日本軍の戦死者は実に二万二〇〇〇人に達した。しかし、実際の戦闘で死んだのは約八〇〇〇人で、あとは餓死または飢餓が原因の病死だったといわれる。

当時、イギリスの保護領であった南太平洋ソロモン諸島のガダルカナル島（現在は独立国）を最初に占領したのは日本海軍陸戦隊で、ミッドウェー海戦十日後の、昭和十七年六月十六日であった。その狙いは、オーストラリア大陸とアメリカ本土との連絡路を遮断することにあった。そのためには、ニューブリテン島のラバウル以南に飛行場を持たない日本海軍は、どうしてもガダルカナルに飛行場を造る必要があると判断したのである。

ところが、日本と朝鮮からの徴用人夫と、現地人を狩り立てた突貫作業で滑走路がほぼ出来上がった八月七日の早朝、突如、アメリカ軍海兵隊約一万九〇〇〇人が、飛行場めがけて敵前上陸を敢行してきたのだ。

皮肉なことに、この日、ラバウルの日本軍基地から戦闘機隊と陸攻機隊が初めて到着するはずだったが、

ガダルカナル島の戦いは飛行場の争奪戦と言ってもよかった。写真は米軍占領後に拡張・整備されて、その名も「ヘンダーソン飛行場」と名付けられたガ島の飛行場。

悪天候で延期通知が届いた直後に、沖合の米上陸部隊護衛の米艦隊からの艦砲射撃が開始され、島は修羅場と化したのである。このとき、ガ島守備の陸戦隊はわずか一五〇人。完成直後の飛行場はたちまち米軍に占領され、ジャングルに逃げこんだ日本軍は散発的なゲリラ活動を行うしか手立てはなかった。

そこで大本営は、歩兵第二八連隊（旭川）を送りこんで、飛行場を奪回することにした。連隊長の一木《いちき》清《きよ》直《なお》大佐の名をとって一木支隊と呼ばれるが、約二〇〇〇人のこの部隊は二手に分かれてガ島に向かい、一木隊長ら先遣隊は八月十八日に島の北岸タイポ岬に上陸した。

日本陸軍は開戦以来、いまだ負けを知らない。ミッドウェー作戦の上陸部隊になるはずだったのに、海戦の惨敗で本土に引き返す途中、ガダルカナル行きを命じられた一木大佐は「このまま、おめおめ帰れぬところであった」と大喜びしたという。

そして、陸軍の伝統的戦法である肉迫攻撃で夜襲をかければ、簡単に飛行場を取り返せるという自信で、後続部隊の到着を待たずに、わずか九一六人の先遣隊だけで、一万九〇〇〇人の米軍部隊がいるガ島に突入したのである。結果は集中砲火と戦車隊の反撃にさらされ、たちまち七七七人が戦死し、一木隊長はピストルで自決に追い込まれた。

　あまりにもあっけない一木支隊先遣隊の全滅だったが、東京の大本営では何らの根拠もないのに、ガ島の米軍を約二〇〇〇人と〝推測〟したため、一木支隊の第二陣と川口清健《かわぐちきよたけ》少将の第三五旅団約三〇〇〇人を送り込めばなんとかなると、きわめて甘い考えのもとに再上陸を命じた。

孤島に消えた連隊砲小隊

　梅崎進さん（四九）＝北九州市＝は、第三五旅団麾《き》下《か》の第一二四連隊（福岡）第一大隊の一等兵としてガダルカナルに派遣された。召集を受けてわずか半年たらずの初年兵だった。

　駆逐艦に乗せられてラバウルを出港、ガダルカナルまでは東京から下関の距離だが、もっぱら夜間の行動で敵襲を避けながら進んだ。そしてタイポ岬に着いたのは八月二十九日午後十時半で、第一大隊の四五〇人と一木支隊の第二陣三〇〇人がまず上陸した。

「私たちを出迎えたのが、一木支隊の生き残りでしたけど、とても兵隊なんてもんじゃない。痩せ衰えたよぼよぼの連中が杖にすがって、『何か、食い物を』と乞食みたいに手を出しましてね。生米《なまごめ》をやると、生のままポリポリかじるんです。米軍に押しまくられてバラバラになっておったわけで無理もないけど、初年兵の目には、これが皇軍の姿とはとてもじゃないが信じられん。戦況を聞くのもはばかられて、私たちの糧秣を分け与えてね『ワシらが来たけん、もう安心バイ』と元気をつけたんです。ええ、十日もたたんうちに、自分たちも同じ姿になるとも知らんでね」

　連合国軍が予想よりも早く南太平洋での本格的反攻に出たため、ラバウルを補給基地とする日本軍は、輸送妨害に苦しめられた。

　川口支隊のうち約一〇〇〇人が、上陸用舟艇でガダルカナルまで運ばれることになったのも、目だたない

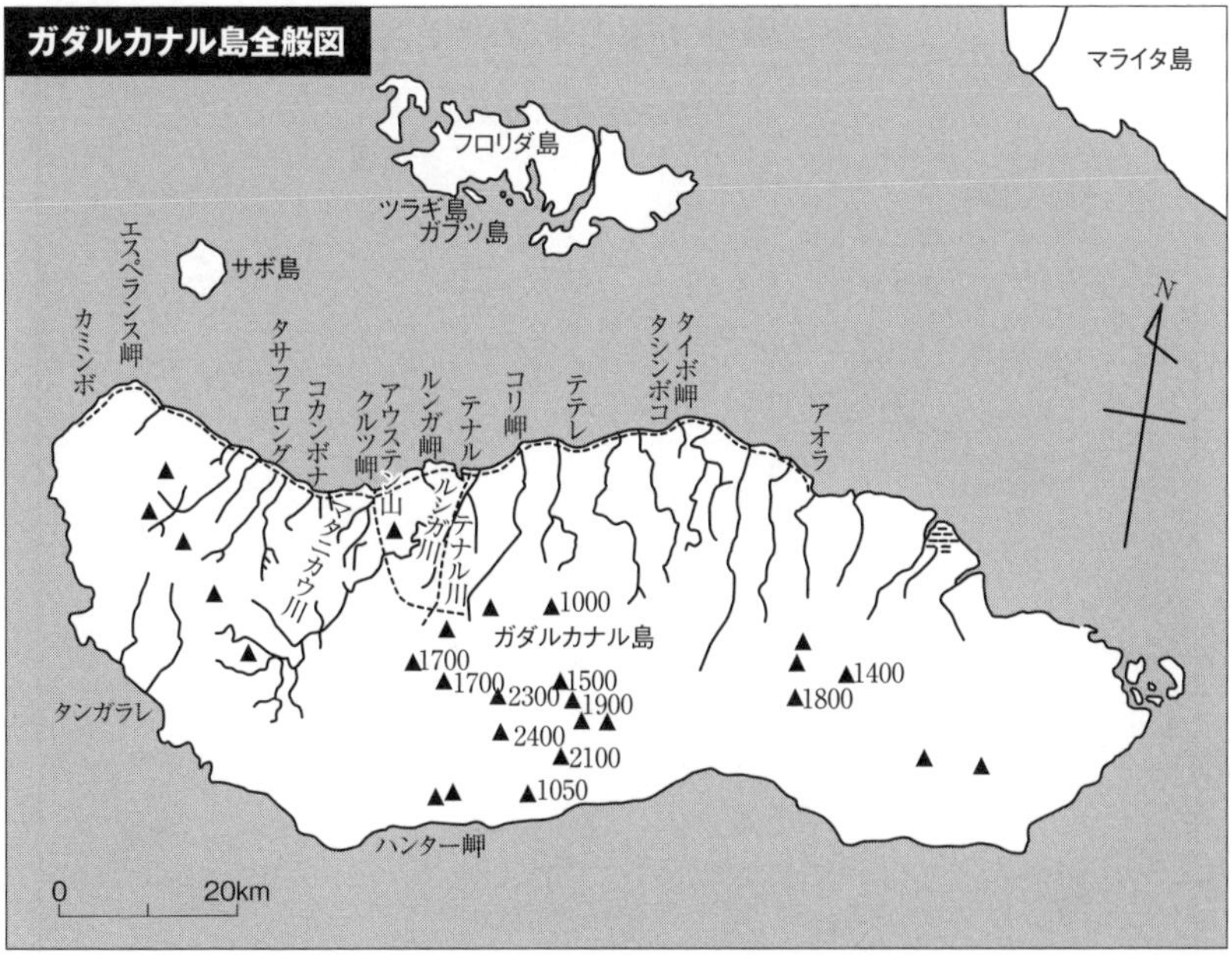

ように島伝いに進むのが安全だろうとの判断からであった。しかし、この作戦は裏目に出て、まともにたどり着けたのはわずか三分の一であった。

木村守さん（五二）＝福岡市＝は、第一二四連隊第一大隊の伍長で、この舟艇輸送のなかにいた。

「大発艇と小発艇が六〇艘くらいの集団を作って、夕方になると出発して、明るくなると島陰に隠れるんです。途中までは駆逐艦で、あとの半分を舟艇で進んだわけですが、これが大変な旅になりまして……」

九月一日にショートランド島を発ち、五日にガダルカナルに着く計画だったが、たちまち暴風に見舞われて落伍する舟が出た。そして四日には米機に発見されて、三分の一が沈められてしまう。

宮田正雄さん（五〇）＝福岡市＝は、第二大隊の上等兵になったばかりだったが、このときの記憶がいまでも生々しくよみがえるという。

「午前三時半になると、夜が白々と明けて海面が見えてくる。すると、向こうから何かが飛んでくる。みんな目を皿のようにして、カモメか飛行機かを見分けよ

太平洋戦争初期の米軍戦域区分

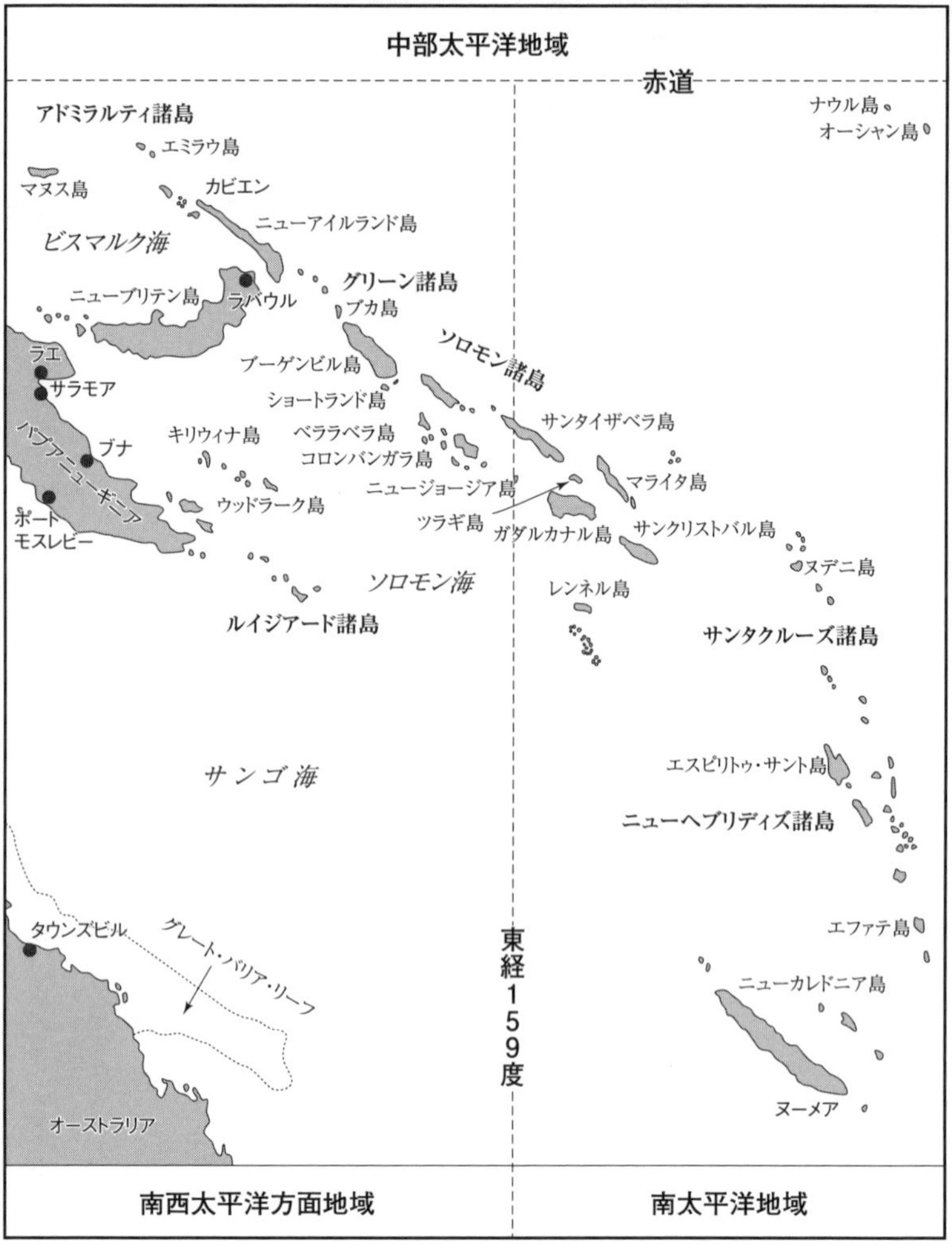

うとする。ええ、カモメの姿さえ飛行機に見えたんですよ。怖《こわ》くて、怖くてね」

宮田さんの舟艇も、木村守さんの舟艇もともに遭難する。木村さんは連隊長の岡明之助大佐と同じ舟艇だったが、海に放りだされていつの間にかはぐれてしまい、必死に泣きついて連隊砲を積んだ舟艇にかろうじて乗ることができた。

ところが、この舟艇は底に穴があいたのを応急修理したものであったため、波が荒くなるとたちまち浸水し、総がかりで兜《かぶと》（ヘルメット）を器に水をかい出したが、入る方が多い。食糧も燃料も捨て、大砲も捨てようとしたが下手に動かせば転覆してしまう。いよいよ沈没というとき、島影を発見した。

「よく調べてみると、その日出発した島だったんですけどね、とにかくたどり着いて救助を待ったが『自力脱出せよ』の命令だけです。ぜんぜん当てにならない修理をして、出発ということになったものの、人数を半分に減らさねば無理、さあ、人選が大変でした」

計六六人だったが、あちこちの部隊の者がバラバラになって乗り合わせているためえらくもめた。結局、連隊砲小隊三八人がまとまって残ることになった。

「生き別れとは、こういうもんかと思いましたね。胸がつかえて声にならん。それで涙をポロポロ流しながら、いつまでもいつまでも手を振りました」

救出を信じて残った連隊砲小隊三八人は、こうして永久に置き去りにされた。一度だけ海軍が救出に出かけたものの、全島マングローブにおおわれた無人の島では、いったいどの地点で救出を待っているのか分からなかったからであるが、恐らく、むなしく餓死したのであろう。

一夜の夢と消えた補給物資

しかし、飢餓の訪れは早いか遅いかの違いだけであった。

梅崎進さんは、九月十三日の第一回総攻撃に出かけた。携行食糧はわずか二日分。日本軍伝統の「糧《かて》は敵による」主義で、飛行場さえ奪回すればビフテキでもウイスキーでもお好みに応じる〝ルーズベルト給与〟が待っている、ということだったのだが――。

「ろくすっぽ訓練を受けとらん初年兵でしょ、初めての戦闘で手も足も出ん。前進といえば進むし、伏せと言われれば伏せるだけで、弾丸がどこから飛んでくるかもわからん」

白刃《しらは》をふりかざして高地に突入した大隊長をはじめ、多くの兵士がバタバタ倒れた。

このあと川口支隊は十月上旬まで散発的な攻撃を繰

り返し、戦死六三三人、負傷五〇五人、行方不明七五人を出すのである。

梅崎さんはいう。

「ジャングルに潜んでいたけど、『敵を見ても発砲してはならん』と、くどいように言われた。何十倍ものお返しがくるからですよ。補給なんかない。食わにゃならんから、とりあえずジャングルの中のものを手当たり次第に口に入れてみる。そこはよくしたもので、口のなかに入れてみると、食えるかどうか分かるんです」

木村さんはいう。

「最初はビンロウジュの芯《しん》を取って食いましたけど、これは贅沢《ぜいたく》な方でしたね。野草の食えそうなのを口に入れているうちにそれも無《の》うなり、谷川のコケを食いはじめた。やわらかいから、毒にならんだろうと……。山の上にある草で、カンナの花みたいな葉をつけて黄色い実がなって、いかにもうまそうなのを食った連中は、たちまちよだれを流し、下痢をし、発狂しましたよ。トカゲは二尺もあるやつから指の大きさくらいのやつまでいて、最初は皮をむいて腹わたを出して焼いて食うとったが、何日かあとには、皮もむかずにそのまま食べるようになる。そのうちトカゲがおらんようになると、アリの巣を食いましたね。大きな木のコブの部分に巣があって、それを切りとって陽に当てるとアリが逃げる。レンコンみたいな巣を、ぐつぐつ煮て食うんですよ」

ガダルカナル島にはヤシの栽培林があって、あとでよく「どうしてヤシを食わなかったか」と聞かれたそうだが、あの樹を登るにはたいへんな技術が要る。一〇〇人に一人、実のあるところまでたどり着けるかどうかだが、飢えで体力がなくなっている日本兵には無理な話で、誰一人として登れる者はいなかったのである。

さらに、ヤシ林は海岸だから敵の艦砲射撃の脅威にさらされていて、めったに近づけない。それでも、砲弾が当たってヤシの木が倒れると、危険をおかして近付いた。一本に一〇〇個以上も実をつけていたのもあったから、一個小隊の食糧をまかなえるからだ。

ガダルカナル島の窮状は、ようやく大本営にも伝わり、撤退か増援かで意見が分かれるが、〝不敗〟の日本軍の名誉にかけて奪還することになり、師団単位の援軍が送り込まれる。

梅崎さんは十月中旬、続々と到着する援軍を海岸に出迎えた。

「夜通し海岸で待っとりました。飯盒《はんごう》と水筒だけ持った乞食みたいな姿をしてね。そしたら夜明けに、ずらっと輸送船団が並んでおるでしょう。勝った、と思うたですね。感激したですよ。ところが、すかさず敵機が来て、たちまち船はやられる、海岸に荷揚げした物資は狙い撃ちされるでねぇ」

それでも、上陸した兵士たちは「ご苦労さん」といって慰め、「ワシらが来たから安心しなさい」と、一カ月あまり前に梅崎さんが一木支隊の敗残兵に言ったのとそっくり同じことを口に出してきた。

死骸《しがい》を見て最後の〝決意〟

森義富さん（四七）＝尾張旭市印場＝は第三師団（仙台）とともにジャワ島からきた第二二八連隊（名古屋）第八中隊の伍長であった。

「道ばたに座り込んどるのが『兵隊さんご苦労さん、兵隊さんご苦労さん』とやりよる。てめえらも兵隊のくせに、なんやこいつらと思うとったな。でも、ヒゲぼうぼうの大尉にタバコ一本あげたら『こんな白いもの見たの、初めてじゃ』と涙をポロポロ流して『有り難うございます。△△中尉いただこう、××少尉いただこう』と回し飲みしとった。そしたら、ワシらんとこの曹長から『われわれもこうなるんだ、気前よくするな。自分の持ち物をしっかり持って、誰にもやっちゃいかん』と叱られましてな」

すでに、海岸で背嚢《はいのう》をなくした連中がいた。手伝ってくれるのだろうと思っていたら、いつのまにか背嚢とともに姿を消していたのである。

このとき、物資を川口支隊が勝手に処分したというので、たまたまガ島に滞在していた大本営参謀になった辻政信中佐（のち大佐）が〝泥棒部隊〟と罵《のの》しった。

「アウステン山に進撃して、二つ手前の山にタコツボを掘って閉じこもり、もう腹が減るよりも水が欲しいだけだったです。小便も出んのです。その私たちの部隊のものが、わずかな食糧を奪ったからというて、泥棒部隊とはひどいです。だいたい辻政信は、ピカピカの靴をはいて乗りこんで来て『この食糧はお前たちのものじゃない、上陸部隊のものなんだ』というたんですからね」（宮田正雄さんの話）

物資よりも、まず兵員を送りこむことが優先するから、少ない補給品を奪いあうかたちになる。

潜水艦が食糧を詰めたゴム袋を、魚雷を発射する要領で海岸に送り、それを決死隊が取りに行くようなこともあったが、すでに制海権を奪われた日本軍は、補給物資を二分の一か三分の一くらいしか陸揚げすることができなくなっていた。

木村守さんは、あるとき谷底の守備を命じられた。米軍の連絡通路にあたるその地点を「死守せよ」との命令だった。

「つまり、帰って来なくてもいい、ということなんですね。それで食物はどうしますかと聞いたら、草を飯盒に一杯だけくれました。度胸をきめて、部下三人と谷底に降りましたよ」

そうしたら、谷川の水を呑みに来た兵隊が、水を飲んでいる恰好《かっこう》のまま死んでいた。川に顔を突っ込んで呑んだところが、再び身体を起こす力を失い、そのまま窒息死してしまったに相違ない。すでに白骨化していたから、骸骨《がいこつ》が水を呑んでいるみたいな光景であった。

「私はこのとき初めて肉を食う決心をしました。肉ですよ、人間の……。で、アメリカ兵の姿を見かけたら絶対に撃つな、俺が刺す、と部下に言いました。銃剣術は中隊でも強いことで知られていましたからね」

谷底から一〇〇メートルくらいのところに陣取って、座ったまま動かずにいた。くる日もくる日も、座ったままでいた。米兵を刺す体力を残しておくためであった。しかし、獲物はなかなか姿を見せない。だが、そのかわり動かない木村さんたちに安心して、トカゲが寄ってくる。それを待ちかまえて、木の枝をパターンと振り下ろして殺す。めったに当たらないが、それでも命中することがある。しかし、立ち上がって手にとる気力がなく、木の枝で引き寄せ、ナイフで首を切り落とすのももどかしく、口に運んだ。

解説

ソロモン諸島のガダルカナル島の略称は「ガ島」であるが、いつのまにか「餓島」と書かれるようになっていた。日本軍にとって戦局の一大転換点となったガダルカナル島戦は、実は飢餓との戦いだったからである。

昭和十七年（一九四二）八月から翌年の二月七日までの半年間におよぶ日米の争奪戦で、日本軍は三万一三五八人の将兵を上陸させた（人員数は資料によって相違がある）。このうち防衛庁（現防衛省）の公刊戦史によれば、戦死者は一万二五〇七人（船員三二三人）、戦傷死一九三一人（軍属三六人）、戦病死四二〇三人、行方不明二四九七人という。しかし、実際の戦闘で死んだのは五〇〇〇から六〇〇〇人と推定され、他は餓死または飢餓が原因の病死だったといわれる。

ガ島戦の敗因には部隊の逐次投入など、戦争指導の拙劣さなどいくつも指摘されているが、全投入兵力の六七パーセント強、二万一〇〇〇人余の死者を出した戦場の実相は、まさに鬼気が迫るものがある。

ガ島奪回を期して最初に派遣された一木先遣隊は、同島のイル河河口で米軍の待ち伏せ攻撃に遭い、全滅に近い損害を被った。

人肉をむさぼるガ島の「幽霊」部隊

仲間の日本兵の糧秣を奪い、食するために米兵を待ち伏せる……。鬼気迫るガ島の戦況を証言する生還兵たち。

分哨長、糧秣受領襲撃を決意

日本軍は〝ネズミ式輸送〟で、少しずつ兵員をガダルカナル島に送り込んだが、これは戦略的にもっとも拙劣《せつれつ》な方法であった。数次にわたるソロモン海戦で消耗させられた海軍は、三万人を越したガダルカナルの兵士への補給が、ほとんどできない状態であった。

岡田栄さん（五五）＝静岡県清水市＝は、第二三〇連隊（静岡）第二大隊の軍曹として、十一月中旬、ガダルカナルに上陸した。連隊長の東海林俊成大佐以下、将校と下士官は新品の軍服を与えられ、兵隊は下士官のおさがりをもらい、ともかく、パリッとした服装で輸送船に乗せられたから、いよいよセイロン島かオーストラリア大陸への進攻だろうと噂しあった。ところが、目的地は〝餓島〟だったのである。

「一一隻の船団のうち、七隻までが空襲でやられました。私らの船も羅針盤をやられ、闇夜の海をウロウロして、ようようガダルカナル島を見つけて、空襲のさなかを海岸に乗りあげて上陸したんです。すると海岸を骨と皮だけの兵隊が杖にすがって、ヒョロヒョロ歩きよるんで『お前ら、どこの隊や』と聞いたら、なんと一カ月前に先発した同じ東海林支隊の連中やった。じきに経験させられましたけど、一週間ほど会わんやったら、互いに誰が誰やら分からんようになります。痩せて痩せて……」

萩原要作さん（五四）＝清水市＝も、岡田さんと同

米軍の空襲の最中、乗船している兵員と補給物資をなんとしてでも助けようとガダルカナルの海岸に乗り上げた山月丸。

じ第二大隊の伍長だった。

「とにかく、悲惨の一語につきます。ただただ杖をついてヨロヨロ歩きよるだけでね。水のあるところには必ず白骨がありました。鉄カブトかぶって、銃を持ったまま白骨になっとるのも、あちこちで見ました。ひと休みのつもりが、そのまま永《とわ》の眠りになってしまうんです」

不十分ながらも、食糧は陸揚げされていたが、その分配はうまくいっていなかった。トラックはわずかだし、馬もいないから、もっぱら背中や肩にかつぐ膂力《りょりょく》輸送で第一線に送るしかない。

十月中旬からアウステン山にたてこもっていた森義富さんは、すでに栄養失調でヨロヨロになっていた。米粒を数えながら食うほどのわずかな配給に不満をもらすと、糧秣受領に海岸へ行った帰りに〝山賊〟が現れて半分の人員しか戻ってこないのだと聞かされた。〝山賊〟とは、指揮系統から離れた日本兵であった。ヨロヨロ歩けるだけでも、健康な方だとされていた。糧秣受領を命じられた兵は、勇んで出かけるものの、背中に一〇キロもの荷物を負えば、それでなくても歩きにくいジャングルを、一日わずか数キロメートルしか進めない。途中に谷でもあれば、さらに時間がかかる。

何日もかかる行程だから、途中で眠るときは、しっかり背中にくくりつけているのだが、しかし、朝になったら荷物が消えている。まさに糧秣受領は命がけであった。ただ、帰るときには、たいてい服装がよくなっている。途中で出会った死体のうち、マシな服や靴を剝《は》ぐからである。

森さんはいう。

「分哨長しとるとき、部下が『森さん、腹へってもたへんがな』と話しかけてきましてね。え？　そのころはもう、伍長殿なんていわんで、お互いにサンづけになってしもとる。話しかけてきた部下がいうのは『他もやっとるから、いっちょうどうです。糧秣受領の帰りをやらんですか』という相談でな。『そやな、一、二時間考えさしてくれえ』と答えました」

迷いに迷い、サインは出せず

森さんは、その数日前のことを思い出していた。通りかかった同年兵が、飯盒《はんごう》になにか入れているので、

「見せろ」

といったら、ずる笑いして、

「お前も、ちいとは骨折らんといかんわ」

と、なかから鯨肉のようなものを一枚出してくれた。味覚を味わう暇もなく夢中で食べた。そして、ふと〝骨折らんといかんわ〟という言葉にこだわった。

「やっぱり、人肉だったんやな。ときどき米軍が一七、八名で撃ちながら押し寄せてくる。そんなとき、われわれは四つんばいになって逃げるだけやったけど、もし、仕留めれば食えるわけや。ははあ、骨折らんといかんというのはこのことやな、と思うたです」

しかし、それはあまりにも危険な賭《か》けであった。下手に動けば、たちまち自分の身体が蜂の巣になってしまう。それより、いっそ糧秣受領の帰りを……と考えた。

「しばらく待たしたあと、みんなを集めて『よう考えたが、もうこれ以上もたん。やる。ただし、あとでこのことをちょっとでも洩《も》らしたら軍法会議や。黙りとおす覚悟はあるか』と尋ねたら『あるとも』という。それで『よし、やる』と手配にとりかかったです」

やがて、軍曹以下七、八人の糧秣受領班が通りかかった。あと何人くるか、と聞くと、二人ほど遅れて来るという。そこで、

「早う上がらんと、ここがいちばん危いとこやで」

とせきたてた。

そして間もなく、二人組が来た。「君ら二人で、あとはないか？」と聞いてみた。「あらへん」という。「もうちょっとやな、休憩していかんか？」

「ありがとう」

と、うれしそうに座り込んだ。

二人は携帯口糧をテントで身体にしばりつけていた。森さんが手を上げるのを合図に、部下が後ろから首を締めることにしていた。森さんは、二人を安心させるために、郷里のことや肉親のことなどを話しかけた。

糧秣受領班の二人は、すぐしゃべりだした。

「さあ、いつ手を上げるかや。部下は、今か今かと待っとる。そやけどな、なんちゅうたらええか、罪悪感というか人道主義というか、頭が混乱してきた。部下とはかたい約束しとる。どうしよか。そしたら、無意識によ、『早う上がってくれ、早う行け、行け』と言うとった。二人は、休めといわれたあとで、せき立てられて怪訝《けげん》な顔して行った。さあ、部下がタッ、タッ、タッと這ってきて『森さんよ、なんで約束を守らんかった』と恨めしそうにいう。ワシは詫《わ》びた。『安心さすために、おっ母さんの話なんか持ちだしたんが悪かった。どうしてもシグナルが出せんやった。堪忍してくれ。ワシが悪かったんや』というてね。そやけど、みんなはもうがっくりきて、半日ほどモノ言わなんだなあ」

戦後に続く食い物の恨み

梅崎進さん（四九）＝北九州市＝は、辻政信参謀から〝泥棒部隊〟といわれた川口支隊の一等兵であった。

「たしかに野戦倉庫から盗みました。だけど、生きるためにやむをえんかったし、それに食糧は必ず中隊に持ち帰って、みんなで分けるようにして、絶対に自分一人の口に入れたりはせんかったです。だから、この話は私一人ではしたくないです。初年兵だった戦友を集めて、座談会でも開くのなら話してもいいけど、私だけの話は断わります」

梅崎さんたちは、ガダルカナルで鳩を捕えたことがあった。一緒にいた五人で分けようといって、焚火《たきび》のまわりに刺しておいたら、朝になってみたら消えていた。

梅崎さんは、ある人物が〝犯人〟だと思い、その人は梅崎さんだと思い込み、戦場ではもちろん、復員後もずっと痼《しこ》りになっていた。ところが数年前に二十数年ぶりに戦友と再会したとき、五人のうち別な三人のなかの一人が「自分が食った」と告白した。ずっとそのことで〝犯人〟は苦しんでいたという。ようやく告白して、せいせいしたといっていたとか。

どこかユーモラスで、すがすがしいエピソードだが、しかし、当事者にとっては長い間の苦しみであったわけで、〝餓島〟の苦しみがいかに想像を絶するものであったかをしのばせる。

前項でふれた木村守さん（五二）＝福岡市＝は、殺して食うために米兵の待ち伏せを続けたが、ついに獲物に出会う機会がこなかったという。

「十月の下旬にアウステン山にたてこもってから、アメーバー赤痢に罹《かか》りましてね、三、四日下痢のしどおしで、なにも食えない。よくなって、下痢のために食わずにいた米で食いつないでいたら、こんどはマラリアです。一日おきに熱がでましてねえ……」

昭和十八年（一九四三）に入ってから、死者が急増した。いよいよ体力がもたなくなったところへ、病気が追いうちをかけるからである。このころ〝餓島〟では、次のような五段階の「寿命の計算」がなされて、だいたい当たったという。

①自分で立てる者——余命三十日。
②身体を起こして座れる者——余命二十日。
③寝たまま大小便する者——余命三日。

飢餓と病魔に襲われたガダルカナルの日本兵たちは、痩せ衰えてジャングルのそこかしこに斃《たお》れていった。

④もの言わぬ者——余命二日。
⑤瞬《まばた》きをしない者——翌朝まで。

ともかく、杖にすがってでも歩ける者が一番健康だった。しかし、歩くときは少しでも楽になろうと、軍服のボタンさえもぎとった。信じられないような話だが、ボタンさえ重かったというのである。

傷口があると、歩いていても蠅《はえ》がたかる。むろん、追い払う気力などない。道端で身体を横たえ、垂れ流しの下痢患者の尻の穴に蠅が出入りする。だから、つねに木の葉をオムツのようにあてがっていた。

こんな状態だから、太股《ふともも》が腕くらいになってしまう。餓島から撤退できた者のなかで、もっとも体重が少なかった兵隊は、なんと七貫八〇〇匁（約二九・二五キロ）であったという。

髪も鬚も爪もほとんど伸びない。そんな姿で、ただ死ぬのを待ちながら遺言をする者がいて、それは「世話になったから、死んだら自分を食ってくれ」という内容であったりする。

餓鬼道に落ちて死んだ兵も

戦況はもはや絶望的であり、大本営は昭和十七年十二月二十八日、正式にガダルカナル放棄を決めていたが、昭和十八年に入ってからも、なお、前線では散発的な突撃が繰り返されていた。

萩原要作さんはいう。

「あれは一月の十日前後でしたか、二二九連隊（岐阜）

の若林東一中尉が、兵の士気を鼓舞するために、負傷の身で敵陣に突っ込みました。なんか夜明けに騒がしいので下を見たら、タンカにかつがれた若林中尉が『突っこめえ！』と軍刀を振るっていましたよ。兵隊が一〇名くらいついていましたね。このときの言葉が、有名な『後へ続くものを信ず』です」

まともに米にありつけるときでも、飯盒のかけごう一杯が一週間分だった。岡田栄さんの記憶では、正月の特配で米が四勺《しゃく》、タバコが三本だった。四勺といえば、盃《さかずき》に四杯の量だが、コンペイ糖五粒だけという部隊もあった。

まさに腹が減っては戦《いく》さはできぬの図だが、決死の斬り込み隊に志願すれば、十日間近く米を食わせてもらえるので、最後に〝望みを果たして〟斬り死にする者もいた。

木村守さんは一月十五日ごろ、夜襲をかけるから本隊に戻れと言われた。ほとんど絶食の状態で、夜襲などとんでもないと伝令にいった。すると「とにかく引き揚げてこい」とのことなので、谷底を離れた。

「体を動かすことのできない人が『気を付けて行きなさいよ』と同情してくれたですけど、じつは夜襲じゃなく、撤退命令だったことが後でわかりました」

梅崎進さんは、撤退を予感した。福岡県八女郡出身の隊長がふっと「ワガ（お前たち）もう少しの辛抱だからな」と洩らしたからだった。

しかし、命令はククブの海岸の敵を襲うから、行ける者だけ来いという表現だった。そこで梅崎さんは重病で寝ている親友に「騙《だま》されたと思って、俺を信じて『戦闘に行きます』といえ」とささやいた。

宮田正雄さんは右足を負傷して、傷口にうごめくウジを見ながら、死を待っていたが、戦友が「どうしても行こう」といって無理に引きずり出された。

撤退は極秘であり、首脳部にしか知らされていなかった。そして、傷病者は足手まといだというので、戦闘に出かけるという言い方でふるいにかけたわけだが、敏感になにかを察した兵隊があちこちにいて、文字どおり、戦友の首に縄をかけて引っぱったりする光景もみられた。

岡田栄さんは、倒れている木をまたぐこともできないくらい衰弱していたが、ともかく海岸へ出た。すると、一本では足りず、二本の杖にすがった、まさに幽鬼のような姿の将兵が集結していた。

「糧秣の集積所がありましてね、持って帰れないし、敵に渡すのはシャクなんで、食えるだけ食えという命令が出たんですよ。救出の船がくるまでの数日間、みんな朝昼晩に飯盒いっぱいのメシを食ったもんで、小さくなった胃が急に張って、だいぶ死にましたよ。〝餓島〟で最後に食い過ぎて死ぬなんて……」

二月一日から撤退が始まった。兵士たちは先を競って舟艇に乗り、その重みで沈むようなこともあった。

「駆逐艦の縄梯子《なわばしご》が登れず、上から引っぱってもらい、下から押してもらい、ようやく乗った」（木村さんの話）

「大発艇で輸送船に向かったが、私らの艇《ふね》だけが進まん。えらいことだと総立ちになって、船舶工兵が必死で点検して、ようやく岸のヤシの樹にロープを結びつけたままであることに気付いた。それほどあわてとった」（梅崎さんの話）

「まだ撤退とは気付かず、逆上陸のつもりでいたけど、指揮系統がメチャクチャで、どの舟でもいいから乗れという調子なんで、おかしいぞと」（萩原さんの話）

敵に撤退を気付かせないため、最後の陽動作戦が行われていた。それは、ほぼ成功したが、しかし、傷病兵に撤退を知らせないための陽動作戦であったともいえる。

森義富さんは、一月二十四日にエスペランス岬へ集結という命令の直前、左大腿部を撃たれて身体を横たえていた。どうしてもついて行くつもりでしがみつくと、軍曹が手榴弾を二個渡して「これからの戦闘は無理だから残れ」といった。一個は敵にたたきつけるため、一個は自決用だとわかった。しかし、部隊と行動をともにしたくて、必死に這って迫った。だが、たちまち引き離されて、気が付いたら、森さんはただ一人で這いずり回っていただけだった。

近くで、英語でなにやら叫びあう声がした。必死に隠れ場所を探して、森さんは息を殺した。

ガ島に放棄された日本兵の「捕虜日記」

ガダルカナル島で左大腿部に盲貫銃創を受け、身動きがとれずに日本軍撤収から置きざりにされた森義富さん（五二）＝尾張旭市＝は、ジャングルのなかの壕《ごう》に潜み、ときどき食糧探しに米兵の目を盗んでうろつく生活を始めた。そしてある日、米軍と遭遇した森伍長は囚《とら》われの身となる。以下はガダルカナルからニューカレドニアへ、そしてアメリカ本土の収容所に送られて終戦を迎えた森さんの手記『捕虜日記』をもとに構成した。

涙を流し、米兵に「射て！」と

昭和十八年（一九四三）二月十八日午前五時ごろ、私は杖にすがって壕を出た。一時間あまり食い物を探しまわっているうちに、銀色に光る米軍の携帯口糧缶詰を三つ発見した。

さっそく、じめじめした大木の根元に腰を降ろして剣で缶を開けると、美しく包装されたビスケットやドロップ、チューインガム、タバコなどが出てきた。たいへんな収穫である。

ふと思いきって行動したくなったのは、久しぶりに美食にありついて有頂天になったからだろう。前日まではもっぱら夜間だけ動きまわることにし、まったくの闇のなかを木立にぶつかっては倒れ、木の根につまずいては倒れ、空の飯盒《はんごう》を握ったまままむなしく夜明けを迎える毎日であった。

しかし、この日は明るいうちから行動した。重傷の身でそれがいかに危険であるか、むろん承知していたが、もう闇のなかをうろつく辛さに耐えきれなくなっていたのだ。

動きだしてすぐ友軍の蚊帳《かや》が吊《つ》ったままになっているのを見て、胸を躍らせて近付いた。しかし、くぼんだ鉄カブトが散乱しているだけで、兵士の姿はない。取り残されたと分かっていても〈もしや友軍が〉という期待にすがるよりなかった私は、絶望感にうちひしがれた。

ガ島に征く直前の森義富伍長

それでも歩き続け、前方にハゲ山の見える場所に出た。赤色の地表が輝くように陽をはじいており、その中腹には歩哨の米兵の姿があった。しかし、一人ぼっちになって二週間のあいだ、すでに六回も米兵に遭遇していたから、私はかなり図太くなっていた。

歩哨ぶりから判断して、ハゲ山のむこう側が海岸にちがいない。時間をかけても迂回《うかい》して、とにかく海岸へ出なければと思い、私はひとまず休息することにし、手に入れたばかりのタバコをとりだした。CAMEL《キャメル》の横文字があざやかだった。

私は村瀬小隊長（餓死）にもらった双眼鏡のレンズを使い、いつものやりかたで火をつけて、アメチャンのタバコは実にうまいと深々と吸いこんでいるとき、後方に人の気配を感じた。

あわててタバコを消し、木の葉をわけてのぞいたら米兵と鉢合わせした。こちらも驚いたが、しかし、相手はもっと驚いたらしく「ギャー！」と異様な叫び声をあげ、自動小銃をかまえたままあとずさりしている。

すでに私には逃げる力もない。やっぱり朝の行動がいけなかった、来るべきときが来たか、と観念して天も地もまっ暗になった思いでいると、叫び声を聞いて駆けつけた米兵たち二〇人あまりが円陣の隊形で接近してきた。

　このとき心をよぎったものといえば、過去の戦場において幾人かのスパイを、敵兵を、捕虜を、自分の手で銃殺したことであった。部隊命令の有無を問わず、私はそれをやった。銃殺されると思いながらも、私は叫んでいた。涙を流しながら……。

「バカヤロウ！　射てるもんなら射ってみろ！」

　すると米兵たちは少し後退して、不思議な生き物を見るような目でじっと監視している。

日本軍撤退に戦陣訓を笑う

　やがて身体検査が始まり、ジャワ島（インドネシア）で手に入れたシイマー製の時計をはじめ、持ち物を全部奪われてしまった。そのうちに米兵たちは鼻をつまんでがやがや大声をあげだした。化膿《かのう》した傷口から異様な悪臭がでているからだった。

　周囲の米兵は三〇〇人くらいになっていて、「ジャップ」「ジャップ」と口々にいい、成り行きを見守っている。だが、一人の軍曹が兵を叱るがごとくなにか叫んだのをきっかけに、五人が二〇メートルほど前に並んで立射の姿勢をとった。

「毛唐《けとう》のバカヤロー！　毛唐め！」

　私は声をかぎりに叫んだ。

　あざけりの笑いを浮かべて手をたたいている米兵たちに、怒りが爆発したのだ。

　一人の兵隊が、ハンカチを取りだすと目を覆ってくれた。せめてもの情け心なのであろう。私はみるみるハンカチが涙で濡《ぬ》れるのをおぼえ、ただ故郷の母を想《おも》い続けながら死を待った。

　そのとき大声がして、やがて口論が始まった。足音が近付いて、私の目からハンカチがはずされた。一人の将校が現れて、銃殺をやめさせようとしていることが分かった。

　私は幕舎に連れて行かれた。大きな机と地図のあるところに、でっぷりとした高級将校がいて、いきなり日本語で、

ガダルカナルで日本兵が隠れていると思われる洞窟や仮小屋を、しらみつぶしに点検していく米海兵隊。負傷していた森さんも、こうして発見され、捕虜となった。

「あなた、起立してください」

という。

米兵の軍服を着た少尉は、日本人だった。

「私はアメリカの市民権をもつナカタ少尉です。ただいまより、高射砲連隊長の命により取り調べをいたしますから、正直に答えてください」

どうせ殺されるものを、本当のことを答えるバカがいるか。私はデタラメをとおすことにして、部隊名をごまかし、階級は伍長だが上等兵といい、郷里は愛知県であるがついうっかり岐阜県と答えた。

「あなた、日本軍が撤退したこと知っていますか」

ナカタ少尉の質問は私を驚かせた。むろん信じられない。頭を石でたたかれたような思いはあったが、

「日本軍が撤退なんかするもんか!」

と叫んでいた。

隊長がナカタ少尉になにか尋ね、答えを聞くと、哀れむような目で私を見た。幕舎の将校たちはクスクス笑い出した。

ナカタ少尉が、さらに言った。

「隊長が、もしあくまでも日本軍がガ島にいると信じるのならば、エスペランス岬、ボーア、タサファロング、ルンガの海岸へ連行してもよいといっておられる」

こうまでいわれてみると、悲しいことだが信じるよりない。前線にいた我々を捨てて、後方にいた者たちが軍艦で逃げた！　これが日本軍だったのか、これが日本軍の戦陣訓か！

私は笑いだしたつもりだが、しかし、それは泣き声だった。

友軍機の銀翼に祖国を思う

ジープに乗せられて捕虜収容所に運ばれた私は、ここで軍医の検診を受けたが、驚いたことに野戦看護婦（師）がいた。女性を見るのは何カ月ぶりであろうか。私は優しく手当てをしてくれた看護婦に、心から感謝の敬礼をした。

収容所は鉄柵で囲まれていたが、白パンツだけの男がいて「ごくろうさん」と迎えた。とっさに私は「お前は日本人か？」と聞いた。捕虜は私が初めてだろうと思っていたからである。しかし、彼は歩兵第二三〇連隊の山本一等兵であることがわかった。早くから捕虜になっていた山本は、収容所の顔役でもあったのだ。

小屋には五〇人あまりの米軍服を着た日本兵がいて、ガヤガヤ話をしていた。私がなんとなくほっとしていると、山本が海軍食器にまっ白な米のメシを入れて持って来て、「特別食だよ」とくれた。

私は思わず飛びつきながら、

「これ、みんな俺が食っていいのか？」

と尋ねてしまっていた。

「海岸に集積されていた内地米でな、友軍が撤退したあと米軍が手に入れたものだよ。どんどん食え」

山本の説明を聞きながら、手づかみで食べはじめたものの、涙がこぼれてならない。この白いメシがどんなに食いたかったか。戦友の誰もが口ぐせに、少しでもいい、このくらい、いやせめてこのくらい……と両手で目盛りしながら息を引きとっていったのだ。「メシ、メシ」とうわごとをいいながら、発狂して死んだ兵長もいた。

森さんも涙したように、ガ島の日本兵捕虜は米軍食と日本食を十分に与えられていた（1943年8月27日撮影）。

死にそこないが、こうしてメシを食っている。私は思わず大声をあげて泣き伏してしまい、収容所は静まりかえった。

やがて思い知らされるのだが、ここには規律らしいものはなく、ただ身体の強いものの天下だった。山本たち七〜八人のグループは、重傷者や極度の栄養失調者をほったらかしにして、日本酒をはじめ美食をほしいままにしていた。

体力のない者は余った食物を与えられるだけで、柵の合い間に生えている雑草を食わねばならないほどで、私もしばらくこのバカげた運命に泣いた。

しかし、ガダルカナルではあまりにも「食」という絶対的な点で悲惨でありすぎた。捕虜になっても、食うことに関してはどうしても自分だけを優先させる習慣が、心の奥にまでしみついていたのであった。

私は父をアメリカ人に持ち、母を日本人に持つハーゲス大尉の思いやりで破片摘出の手術を受けたが、人間あつかいされる喜びと同時に、〈ありがたい。俺は過去において接した各国の捕虜をこのように扱った覚えは一度もないのに……〉という反省があった。

二カ月たった四月中旬、ニューカレドニアの収容所に移送されることになった。日本軍による空襲がにわかに激化してきたからである。

米軍の高射砲弾をくぐって銀色に輝く翼を見ながら、〈ああ、あれに乗れたら、じきラバウルに戻れるのになあ〉と悲しい気持ちになる反面、日本軍健在なりの思いで涙をにじませたりもした。

私はこのころ、次のような短歌を作った。

とらわれの幾つの命が母を恋ふ
　無情に大きく椰子《やし》の葉の月

ニューカレドニアに送られた五十数人の私たち捕虜は、それぞれ屈辱を味わされながら、米兵に従って新しい収容所入りをした。赤いハゲ山の頂上に二重の鉄柵が張りめぐらされ、そのなかにいくつもの天幕が並び、ガダルカナル島の収容所の五倍はあった。そして、やはりガ島で捕虜になったのだという五〇人あまりが、私たちを迎えた。

私たちが収容所入りして間もなく、一人の海軍パイロットが送られてきた。私たちの幕舎の西側にただ一人入れられ、ぽつねんとしていることが多いそのパイロットは、色が白くよく太って、瞳が鷹のように鋭かった。大谷中尉と名乗るこのパイロットは、作家の豊田穣《とよだじょう》氏（一九七一年、直木賞受賞）だったのである。

飢餓地獄にいて神仏とは？

私の傷口の化膿はますますひどくなって、脚《あし》を引きずりながら歩いていたために、食事のときはいつも他人より遅れ、少ない配分に泣かねばならなかったが、負傷者として作業を免除されていたので身体は太ってきた。

あるとき治療を受けに行って絆創膏《ばんそうこう》をはいだとき、なにか黒いかたまりがくっついてきて、空き缶に捨てるとカチンと音がした。それが最後まで残っていた弾丸の破片で、私はようやく回復に向かうことができた。

だが、いちばん恐れていたものが訪れた。取り調べだった。軍隊履歴、戦闘時における残虐行為、虐殺したかどうかなどで、そして最後に「××に於て×××

×の可否？」と問いつめられる、かなり厳しい取り調べだということだった。

連行されたのは四四番目だった。中央に鋭い目の中佐が座り、その左右に大尉がひかえ、横に中尉、少尉、MPが起立し、タイプライターを前に座る日系二世兵士二人と通訳の二世軍曹。

すでに私はある程度は英語がわかるようになっていたが、通訳がなければむろんはかどらない。

出生地、部隊名、部隊長の名前などから質問が始まる。

「あなたの階級は？」

「上等兵です」

「入隊したのは？」

「昭和十五年です」

十四年兵だし、すでに伍長であったけれども、少しでも責任ある地位にいればそれだけ罰も大きいから嘘をついたのであった。

「あなたは過去において、部隊命令で敵兵またはスパイを銃殺したことがあるでしょう」

「ない……」

「あなたは、××××に於て××の××を××たことがありますか」

「そのような人道的でないことをした憶《おぼ》えはない」

こうした取り調べは前後一五回も続いた。しかし私はシラを切りとおした。なんとしても生きのびで、内地の土を踏みたいという執着は強まるいっぽうだった。

捕虜生活に慣れて健康体に戻るにつれて、私たちは単調な日々の生活に苦悶《くもん》するようになった。なにかといえば監視兵に反抗し、あるいは日本人同士がいがみあった。そんな気配を察したからか、所長は従軍僧を入れた。あざやかな日本語を話す大尉待遇の牧師だった。

牧師はまず日本のレコード『可愛いい魚屋さん』を聞かせ、チョコレートを配ってから話し始めた。

「あなたがたは、この呪《のろ》わしい戦争にかりたてられ、捕虜になられた。聞くところによれば、日本では捕虜は最大の恥であり、軍人としての汚名であるそうですが、アメリカではまったく逆です。最前線に出てすべての力を出しつくし、生命のすべてを投げて戦った兵士が武運つきてPWとなることは最大の栄誉とされています。あなた方はこの点をよくお考えになって、現在の環境をなげいたり、卑屈になったり、自暴自棄になることなく、一日を無事に過ごせたことを神に感謝なさい。そうすれば、やがてあなた方の上に光明のあることを、私は信じます」

しかし、私は耐えられなくなった。なんでもいいから聞きなさいといわれて、まっ先に手を上げていった。

「ガダルカナルの戦闘いらい、自分はなにものも信じません。この世に神も仏もありません。身体に銃弾が当たれば人間は死ぬんです。食がなければ餓死するんです。飢餓地獄のなかで死んだ多くの戦友たちは、神を信じたでしょうか。信じられるはずはないです……」

牧師は黙ってハンカチを目に当て、

「アイ・アム・ソーリー」とつぶやいた。

混血の美女にギラつく欲望

昭和十九年に入り、森義富さんは同じニューカレドニア島の第二捕虜収容所に移された。海軍と陸軍が合同して、約三五〇人の捕虜がメロン・トマト・スイカなどを耕作する作業にあたっていた。

負傷が完全に治った私も、メロン畑の作業に出ており、推されて幕舎長になっていた。南風にメロンの香りが甘くとけてあたりをつつみ、ときどき通る激しいスコールの後はさわやかで、私は持ち前の茶目っ気を存分に出してみんなを笑わせながら楽しく働くことができた。

しかし、しょせん捕虜生活である。みんなの不満はまず食生活に集中し、米兵が作るまずい食事は食えないということで、農作業をストライキ、八日間の抗議絶食に入った。海軍側が強行したのだが、私はガダルカナルの悲惨な飢餓状態を知らない海軍だから、勝手なことをやるのだ、と内心では不本意だった。しかも絶食までして捕虜の身をさらに苦しめるなんて……。

結局、炊事を日本人がやる、労働時間を短くする、などなど捕虜の要求が大幅に認められるが、このこと

米軍の捕虜となったガダルカナル島の日本兵たち。これら日本人捕虜は、ニューカレドニアの捕虜収容所を経てアメリカ本土の収容所に送られていった。

があとで重大な結果をもたらすことになるのである。

ストライキの前後、捕虜たちには一日五分間の最大の楽しみがあった。幕舎の北側に鉄柵をへだてて山道があるのだが、そこを午後四時になると必ず通る女がいたからだった。

現住民と白人との混血児で、二〇歳くらいだったろうか。幕舎の中でいっせいに寝たふりをして、私たちは彼女を食い入るように見つめた。赤銅色の肌、唇の真っ赤なルージュ、大きく盛り上がった乳房、熟した柿のようにふんわりした腰。私たちは想像力をたくましくし、彼女の体を頭のなかで抱きしめるのだった。

健康体に戻った私たちにとって、性欲を満たされぬ苦しみは本当に残酷だった。自動小銃をもった番兵にあえて飛びかかってもつれあい、乱闘する捕虜もいたが、これもまた性欲をおさえつけられた人間の哀れな吐け口だったのである。

農耕は一五人一組で行うが、あるとき、東北出身の伊藤上等兵が番兵と口論を始めた。よくあることで、そのときも東條とルーズベルトの悪口のいい合いであった。私はこの組の責任者であったから、はらはらして見守っていたが、どうやら下火になったのでほっとした直後に、番兵の五〇連発自動小銃が突如、ダダダダッと火を吹いたのだ。

伊藤上等兵は顔面から血をほとばしらせて倒れた。

「ヤンキーをたたき殺せ」

と誰ともなく叫んで、一四人の捕虜が詰め寄る。しかし私は「相手になるな、我慢するんだ」と必死に皆を制した。九州出身の血の気の多い連中が、私を卑怯《ひきょう》者《もの》だと罵《ののし》った。だが、私は一四人が飛びかかれば射殺されることはわかっていたから、飛びかかるのを押さえる責任があった。

卑怯！　密告に暴動は不発

やがて私は第二収容所の幕舎長会議に呼び出され、反逆しなかったことを追及された。だが、私は言った。

「ガダルカナルの死闘の果てに捕虜になった瞬間から、森は無性に生きることに執着を覚えています。数秒たりとも生きながらえたいんです。苦しくとも生命を大切にしたいんです。不肖森は弁解をしません。どんな処分でもしてください」

収容所のなかにも軍隊の規律は残っている。むしろ、より厳しくそれが支配するようになっていた。海軍側でとくにそれが強い。彼らはいまでも海軍精神注入棒なるもので、下級兵士にリンチを加えたりしていた。その海軍側が暴動を発案した。陸軍側としては従うよりなかった。

伊藤上等兵が殺されたあと、ちょっとしたことで番兵とのトラブルが生じ、不満は一挙に暴動計画へとエスカレートしたのである。

発案者たちは地上での戦闘を知らない海軍側である。番兵の武器さえ奪取すれば、こちらの要求が貫徹できると思い込んでいた。食事への不満から生じたストライキが、収容所側を譲歩させたことで自信をつけたのも、動機になっていた。

ともかく暴動計画は決められた。私も覚悟していた。だが、その日が迫るにつれ、内部の動揺も高まった。一木支隊の生き残りである小泉軍曹が、思いつめた表情で私にいった。

「虚勢を張っているけれど、みんなそれぞれ悲しい顔で畑仕事をしている。命だけは自分のものだと信じていたのに、いま捕虜の身でなお日本軍にしばられて命を捨てなければならないなんて。森上等兵、自分はこんな死に方はいやだ。せめて自分で選んで命を捨てたい。どうだろう、刺しちがえて自決しないか」

「俺にはできない。俺は決行の直前まで生きていたいんだ」

断った私の前から、小泉軍曹は蒼白《そうはく》な顔で去った。そして暴動決行の三日前に彼は自決したのである。名古屋出身の加藤上等兵と農具で刺しちがえたのだった。

小泉軍曹の自決の直後、収容所の警戒が厳重になった。番兵が増えただけでなく、現地人が蛮刀をもってパトロールするようになったのである。

海軍の佐藤上曹が集合をかけて私たちに言った。

「誰かが英語で書いた紙を渡して密告したらしい。陸軍の中にいるはずの卑怯者を、すみやかに探し出してほしい」

最初から密告者を陸軍側と決めつけた態度だったが、しかし、意外にも海軍のU衛生一曹が密告者だったことが分かったのである。

佐藤一曹はじめ暴動の発案者たちは次々に自決した。二十数人が幕舎のなかで刺しちがえて死に、暴動は未遂に終わったのであった。昭和十九年三月中旬のことである。

憎悪のなかで募る望郷の念

この暴動未遂の直後、私たちは米本土へ移送されることになった。戦場の近くに危険な捕虜を置いておけないという米軍側の処置であった。

サンフランシスコに着いたのは四月中旬の早朝であった。初めて見る高層ビル、街を走る自動車に目をみはっている私たちは、やがて自分たちが米市民の好奇の目にさらされていることに気付く。

いや、好奇の目ではない。憎悪の目であった。タラップを降りる私たちに、一斉に喚声をあげながら群衆が殺到し、警官やMPが銃口を上に向けて発砲しても、なかなか静まらなかった。報道陣がカメラの砲列を敷いていてフラッシュを浴びせる。動物園のサルのごとく目をぱちくりして驚くだけだった捕虜も、やがて醒《さ》めた一人が叫ぶ。

「毛唐が写真を撮るぞ、恥さらしの顔を写させるな」

という声に気付いて、上衣を頭からかぶって走った。

野戦帰還兵浴場で垢《あか》を落としながら、私は胸をつまらせた。本来ならば宇品の検疫所で懐かしい祖国の山を眺め、美しくやさしいエプロン姿の婦人会の人たちに、ご苦労さんと声をかけられているはずなのに……。

まもなく大型ボートに乗せられて、サンフランシスコ湾の離れ島に運ばれたが、私たちの行き先のすぐ横の小島の刑務所には、ギャング王のカポネが投獄されているという。

島に着いてすぐ取り調べがあったが、それは一回きりで、ごく事務的な書類整理だけであった。しかし、一週間後に呼び出され、再びサンフランシスコの街に戻され、トラックで郊外に運ばれた。三階建ての赤い建物が目的地だった。トラックを降りると、うしろで不気味な音がした。鉄扉が降りる重く鈍い音だった。この建物こそ、各国の捕虜を戦慄《せんりつ》させた〝赤い獄舎〟だったのである。

捕虜番号124を与えられた私は、独房に放り込まれた。真ん中にある小さな机に刻まれた日本語の文字が、〝赤い獄舎〟がいかなるところかを教えた。

「ここの取り調べは厳重である」「死すとも祖国を護《まも》れ」「俺は何故死ねないか」「日本へは二度と帰れないぞ」「夕べ母の夢を見た」「吉田先生」

しかし、食事は豪勢だった。最初の昼は山盛りの鶏肉にケチャップがかけられたものとパン、それにコーヒーまでついていた。

むしゃぶり食いながら、私は南支那でのことを思いだしていた。部隊命令で捕虜を射殺する直前、私はタバコを吸わせてやったことがある。寂しく笑いながら、さもおいしそうにゆっくり時間をかけてタバコを吸ったあの中国人は、殺されることを知っていた。自分もまた、死の直前だから美食にありついているのか――。

だが、待っていたのは厳しい取り調べの日々だった。

金髪の大尉が取り調べにあたったが、冷たい表情をした、四〇歳くらいの男だった。

「いまごろは名古屋の郊外は桜も咲いて、いい気候でしょうねえ」

きれいな日本語だったが、それより、名古屋の郊外といわれた私はドキリとしていた。ガダルカナル島での最初の取り調べのとき、うっかり出身地を岐阜県とはいったけれど、名古屋郊外の街などと漏らした覚えはない。

ガ島での質問と初めは一緒だった。私は階級をなるべく下に思われ、戦闘歴もごまかしたいと思ったから、適当な嘘を答えた。

「ガダルカナル戦では、日本兵がだいぶ米兵の肉を食ったそうですが、あなたはまさかそんなことはしていないだろうけれど、見たことはあるでしょう」

「人間として、そのようなことは考えられないし、むろん見たこともない」

……あのときガ島の山中で、京都弁の兵隊がくれた鯨肉みたいな肉片を夢中で食ったが、あれはやはり米兵の肉だったのかもしれない。

「君は昨日、銃声を聞いたか」

「聞いた」

「あれはドイツ軍の兵士でねえ」

そんなやりとりもあったが、次のような問答では、とうとう大尉を怒らせてしまった。

熱涙ともに問う兵役の意義

「親兄弟の名前は？」

「父は秀吉、母は政子。兄が武蔵で、妹はお通です」

七回目の取り調べで懲罰房に入れられてしまった。薄い一片のパンとコップ一杯の水だけだったが、大尉と戦っている充実感で空腹は覚えなかった。しかし、この大尉は武人の情を知っていた。ある日、タバコをすすめながら、次のように言った。

「捕虜のなかには進んで軍の機密を話す者もいるが、ぼくはむしろ哀れに思って聞いている。あなたは僕のことを鬼と思っているだろうが、これでも血も涙もある人間のつもりだ。とにかく、嘘でもいいから書類づくりに協力してくれ」

こうして私は追及を逃れて、日本兵捕虜六〇人あまりとともに〝赤い獄舎〟を出ることができた。そして列車に乗せられてロッキー山脈を越え、ウィスコンシン州のマッコイ・キャンプに送られた。

ここにはその後も日本人捕虜が続々と到着して、昭和十九年十一月には総員七〇〇〇人に達し、他に約二〇〇〇人のドイツ、イタリア兵捕虜がいた。

これだけ大量の捕虜がいれば、それまでの取り調べで用いた階級詐称などの細工は通用しなくなる。そして日本軍の〝秩序〟はさらに強化されて、またしても上級の者が威張りちらし、リンチをほしいままにした。

真珠湾攻撃のとき特殊潜航艇で参加して捕虜第一号になった酒巻和男少尉が世話係をしていたが、この人は温和な性格で大学生をしのばせる理知的な風貌《ふうぼう》をしていた。私はこんな青年将校に従っていこうと決めていた。

しかし、ファシズムにしがみつく連中は、ことあるごとに収容所の番兵とトラブルを起こし、あるときは一個中隊の米兵から銃剣で突きまくられる事件のきっかけを作る。

その嵐が静まってからも、日本人同士の醜い争いはくすぶり続けた。それは過去のささいな怨恨《えんこん》を晴らすための乱闘であったりいろいろだが、なんといっても女のいない集団だからだった。

一部の下士官、古参兵たちは、その吐け口をヤング・ボーイに求めた。志願兵の若い水兵がもっぱら狙われ、暴力で犯された。深夜まで傍若無人の痴態が展開され、ヤング・ボーイたちはしだいに若さを失った表情を見せるようになり、なかにはおのれの不運を嘆きながら、一人二人と発狂して死んでいく者もでた。

昭和二十年五月にドイツ降伏が知らされ、硫黄島の捕虜も送られてきて、敗色が濃くなったことが分かるようになった。戦艦「大和」が沖縄へ向かう途中で沈められた写真も、ここで見た。本土の日本人よりも早く正確に、ニュースに接したわけである。

そして昭和二十年八月十五日、収容所司令官が全員を広場に集め「諸君には誠に気の毒なニュースだが」

と前置きして、天皇がポツダム宣言を受諾したことを知らせた。

「私は今日から諸君を無事な体で日本へ送る新任務を受けました……」

司令官の言葉通り九月下旬に移動命令が出て、私たちは胸を躍らせて太平洋鉄道に乗ったが、カリフォルニア州の片田舎（地名を覚えていない）で降ろされて、再び収容所暮らしが始まった。収容所といっても民間が管理するもので、私たちは大農園の綿つみに酷使された。軍の管理を離れた途端にこの重労働が待っていたのであり、絶好の奴隷として毎日一〇時間もかりたてられたのだ。

昭和二十年の暮れ、ようやく綿つみ作業から解放されるが、船に乗ってそのまま日本へ帰れるかと思ったら、ハワイで降ろされ、ここでまたしても一年間にわたる労働が課せられた。

そして昭和二十一年十二月三十一日、今度こそ間違いなく復員船は浦賀港に着いた。昭和二十二年の元旦、帰国の捕虜一二〇〇人は「君が代」を合唱しながら、懐かしい祖国の土を踏んだのである。実に九年ぶりだった。

米国での強制労働の報酬として四〇〇〇円もらっていた。私は思いがけぬ大金に驚き、生活設計の基金にするつもりで大切にしていたが、町に出てみると子どもたちが二〇円や三〇円の〝大金〟でわずかな駄菓子にありついていた。

名古屋駅に着いて、郊外の実家に向かうため一〇銭を出して市電に乗った。一人六銭のはずであるから、つり銭を要求した。

「お客さん、バカにしないでください」

「なにがバカにするなだ！　早朝なら割り引きで五銭のはずだろ。文句あるか」

車掌を困らせているとわかっていながら、私は怒鳴り続けた。腹の底からこみあげる怒りが、熱い涙をあふれさせた。捕虜生活の三年余、いや日本軍の兵士としての八年間が、私にとってなんであったのだろうか――。

座談会 ガ島の〝泥棒部隊〟かく生き残れり

〔出席者〕
梅崎　進（四九）当時初年兵／**梅野　博**（四九）当時初年兵／**楠原吉助**（四九）当時初年兵／**高見正六**（五二）当時伍長／**長崎　薫**（四九）当時初年兵／**森田洞二**（五三）当時軍曹／**山本　力**（五二）当時伍長

機関銃を持った〝強盗部隊〟

ガダルカナル島の第三五旅団（川口支隊）第一二四連隊（福岡）の兵士たちは、凄惨《せいさん》な死闘のあと、補給困難からくる飢餓に耐えられず、友軍の糧秣を盗んだ。当時、参謀本部の作戦班長だった辻政信中佐はこの事案に激怒し、第一二四連隊を「泥棒部隊」と罵《ののし》った。

勇猛果敢で知られたこの連隊は、以来〝泥棒部隊〟として有名になり、兵士たちはその屈辱を長く味わわされることになる。そこで今回は、当時の兵士たちに「ガ島の知られざる一面」を語っていただく。

＊

梅崎　たしかに、盗むことは盗んだよな、それは否定せんよ。しかし、それでもって〝泥棒部隊〟ということにされてしもうて、どの戦史・戦記を読んでも、ガ島における一二四連隊の功績いうもんが、まったく無視されとる。こげなことで、ええもんやろか。

楠原　どうせ負けた戦争たい。いまさら功績もクソもありゃせんよ。

梅崎　いや、ワシは勝ち負けのことをいいよるんやない。餓死するためにガ島に行ったんじゃないばい。戦争するために行ったとばい。それを食わせるものも食わせんといて、配分の公平を要求して実行しただけのワシらに〝泥棒部隊〟の汚名を着せるのはむごい。死んだ戦友も浮かばれんちゅうんじゃ。

山本　配分の公平を要求して実行しただけか（笑）。

辻政信中佐

梅崎君はすばしっこかったんなあ。いつやったかなあ、特務機関の米を盗みに行ったのは……。

梅崎　手榴弾《しゅりゅうだん》を持って、見つかったらいつでも殺してやろうと思うて忍び込んだら、うまいぐあいにグーグー寝とる。二斗入りを一俵いただいて帰ったことがありましたな。

山本　ふつう一俵といえば四斗入りばってん、ガ島では二斗入りの麻袋でね。

森田　機関銃を持って、貨物廠《かもつしょう》に押しかけたちゅうのを？

山本　ああ、あれは私らの九中隊。連絡副官の命令で、機関銃に三〇発装塡《そうてん》して行って、二師団（仙台）から五俵ばかりまきあげた。あのときは、泥棒ちゅうより強盗部隊たい（笑）。

長崎　日本軍同士が実弾込めてやりよりましたもんね。

梅崎　しかし、泥棒とか強盗とかいうても、平時における泥棒とはわけが違うたい。

山本　そげに、いちいち言い訳せんでもよかたい（笑）。

梅崎　いや、ここんとこをはっきりしとかんと困ります。この記事をワシの娘が読んで「お父さんは泥棒じゃったとね」と言いはせんかと、ビクビクしとります。今日の出席者のなかには、小学校の校長先生が二人もおらっしゃるし。

森田　私にいわせれば、盗むげな状態にしたのは軍が悪いんじゃ。

長崎　そう。作戦がまずかったのはもちろん、ガ島上陸の部隊がそれぞれ自分のところしか考えず、隣が困っとっても米一粒やるわけじゃなし。

楠原　軍隊には、必ずそれがある。それに貨物廠のいやらしい根性ね。たえず出し惜しみする。いつか使おうというつもりなんだろうけど、あんた、目の前ではバタバタ兵隊が飢え死にしよるのになあ。

山本　ガ島放棄のとき、最低二〇〇〇俵の米が残っとった。それに日本酒も。

高見　上陸するとき、一週間分の米を支給されただけじゃないかなあ。あとは敵軍の糧秣を当てにしろといわれて。ほかの戦場では、集落を包囲して米から塩から徴発と称して取り上げる。ところが、ガ島にはわずかな住民がおるだけだから、それもできん。

森田　弾薬ない、薬品ない、糧秣ない。あるもんちゃ、なんにもない。しまいには軍靴《ぐんか》を食うた。

楠原　あれは豚皮じゃもんね。水に漬《つ》けといて、グツグツ煮て、とにかく腹をふくらませるために食うたなあ。

ビルマでも生きたガ島体験

梅野　マラリアで野戦病院に入っとったけど、病人を治療するわけでもない。みんなほったらかしでね。食うものも自分で探してこい、でしょう……。

梅崎　梅野君は、相撲の選手やったな。たしか四股名《しこな》が「荒富」。

梅野　梅崎君は「天の川」(笑)。

梅崎　ワシら二人、とくに仲が良かったもんな。ところが、ちょっとのあいだ会わんで、そのあとに顔を合わせたらもうわからん。痩せてガイコツみたいなのが向こうから手をふるけど、それが梅野君とはね。相撲の選手ですばい(笑)。

梅野　私は、梅崎君のおかげで生きて帰れた。あのとき川を渡るところで出会うて、乾麵包《かんめん》をもろうて助かった。

楠原　俺は梅ちゃんからチョコレートをもろうたことがあるばい。

森田　梅崎君は元気がよかったもんね。

梅崎　はい、自分はすばしっこい初年兵の一等兵でありました(笑)。

梅野　あのあとも、あんたを訪ねては何やらもろうた。梅崎君は生命の恩人です。

梅崎　要するに、ワシが腕のええ泥棒じゃったといいたいんやろ(笑)。そういえば、前科一犯の兵隊から、お前は見込みがあるとほめられたっけ(笑)。

梅野　ばってん梅崎君は、絶対に自分だけがガメ込むようなことはせんかった。

梅崎　そう、そのへんのところを強調してもらいたい。これで娘に申し開きができる（笑）。

山本　まあ、梅崎君にかぎらず、一二四連隊の兵隊は、すばしっこいのが多かった。その北九州の荒くれどもが、おとなしい東北の兵隊から、なんとか糧秣を盗もうとする。

梅崎　第二師団が上陸したのは昭和十七年（一九四二）十月六日だから、われわれより約四〇日あまり後だった。こっちはルンペンの姿で海岸に迎えに出たが、ちょうど積荷を降ろしよるときに敵襲で、二師団の連中が蜘蛛《くも》の子を散らすように逃げた。しかし、ワシラは敵の飛行機よりも腹が減るほうが怖《おそ》ろしいことを知っとるから、ガラ空きになったところへ行って、装具とか食糧とかを拾うた。盗んだんじゃなく、拾うたんばい（笑）。

山本　上陸して飯盒炊《はんごうすい》さんしよるところを、ただ指をくわえて見るのもアレやから、わざと「空襲！」とやったな。奴《やっこ》さんたち、メシをほったらかして退避する。それをいただいて食う。食うたあとは、飯盒を自分の前に投げだしとく。奴さんたちは、メシよりも飯盒が大切ちゅうんで探しにくる。「あんたらが取ったな」「バカいえ、なんで取った者が、わざわざ証拠の品物を自分の前に置いとくか」とね（笑）。

楠原　これはビルマの撤退のときやけどね、前を行く大阪の兵隊が背中にぶら下げとる飯盒を、帯剣でヒモを切ってはずす。そして、後の者に渡しおくんたい。大阪の兵隊が「やったな？」というと、「なに、因縁つけるか」といってサカネジを食わせる。ガ島での貴重な体験がビルマでも役に立ったわけだ（笑）。

梅崎　これが不思議なもんで、飯盒の中身が詰まっとるかどうか、ちょっと見ただけで、ぴたりと当たる。外から見るだけでね。経験というものは恐ろしいもんです（笑）。

森田　皆《みんな》やったですもんなあ、とても常識では考えられんようなことを。

梅野　私は自分でいうのもおかしいけど、カタブツで通った男です。悪いことは、何もしきらんかった。しかし、ガ島ではやったですなあ。糧秣受領の帰りを狙うて、背中にしっかりくくりつけたのをひっぱがしたですよ。

楠原　貨物廠にも、みんな行っとる。正規の糧秣受領に行った将校が下見をしてきて、あそこが品物が多いとか、警備が手薄とかいうんで、それっということで行く。

長崎　ばってん。がっかりするのは梅干やったですな。なんぼ食うても、腹がふとらん。

楠原　その梅干も、たいてい中身の半分はない。誰かが抜いとるっちゃ。

高見　貨物廠というても、砂浜に四角な穴を掘って物資を入れて、ヤシの葉っぱをかぶせとるだけでね。それを直接狙わん場合は、かついで帰りよるのを襲う。人間じゃない。もう餓鬼道に堕《お》ちとったとじゃもん。

軍の手で闇から闇に葬られる

長崎　私は塩焼き部隊で、海水を煮て塩をつくる作業だから、米なんて見たことがない。もっぱらカニです。月夜の晩に出るクソガニというやつね。海岸の人間の死体を食うとるから、このカニはなかなかうまい。カニのおかげで助かったようなもんですが、間接的に人間の肉を食うたことになりますかな。

山本　ヤシの樹があって、実が採れてタケノコみたいな新芽が採れたころはよかったけど、あとはひどいもんじゃったなあ。青いものをみたら、とりあえず口へ入れたばい。

梅崎　ひもじかったなあ！

楠原　梅ちゃんでも？

梅崎　当たり前たい。とにかくワシら初年兵は可哀想すぎたよ。痩せて痩せて……。

長崎　痩せとる間はまだいい。しかし、むくんでくると危なかった。心臓がやられてくるから。関節が大きくなり、腹がふくれてくる。

梅野　キンタマがふくれてねえ。

森田　そうそう、邪魔になるくらい大きゅうなった。

高見　サオが、どういうわけか透き通るごとなったな。

森田　女のことなんか、考えもせん。

長崎　考えるのはメシのことだけ。私は、白ご飯を食

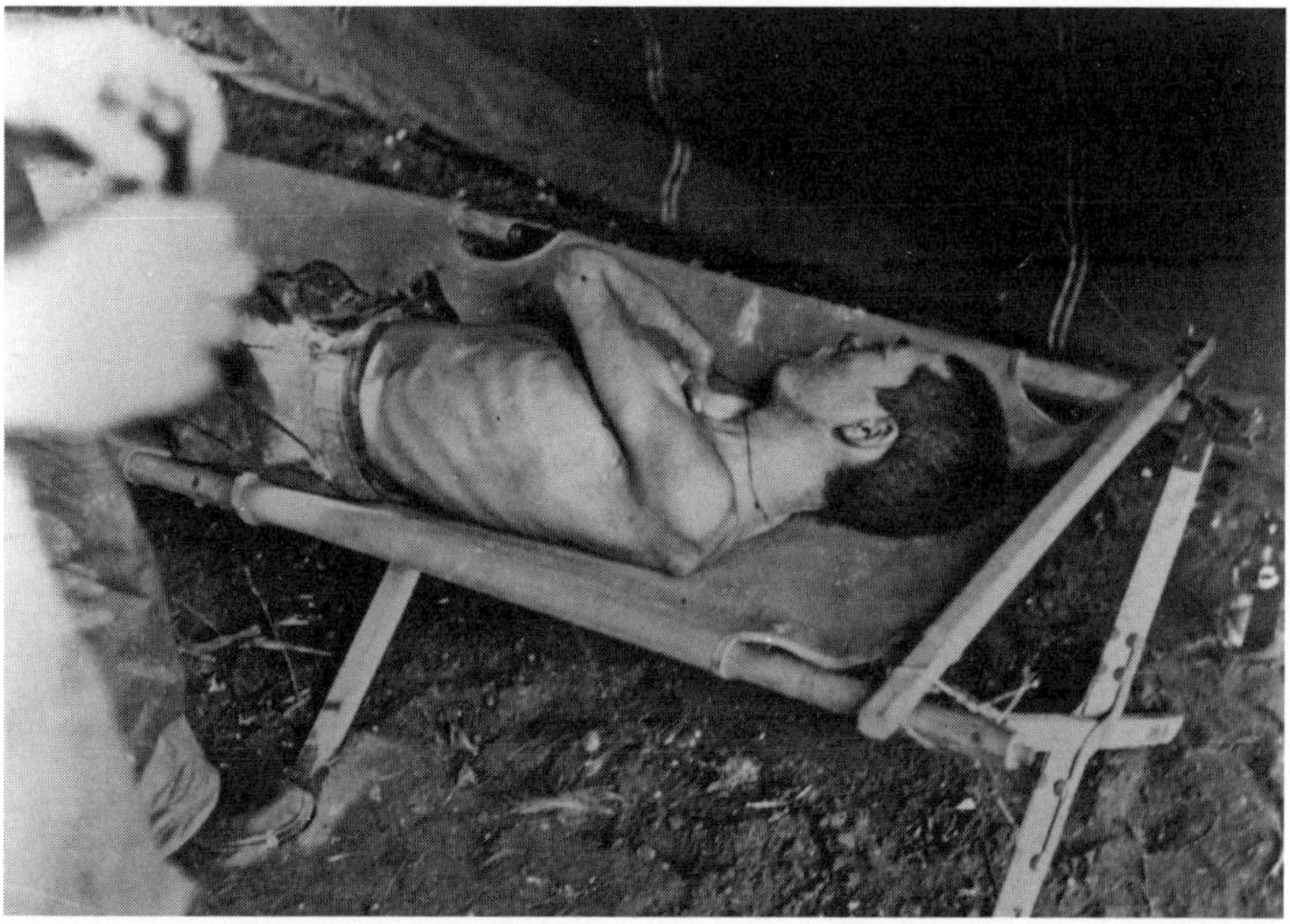

栄養失調の上、マラリアに侵されて高熱で苦しんでいるところを米軍に発見され、治療を受ける日本兵捕虜（1943年1月16日撮影）。

うたらもう死んでもええとばかり、ずっと思い続けた。ところが、ガ島放棄で引き揚げる駆逐艦のなかで、こげえ大きな握《にぎ》り飯《めし》が出て、飛びついた途端に匂いにムカムカっとして食えんかった。

高見　食わんでよかった。急に食い過ぎて死んだ人が多いもんねえ。特に海岸に残しておくのがもったいないと、急に貨物廠が気前ようくれた米で、ずいぶん死んだ。私もたちまち下痢してね、駆逐艦に向かう大発艇でもう……。みんな大発の舷にカラスがとまったごとしてね、海へ向かってビー、ビー、ビー（笑）。

長崎　駆逐艦の海軍の兵隊が、衰弱しとる私には、仁王さんのごとたくましく見えたですもんね。

楠原　我がちに乗り込むもんじゃけん、だいぶ棒でたたかれたなあ。ばってん、傷に砂が入っとるのを洗うてくれた水兵もおった。

長崎　駆逐艦のなかでやかましく言われたのは、大便するときですたい。便所に行くまでもたんで、垂れ流しでしょう。甲板がウンコだらけで、それを水兵が洗いよる。

楠原　マニラのケソン野戦病院は、洋式の水洗便所やったけど、洋式もくそもない、クソだらけで座られやせん。ズボン脱ぐひまもなかったからね。

長崎　私はマラリアがひどいし、腹部を負傷しとるし、ずっと病院暮らしだったけど、惨めな思いでしたよ。「泥棒部隊、泥棒部隊」ちゅうて、みんなから罵られて、こもう（小さく）なっとりました。

森田　一二四連隊は敵より憎いちゅうて……。

長崎　このときは十八年の暮れでしたかな、内地へ帰ったのは。このときは〝泥棒部隊〟というより〝餓島帰り〟ということで、ひどい目にあわされたです。軍としては、ガ島の敗北を隠し通したかったんでしょうな、誰にも会わせん。おそらく闇《やみ》から闇に葬られるだろうと覚悟しとりました。

生きる努力？が泥棒なのか

楠原　九大病院に入ったとでしょ？

長崎　ええ。マラリア原虫が骨髄まで入りこんどるから、記憶喪失と性不能になる恐れがあるという。体裁のいい実験台ですな。三日熱、デング熱、熱帯熱といろいろまざって、ずっと四一度二分の熱が続くのを、麻酔もかけんで脳骨部に針を刺す。よく生き残ったもんです。

楠原　俺とあんた、九大から一二四連隊にとられた同級生一三人のうちの、たった二人の生き残りじゃもんな。

長崎　それでたい、なんとか退院できたあと、九大の先生たちの有志が、ガダルカナルの戦闘はあまりにも悲惨だ、ひた隠しに隠しても、かえって日本のためによくない。むしろ、率直に公開すべきだと勧《すす》めるので、私がガ島の実情を講演して回ることになった。だいぶ回りましたよ、あちこち……。

梅崎　初耳ですなあ。

長崎　ええ、あんまり言わないから。

梅崎　で、反響は？

長崎　そりゃあ、みんな関心を持ちました。しかし、たちまち反戦思想の持ち主ということで、憲兵隊に捕まえられましてね。留置場にぶち込まれて、厳しい取り調べを受けました。私は共産主義者でもなんでもないけど、しかし、はっきりいってガダルカナル以来、天皇陛下のために戦うとか、生命を捧《ささ》げるとかいう意識はなくなっていましたからね。結局、敗戦まで、憲兵の厳しい監視を受けて、なにかといえばしょっぴかれましたよ。これも、ガ島に行ったがゆえです。ワシらにとって、ガ島の体験はなんだったのかなあ。得たものはなんにもない。ただただ、自分たちが可哀想すぎたということだけじゃないですか。

高見　そう、生きて帰れただけでもいいという感じしかないな。われわれは、あのインパール作戦も生き抜いてきたんだしねえ。

楠原　よく、軍隊は運隊というけど、運もよかったが、精神力の問題でもあった。なにくそっと生き抜く力ね。泥棒をしてでも（笑）。

高見　それに酒飲みね。日ごろから米のエキスを蓄積しとるからかどうか、生き残ったのは酒飲みが多いばい。

山本　もうちいっとはっきりいうたらどげな。貧困家庭の子が、いざとなったら強いということたい（笑）。

長崎　はっきり覚えとりますが、ガ島での一二四連隊の犠牲者は二九二八人です。一個連隊は約三〇〇〇人、私たちは現役兵で定員がだいぶオーバーしとったけど、とにかく、わずかしか生き残りがおらんということです。

梅崎　長崎君、どげなもんかな。あんたは、ワシらのなかで一番のインテリで、校長先生やろ。ワシらの泥棒を、どげなふうに考えたらええと思うな？

長崎　善悪は、そのときの状況で決まる。働かずに他人から盗むのが世間の泥棒で、これは倫理に反する。しかし、ガ島でのわれわれは、餓死するよりも、生命を守るために努力することのほうが、はるかに価値が高かった。仮にそれが泥棒であってもね……。

高見　（立ち上がって）よっし、一二四連隊の歌、いくばい。みんな、よかな。

玄界灘の潮浴びて
尚武の血潮ほとばしる……

生きることを拒否された地獄の戦場ニューギニア

軍刀の刃先を腹にあて「友軍の足手まといになるな、いさぎよく死ね！」と叫ぶ重傷の中隊長の声が……

人跡未踏の島に地図もなく

ニューギニア作戦が始まったのは昭和十七年（一九四二）七月二十一日だった。日本軍の重要拠点となったニューブリテン島のラバウル基地への空襲が激しくなったため、その発進基地であるニューギニアのポートモレスビーを攻略する目的で、まず南海支隊が派遣された。

歩兵第一四四連隊（高知）を中心とした南海支隊は、まずグアム島を占領したのちにラバウル攻略に向かい、日本陸軍として初めて赤道を越えた部隊である。昭和十七年一月二十三日にラバウルに上陸し、半年後に勇んでニューギニア島東北のバサブアに第一歩をしるした。しかし、ポートモレスビーを攻めるために反対側から上陸し、三〇〇〇メートル級の山脈越えをするという計画は、あまりにも無謀であった。

ちょうどガダルカナル島戦が苦戦の最中であったため、大本営の目はそちらに集中し、南海支隊への補給は二の次にされたせいもある。翌十八年一月の撤退で、南海支隊八〇〇〇人のうちラバウルにたどりつけた者はわずか三〇〇人であった。

梶塚喜久雄さん（五一）＝東京都台東区＝がニューギニア東部のウェワクに上陸したのは、南海支隊が敗退した一カ月後の二月二十四日だった。このとき梶塚さんは第四一師団歩兵第二三八連隊（高崎）第一大隊の少尉で、小隊長だった。

「二月初めに青島《チンタオ》を出たとき、連隊の総員は五三八四人でしたがね、終戦で引き揚げ船に乗ることができたものは四六人です。つねに第一線でしたけれど、それにしても九九パーセント以上が死んだんですからね。とにかく想像を絶する戦場でした。ニューギニアはわれわれにとって、まさに魔境だったとしかいいようがないです……」

ニューギニアはグリーンランドにつぐ世界第二位の島で、長さが二四〇〇キロ、最大幅が六五〇キロである。現在でもなお未開の地であり、内陸の現地人はもっとも原始的な生活をいとなんでいるが、このような島にまともな地図さえ持たずに日本軍は乗り込んだのである。

全戦線いたるところ自決行

ニューギニア作戦に従事したのは第二〇師団（朝鮮）、第三六師団（弘前）、第四一師団（宇都宮）、第五一師団（宇都宮）の四個師団が主力であった。

梶塚さんは昭和十五年十二月一日に甲種合格で現役入隊し、一週間後の八日にはもう船に乗せられて中国山東省の塘沽《タンクー》に向かい、上陸したその日に実弾を渡されて歩哨に立たされた。あっというまに兵隊に仕立てあげられたわけだが、歩哨要員に選ばれた理由は、中学で軍事教練を受けていたからだという。

やがて幹部候補生になり、保定《パオチン》予備士官学校を最初に卒業したが、一期後輩には池部良（俳優）や大松博文（女子バレーボール日本代表の監督）がいた。北支でさんざん苦労して、今度はいきなり赤道を越えてニューギニア島が戦場だという。梶塚さんたちがニューギニア遠征だと知らされたのは、青島を出港してからだった。

「ニューギニアの風土とか敵であるアメリカ・オーストラリア連合軍の特性とかの教育が、一応船のなかでありましたよ。それにジャングル戦闘の訓練も。甲板で毎日やったなあ」

オーエン・スタンレー山脈をはさんで敵と対峙《たいじ》していたわけで、中央部の北海岸ウェワクに駐屯した梶塚さんたちは、しばらく平穏に過ごした。南海支隊が敗退したあと、マッカーサー大将率いる連合軍はじりじりと東側から北海岸を押してきていたから、サラモアあたりでは激戦が繰り広げられている。だが、二三八連隊は道路工事と飛行場建設がさしあたっての任務で、椰子やバナナやパパイヤの味を楽しむことができた。

しかし、それも数カ月の間で、八月から激戦場に投入され、北海岸中央へ敗走する軍主力を助けるのだが、このとき犠牲者が続出する。

日本軍はラエから北岸のキヤリまで逃がれるため、四〇〇〇メートル級のアジャラ山系を越える〝サワラケット峠突破作戦〟をとる。直線距離にすれば一五〇キロあまりだが、人跡未踏といわれたアジャラ山系を越えるのだから、並大抵ではなかった。

「一カ月以上かかることは、初めから分っておった。だから、なるべく軽装で行こうということになったけど、銃を捨てるわけにいかんからね、糧秣を減らすことにしたんです。出発のとき渡された米が十日分だったけど、これは半定量だから実際は五日分ですよね……」

軽装で行くために自分の糧秣さえ減らさねばならないのだから、負傷者や病人などの〝重荷〟は、ほとんどそこへ置いて行くことになる。しかし、敵連合軍がすぐ来ることは明らかなのだ。戦陣訓によって捕虜になることを禁じられている以上、残された道は〝自決〟しかない。

「自決がニューギニアほど多かった戦場はほかにないでしょう。あらゆる面でニューギニアは悲惨だったと思いますが、自決ばかりはなんといっていいか……」

梶塚さんらの中隊長は、海岸で機銃掃射にやられ大腿部を負傷した。しばらくは担架で山の中を進んだが、やがて断崖絶壁にさしかかった。元気な者はツルをたよりにロッククライミングだが、負傷者や重病人はどうすることもできない。崖の下にはまさに黒山のように取り残された者が集まり、うごめいている。

「私はこのとき最後尾にいたんですが、ここにきてさすがに足がすくみましたね。自分たちだけが登るのはあまりにもむごいし、だからといってどうすることもできん。しかたなく、一日休憩することにしたんです

マッカーサー軍のニューギニア攻略　昭和17・11～19・8

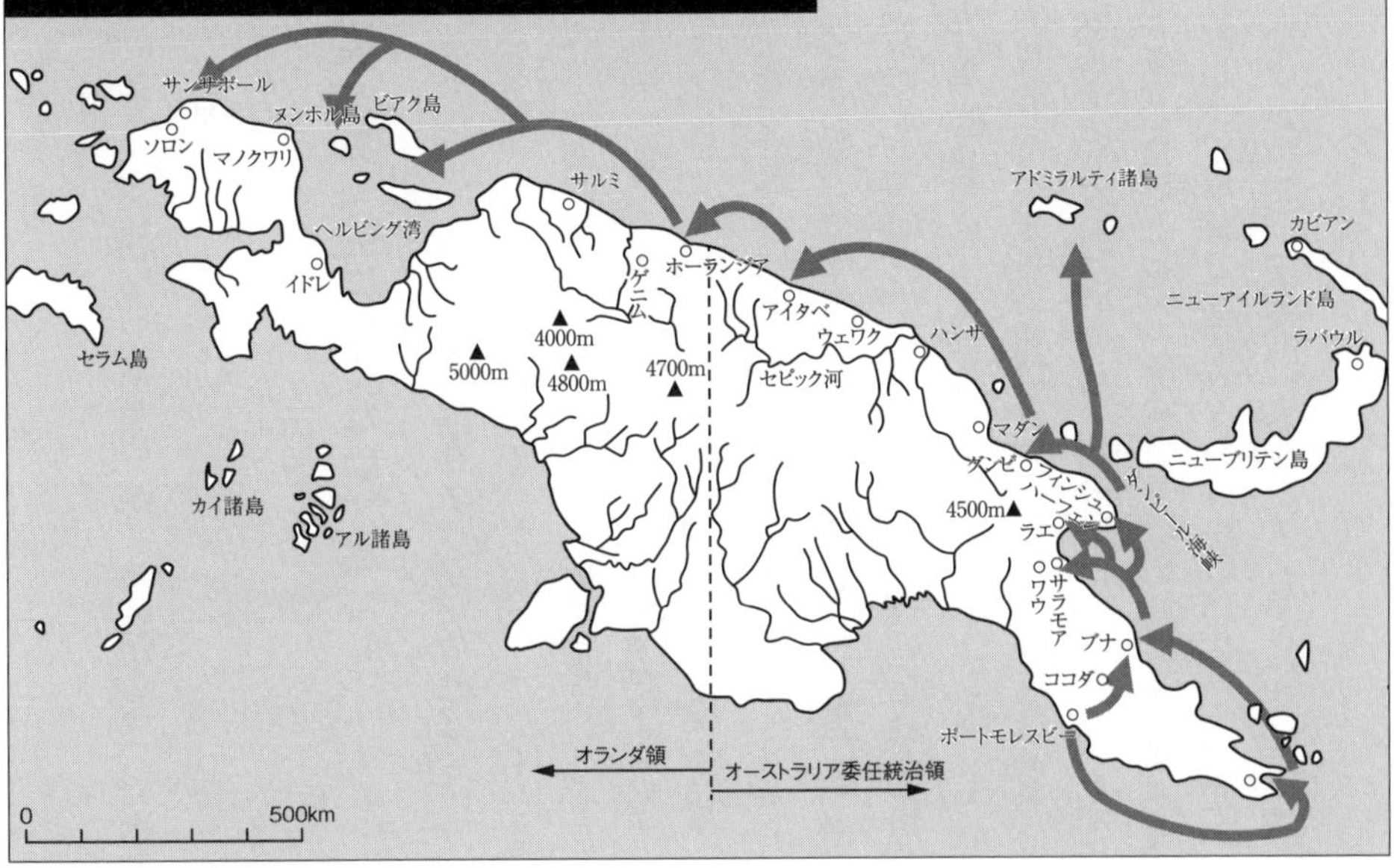

よ。そしたら、中隊長の当番兵がきましてね……」

担架をかついでいる二人の当番兵は途方にくれている。まさか中隊長を置いて崖を登るわけにもいかないし、一緒に残るのはなおさら困るという。だから、梶塚少尉がなんとか引導《いんどう》を渡してくれまいかという頼みなのだった。

「なんとかしてくれといわれたって、私が上級者に〝あんた死になさい〟というわけにはいきませんよね。で、当番兵とすったもんだやってたら、担架の上から中隊長が『梶塚、なにをコソコソやっとるか』と声をかけるんです。行ったら『心配するな、わかっとるよ。ついでにこのへんにいる連中も道連れにしてやるから、安心せい』というじゃないですか。『ワシは武人だから腹を切る。おまえは介錯《かいしゃく》しろ』っちゅうわけです」

中隊長は剣道五段だった。足を負傷しているが体力はある。木の幹を背に座ると腹をはだけて、ゲートルを捲《ま》きつけた軍刀の刃先を突きつけた。そして、まわりの負傷者や病人に、

「これ以上われわれが生きておると友軍に迷惑をかけ

る、いさぎよく死のうじゃないか、これからワシが模範をしめす」

と叫んだ。

涙にゆがみ「死にたくない」と

梶塚さんは、生々しく記憶をよみがえらせる。

「軍刀をね、ツッと突き刺して、グッグッググーと横に斬る……音がしますよ。それでもう、腸がバアッと出ますが、まだ介錯《かいしゃく》させせん。抜いた刀を今度は鳩尾《みぞおち》に突き刺して、グッグッグーとやって、まったくの十文字ね。そして今度は出てきた腸を自分で切るんですよ。腹を切った軍刀で腸を刻んで、どうするかと思うと『妄者どもめ！』と叫んで、まわりの者に投げつけるんですよ。驚きました。まもなく手榴弾がドーンドンと鳴りはじめた。中隊長の死にかたを見て、みんな俺も俺もとやりだしたわけですね。もういいだろうと、私は介錯しましたけどね、とてもじゃないが恐《こわ》くて首をはねられない。拳銃でコメカミを射つのがせいいっぱいだった。いやあ、三島由紀夫なんてもんじゃないな、本物の切腹は……」

嘘だ、といって信じないから、あまり話さないが、梶塚さんにはどうしても忘れることのできない記憶だという。

だが、自決というのはなまやさしいものではない。おなじ時期に次のようなこともあった。

「兵隊でしたがね、足を怪我して動けなくなった。私は大隊副官で引導を渡す役目だったから『すまんが先に行ってくれ、ワシらもあとですぐ追っかけるからな』というた。そしたら『わかりました。だが、その前にあの木に登らせてくれ』というんですよ」

海岸だった。その兵隊を木の股《また》の部分に上げた。すると利根川のほとりで育ったという彼は、北を向いて『船頭小唄』を歌った。みんなシーンとなって聞いた。

「もういい、思い残すことはない、殺してくれ」

と兵隊は言った。木から降ろすと、軍曹が小銃をかまえて目隠しをしようかと尋ねた。そんなものは要《い》らない、こうやって撃ってくれ、負傷兵は銃口を自ら握って眉間《みけん》にあてがった。じゃあいいな、と軍曹が引金に指をかけた。

「ところが、その瞬間です、待ってくれぇ！　と叫びだしましてね、泣きだしましたよ。こうなると、もうダメ。どうしても死なない、死にたくないという……どうしてもダメだから、最後は軍曹が射ちましたよ」

梶塚さんの話には、自決のことがよく出てくる。飢餓、疫病、激戦、難行軍などなど悪夢ばかりのニューギニア戦線で、やはり自決が最大のショックだったのだろうか。

行軍していても、あちこちでドーンと手榴弾の爆発音がする。自決なのであった。部下が重傷でうめいて「早く楽にしてくれ」と訴える。銃剣で刺すと「ありがとう」といい残して死んだ。

密林にはぐれ、逃亡の汚名を

あるときは、こんなこともあった。

「私が中隊長になったころ、小隊長が重傷を負いましてね、陣地の隅に寝かせておいたんだけど、撤退命令が出た。敵前離脱だから後送がむずかしい。軍医と相談して自決してもらうことにしたんです。ほかにも何人もいましたがね、一人ずつ手榴弾を渡して別れて、戦死の公報をだしました……」

ところが、このときの小隊長は生還している。話を聞いてみると、腸がはみだすほどの重傷なので、すぐに手榴弾を発火させようとしたのだが爆発しなかったのだという。不発弾とあきらめて傍へ放りだしたら、やはり負傷した海軍の兵隊がにじり寄ってきて「ダメなのか？」といいながら岩にぶつけた。すると今度は爆発して、海軍の兵隊の体が肉片になった。小隊長は捕虜になり、マニラに収容されたあと帰還したのであった。

ここで、当然のことながら疑問がおこる。自決さえしなければ、どれだけ多くの人が生還できたかもしれないのに……という思いである。

梶塚さんは言う。

「そんな、現代風な考えかたが通用するような時代じゃなかったって！　生きて虜囚《りょしゅう》の辱《はずかし》めを受けず、という戦陣訓が厳然としてあったんですから」

飢えと病魔の巣窟だったニューギニア戦線では、連合軍の捕虜になったがために生還できた日本兵は数多い。

捕虜になるくらいなら死を選べ、と教えられた将兵はすべて敢然と自決したのであろうか。そうではない。梶塚さんの話にも出てくるように、自決に恐怖しながら処刑された兵隊も多いのだ。あるいは、もし、日本軍が勝利を収めたとき処罰されることになるからと、投降を思いとどまった人も多いのである。

名前を出さない約束で、ニューギニア生還者の一人は次のようなケースを話してくれた。

「敵前逃亡だといって、裁判にもかけられずに処刑された人が多いんですよ。まっ暗なジャングルのなかで、もの音ひとつたてないように行動しているうちにはぐれて、ようやく部隊に戻ったら逃亡の汚名ですから。それだけじゃないです。敗戦になって収容所生活をはじめてからも、お前たちがいまごろノコノコ現れたのは戦争が終わったのがわかったからだなという調子で、一方的に決めつけて中隊長以下七人も処刑されましたよ」

これらの場合、すべて〝犯罪者〟として扱われ、戦後になっても遺族は周囲の冷たい目にさらされてきた。

そして遺族年金の対象にはならない。

梶塚さんもいう。

「たしかに、そういった気の毒なケースは多いですね。汚名をそそごうにも役所はなかなか腰を上げないし、戦争の傷跡はまだまだ深いですよ」

梶塚さん自身、右肩と左胸に一発ずつ自動小銃の弾丸を受け、それはまだ体のなかに残っている。この負傷のとき、もはやこれまでと切腹をはかったが、部下の准尉に止められた。

止めるとき、准尉は梶塚さんの軍刀をつかんで指を落とした。そして皮肉にも指を落としてまで止めた准尉は、一カ月後の戦闘で死んだのである。

「二三八連隊の将校で生き残っとるのは、私だけです。みんな死んだのに私だけ生き残ったのは、誰かが生き残らなければ犬死になる、生きてニューギニア戦の真相を伝えてくれという戦友の怨念《おんねん》が、そうさせてくれたんじゃないかと考えています。だから、戦後二度ほど遺骨収集に行ったたし、連隊の戦記を自費出版して遺族の方にお配りしたりしておるんですが……」

ちなみに、梶塚さんが自費出版した第二三八連隊戦記の表題は『死ぬことと見つけたり』となっている。

解説

ミッドウェー海戦（昭和十七年六月）とガダルカナル争奪戦（昭和十七年八月から翌年二月まで）での惨敗をきっかけに、日本軍はとめどもない敗退を続ける。開戦からわずか半年たらずの間に東南アジア全域と南太平洋の島々を一気に占領したものの、補給の糸がのびきってすでにブツブツ切れはじめていた。このような戦局のなかで開始されたニューギニア作戦は、まさに底なし沼にのめりこんでいくようなものであった。投じられた約一二万七〇〇〇人の将兵は、湿地とジャングルと山岳地帯に散開するが、たちまち補給をたち切られて飢餓と疫病に苦しめられる。

敗戦の日までの死者は一一万五二〇〇人。生還できた者はわずかに一万一八〇〇人という、まさに「悲劇の戦場」そのものだったのである。

座談会

ウジ虫が救ったニューギニア飢餓戦線

路傍の兵隊がゴボウ剣を抜いて、自分の足をひっぱたいている。「どうするんだ」と聞いたら、「この肉を食うんだ」という……。

〔出席者〕
入沢　清（六五）＝高射砲大隊中尉／**川田　浩二**（五二）＝海軍七〇五航空隊中尉／**梶塚喜久雄**（五一）＝第四一師団歩兵少尉／**小沼　忠徳**（五一）＝第五一師団野砲兵長／**後藤　友作**（五五）＝第一八軍補給担当軍属／**平井　和雄**（六七）＝第二〇師団副官／**平川　義夫**（五四）＝航空第六三戦隊准尉

一カ月半の山越えに米四合

ニューギニア戦線における三年間の死闘について、意外に記録が残されていない。報道陣が一歩も近付かなかったせいもあるだろう。だが、なによりも、あまりの悲惨さをわずかな生存者が語りたがらなかったからでもある。そこで今回は、東部ニューギニア戦友会の方々に、あえて当時を回想していただいた。

＊

梶塚　僕らは昭和十八年（一九四三）二月下旬にウエワク上陸以来、ずっと第一線の部隊でね、常に後ろへ後ろへ回って退路を絶とうとする敵と接触しながら、魔境みたいなニューギニアを転戦した。だから、ニューギニア戦の特徴は、まず機動戦、そして飢餓戦といえるんじゃないですか。

平井　私は、あんたより一カ月早く上陸したんだが、なにしろニューギニアの地図を初めて見たのは、ラバウルに着いてからなんだ。師団長が、どれどれと拡げるのをのぞきこんでね。その師団長も、次の師団長もやられてしまった……。

後藤　私は十八年四月からです。中支（中国中部戦線）で負傷して傷痍《しょうい》軍人だったのに、もう気が気ではなく志願してね、後方補給勤務の文官だった。兵器以外をなんでも調達しなきゃならんのに、最初からもうどうにもならん。現地人との交渉が主になったが、ラブラブ（腰布）と食糧を交換したのも初めのうちだけ、あとは供出させるばかりだったんです。

小沼　五一師団からは、一個旅団がガダルカナルへ行きました。ちょうど自分は、ラバウルでマラリアに罹《かか》ってずっと寝ておったんですが、ガ島でもニューギニアでも苦戦しとると聞いて、夜も眠れんかったです。十九年三月でしたね、敵魚雷艇からボカチン食らっては引き返し、また出かけてようよう上陸できた。ウエワク半島で、山砲で魚雷艇を撃て、絶対に退《ひ》くなと命令されて、玉砕覚悟でしたが、結局、一発も撃たなかったです。

入沢　僕は予備役のロートルだったのだが、十八年暮れになって召集でしょう。お招きをいただいてびっくりすると同時に、これはもうおしまいだなと思いながら赴任しました。

川田　山本（五十六《いそろく》）長官がやられて意気あがらぬときに、ニューギニア行きの命令でね、みんながしきりに同情してくれて、ラバウルのピーハー（慰安所）で送別会だった。十八年五月にウェワクに上陸したんですが、八月の大空襲で陸軍機が徹底的にやられたのをみて、ショックを受けた。それ以来、友軍機は敵機をちらっとでも見かけたら飛び上がって、すぐ隠れるようになった。

平川　隠れるんじゃなく、空中回避というんです（笑）。私は隼《はやぶさ》と呼ぶ一式戦闘機に乗っており、邀撃《ようげき》に出て一対二ならだいたい勝てた。ところが、問題は補充です。敵は五〇機できたら、あしたも五〇機、あさっても五〇機でくる。こちらは補充なしでしょう。一対二から一対四、一対六というぐあいに逆比例で、たちまちやっつけられる。

梶塚　補給といえば、なによりも糧秣。これが昭和十九年に入ってからは、もう、ほとんどなくなったですね。

入沢　サラワケット越えのころから?

梶塚　いやいや、あれもひどかったが、まだどんづまりじゃない。サラワケット越えにつぐ、十九年一月のフイニシテル山系縦断のころからです。海岸線を敵におさえられて、やむなく屏風《びょうぶ》を立てたような山系をタテに越えたんだが、平井さん、あのときの糧秣の配給がいくらあったか憶えてますか。

平井　二日分くらいかな。

梶塚　四合ですよ、米四合。縦断には一カ月余かかるといわれて、それでたった四合。もう塩もなくなってね。行軍していても、両側は死体ばかり。休憩で腰をおろせば、そのまんまでしょう。息がある間は、うなる者、声を上げて泣く者、ウジが湧いているのにまだ動いている者……。みんな見殺しですよ。なによりも自分が餓死寸前なんだ。

野ブタ襲撃の決死隊を募る

川田　ニューギニアは、あれだけ広いところにいまでも人口が二五〇万人で、しかも住民の食生活は貧しい。そんな厳しい自然条件のところへ、あれだけの大軍だから、食糧を現地調達するといっても思うようにいきませんよね。

小沼　南方だから大きなヘビがいるだろうと期待したのに、案外いない。

川田　いや、ニシキヘビの五メートルくらいなのを食ったことがあります。

梶塚　部隊がどこにいたかで、食糧事情が違うんですよ。私らはマムシをたくさん食った。

後藤　野ネズはうまかったな。

平井　オウムはなかなか味がいい。火喰鳥はまずいね、ゴムをかむみたいで。

川田　僕らの島に、ジュゴン(人魚)が打ちあげられたことがある。牛肉に近い味がした。

後藤　ワニもいい。

梶塚　ワニをうまいと思ったことはないな。動物の肉とも、魚の肉ともつかぬ。

連合軍との戦闘で、ブナの海岸で斃れた日本兵。

平井　カメもまずいね、油くさくて。

梶塚　だけど、待てよ。うまいとか、まずいとか贅沢《ぜいたく》がいえたっけ？　割りにいい状態のときと、悪くなったときをゴッチャにしてはいかん（笑）。

後藤　カンガルーはまずかったよ。それに、ナマケモノも臭くてねえ。そうそう、カエルの卵を食ったこともある。

梶塚　泡みたいなのをどうやって？

後藤　生で食うしかない。だけど、さすがに二度と食う気はしなかった。ほろにがい味とでもいうか（笑）。

入沢　サゴ椰子の木にいるピラタン、あれは脂肪と蛋《たん》白《ぱく》がいっぱいだったな。甲虫《かぶとむし》の幼虫だろうけど、生で食った。

後藤　アリを食ったでしょう。鉄板の上に落として、パリパリ炒《い》ってね。なにかの映画で観たけど、高級料理なんだって？（笑）

平井　ヒルを食ったよ。マラリアが治ったばかりのころ、当番兵が飯盒《はんごう》を持ってきて栄養をつけなさいという。見ると、鼻クソみたいなのが五〇個くらいある。

なんだ？　まあ食べてください、というわけで食ったら、レバーの味でね。あとでヒルと聞いて驚いたけど。

梶塚　後方にいた人は、そんなのんきなことをいう！　僕ら前線ではね、ジャングルを行軍しとると上からぽとりとヒルが落ちて吸いつく。はじめは気味が悪いから払いのけるけど、だんだん待ち遠しくなって、ぽとりと落ちてくるのを、ぽいと口のなかに放りこむ（笑）。ゴムみたいで、噛《か》みきれるもんじゃないけど、樹液を吸いこんどるから味がある。

小沼　ジャングルのなかで、現地人がコソコソやりよるんで近付いてみたら、糞《くそ》に湧いたウジをつまんで食べよる。われわれは一応は洗って炒《い》って食べたけど。

梶塚　いや、しまいには炒るのももどかしがって、生で食いよったでしょう。いつだったたか、僕が負傷して傷口にウジが湧いた。部下が割り箸《ばし》でウジをつまみ出してくれるとき、「おい食えよ」といったら、「いや、糞のウジなら食いますが、隊長の膿《うみ》を吸ったウジはどうも」とぬかしやがった（笑）。

川田　僕ら海軍は、十九年三月からカイリル島に移りましてね。軍司令官からは、陸軍と行動をともにしたほうがいいんじゃないかとお誘いを受けたのを断わった。どうせ海軍は、船がボカチン食ったらみんな死ぬ、だからこの島で玉砕しよう、という気持ちだったんです。結果的にそれがよかったわけだけど、それでも六〇パーセントが餓死または栄養失調が原因の病気で死んだ。ニューギニアを敗走した陸軍がどんなにひどかったか……。

梶塚　野ブタがいるでしょ。あれがね、われわれの陣地のすぐ横にくる。だけど、撃てんのです。敵がすぐ前だから、たちまち銃火に見舞われますからね。

後藤　野ブタは泥だらけだから水浴びにくる。水たまりに待ち伏せるといいんだ。

梶塚　ええ、だからどうしようもなくなってくると、決死隊をだす。野ブタ襲撃の決死隊をね（笑）。ほんと、いまだから笑えるけど、あのときはねえ……。

包帯がわりに巻脚絆《まききゃはん》を

平井　二年前に遺骨収集でニューギニアに行ったとき、

タロイモを出されたけど、とてもじゃないが食えないな。

川田　僕は塩をつけて食った。

梶塚　砂糖をつけて食った。だけどさ、タロイモにしろサクサク（サゴ椰子の幹のデンプン）にしろ、根本的に違うじゃないの。いま食うのは懐かしさを味わうためで、味覚のために食うんじゃないもの。

川田　戦争の最中だって、サクサクを食うのには大変な勇気がいりました。あれは、腐ったような匂いがするでしょ。それにアクが強いし。空腹をこらえつつ、三日くらい考えたな。

平井　ニューギニアの現地人は、地域によってはあれが常食らしいが、要するに木の幹からデンプンを採るんだからね、ひどい味だよ。

川田　カタクリ粉と同じ要領で熱湯で練るんだけど、薬草を入れたりパパイヤをきざんで入れたり、いろいろあったな。

梶塚　前線では塩すらないから、サクサクも文字どおり無味乾燥でしたね。飢餓すれすれで味覚もへったくれもないみたいなもんだけど、調味料が欠けるというのは重大です。米の代わりに木の芽や草の芽を食べて満腹させても、なにか足りない。

小沼　トウガラシが調味料でしたね。

梶塚　そう、トウガラシ。あれを口に入れたら辛い。辛いからなにか含水炭素《がんすいたんそ》を口に入れねばならん。

川田　青、黄、赤と綺麗でしたね。現地人は厄除《やくよ》けに植えているんだそうです。

小沼　トウガラシが忘れられない。

平井　いま、ニューギニアのトウガラシを、ソースの原料としてどんどん輸入しているんだってね。最高級品というんだけど、私は、そういえば赤いものがあったなあ、と思いだすくらいだな。

梶塚　また、そんなのんきなことを（笑）。

川田　病気にも苦しめられました。

平井　アメーバ赤痢に罹《かか》ると、一日に何十回も便所通いだ。

梶塚　便所なんかないでしょ。ジャングルにしゃがんで木の葉で尻をふくんだが……ほら、電気葉。表はなんともないけど、うっかり裏でふくと尻が腫《は》れる。

入沢 ひどいのは、カイセン。すぐ体じゅうに移って、膿《うみ》だらけになった。

川田 ジャングルに、かすかに射《さ》してくる陽《ひ》に当てて治療したけど……。

小沼 あれは、ひどい。繃帯《ほうたい》がわりに巻脚絆を当ててましたね。

梶塚 マラリアに罹らなかった人なんて、いるかしら？

川田 いないでしょう。私なんか十九年四月まで罹らなかったけど、あとは月に二回くらい。マラリアとアメーバー赤痢を併発するとイチコロでしたね。

皮膚病と臭気に萎《な》える欲望

梶塚 ところで、われわれが飢えた話をすると、必ず聞かれるのがマンカイカイ（人肉食い）。どう思う？

後藤 噂はありましたよね、たしかに。だから司令部では一人歩きを禁じたし、憲兵が取り締まりに歩いたこともあった。しかし、事実が司令部に報告されたことはない。私の立場としては否定したいですよ。

入沢 極端な飢餓からくる作り話じゃないのか。僕はそう思っている。

梶塚 部下にね、人肉だけは食うな、そうなったらおしまいだぞ、としょっちゅういっていたもんですよ。

川田 考えてみれば、飢餓のさなかに豊富な蛋白源がすぐ目の前にあるわけで、人肉を食うか食わぬか迷うことはあるだろうけど、はたして実行できるもんだろうか。

後藤 それをやったら、もう収拾がつかなくなるでしょう。ニューギニアで、あれだけ悲惨な体験をしながらも、第一八軍の軍律は厳しかった。ということは、事実としてなかったといえる。

梶塚 ただ、部隊から落伍《らくご》した人のなかに、なかったとはいい切れない。僕は終戦の直前、モモの肉をえぐり取られた現地人の死体を見かけたことがある。それからクリステル山系を越えるときね、路傍に座っている兵隊がゴボウ剣（帯剣）を引っこ抜いて、一生懸命自分の足をひっぱたいてる。どうするんだと聞いたら、この肉を食う、という。自分の足ですよ。

後藤　人肉食いのことをマンカイカイっていうの、語源はどこなの？　誰も知らないみたいだな。

（しばらく、沈黙が続く）

梶塚　どうだろ、このあたりでセックス談義なんか。

川田　終戦になって、ラバウルから参謀がいくらか物資を持ってきたとき、なんでヘル談（猥談《わいだん》）が出ないのかと不思議がっていたなあ。

入沢　あれだけのボインボインが、裸に近い姿で目の前にいても、なにも感じなかったものね。

川田　パプア族ですか？

後藤　絶対に手を出すなって、教育されてたでしょう。それでなくても女が少ないから、現地人同士が争っている。

川田　だって、ヤシの油を蚊除けに塗りたくっているあの体臭、それに皮膚病と傷口の化膿したの……とてもじゃない。

平井　しかし、臭いぐらい我慢できるだろう。やはり、パプア女性とやった話がないのは、みんな飢えて元気がなかったからじゃないの？

入沢　僕の部隊に、パプア女性に惚《ほ》れられたのがいましてね。ただ、あの臭気に閉口して一計を案じた。兵隊用のカッパで夏外被というのがあるでしょ。女を四つん這いにさせて、それをかぶせて後ろからやったという。あのカッパは尻が割れとるから、その割れ目から（笑）。

平井　さすがの慰安婦も、ニューギニアへは来なかったしねえ。

入沢　あれは終戦の直前、ムッシュ島に集結したときだったかな、対岸のウェワクに陣取った米軍の物資がときどき流れてくる。あるとき、ずっしり重い缶をひろったら、それがコールドクリームでね。はじめはがっかりしたけど、みんな数年ぶりに故郷の妻や恋人を偲《しの》んで、しんみりしたもんですよ。

一同　わかる、わかる。

密林をさ迷うニューギニアの従軍看護婦

兵士たちの凝視するなかで、ドラムカン風呂に入る従軍看護婦たちは見栄も外聞もなく、ただひたすらに戦場のアカを落としたくて……。

敵の間隙《かんげき》をつき潜水艦で脱出

魔境ニューギニアに飲み込まれて、バタバタと倒れる将兵たち。だが、まったく放置されていたわけではない。まがりなりにも野戦病院は活動を続け、前線に看護婦（看護師）も派遣されていたのである。

しかし、武器弾薬や食糧が運び込まれないのに、医薬品が満足にあろうはずはない。さらに広大なニューギニアをひたすら敗走（日本軍は「転進」と呼んでいた）するのだから、野戦病院はしょっちゅう移動ばかりで、患者が置き去りにされる光景はいたるところで見られた。

今井猛雄さん（六七）＝東京都千代田区＝は舞鶴の海軍病院の軍医中佐であったが、昭和十八年（一九四三）九月に南方への転勤命令がでた。

「ガダルカナルやニューギニアの傷病兵がね、舞鶴に集められとったんだ。防諜《ぼうちょう》の関係でそうしていたんだが、まあ、どんなひどい戦況かは私らにはわかるよね」

防諜とはいうものの、外国スパイに洩れるのを警戒するのではなく〝大戦果〟ばかりを聞かされた国民が、惨敗ぶりにショックを受けるのを防ぐためであったことはいうまでもない。

今井さんは海軍第七根拠地隊の軍医長を命じられたのだったが、赴任先がどこなのかわからない。海軍省に出かけて尋ねると「敵に追われて山に入っているからしばらく待機していてください」といわれる。

海軍が山ごもりするようでは、恐ろしく悪い状態である。今井さんは、とにかくラバウルまで行き、様子を見守っていた。

「シオに上陸したのが十二月だったかな。潜水艦でたどり着いたら、海軍が一五、六人しかいない。どうなることかと思っていたら、暮れになって山から出て来ましてね」

ここで前任者と交代する。兵隊たちは正月餅《もち》をつくのだと張り切り、どうするのかと思ったら木を三本叉《さ》銃《じゅう》のようにして立て、そこに鉄カブトを乗せて臼《うす》にしたのである。まだ、いくらか余裕はあったのである。

昭和十九年元旦は雨であった。たいした降りではなかったので、別に気にもとめていなかったら、にわかに洪水で天幕の診療所が流された。いわゆる鉄砲水で、山間部の雨が一挙に流れてくる。

虎の子の医薬品を失ったあと、北西二〇〇キロあまりのマダンに向かう。海岸には自動車道路があるのだが、中間点にはすでに敵が上陸しているというので山に入るしかなかった。

ニューギニアの山系は海岸線に直角に並んでいて、ギザギザを横切るかたちになるため容易ではない。ちょうど前線を督励に来ていた第一八軍司令官の安達《あだち》二十三《はたぞう》中将らと一緒になったので、敵のスキをみて来た潜水艦に乗ってマダンに向かった。

戦況の悪化に志願して従軍

マダンでは司令官がマラリアに罹《かか》って苦しんでいた。そこで至急、ウェワクへさがることになったものの、飛行機はすでに来ない。やむなく約四〇〇キロの海を大発艇で進んだ。

「昼は飛行機が哨戒していて、夜は魚雷艇がそれに代わる。つまり、海は完全に敵のものだったんだな」

魚雷艇というのは機銃をそなえた快速艇だが、いつのまにか魚雷そのもののような脅威を感じた日本兵が、そう名付けていたのだった。

「ところが敵の飛行機はね、夕方になるとさっさと引き揚げる。入れかわりに魚雷艇が現れるんだが、この交替時にちょっとブランクがある。こっちは、そのわずかな間隙《かんげき》を縫って進むわけね。いや、かなわんなあ、と思った」

マダンの海岸に丸太が置いてあった。大砲に擬したつもりなのだろうが、敵偵察機の精巧なカメラが見破らないわけはない。

「幕末じゃあるまいし、ふざけてやがる」

と今井さんは嘆《なげ》いたものだが、いまさらながら物量の差を思わないわけにはいかなかった。

なんとかウェワクにたどり着いたものの、すでに海軍第七根拠地隊は解散していた。壊滅していたのである。そこで、第九艦隊司令部付を命じられる。

「九艦隊といったって、陸上だもんね。どうすることもできやしない。で、ホーランジアに退くことになった」

ウェワクから西北へ直線で三〇〇キロのホーランジアは、すでに西部ニューギニアである。駆逐艦でここまで行った今井さんは、のんびりしているのに驚いた。

「壕があるにはあるんだが、なんと石を積み上げて囲っているだけでね、天井はすっぽんぽん。空襲があると蜘蛛《くも》の子を散らすように河原に逃げる。こんなバカな……戦訓に学んでいないんだ」

中国大陸の戦場なら、どこが第一線でどこが第二線というふうに明確な線がある。しかし、ニューギニア島の海岸線に分散した日本軍にとって、いくら後方だと思っていたところでも、そこへ敵が上陸すればたちまち第一線となる。

ソロモン海に面したシオに上陸し、短期間で西へ西へと逃がれた今井さんは、各地の悲惨さを知っている。ホーランジアの司令部でさりげなく忠告したが、しかし、誰も耳を貸さない。軍医になにがわかるか、といった風潮がそうさせたからでもあろうが、なによりも軍人の傲慢《ごうまん》さからくるものだったのだろう。

昭和十九年四月、ホーランジアの日本軍は「敵はホーランジアに迫る。われら死守するのみ」という悲痛な電報を最後に玉砕していった。今井さんはその直前にホーランジアを離れて、西へ八〇〇キロのマノクワリに向かっていた。看護婦と患者を連れて後方へさがり、チェンドラワシ半島のマノクワリに戦傷病患者の

ニューギニアに展開する日本軍の75ミリ高射砲陣地を空爆する米第5空軍のB25爆撃機。

収容所をつくれという命令を受けていたからだった。

「患者もかわいそうだが、看護婦も大変だと思ったな。だから私は、とにかくニューギニアから脱出させることにしたんだ」

中里ツギさん（五〇）＝東京都東村山市＝はこのときのことをはっきり覚えている。

「今井先生は、私のことなんか忘れておられるでしょうけど、なにしろ生命の恩人ですもの、こちらはよく覚えてます」

中里さんたちニューギニア派遣の従軍看護婦は、いまも南十字会という名の〝戦友会〟に集まっている。ニューギニア野戦病院を取材するため、お二人に別々に会って、あとでメモを整理してからホーランジアでの〝出会い〟に気付き、改めてお話をうかがったのである。

中里さんはそのとき二三歳、看護婦班長で一三人の部下がいた。

「聖路加病院で働いていたんですけどね、なにかこう戦況が悪化するのにいたたまれない思いで、そう、血が騒いだのね、従軍を志願せずにはいられなかったんです」

日赤の救護班は応召の義務があるし、陸海軍病院の看護婦もほとんど戦地へ呼ばれていたから、野戦病院の訓練を受けていない中里さんたちも、戦場へ送りこまれたのであった。

傷病兵には地獄のエンゼル

海軍だったからカーキ色の背広式の制服で、スカートではなくズボンのいでたちだった。昭和十八年九月に横須賀を発ち、一カ月かかって西部ニューギニアのマノクワリに着く。

「神和丸という輸送船でね、海軍の陸戦隊の方たち三〇〇人と一緒でした。ところが、上陸しはじめたところへ空襲でしてね」

神和丸は沈没し、兵隊のほとんどは丸腰の上陸であった。ましてや医療品など陸揚げするどころではなかった。ただちに病院へ赴くことになり、二八人の看護婦が二班に分けられ、中里さんはホーランジア行きの班長になった。

軍医の今井猛雄さんが東部ニューギニアのシオに上陸して西へ西へと進んだのとは逆に、中里さんたちは東へ東へと移動することになる。つまり、前線へ前線へ近付いたのであった。

「ホーランジアには十八年の暮れまでいたんです。私たち一三人は軍医長官舎の半分を宿舎にあてがわれたんですけどね、ムシがついてはいかんというのか、それはもう軍の気の使いようは大変で、夜は軍医さんや将校が徹夜のパトロールでした」

なにしろニューギニアには慰安婦さえ来なかった。兵隊たちにとって、ピチピチした看護婦は思いがけぬ目の保養であったろう。

「ええ、いまでもあざやかに思い浮かべることができるんですよ。ヒゲ面の兵隊さんたちが、私たちが到着するとみんなヒゲをそりはじめた光景をね。どれだけ医療活動に貢献できたか、はなはだ心もとない思いですけど。でも、行っただけで士気が高まったのなら、それだけでも意味があったと今日《こんにち》も考えております」

ホーランジアの戦況は、当時、まだ最悪の状態ではなかったが、傷病兵には地獄だったかもしれない。粗末な兵舎に寝かされ、戦傷だけではなく熱帯潰瘍《かいよう》やマラリアなどに苦しむ人びとが、手当てのとき「痛い」とでも洩《も》らせば、たちまち衛生兵の往復ビンタが飛んでいた。

それは男同士の世界のことで、かえって元気がついたのかもしれない、と中里さんはいま考えるそうだが、そのときは、ともかくやさしくいたわるように心がけたというから、まさに地獄のエンゼルであったことだろう。

「でもね、せっかくですけど、ピンクムードの話なんかないんですよ。私は班長だから、まあ、将校や兵隊さんと言葉をかわすこともありましたが、ほかの女《ひと》たちはただ走り回るだけだったでしょうね」

勤務時間など定まっていない。ただ、起きてから寝るまで働く、というきまりがあっただけだから、睡眠時間は極端に少なかった。

やがてウェワクに移る。ここでニューギニア上陸時に分かれた班と合流できた。このとき陸軍の少将がパラチフスに罹って、看護婦がいる海軍の病院で治療を受けたいといって訪れていた。隔離病棟もなにもないし、防疫態勢もととのわない。なんと看護にあたった看護婦が次々に少将のチフス菌をもらい、中里さんも寝込んでしまう。

「ウェワク半島のすぐ近くにカイリル島って小さな島があるんですけど、そこへ送られました。十九年の三月ごろでしたかしら」

中里さんは休養のために送られたのだが、ウェワク半島への攻撃が激化したため、海軍関係者はほとんどカイリル島に移動する。ところが、突然、連合軍の艦隊がカイリル島を包囲して、猛烈な砲撃を加えてきた。後で分かったのだが、マリアナ沖海戦に向かう前のデモンストレーションだったのである。

現地人の宣撫《せんぶ》工作に山中へ

事ここにいたり、カイリル島の二〇〇〇人の日本軍は玉砕の決意をする。

連合軍兵士に日本軍のいる位置を、地面に書いて教えている現地住民。

「男は最後まで戦って死ぬから、女は見苦しくない方法で潔ぎよく散ってくれ、と申し渡されましてね。どうすれば大和撫子《やまとなでしこ》らしく死ねるか、みんなで協議したんです」

短刀かジャックナイフを護身用に持っていた。しかし、刃物でうまく死ねる自信はない。結局、麻薬に頼ることになり、注射器に詰めた。薬がきいたところで、刺しあって死ぬ予定だった。しかし、包囲の米艦隊は去り、看護婦はホーランジアへ向かったのである。そして、今井軍医長の計らいで内地に帰ることになり、ひとまずマノクワリに向かう。

「途中で船が座礁しましてね、なんとかいう小さな島に寄りましたんです。そしたら、一緒に神和丸で内地を発った陸戦隊の兵隊さんたちがいるじゃないですか。久しぶりだなあ、よく生きとったなあと歓迎されて、せっかくだから風呂に入れといわれましてね」

風呂といってもドラムカンである。まして囲いもない。だが、久しく真水につかったことのない中里さんたちには、大いなる誘惑であった。勇をふるって中里さんは入った。三人か四人、それに続いた。

「さあ、兵隊さんが覗《のぞ》いていたかどうか、それは向こうの事情でしょ。私はただただ感謝して、戦場の垢《あか》を落としましたですよ」

さて、看護婦と別れた軍医長の今井さんは、マノクワリで戦傷病患者の収容所開設にとりかかろうとしたのだが、現地の司令部からはまったく相手にされない。手ぶらで行った今井さんは、どうすることもできずにいらいらした時を過ごすが、すでに軍の機能は崩壊しているに等しかったのである。

そのうち今井さんは民政部の衛生隊長ということになった。現地人の宣撫工作にあたりながら自活態勢に移れとの命令を受けて、山の中へ入っていくのである。

日本軍はこうして山の中へわけ入るのだが、食糧を求めて迷いこんだ山岳地帯でさらに多くの死者をだす。いうまでもなく、餓死であった。

「やたら現地住民を脅して、追い散らすのがいかんのだな。せっかくの道案内を逃がして、みずから死地に迷いこんだ部隊がずいぶんあったと思う」

今井さんと五〇人の部下は、現地人を有効に使った。彼らが二日行程以上のところへ足を延ばしたがらない理由が、ちがう部族の土地に入りたくないからだとわかり、無理強いをしなかったのである。

そのかわり、予定の場所で案内と荷役の代償を必ず払った。カミソリであったり塩であったり、腰布であったりだが、彼らには貴重品だった。

「それを渡すのを土地の連中がかならず見ておる。だから、どうだ行ってくれるか、というと二つ返事で引き受けるんだな」

結局、今井さんはあの広大なニューギニア島の北側を、西から東へと抜けたのであった。軍医として陣頭指揮にあたる機会は、ほんのわずかしかなかった。

今井さんは、どこか憮然《ぶぜん》とした表情で言う。

「ニューギニアを縦にあんなふうに通過したのは、世界で私一人だけじゃなかろうか」

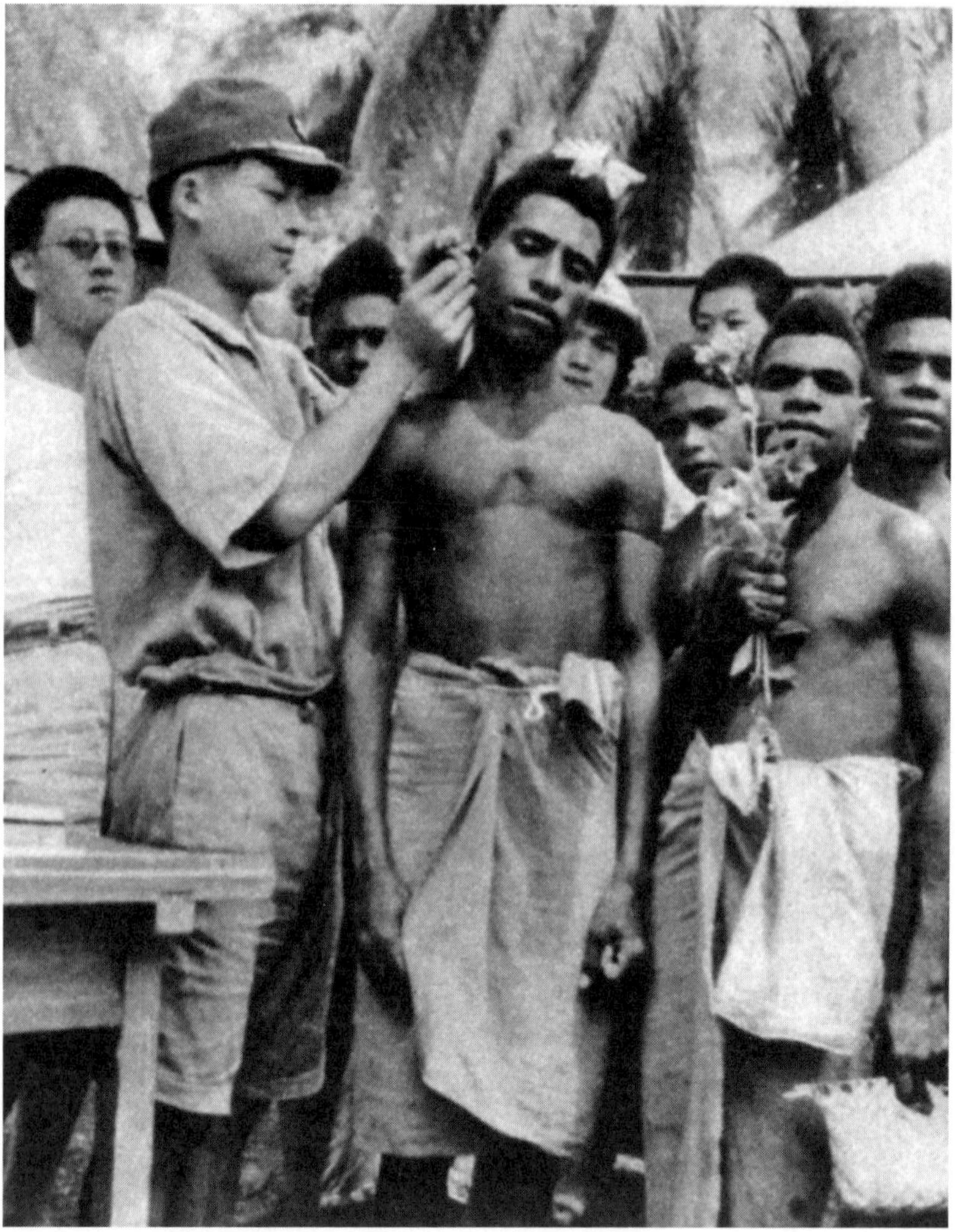
ニューギニア戦線で地元住民のマラリア検診をする日本軍衛生班の兵士。

第3章

戦場に生きる女性たち

戦場に結ぶフィリピン娘と一等兵の恋

兵営を抜け出して「同棲生活《どうせい》」をする万年一等兵の前に現れた恋仇《こいがたき》は、なんと日本軍の憲兵軍曹だった――

麻雀が取りもつ縁で……

戦地の女性は、とかく兵士の性の対象としてだけとらえられがちだが、しかし、まれには恋愛も芽生えたのである。古野斗史緒さん(五一)=山口県防府市=は、太平洋戦争の開戦から敗戦までフィリピンにいたが、ここで知り合ったフィリピン娘と熱く結ばれ、軍の厳しい目を盗んで同棲、最後は女性のために脱走までした人である。

昭和十五年(一九四〇)十二月に第六師団(熊本)に現役入隊、翌年二月に北支の山西省へ渡り騎兵捜索隊に編入されたが、やがて太平洋戦争に突入したためフイリピンへ敵前上陸、貨物廠《しょう》要員になった。

物資の調達と配給にあたる任務は自動車廠、兵器廠、貨物廠の三班に分けられるが、古野さんの貨物廠は米・酒・医薬品・石鹸・マッチなどなど、デパートなみになんでも扱うところだった。

日本から送られてくる物資は員数の管理が厳重だが、占領地における押収品は別である。フィリピンを放棄したアメリカ軍は、大量の物資を残していた。酒もタバコも庶民の手のとどかない〝舶来品〟であったが、一等兵の古野さんでも勝手に持ち出しができるくらいふんだんにあった。

主として米の調達が任務だった古野さんは、フィリピンのいくつかの島をまわっているうち、首都マニラからセブ島へ転属になる。昭和十八年の初めだった。

ルソン島とミンダナオ島の中間にあるセブ島のセブ市は、京都に似た落ちついた街だった。関西学院大に入ったものの、映画が好きで将来は監督になろうと京都の撮影所に入りびたって、大学を中退してしまった古野さんである。京都をしのびながらロマンチックな気分でセブ島生活を始めて間もなく、スペイン系混血娘のフエ・メンドサに出会い、たちまち燃えあがる。

フエの父親は弁護士であった。弁護士といっても代書屋みたいなことが主な仕事だが、とにかく街の有力者であるから、占領軍と仲良くする必要がある。

貨物廠の兵隊ともなれば、とりわけコネをつけておきたいというわけで、古野さんによくマージャンの誘いをかけていた。

「適当につきおうとったんですよ。家に遊びにこいと弁護士から何度も言われたけど、あんまり深入りするとまずいんで家には行かなかったんです。ところが、そんなとき娘のフエが現れましてねえ……。マージャン屋にです」

家に来客だからすぐ帰ってこい、という使いだった。父親が「じゃお前がかわりに座ってろ」と、娘をテーブルにつけた。ハイスクールの三年生だという混血特有の眼の美しい娘だった。

「フエはあまりマージャンに慣れていなかったんでしょうな。リャンメン待ちで上がれるのに、カンチャンで上がった。それで私が、カンチャンならピンフがつかず一番損すると教えたんです。フエが喜びましてね。私に燃えるような眼ざしで感謝の意を表すんですよ」

マージャンがとりもつ縁であった。古野さんはそのあとすぐ、父親の誘いを二つ返事で受けて、家に遊びに行った。石鹼とか香水とか、娘が喜ぶものを土産に持参したのはもちろんである。

両親の目を盗み〝調印式〟

フエは二人姉妹で、五歳上の姉がいた。やはり美しく、こちらは化粧をしているからさらに女を感じさせる。フエに魅《ひ》かれていった古野さんだが、姉のほうに狙《ねら》いをつけるべきかもしれぬ、とも思った。だが、ともかく通うことである。古野さんはせっせと弁護士の家に足を運び続けた。

「あちらでは客が訪ねると、必ずメシを出すんです。メシどきであろうがなかろうがおかまいなしでね、お茶よりもメシを出す習慣があるんですよ。で、なるべく父親の留守を狙って行き、上がりこんでフエと喋《しゃべ》るんですが、絶対に二人きりにはしない。かならず婆さんかお袋が部屋にいるんですね。話に加わるわけでもない、ただ、じっと座っておるんですよ。これではどうしようもない。喋るといっても言葉はほとんど不自由だから、ときたま監視の眼を盗んで軽く身体にふれることで、想いを伝えるくらいが精一杯でした」

ところで、フエの姉には恋人がいた。フィリピン警察軍の少尉である。一年前から通っているのだといい、ときどき古野さんと弁護士の家で出くわすことがある。こんなときは四人一緒になるから、祖母も母親も監視の必要を認めないのか部屋にこない。

ここで古野さんは一計を案じた。

「フィリピン人の少尉は自動車を乗りまわしとる。それで共同戦線を張って、『姉妹をドライブに誘おうや』と申し入れたんですよ。少尉は喜んでOKしましてね。ある晩、四人で出かけることに成功して……ええ、その日に〝調印式〟をすませました」

舗装された海岸の道路をしばらく走ったところで、古野さんは少尉に車を停めさせ、あとで拾ってくれと別れて、フエと二人きりになった。相手は厳格なしつけに縛られているとはいえその気は十分だから、古野さんのいう〝調印式〟は星空の下でとどこおりなく行われたというのだ。

少尉と姉も目的を果たしたらしい。その後も古野さんはなに食わぬ顔をして弁護士の家を訪ねるのだが、姉が家出をしたことを知る。少尉との結婚を親が反対したのが原因であった。

弁護士は少尉が強引に奪ったに違いないと、警察署長に訴えでた。しかし、恋愛行為であるからと署長に説得されて、結婚を許すことになった。

さて、姉のほうが一件落着したので、「妹の方は？」と視線を這わすと、これも様子がおかしい。体の関係が生じれば、親は敏感に気付くものだが、こちらの方はまさかと思っていたらしいのである。古野さんが訪ねて行くと、断わりはしないが、家族の誰も口を利かない。しかも、あとでフエが叱責《しっせき》される。とうとうフエも姉にならって家出をし、市内に部屋を借りた。

古野さんはそこに通い始める。今度は家族の監視もなく、同棲生活の始まりであったが、憲兵隊に訴えられることは覚悟のうえであった。しかし、弁護士にしてみれば占領軍の貨物廠要員を訴えるのは不利益である。二カ月間たったがその動きはなく、とうとう母親が折れてフエは家に帰る。古野さんは〝通い婿《むこ》〟として晴れて出入りを認められるのである。

そんなとき、出張があった。米の買付けである。セブ島をはじめイロイロ島、ネグロス島などを一カ月にわたって歩かねばならない。だが、その留守の間にフエの身辺に異変が起こりかけていた。日本軍の憲兵軍曹がフエに目をつけて、公務を装っては足繁く通い、しきりにいい寄りはじめていたのである。

マニラの教会でつつましく祈祷台にひざまずいて祈りを捧げる二人の女性。まさにフエ姉妹と間違いそう……。

札付き一等兵、憲兵から逃亡

古野さんが帰ってきたとき、ちょうど憲兵軍曹が弁護士の家を訪ねていた。家族にそのことを知らされ、古野さんは別の部屋に隠れる。一等兵でありながら兵営外に女を置いて夜間も外出しているというのでは、むろん、ただではすまないからである。

しかし、憲兵軍曹がフエの部屋でなにをしているのか、気が気ではない。

古野さんは心配のあまり覗《のぞ》きに行った。憲兵軍曹は別に怪《け》しからん振る舞いにおよんでいるわけではないが、自分の宿舎に来いとしきりに口説いている。

「驚いたことに脅しをかけとるんですね。ゲリラ隊とフエの父親とが連絡をとりあっている疑いがある、とかなんとかね。高級将校が現地の女を強引に妾《めかけ》にしたり、強姦《ごうかん》なんか罪悪感もなしにやっとったんだから、女を口説くのにそれくらいの術を使っても、まあ不思議はないようなもんだけど、私にしてみれば我慢できませんからね、前後の見境いもなく、ぱっと飛び出しましたよ」

笠松という憲兵軍曹であった。いきなり飛びだした男にびっくりした憲兵軍曹は、それが日本兵だと分かると途端に威圧的になって、外出証を見せろとわめく。

むろん外出証なんかない。将校とちがって、兵隊は許可なしに夜間外出はできないことになっているが、古野さんはつねに要領よく衛兵の目を盗んできた。一等兵とはいえ四年兵であるから、周囲も一目置いていて、余計な干渉をしない。むしろ、日曜日などみんなでフエの家に遊びにきて「要領よく甲斐性《かいしょう》のある」古野さんのもてなしを楽しんでいたくらいであった。

しかし、憲兵軍曹にしてみれば軍規違反の不届者を見つけたのであり、同時に恋仇《こいがたき》でもあるからただで済ますわけにはいかない。とにかく「憲兵隊へ来い」といって連行された。

「夜の十時ごろでしたかね、留置場へ放りこまれた。さあ、ただでは済まんぞと思ったけど、こちらもハラを決めましてね、お前も絶対に引きずり込んでみせるぞって、笠松軍曹には捨てゼリフを吐いておきましたよ……」

古野さんは、軍隊のなかではいわゆる札つきの兵隊であった。第六師団の騎兵として昭和十六年四月に北支の安邑《アンユー》に駐屯していたころ、古年兵の私的制裁があまりにも激しいので、当直将校に訴えでたことがある。私的制裁は、泣き寝入りが常識であるから、訴えを受けた将校は取り扱いに困ったものの、いちおう問題にせざるをえない。訴えでた〝非常識〟このうえない古野さんは、それをきっかけに中隊のつまはじきにあい、本人もツムジを曲げて仮病を使って入院するなどしてきたから、万年一等兵というわけなのであった。

さて、憲兵軍曹も連行してはみたものの、どう取り扱うかに頭を痛めたらしい。午前二時になって、部隊に帰れという。そして、ゲリラが出没しているから危ない、送ってやるという。殺されるな、と古野さんは直感した。街はずれで撃たれてしまえば、誰もがゲリラの仕業と思うだろう。なにしろ、こちらは無断で夜間外出をしているのである。

「憲兵隊が使っていた密偵と一緒に送ってきたんですがね、このあたりで殺《や》られそうだなと思ったところで、思いきって笠松軍曹に体当たりを食わせて、一目散に逃げたんです……」

翌朝、部隊に憲兵がきた。このようなときは部隊長の承諾を得なければ連行できないから、古野さんは事情をありのまま隊長に打ち明ける機会を与えられた。

ゲリラに奪われた最愛の人

そして一週間、留置場に放りこまれたままだった。外でなにが起こっているか、まるでわからないまま過ごしているうちに、呼び出された。

「憲兵准尉でしたかな。お前らのことはわかっとる、公けにするのはまずいから釈放する、今後は真面目に日本軍人として働けよ、といわれましてね」

部隊に帰るのかと思ったら、そのまま港へ連れて行かれ、船に乗るように命令された。マニラへの便船だった。後で分かったのだが、古野さんと事を起こした憲兵軍曹はマスバテ島に転属になっていた。

マニラに帰った古野さんはもとの貨物廠で働くことになるのだが、やがてセブ島の同僚から連絡があり、フエがマニラへ向かったことを教えてくれた。

「あちらは季節感がないんで、どうも何月であったか記憶がはっきりせんのですが、昭和十九年の後半になったと思います。……フエは妊娠していたんです」

セブ島からはるばるあとを追ってきたフエのために、マニラ市内のサントトーマス大学近くに家を借り、再び二人の生活が始まる。

古野さんは毎晩フエのところに帰った。依然として一等兵だから公には自由がきかないが、同僚をうまく抱きこんで消灯ラッパが鳴ると自転車で抜けだし、起床ラッパの前に素知らぬ顔で兵営に戻った。だが、ときどき非常呼集がある。深夜、ラッパが鳴り響いて点呼をとられ、ちょっとした演習をする。無断外泊はたちまち発覚するから、なんらかの対策がいる。

「非常呼集のときは、部隊長がかならず待機しておるんですよ。つまり市内に家をかまえとるのが、起きてきてラッパを鳴らす。私は隊長の自動車の運転手にワイロを使いまして、迎えに行く前にかならずフエの家に声をかけてもらうように頼んどいたから、非常呼集のときはなに食わぬ顔をして整列したもんです」

さらに念のために、将校たちが貨物廠の物資を横流しするのを克明にメモするように心がけた。なにかの折りに、それをちらつかせれば自分の身を守れるからである。

昭和二十年に入り、フィリピン奪取のアメリカ軍の攻撃が激しくなり、マニラ市内の日本軍主力は山岳地帯に逃げることになった。しかし古野さんはフエと運命をともにすることにし、脱走して家に閉じこもった。

二月三日、アメリカ軍がマニラ市内に進入し、アメリカ人収容所になっていたサントトーマス大学を解放するとともに、フィリピン人ゲリラの活動もまた活発になり、徹底した日本人狩りが始まった。

「三日の夜八時ごろです、いきなりゲリラが家に入りこんで発砲して……それが私ではなくフエに当たって、腹と足をやられたフエはまもなく死にました。『楽しかった。あんたとはどうせ別れる運命にあったが、子どもをあんたと思って育てようと思っていたけど……』といい残しましてね……」

やがてゲリラ隊に連行され、アメリカ軍の捕虜になった古野さんは昭和二十一年暮れに帰国する。

「軍人は要領を本分とすべし、というでしょう。私なんか、その典型でしょうねえ……。だけど、フエを死なせたことだけが悔やまれてなりません。内地に帰ってからも、フエが死んだ日は墓参りを欠かさなかったです」

結婚して長女が生まれた。フエにちなんで芙重《ふえ》と命

郵便はがき

料金受取人払郵便

牛込局承認

9410

差出有効期間
2021年10月
31日まで
切手はいりません

162-8790

107

東京都新宿区矢来町114番地
神楽坂高橋ビル5F

株式会社ビジネス社

愛読者係 行

ご住所　〒 TEL:　(　　)　FAX:　(　　)		
フリガナ お名前	年齢	性別 男・女
ご職業	メールアドレスまたはFAX メールまたはFAXによる新刊案内をご希望の方は、ご記入下さい。	
お買い上げ日・書店名 年　月　日	市区 町村	書店

ご購読ありがとうございました。今後の出版企画の参考に
致したいと存じますので、ぜひご意見をお聞かせください。

書籍名

お買い求めの動機
1　書店で見て　　2　新聞広告（紙名　　　　　　　　）
3　書評・新刊紹介（掲載紙名　　　　　　　　）
4　知人・同僚のすすめ　　5　上司、先生のすすめ　　6　その他

本書の装幀（カバー），デザインなどに関するご感想
1　洒落ていた　　2　めだっていた　　3　タイトルがよい
4　まあまあ　　5　よくない　　6　その他(　　　　　　　　)

本書の定価についてご意見をお聞かせください
1　高い　　2　安い　　3　手ごろ　　4　その他(　　　　　　　　)

本書についてご意見をお聞かせください

どんな出版をご希望ですか（著者、テーマなど）

名したかったのだが、奥さんが猛反対して、結局、願いはかなえられなかった。

解説

第一四方面軍司令官山下奉文《やましたともゆき》大将のもと、フィリピン防衛戦に参加した日本軍は約六三万一〇〇〇人。このうちの四九万八六〇〇人が戦死、餓死、病死した。これは太平洋戦争全戦没者の実に四分の一近くに達する。

　昭和十九年七月にサイパン島などマリアナ諸島を奪取された大本営は、次の捷号《しょうごう》作戦（捷は勝という意味）の立案で、フィリピン防衛戦の基本をルソン島におき、「もし米軍が他の島に上陸しても、反撃はその島の守備隊に委せ、主力は米軍がルソン島に来攻するまで待つ」というものであった。

　ところが、台湾沖航空戦（昭和十九年十月十二日〜十五日）で米機動部隊は壊滅したという海軍側の発表に、第一四方面軍の上級司令部・南方軍（総司令官寺内寿一元帥）はこれぞチャンスと、レイテ島に上陸してきたマッカーサー軍攻撃に方針を変えてしまった。山下の第一四方面軍は大反対したが、南方軍は聞き入れず、ルソン島から師団単位で次々とレイテに部隊を輸送した。

　ところが、台湾沖航空戦で壊滅したはずの米機動部隊は健在で、日本軍輸送船は相次いで撃沈され、レイテ戦もまた敗北に終わる。台湾沖航空戦の戦果は、まったくの虚報だったのである。

　レイテ島を攻略した米軍は昭和二十年一月六日、ルソン島リンガエン湾に姿を現し、ルソン島の戦闘が開始される。この米軍上陸時、ルソン防衛の日本軍は約三〇万三〇〇〇人いたが、レイテ戦への兵力派遣でルソン防衛の基本構想が崩れた山下司令官は、首都マニラを「オープンシティー」にし、部隊主力を山岳地帯に移動させた。だが、海軍部隊（約一万六〇〇〇人）と陸軍の一部（約四〇〇〇人）は命令を聞かず、米軍との激しい市街戦を展開、壊滅するのである。

ボルネオの王女を妻にした日本兵の涙

占領軍である日本兵を現地女性はなぜ夫にし、そして敗走する日本兵と行動をともにする夫たちを、彼女たちはどう見送ったのか……。

親日現地人の執拗《しつよう》な口説き

戦場で現地人と結婚したケースは、多くはないがある。前記した古野斗史緒さんの相手はフィリピン人であったが、今度はボルネオ人とビルマ（ミャンマー）人が相手の二つのケースを紹介しよう。

馬場美朗さん（五五）＝東京都江戸川区＝は造船会社に勤務していたが、昭和十八年（一九四三）十一月に海軍嘱託の調査員としてボルネオ島に向かった。

南方戦線ではすでに制海権を連合国側ににぎられて、船舶の損害は激増する一方だったから、なんとしても造船量をふやさねばならず、馬場さんのボルネオ行きは造船器材の開拓が目的であった。

世界で三番目に大きいボルネオ島は、北側がイギリス領で南側はオランダ領であったが、馬場さんは南部のバリクパパンに上陸して河をさかのぼった。人跡未踏の地がほとんどであり、さらに各部族がそれぞれ王国を形成するかっこうで点在しているため、調査は困難をきわめたが、昭和十九年の後半に入ったころには仕事も順調にいくようになっていた。

バリクパパンから八五キロ奥地のネグル地区マンカ村を活動の拠点にした。人口約四五〇〇だったが、住民はだいたい日本人と同じ顔立ちで、皮膚の色も夏の日焼け程度であり、すらりと足の長いのが特徴のパンジャル族だった。馬場さんたちは華僑の家を借りて住んだが、農業を主体とする住民たちは洋風の家で暮らし、文化の程度も高く、どこか桃源郷を感じさせるのどけさだった。

　ここでパシール王族の流れをくむ一族と知り合う。そして馬場さんは長老に気に入られ、親しみを持たれるようになる。

「オランダの植民地政策は、そりゃあひどいもんでしたからな。蘭印（現インドネシア）全体がそうであったように、現地人はたいてい親日的でしたよ。長老とはなんていうか、とにかく肌があったんでしょうな」

　日本兵にしたところで駐屯生活が始まるとすぐ、フンドシ一つで民家に入りこんでいく無遠慮さが、かえって親しみの表れとして歓迎される土地がらであった。

　馬場さんが知り合った一族は、独立運動のために情熱を傾けており、「大東亜共栄圏」を説く日本人と共同して何かをやろうとする気持ちが強かった。だから、なにかといえば相談をもちかけられた。

「仲間とも指導者ともみられておったんでしょうが、そのうち長老から、結婚すべきだとすすめられましてね。これには参りました。なにしろ私は呉《くれ》の港を発つ三日前に結婚したばかりだったんですから」

　ひたすら辞退するが、一族はどうしても馬場さんを身内にしたいという。回教徒だから、金と力のある者は三人も四人も妻をもっている。国に妻がおったとしても問題ではないし、なによりも「大東亜共栄圏」を達成するためには、郷に入れば郷に従えの精神が必要ではないか、などと口説かれた。

　王族の流れをくむ一族だけに、独立の意気ごみは強い。抑圧された大衆を解放しようという独立ではなく、王族として君臨する夢よもう一度、といった独立熱ではあるが、ともかく大東亜共栄圏をもちだされれば、逃げてばかりもいられない。

「よし、結婚しよう、これもお国のためだ、と決心しましてね。さっそく長老の孫娘と見合いです。ええ、八等身の美人でアントン・インタンという名前の、二一歳の娘でしたな」

　アントンというのは、王族の称号である。インタンというのはダイヤモンドの意であった。そういえばインタンには二人の妹があって、それぞれアマス（金）、ブロリアン（宝石）という名前であった。

独立軍を指揮し、ともに徹底抗戦

見合いから三週間後に結婚式という段取りになった。すでに昭和二十年に入っている。戦局は敗色濃厚だとわかってはいたが、馬場さんはひたすら日本人を信じている一族と運命を共にする決意をかためた。

知人の華僑は、しきりにやめろとすすめる。回教徒になってはダメだ、土地の水を飲めば（結婚のこと）血を吐いて死ぬぞ、などと言った。

馬場さんはいう。

「土地の水を飲めば血を吐いて死ぬといわれたとたんに、私は足もとの土を水が湧くまで掘りましてね、濁った水を一気に飲みました。シナ人は、それでなんにもいえなくなりましたが、私はね、なにかしら新しい血が体のなかで燃えるような思いで……」

結婚式は回教のしきたりで行われた。ベールをかぶったインタンと手を組み、親指をおしつけあい、おなじ皿のごはんを食べてそれで夫婦の誕生であった。

その前日、水牛を一頭つぶして神に捧げた。頭を聖地メッカの方角に向けて四肢を縛り、長老が刀をふりかぶって首を切り落とすのだが、そのとき血が三メートルくらい噴きあがって、それはすさまじい光景だった。

水牛の肉は一番のごちそうで、ほかに山羊や鶏の丸焼きが並べられ、祝いに集まった五〇〇人あまりが三日三晩にわたって歌い踊るのが披露宴であったが、酒は一滴も飲まない。

こうして結婚生活が始まるが、連合軍の反攻はすでにボルネオを射程距離におさめるところまできており、偵察機が村の上空を飛ぶし、すでに海岸線に敵艦隊が姿を現したという情報も入るようになっていた。

「インタンは気位の高い立派な女だったです。美しいジャワサラサのサロンをつけましてね。腰帯には護身用の刀をはさんでおリましたが『時期がきたら、これであなたと死ぬ』というとりましたな」

日本軍危うしで、村人は浮き足だってきている。長老は必死に徹底抗戦で独立を勝ち取ろうと訴えるが、荷物をまとめて奥地へ逃れる者があとを絶たない。そのようななかで、花嫁はあくまでも馬場さんとともに戦うというのであった。

日本が起こした日本人の戦争だから、村人を、そして妻を戦争にまきこむのはいけないと馬場さんは悩む。だからいまのうちに離婚しようとインタンに説くが、承知しなかった。

王女様かな？　丈なす黒髪を垂らす蘭印ボルネオの娘さん。

長老は水牛をひんぱんにつぶして村人たちに食わせた。それで士気を鼓舞しようというわけで、人々を戦争に巻き込むことの是非に迷いながらも、馬場さんは〝独立軍〟の指揮者としてパンジャル族の若者を率いた。

「インタンとは最後まで行動をともにしましたよ。けなげな女でしたなあ、山の頂上で死のうと神殿のなかで死のうと、あなたと一緒なら恐くない、といいましてねえ……」

しかし、山のなかで日本の降伏を知る。やがてオーストラリア軍の捕虜になった馬場さんは、インタンとの別れを迎えねばならなくなる。わずか一年たらず、大日本帝国の〝大東亜共栄圏〟のはかない夢にも似た、短い結婚生活であった。

ジャスミンの香りただよう娘と

加藤見文さん（五三）＝愛知県岡崎市＝は、昭和十四年（一九三九）一月に豊橋の工兵隊に入っていらい敗戦までの体験をまとめた、六〇〇枚におよぶ手記『流れる木片』を太平洋戦争研究会に寄せられた。

中国戦線から香港、シンガポール、ビルマを息つく間もなく転戦、つねに危険にさらされる工兵として辛酸《しんさん》をなめつくしたあと、昭和十七年七月にビルマで除隊になった。しかし、内地帰還の夢は砕かれて、ビルマにとどまることを要請される。日本軍が編成したビルマ軍の指導官になってほしいといわれたからであった。

以下、加藤さんの手記からビルマ女性との恋愛・結婚にふれた部分のみを紹介させていただく。

加藤さんがビルマ娘のマエと知り合ったのは、除隊後の職場であるラングーンの兵備局でだった。

日本軍は一個師団のビルマ国防軍をつくるために躍起になっていて、加藤さんも軍票の束をかかえて壮丁集めに地方まわりをするほどだったが、とにかく、軍服を製造しようということになり、ミシンの踏める娘を集めはじめた。

マエはその縫子《ぬいこ》であった。加藤さんが彼女を意識したのは空襲で逃げ場を失ったとき、タコツボに入れてくれたからである。一人でも窮屈なタコツボで、ぴったりと体をくっつけて爆弾を避けながら、彼女がジャスミンの香りをただよわせていることに気付いた。

加藤さんは、ビルマ人の指導官という自分の立場に疑問を抱いていた。国防軍といってみたところで、しょせん日本の傀儡《かいらい》軍でしかない。日本人にビルマ人を指導する資格などあるのかどうか、とも考えていた時期である。

ともかくビルマ人に溶け込もう。そう思って生活をすべてビルマふうにあらためた加藤さんは、ぺらぺらの腰布ひとつになり、裸足《はだし》で街を歩いたりもしはじめた。

マエが行水をつかっているのを見かけたのは、そんな散歩のときだった。行水といっても胸から巻いた布をつけて、手桶《ておけ》にくんだ水を頭からかぶるだけであるが、濡《ぬ》れてぴったり身体にはりついた布の下は透けて見える。

思わず見とれる加藤さんと、マエの視線が合う。

ビルマの女性たちの踊りを見学する日本兵たち。男女の恋心は、こうした催しをきっかけに生まれることも多い。

「マスター、カナラバオン」

と彼女が誘った。ちょっと寄ってらっしゃい、と言われて行くと、母親と妹との三人暮らしであることがわかったのだった。こうして小麦色の肌と、黒い大きな瞳《ひとみ》に魅入《みい》られ、加藤さんはたびたびマエの家に行くようになる。

昭和十八年の四月、ビルマ最大の祭りティンジャンがきた。ティンジャンというのは水祭りのことで、年間でもっとも暑い四月（ビルマ暦の新年）に、ビルマ人たちは互いに頭から水をかけあうのである。

兵備局で事務をとっていた加藤さんにしのび寄ったマエが、バケツ一杯の水をいきなり頭から浴びせた。水祭りとあって怒るわけにもいかない加藤さんを、彼女はうらめしげに見ている。自分はこんなにいっぱいかけたのに、あなたは一滴もかけてくれない、と悲しんでいるのであった。加藤さんはあわてて柄杓《ひしゃく》に水をくんで、マエの手の甲に流した。それが、たがいの愛情表現なのだった。

敗走の身を案じ涙に暮れて

六月になって、兵備局は加藤さんたち嘱託を解雇した。ビルマ国防軍の基礎がためが終わったからもう用事はない、というわけだった。

除隊から一年たっている。内地帰還はいまからでも遅くないが、しかし、マエを知ったいまビルマを離れる意志はなく、軍に納める食料品を扱うラングーン市場に就職した。

マエも兵備局を辞めていた。そして、マエの周囲が二人に結婚をすすめる。加藤さんはしかし「家がないから」と逃げ口上をもちいた。どこまで責任をはたしうるかわからぬ結婚に、ためらったからである。

だが、適当な借家があるという。しかたなく見に行ったものの、マエと二人で暮らす場面を想像しているうちに自制心を失い、ジャスミンの香りのする彼女を抱きしめていた。

手記を引用しよう。

『この魂のふれあいは、彼女の肉体を眺めまた接することによって、一段と神秘を極めた。天があらゆる生物に与えた配剤は、到底はかり知ることの出来ない妙味を備えていた。この五尺の身体に宿る神秘な快楽は、異国の地を忘れさせ、異民族を意識させず、ましてや戦争という恐ろしい障害すら忘れさせていた』

こうして結婚に踏み切るのだが、国際結婚の儀式はビルマふうに行われた。マエの母と妹、隣家の夫婦、それに新郎新婦の六人だけが集まった部屋の卓袱台《ちゃぶだい》に水甕《みずがめ》が置かれている。

手をつないだ二人を甕に浸し、それで挙式は終わりだった。水は切っても切れないものだから、もはや二人の仲は切っても切れない、という縁起をかついだものである。

だが思いがけず、この新婚家庭に空襲の一トン爆弾が直撃し、家はふっとんでしまう。マエは無事だったが、たちまち宿なしになった二人は途方にくれる。

Kという市場の同僚が新婚夫婦を泊めてくれた。九州出身のKはビルマ娘を口説くために母親に近づいたものの、つい母親とねんごろになり、やがて母娘を交互に抱くようになった人物であったが、ともかく、バイタリティーにあふれていた。

Kはやがて市場をやめ、日本軍の糧秣部隊に食糧をおさめる商人になるため、ビルマの高原地帯である南シャン州に行った。むろん母娘二人の〝妻〟を伴っていた。ジィガイモを細く切って茹《ゆ》で、天日で乾燥させる作業を手広くはじめたのであった。昭和十八年の暮れ、加藤さんたちはKの誘いで南シャン州に向かうが、Kの事業はひそかに準備がすすめられていた日本軍のインパール作戦のため順調に伸びていった。

もっとも、この乾燥野菜は第一線の将兵にはとどかず、いたずらに後方に山と積まれるだけに終わったというが、とまれ、加藤さん自身が何人も使用人を置くところまでいった。

母娘ともに妊娠させたKは、さらに奥地へ入って事業の手を拡げていたが、加藤さんは危機を予感する。たとえば日本軍の一分隊がいきなり加藤さんの住居を接収したり、憲兵がイラン人の集団を収容所に入れたり、あせりが目立ちはじめたからである。

しかし、あまりにも奥地に入りすぎていた。反攻にでたイギリス軍に追われて敗走する日本軍は、民間人である日本人を保護する余裕などない。加藤さんはマエと別れ、軍のトラックにまぎれこんで逃げることにしたが、最後の瞬間にマエの顔は涙であふれていた。

「泣くな。お前に泣かれると心が沈むじゃないか」

という意味のことを伝えたら、マエは静かにいった。

「私はあなたに捨てられるのが悲しくて泣いているのではない。私はビルマ人だから安心してビルマにいられる。日本人のあなたが無事に逃げられるかどうか、それが心配で涙が出たのだから。チェノムナーブ……」

チェノムナーブ。それは、私は悲しくない、という意味であった。

中国共産党軍に従軍した日本人看護婦

敗戦後、中国共産党軍に徴発され、国共内戦をともに戦った日本人従軍看護婦と、自分の過去も国も捨てた開拓団の娘。

弾雨の下で火炎ビンを配る

満州国の崩壊は、すなわち関東軍の崩壊であった。

永井啓吉さん（五〇）＝東京都新宿区＝は昭和十七年（一九四二）一月に現役兵として入隊して衛生兵になり、広島から満州へ渡った。そして満州のもっとも東寄りの、ソ連との国境近くの虎林陸軍病院（第六三九部隊）に派遣された。

「開戦（日ソ戦）の一カ月前に、牡丹江《ぼたんこう》まで撤退していましてね。ソ連軍にそなえて私は警備隊長でした。衛生兵はゴボー剣一本がきまりだけど、小銃を持って斬り込み隊を編成していたんです。病院部隊が最前線になっちまったんで、恩賜の包帯を焼いたり……あれは菊の御紋が入っているから、ああいうものが敵に渡ったり踏んずけられたりするとまずいからね」

いよいよ持ちこたえられないとわかって、病院に火をかけたが、この役目も永井さんであった。そして、ソ連軍に武装解除されるのだが、満州人の暴動の噂が拡がったのであわてて武器を破壊することにした。

やがて永井さんたちはシベリアへ運ばれてゆくが、このとき、患者とともにとり残されたのが看護婦であった。

森藤相子さん（四八）＝東京都葛飾区＝は、昭和十九年六月に満州へ行き、虎林陸軍病院の伝染病棟勤務であった。

「関東軍の厳しい大演習が患者をつくっていたんです

ね。敗戦の年に内地から送られてきて大陸性気候に対応できない人や、現地召集で体力のない補充兵が肺炎など胸部疾患に罹《かか》ってましてね。牡丹江で部隊が撤退するとき、動けない患者さんをモルヒネの注射で殺したもんでした……」

菊地静子さん（四八）＝栃木県宇都宮市＝は、昭和十八年八月に満州へ行き、虎林陸軍病院の内科勤務であった。赤十字病院の看護婦は従軍の義務があり、病院船は一年、南方が一年半、中国大陸が二年で満期だった。

「昭和二十年八月が満期だから、郷里の松山を発《た》つとき『満期になったら花嫁修業をしますから』と約束したことを思い出したりしてたのに、夏が近づくにつれてなんだか変で、とうとう延長の連絡が来てね……。それから間もなく敵の戦車が姿を現して、弾《たま》がどんどん飛んでき始めたんです」

牡丹江の病院の前にずらっとタコツボが掘られていて、兵隊が二人ずつ入っていた。戦車が攻めてきたら、サイダー瓶にガソリンを詰めた火焔瓶《かえんびん》を抱いて戦車の下に飛びこむ兵隊たちで、みな学徒出陣の若者だった。

「私たち、包帯で瓶を六本くらいずつ縛ってタコツボに配って歩いたんです。そのあと牡丹江から哈爾浜《ハルビン》へ退《さ》がったから、あの若い兵隊さんたちがどうなったかは知りませんけど」（菊地さんの話）

哈爾浜で患者を満州鉄道病院に引き渡した看護婦一行は、ここにあった防疫給水部に逃げこむ。

「ここは石井部隊で知られる細菌の製造元ですからね。ウサギやモルモットが飼ってあって、食糧のない私たち、どんなに食べたかったかわからないけれど、チフス菌かなんか注射してるかもしれないから、誰も気味悪がって食べなかったです」（森藤さんの話）

「そのかわり、薬品をみつけてきて頭髪をカールしたり、ブドウ糖液でカボチャを煮たりしましたね」（菊地さんの話）

生命尊重をつらぬく中共軍

しかし、ソ連軍の捕虜になってから、再び牡丹江に連れて行かれる。そして、ここで患者とも再会し、看護活動に戻った。
「寒くなると栄養失調の体では耐えきれなくて、患者さんがどんどん死ぬ。朝、コチコチになった死体から衣服を脱がせて、今度は生きている人に着せるんです」（菊地さんの話）
「一粒の錠剤より、一粒の米を食べさせてあげたかった。ソ連軍がくれる黒パンを食べると下痢するんです」（森藤さんの話）
占領軍のソ連兵は、粗暴な者が多かった。それになによりも、かつて日本兵が占領地でなにをしてきたかを知っているだけに、女性は貞操の危機におびえなければならない。
「看護婦には、いざというときのために青酸カリ二包が配給されていました。実際に強姦されて自殺した人もいるし、兵隊と刺し違えて心中した人もいました。どこかの部隊長さんが来て『身の安全が第一だから貞操を捨てなさい』と説教してたけど、私ら敢然と闘い抜いたですよ。団結していたことと、頼りにならないようで頼りになる患者さんのおかげでした」（森藤さんの話）
「看護婦がお風呂に入ってると、ソ連兵がかぎつけて来たんで、あわてて患者さんの毛布にもぐりこんで助かったこともあるし、患者さんは私らの見張りをしてくれました。それから、札束を持ってなだれこんで『来い、来い』って兵隊が誘うので、私らがかたまってぶるぶる震えてたら『どうせ泥沼にいたんだから』って慰安婦だった人が身替わりになったこともあります」（菊地さんの話）
こうした長い冬が明けて、昭和二十一年五月、中共軍（中国共産党軍）が牡丹江にやって来た。ソ連軍のあとを引き継いだのである。
「八路軍になってから安定しました。食糧はコーリャンに小豆を入れたもの、トウモロコシの煮たものなど上等じゃないけど、きまって配給されましたから。そして、なによりも強く感じたのは、八路軍が患者を大切にすることです。敵味方の別なく医療につくすんですね。それに兵隊が看護婦にいやらしい要求するなんてこと、まったくない」（森藤さんの話）

日本の敗戦をきっかけに、中国では国民政府と中国共産党による”国共内戦”が激しくなった。写真は蔣介石総統率いる国民政府軍を、戦車の援護の下に猛攻を加える中国共産党軍。

「あのころの八路軍は戦闘、戦闘に明け暮れてずいぶん苦しかったはずだから、ソ連軍より待遇をよくしてくれたとは思わないけど、捕虜の扱いに暖かみがありましたよ。だから、私たち気分的にずいぶん楽になった」（菊地さんの話）

混乱期には赤旗を振る満州人に包囲されて、これが最後だと思ったこともあるというが、抵抗しなければ危害を加えられることもなかった。中共軍が支配するようになってからは、そんなトラブルもみるみる減ったという。

「日本軍のころ、看護婦一人で患者六〇人くらい看《み》て、兵隊として使いものにならないとわかったら見捨てるやりかたでしたからね。解放戦線が一人一人の生命を大切にし、助からないとわかってても、なにか助ける方法がないかと努力するのを見て考えさせられたです。私たち日本の従軍看護婦は、兵隊さんをもういちど人殺しに行かせるために努力してたんだなあって……」

（森藤さんの話）

故国を捨てた開拓団の娘

「思想改善はさっそく始められていました。交替制の勤務だから、その余暇にマルクス・レーニン主義の学習があるんです。だけど、きのうまで天皇陛下バンザイって死ぬ教育をさせられて、すぐ切り替えられないから……」（菊地さんの話）

病院には日本軍から置き去りにされた患者も、中共軍の兵隊も一緒にいる。中国人の看護婦も多かったが、いきなり看護婦になった女性たちだから注射も射てないし、なによりも字が読めない。そうした事情もあって、日本人看護婦は技術者として評価された。

「中国人の看護婦が薬を持ってきて、なんと書いてあるのか読めという。私が読めるわけないけど、なんとか漢字と取り組んだりして……。ついつい字も読めない中国人を見下してしまうと、帝国主義の思想だってやっつけられた」（菊地さんの話）

「しかし、この人は帝国主義の思想だけど、患者さんの面倒をよくみるから行動面で評価できるっていうふうに、いい点はかならず評価する。そうすると、悪い点がだんだん小さくなる。もともと中共軍は、あなたたち看護婦は日本の帝国主義者がひきおこした戦争の犠牲者なんだ、といってました。大きな肚《はら》をしてるんですね」（森藤さんの話）

思想改善のための検討会というのもあって、自己批判と同時に他人の批判もする。個性が強すぎる、といって同僚を徹底して個人攻撃し、あとで日本人同士が気まずくなることもあった。

「〇〇さんと呼ぶと怒られる。同志《トンズ》って呼びあうんです。『あんた』なんてつい出ると、また批判される。そんな小さなところから直していくんですが、アタマにきて、陰で中国人を『チャンコロのくせに』なんていおうものなら、あとで大変です。私と杉本さんって香川県出身の人は、仕事はいいけれど生意気だから前線で学ばせる必要があるって、従軍させられました」（菊地さんの話）

森藤さんはアメーバ赤痢にかかって入院したが、やはり後になって国府軍と闘う中共軍に従軍する。日本人の看護婦は前線でも責任者なのであった。

「日本人の医者と組むんです。前線だから怪我をしたばかりの患者がどんどん運びこまれて大変だったけど、日本軍とちがって軍人が威張らないのがいい。やがて私は医者のかわりをするようになって、ずいぶん大事にされました。前線にいると、後方のときみたいに自己批判ばかりさせられることもなく、かえって気楽でしたよ」（菊地さんの話）

「解放軍と行動していて、泥棒市場や遊び女がいるのを見かけたけど、短期間のうちにみるみる姿を消しましたね。労働で賃金を得ることを知って、人間が変わるんですね。私はかなり高い給料もらってましたし、生活の不自由は感じなかった」（森藤さんの話）

看護婦はバラバラになって各戦線に従軍していたわけだが、菊地さんは途中で別れた女性のことがずっと気になっていた。

「開拓団の娘さんでね、あとで私らのとこで手伝いをしていたんですが、土匪《どひ》に輪姦《りんかん》されて梅毒が感染したかわいそうな人で……」

敗戦直後、満州人に襲われて「娘を出せ」といわれたので、母親がかばったらその場で射殺され、彼女は輪姦された。小学校を卒業したばかりだったが、彼女はそのあと弟をナタで殺し、三歳の妹を井戸に放りこんで放浪していて、看護婦と合流したのだった。

「初めは汚なくて男か女かわからなかったけれど、顔を洗ったらかわいい娘でね。でも梅毒持ちとわかって、誰も近づかない。私はその娘と一緒に寝て、看護婦見習いさせたんですが、頭がよく働きもいいので、そのうち看護婦資格をとりましたよ。中国語も話せるし美人なので嫁にしたいっていう中国人もいたけど、梅毒とわかって……。

ぼつぼつ帰国の話も出はじめたころ『あなたどうする？』って聞いたら、涙を浮かべて『日本には帰りたくない』っていってました。私の実家へいらっしゃいって誘ったんですけどね、どうしても帰りたくないって、あの娘、忘れたいことばかりだったんでしょうねえ」

菊地さんは、その娘がソ連兵の慰安婦にされていたことも知っていた。開拓団の娘たちは誰からも保護されずに放置され、いつの間にかそんな娘ばかりがソ連兵の集団のなかに置かれていたのである。

中・ソ軍の違いはどこに？

やがてソ連軍が移動するとき、娘たちを横一列に並べて「振り向かないでまっすぐ歩け」と命令された。彼女は前進しながら凹地を見つけたので、とっさに伏せた。直後、ダダダッと背後から射たれて、ほかの娘たちが折り重なった。その死体の下から、夜になって逃げだしたというのである。

「だいぶ落ち着いてから、八路軍の治療で梅毒も治りましてね。おそらく中国人と結婚して、あちらで暮らしているんでしょうが……」（菊地さんの話）

菊地さんも森藤さんもソ連軍と中共軍の違いを具体的に、いくつも指摘する。すくなくとも中共軍の兵士による強姦はまったくなかったというのである。

「中国はびっくりするくらい貧富の差の激しいところですよね。金持ちは御殿みたいなところで暮らして、貧乏人は犬ころみたいな生活をしてる。だから字が読めるのは金持ちだけだった。解放軍はその差をなくして平等を実現するために闘っていたんです」（菊地さんの話）

「看護婦の給料は医者とまったく同等でした。つまり、性別がないってことですね。女の兵隊だって対等です」（森藤さんの話）

経済的な差別をなくし、男女差別をしないための解放軍だから、人間をもっとも野蛮なかたちで凌辱《りょうじょく》する強姦など、きつく戒めていたということだろうか。だが、ソ連軍も同じ共産軍のはずである。この違いはどこからきているのだろう。

それはともかく、中国人民の日本人への態度はどうだったのか。

「解放軍に従軍してて、私が日本人だとわかると『わあ、鬼が来た』って騒がれたことも多いです。でも、指導者が『悪いのは日本帝国主義なんだから』って教育してました」（森藤さんの話）

「山東省といえば、日本軍の三光《さんこう》政策のもっともひどかったところだったでしょ。だからここでは中国人の軍医さんが『あなたは袋叩《ふくろだた》きにされかねないから蒙古《モンゴル》人といいなさい』といいました。おばあさんから『どこから来た？』とたずねられたので『モンゴ・ライバー（蒙古から来た）』と答えたら『他国の人まで新中国建設に参加してくれて、ありがとう、ありがとう』って感謝されましてね。ほんとに恥ずかしい思いでした」
（菊地さんの話）

1949年10月1日、中華人民共和国中央人民政府の公告を宣言する毛沢東主席。

看護婦や医者が中共軍に従軍して献身的に働いたことも、中国人の怨念《おんねん》をいくらかでもやわらげることにつながったのかもしれない。

菊地静子さんは昭和二十八年三月に満鉄社員だった日本人と結婚して四月に帰国したが、給料で買いためていた指輪などを持ち帰る余裕さえあった。

「哲学とか弁証法とか平等とか、主婦の私がつい口にするので、みなさんが奇異に思うらしいけど、生命をマトに勉強したマルクス・レーニン主義なんだから、少しは覚えていませんとねえ」

森藤相子さんは、昭和二十六年にやはり日本人と結婚して、共稼ぎをして子どもも生まれた。帰国しようと思えばできたのだが、技術指導を要請されて昭和三十三年まで夫婦で武漢に滞在した。

「いま一時的に中国が混乱していて、いろんな悪宣伝がされてるけど、長い戦争できたえられた中国人は、慎重で真面目で勇気があります。大きな気持ちで相手を変える民族ですよ。いくらガタガタしても、私は中国が好きです」

敗走のフィリピンに生きた従軍看護婦

飢えと傷病に苦しみながら、北部山岳地帯に追い込まれたルソン島の日本兵を、なすすべもなく看取る従軍看護婦たちの苦悩とは――

赤十字の白衣を目標に爆弾の雨

厚生省の資料によれば、フィリピン防衛戦は、各諸島での掃討戦も含めて日本軍の死者は、実に四九万八六〇〇人を数えるという。参加兵力が陸海軍あわせて六三万人であったから、なんと八〇パーセント近い死亡率だ。太平洋戦争において、中国大陸を除けば、もっとも犠牲者の多い戦場だったのである。

しかも死者のほとんどは弾丸に当たって斃《たお》れたのではなく、疫病と飢餓が原因で死んでいったのであった。すでにこのシリーズでも触れてきたことだが、ガダルカナル島やニューギニア島の飢餓状態は、まさに地獄そのものであったが、フィリピンでは戦局が末期的な様相をおびてからだけに、補給の努力さえ行われず、それがいっそう犠牲を大きくしたといえる。このような戦場に、自分たちも飢えと疫病に苦しみながら、なお患者のために努力した従軍看護婦たちがいた。

中川久子さん（五七）＝大阪府高槻市＝は、赤十字病院の看護婦として、昭和十七年（一九四二）初めから従軍することになった。第三一八救護班南方派遣軍というのが編成され、フィリピンには四個班が向かった。一個班は婦長二人、看護婦二〇人、書記一人、使丁（男）一人で計二四人である。

「十七年一月にリンガエン湾に上陸しましたけど、内地から来たというんで、さかんに様子を尋ねられましたよ。でも、女だからといって、そうはちやほやされません。マニラの第一二陸軍病院に配属されて間もなく、バターン、コレヒドール作戦でしょう。マラリア患者がすごくて、昼夜働かないととても追いつかない」

マニラのこの陸軍病院は、日本軍最大のもので、最盛期には入院患者一万人、勤務人員二〇〇〇人におよんだ。

だが、約三年後、米軍の反攻で移動しなければならなくなった。昭和十九年（一九四四）十二月中旬に、最後の病院船が内地へ向かうとき、看護婦を全員帰還させるかどうかで意見の対立があったらしいが、在留邦人の婦女子さえ乗せるのが困難だというので、結局、看護婦は残されたのである。

そして、病院はクリスマスイブの日、マニラ市の北方二五〇キロのバギオ市へ移動した。

石引みちさん（五一）＝東京都北区＝は、第三四三救護班から派遣されて、昭和十七年からバギオ市の第七四兵站《へいたん》病院に勤務していた。

「バギオの兵站病院は、スペイン統治時代の士官学校を改造したもので、患者はガダルカナルやニューギニア帰りのマラリアとか栄養失調の人が多かったです。看護婦は二〇人ぐらいしかいなかったですが、中川さんたちがマニラから移動してきて、ふえました」

軍病院があり、兵站病院があり、野戦病院がある。看護婦は兵站病院までで、野戦病院からは衛生兵しかいない。これは国際間の条約で決められていて、兵站病院は攻撃してはいけないことになっている。だから、看護婦は戦火にあわなくていいはずなのだが、それはあくまで紙の上での約束ごとでしかない。

石引さんはいう。

「昭和二十年一月中旬から、バギオの空襲が激しくなって、赤十字マークめがけてどんどん爆弾が降る。おにぎりを作っているときやられて、オシャモジ持ったままの看護婦の手がふっとんだりしてね。看護婦の白衣が目立って、ボーイング機の目標になるというんで、みんな草の汁で煮て緑色に染めたんです」

血涙をふるって重傷者を処分

奥仁志《おくひとし》さん（六一）＝東大阪市＝は、三三歳になった昭和十八年七月に召集を受け、工兵として飛行場建設にあたったが、十九年九月からはバギオに移った。

「ゲリラ討伐なんかもあったが、討伐するのかされるのかわからんような状態でねえ。二十年二月にアメーバー赤痢に罹《かか》って、入院したんです。入院というても朝になったら毛布をもって伝染病棟の横の穴に避難して、シラミ取りで時間をつぶし、暗くなったら帰るんですよ」

このとき、中川久子さんが伝染病棟勤務だった。

「伝染病棟の患者さんは、入ってくるばかりで、出て行く人がいません。どんどん死んで……そのあとに入った人もすぐあとを追う。奥さんのように、治って退院した人は本当にめずらしいケースや思います」

奥さんは続ける。

「薬いうてくれはるの、木炭の粉ばっかりや。下痢止めやそうだけど、青い顔したのが、みんな口のまわりだけまっ黒にして。私ら、ベッドに穴開いているとこにケツ当てて垂れ流しでね、小便しようと思うだけなのにウンコが出て……。そのうち小便だけ出せるようになった。それで中川さんのとこに報告に行ったら、治ったから退院しなさいいわれて……」

強制的に退院させられた奥さんは、中川さんから食糧をもらい、バギオから一六〇キロ奥地のバガバックへ一人で向かい、一カ月がかりで連隊本部にたどり着くことができたという。

石引みちさんは、手術場勤務であったが、バギオの空襲が激しくなったため、近くの金山の坑道に疎開した。

「患者さんが一〇〇〇人くらいでしたかね。坑道でカンテラ下げて、毎日毎日、足を切断してました。すぐ化膿《かのう》するから、切るしかないんです。金山には三カ月くらいいましたけど、今度はもっと山奥へ逃げることになって……」

マニラからバギオへ移動したときとはちがい、今度は機動力がない。歩ける患者しか動かせないのである。

小田亜紀夫さん（五一）＝東京都中野区＝は、中隊の曹長が負傷したのでバギオの病院に運んだが、いくら頭を下げても入院させてもらえない。さんざんねばってようやく置いていったが、しかし、こうして入院させた患者もバギオ撤退のときに多くは殺された。

「くわしいことは知らないが、動けない患者に注射したといいます。空気を血液のなかに入れる注射ですよ」

自決させるか、自決できぬ者の補助をするという名目で、大量の患者が殺されていったのである。

中川久子さんはいう。

「私の救護班は、あとで聞いただけですから、なにも知りません。衛生兵さんたちが処分しはったんです。あとでしみじみ『最後の残留部隊になるもんじゃない。血の涙が出ます』と衛生兵さんたちがいうてはりましたから……」

治療より埋葬に忙しく

さて奥地への移動だが、これが大変だった。中川久子さんと同じ班だった人たちの話を聞こう。

まずは朝日ユキノさん（五五）＝西宮市＝はいう。

「行軍なんて初めてですからね。持てるだけ持とうと、マニラで買いこんでた革靴なんか、いっぱい大きなボストンバッグに詰めて、棒に下げて二人でかついで出発したです。二キロも歩かんうちに、こんなことしてたら命がもたんことがわかって整理したけど、女だからなかなかあきらめがつかない。必死にかついできたミシンを、泣きべそかいて捨てる人もいましたなァ」

野村田鶴子さん（四五）＝大阪市東区＝が続ける。

「野営やからたちまち蚊にやられて私らもじきマラリアに罹りましたけど、医薬品を自分らが持っとるから、発熱したらすぐ飲めた点はよかった。部隊と一緒に行動できなかった班の看護婦が何人か、地元民に拉致《らち》されたようなこともあったけどね」

行く先は北へ九〇キロのトッカンであった。看護婦、患者、衛生兵が隊列を組んで行軍するが、夜しか歩けないからたちまち列が乱れる。

「一晩に二〇キロも歩くんですよ。負傷したり病気したりのうえに栄養失調でしょう。みんなバタバタ倒れる。闇夜のときなんか、倒れてピクピク動いている人をまたぐようにして進むんですが、どうしていいかわからない。看護婦のなかにも倒れる人はいたですけど、でも、若い人ばかりだから衛生兵なんかよりは体格がいい。兵隊のズボンはいて巻脚絆《まききゃはん》巻いて、その上に国防色のカッパ着て、男みたいにしてました。ただ、生理にそなえて小さく圧縮した脱脂綿を持ってたのが、女としての最小限のたしなみでしたが……」（石引みちさんの話）

行軍のとき、男が女をかばう場面などはまず見られなかった。看護婦と共同して行動するのは衛生兵だが、その多くは補充兵で、体格も貧弱なうえ中高年であるため、女性より先に死んでいった。

「行軍のとき、道端に便所がところどころに作ってあったけど、私たちは木の陰とか草むらなどでたがいに見張りを立てて用を足したですね。生理のほうは、やがてみんな止まってしまって、その心配もいらなくなったから『よくしたもんやなあ』というたもんです」（中川久子さんの話）

ルソン島北部の山岳地帯の広大な区域に、病院が点在したわけだが、空襲とゲリラに追われて絶えず移動しなければならず、昭和二十年六月ごろからは治療よりも埋葬するほうが病院の仕事になってきた。

「谷間には蚊がいるから、崖の上の日当たりのいいところに現地人が家を建てている。そこを病院にしていたけど、岩山だから土がなく、死体の埋めようがなくてね。パラパラと土をふりかけておくだけだから、スコールでもくればすぐにむきだしになったです」（石引みちさんの話）

「半分は看護に出て、半分は食糧さがしです。イフガオ族が作っているイモ畑をあさったりするんです。いろいろ食べたけど、油虫なんかも油という字がついとるのは脂肪分が多いからや、とかいうたりしてね。ネズミなんか、動きが早いからよう捕まえられん。私が四一度くらい熱を出したとき、朝日さんがとってきてくれたオタマジャクシを煮て食べたけど、そのおいしかったこと」（中川久子さんの話）

「移動のときなんか、自分の体を動かすのがやっとで、四〇度近い熱の人が直接日光を浴びてしゃがみ込んでても、振り返ってあげる元気もない。死んでいく人、乾パン、乾《かん》パンいうて息を引き取ってましたねェ。三日に一回くらい患者さんとこへ行くと、床の高いフィリピン家屋は床下にニワトリとかブタを飼うようにしてるけど、病人の兵隊さんたちは、その床下に雑魚寝《ざこね》してました。食糧の奪いあいで喧嘩《けんか》になっても、私らに訴えるだけで、殴り合う元気なんかありません」(朝日ユキノさんの話)

「一個所にかたまると食糧が欠乏するから、山の中腹に散らばってました。私らの地区に看護婦は一〇〇人ぐらいいたと思います。桃色の召集令状で戦地へ来て、こんなひどい目にあうとは……。私は三年の教育を二年に短縮した繰り上げ卒業でしたが、子どものいる看護婦さんも混じっていましたからね」(野村田鶴子さんの話)

衰弱のきわみに敗戦の日が

ルソン島北部に看護婦は約五〇〇人いたといわれる。さらに商社の女子従業員やマニラ市内にいた慰安婦などが、補助看護婦と名付けられて患者の看護にあたっていた。

このようなとき、女性にとって恋愛感情やセックスの欲望は、どのようにあらわれるのだろうか。

石引みちさんはいう。

「看護婦はどこまでも看護婦ですから、患者さんが、薬よりも食べものを欲しがるから、危険を冒《おか》してでもイモ掘りに行ったです。イフガオ族にさらわれてしまい、とうとう帰ってこなかったこともありました。

イフガオ族は獰猛《どうもう》で、ときどき野ブタを連れてきて『女とチェンジしないか』と兵隊さんに交渉したりしてね。もちろん断られましたよ。だからさらっていったんだと思います。恋なんか、芽生えるヒマもないです。それどころじゃないですもの。でも、なかには傷病兵と結婚した人もウチの班にいましたから、私がぼんやりしてたのかもしれないです」

性欲については、どなたもノーコメントであるが、しかし、次のような男の事情と似ているのかもしれない。

「フィリピン娘が殺されて、お尻を丸出しにしてる死体を見たことがあるが、食べたらおいしいだろうなァ、と思っただけで、セックスの欲望とはまったく結びつかなかったですね」（小田亜紀夫さんの話）

「昭和二十年に入って、北へ逃げてからというもの、性欲はほとんどないです。だから、ボッキするなんてあり得なかった。捕虜になって栄養がつきだしてから性欲が出てきたですね。朝、ボッキしてるのがわかって、ああ、俺は男だったんだなあって感激の涙があふれましたですよ。だけど、女はまったく近付けられないので、今度は苦しい思いをしましたねェ」（本田義郎さん〈五〇〉＝東京都小金井市）

「中川さんは、生命の恩人です。ずっと忘れたことがありません。引き揚げ船が一緒で、船のなかで面会に行ったです。あのとき、中川さんを見染めてうまいことしたらよかったと、あとで思うだけでね、そんな元気はあらしまへんでした。とてもとても……」（奥仁志さんの話）

高い崖の上の病院を危険をおかしてまわり「いかがですか」と問いかけるのがたった一つの治療と看護になっていたが、それでも傷病兵には大きな慰めであった。だが、それさえも自ら衰弱してできなくなったころ、敗戦の日が来たという。

「十月に捕虜になったけど、そのとき、死んでいった人をつくづく羨《うらや》ましいと思ったです。こんな口惜《くや》しい思いを味わわなくていいのだから、と。いまでは生き抜いてよかったと思いますがね」（中川久子さんの話）

「苦しくて苦しくて、自分で強心剤の注射して寝てたら、アメリカ兵がおんぶしてくれたです。そしたら軍の参謀が、大和撫子《やまとなでしこ》の名を汚すな、だらしないかっこをしないで髪もキチンとしろ、とかなんとか命令する。こちらは山に八カ月も入ってシラミだらけ、垢《あか》だらけだけど『なにをいってやがるか』って気持ちでしたね。食べるものも与えられず、最後まで看護して、それでさらに軍隊の規律にしばられるんだから、やりきれなかったです」（石引みちさんの話）

あまりにも報われるもののなかった看護婦だが、それは戦後も同じことで、従軍看護婦は軍人恩給の対象にもならないし、援護の手ものびない。

中川さんは語気を強めていった。

「兵隊さんは、みんな乾パンをくれ、乾パンをくれいうて、お亡くなりになりました。誰一人天皇陛下バンザイなんて言いません。だから、フィリピンで亡くなった方々のご遺族の皆さん、ご命日にはなんでもいい、食べものを供えてあげてください」

解説

レイテ島の地上戦に続いて、米軍は昭和十九年（一九四四）十二月五日にルソン島南方のミンドロ島に上陸し、戦闘を開始した。十二月九日、山下奉文軍司令官は第三五軍に作戦中止を命じ、さらに「自活自戦による永久抗戦」を命じた。自活しながら勝手に戦えということである。

年が明けた昭和二十年一月九日、約一九万人の米軍がルソン島リンガエン湾に上陸した。日本軍守備隊は二八万七〇〇〇人と数の上では米上陸軍を上回っていたが、兵力の差は段違いだった。

二月四日、米軍はマニラに入った。山下軍司令官は市街戦を避けるため、あらかじめ部隊に撤収を命じたが、海軍部隊とマニラ在住の日本人が中心となっていた陸軍部隊、合わせて約二万人がマニラに立てこもった。マニラは凄《すさ》まじい米軍の砲撃により瓦《が》礫《れき》と化した。マニラ市民の犠牲者は約一〇万人といわれる。

日本軍はサラクサク峠やバレテ峠などで抵抗したものの、その後はゲリラ戦ともいうべき戦いとなった。米軍がルソン島作戦の終了を宣言したのは六月二十八日だったが、プログ山周辺の山岳地帯では、終戦まで持久戦が続けられた。

フィリピン防衛戦は、各島での掃討戦も含めて、四九万八六〇〇人（昭和三十九年、厚生省の計算）の犠牲者を出した。米軍の損害は、死者七九三三人、戦傷者三万二七三二人だった。また、太平洋戦争のフィリピン人犠牲者は、ゲリラ部隊を含め約一〇〇万人とされている。

前線基地トラック島で将兵を慰安した一九歳の青春

戦場の芸者・菊丸《きくまる》が二六年目に明かした自らの慰安婦生活。戦後も、その戦中体験を引きずりながら懸命に生きる波乱の人生とは。

父の反対を押し切って乗船

　慰安婦――その名が示すように、戦地の将兵たちを慰める〝軍事要員〟である。だが、皇国のために戦い、そして疲れ果て、無条件降伏して二六年――前線に散り、あるいは帰還した彼女たちには恩給も年金もない。同じく敵弾をくぐり、泣き、笑った仲間の集まりもない。誰一人として、彼女たちの消息を伝えてくれる者もいない。

　芸者・菊丸もその一人である。二六年の風雪、さぞ苦労のシワを重ねているにちがいないと千葉県の仮寓《かぐう》を訪ねてみたが、菊丸姐《ねえ》さんは意外に若く初々しさを残していた。

「いやですよ、そんなお世辞いって……もう年を取ってしまったわよ。え？　数えの四七ですよ。いまの数え方でいえば四五ですわ。あらッ、女性に年を言わせるなんて、あなた」

　菊丸さんは、結婚はしたことがないといい、一人身の気軽さを楽しんでいるかのようである。

「生活のほうは、自分ひとりくらいなんとかなるものです。一年半ほど前までは、錦糸町（東京）のキャバレーでホステスをやっていましたがね。そのとき恋人ができて、いまは彼になんとか……。え、まあ二号ですかねえ」

　六畳一間のアパート住まいだが、部屋のすみに仏壇を飾り、菊の花を生けてある。その波乱に富んだ半生とはうらはらに、中味は意外に古い人間とみた。

この芸者・菊丸が高級将校用の慰安婦として、当時の南洋群島トラック島（現ミクロネシア連邦・チューク諸島）に渡ったのは、日本が太平洋戦争に突入して間もない昭和十七年（一九四二）三月十七日であった。満一九歳になったばかりのときである。

菊丸さんは義務教育を北海道は夕張市で終えると、両親の反対を押し切って上京。一七歳で東京・西小山の花街で芸者になった。

「そのときの源氏名が菊丸なんです。芸者といっても借金がふえるばかり。あの当時で四〇〇〇円（現在の約三〇〇万円）近い借金ができてましてね。そんなときでした、私と仲のよかった仲間で五十鈴《いすず》ちゃんというのが、南洋の前線基地で働こうという話を持ってきたのよ。お給料もかなりだったし借金も払ってもらえるという話でね。なにしろ二人ともまだ一八歳という若さでしょう。もう恐いもの知らずで、とにかく借金が消えるというだけで飛びついちゃったんですよ」

父親は泣いて止めた。が、菊丸さんはきっぱりと言った。

「お国のため、誰かが行かなきゃならないのだし、行かせて」

父親は涙を流しながらうなずかざるをえなかった。水盃《みずさかずき》を交わし、父親から贈られた鏡台と真新しい着物を持った菊丸さんは、親友の五十鈴ちゃんとともに約一〇〇名近い女性たちと日本を離れたのだった。

「横浜を出て神戸に寄って、それから韓国の釜山《プサン》で韓国人の女性もかなり乗船しました。彼女たちは私たちと違って志願ではなかったようで、チョゴリを着て乗り込んできたのですが、『アイゴ、アイゴ』と泣くのがなんとも悲しくて……私たちもつられて泣き出しましたよ。本当に日本を出発して、トラック島に着くまでのなんともわびしい気持ちは忘れられません」

敵の戦闘機、潜水艦を警戒しながらの慎重な船旅。毎日のように繰り返される船上での防空演習。しかも、赤道に近くなるにつれ、一夜明けるごとに二、三度ずつ上昇する気温。

菊丸さんは全身にアセモをつくり、それも化膿《かのう》するたちのよくないアセモで、なんと医務室で三八カ所もメスを入れられた。絆創膏《ばんそうこう》だらけのみじめな船旅だった。

だが楽しいこともあった。船上で恋が芽ばえたのである。

「たったひとつきりのお椀《わん》に飴《あめ》を入れていたら、溶けてくっついてしまったんです。それをきれいに取ってくれたのが、乗り組員の一人だったんです」

これで毎日味噌汁がいただける――そんなたわいない出来事だったが、菊丸さんの感謝の気持ちは大きく、いつしか月夜の甲板で〝恋を語る〟間柄になっていたのである。

だが、それもつかの間の恋。船がトラック島に到着すると同時に終わる運命にあった。

「上陸すると、そこがトラック島だったんです。最初はマーシャル群島に行く予定だったそうですが、マーシャルでは『女はいらん。兵と艦をよこせ』と断わったからなんだそうです」

お初は便所に落ちた中尉殿

女性たちは「士官用」と「兵隊用」に区別され、士官用だった菊丸さんたちは〝営業用〟の宿舎ができていなかったため、約一週間を沖縄人経営のクラブ「南海」で過ごす。兵隊用の女性たちは「第一南月寮」「第二南月寮」の二軒に分けられ、翌日から営業開始というあわただしさであった。

前線基地とはいえ開戦直後の日本軍優勢のとき、当時のトラック島はまったく平和。こうなれば男性たるもの地位も名誉も、隊長も二等兵も関係ない。

「兵隊たちが先にやっとるのに、オレたちはどうしてくれる」

と、将校連から苦情続出。一週間が待てないというわけで、急遽《きゅうきょ》、バラックづくりの営業所でお相手をつとめることになる。

「夜だけ、泊まりなしで一人ずつ行くようになったんです。三日目だったか私の番になり、来たのが太った中尉サン。彼が私のトラック島での最初の人でしたが、

トラック島に渡って間もない昭和17年（1942）、五十鈴さん（左）とともに南洋庁トラック支庁を訪れたときの菊丸さん（本人提供）。

夜中に手さぐりで便所に行き落っこちたのには笑いました。でも、その中尉さんはフンドシひとつの裸でしたが、私の大切な下駄を履いたままドボンですからね。これにはショックでした。なんといっても一足きりの下駄なんですから……」

菊丸さんは二八年前の光景を思い出し、大笑いする。暗さはみじんもない。

当時、トラック島の司令官は武《たけ》田《だ》盛治《しげはる》海軍中将。戦後、戦犯として虜囚《りょしゅう》の身にあったが、その後、大阪で大きな材木商を営んでいた。しかし数年前に死去してしまった。

「私たちをいたわってくれる素敵な司令官でした。でもちょっと慌《あわ》て者《もの》でしたが……」

そういって、彼女は思い出し笑いをする。というのも、彼女らには忘れられない思い出があるからだ。

当時、南洋の各諸島をつなぐ連絡船に、彼女と同名の「菊丸」という船があった。ある日、その「菊丸」が機械の故障でトラック島に入港した。この報告を伝令兵が武田司令官に伝えにきた。

「閣下、菊丸が急遽、やってまいりました」

「なにッ、菊丸がきた？」

司令官ドノはあわてて服のボタンをはめ、椅子に座り直した。伝令はキョトンとした顔で司令官を見ながら、再び報告をくり返した。

「閣下、菊丸は連絡船の菊丸でアリマス」

「なぜ、それを早く言わんか！」

司令官はバツの悪さを隠すように大声を張り上げた。とんだところで伝令兵は怒鳴りつけられるハメになったわけである。

抜刀の将校が猛烈に求愛

島での生活は想像以上に快適な毎日だった。偉い将校サンたちのお相手とはいえ、兵隊用の女性や民間の慰安婦と違って「一日一人」と決められており、それも島にいる少尉以上の将校は少なく、船が寄港したときに忙しくなる程度であった。

「将校用は約三〇名くらいで、一人一人が何人かずつの〝恋人〟を持っているような感じで、少しもイヤな気持ちなんかありませんでした」

彼女の〝恋人〟たちだった将校サンのなかには、現在でも年賀状や暑中見舞いのやりとりをして、昔を懐かしんでいる人もいるというから、戦場で肌と肌でたしかめあった愛情がいかに忘れがたく、深いものであったかが偲《しの》ばれる。

東京の船舶関係の運輸会社の役員をつとめるH氏は、当時の巡洋艦の艦長。K氏は駆逐艦の副艦長（東京・世田谷在住）であった。また、同じ北海道の夕張出身の分隊長（海軍大尉）も菊丸さんの〝恋人〟の一人だったが、彼女が本当に思いを寄せていたのは、ある海軍中尉だった。

彼とは商売ぬきで燃えたという。ときにはセックスぬきで、夜の潮風に吹かれながらヤシの木の下で将来を語り合ったともいう。

彼女にはニックネームがつけられていた。「ヘル」という名である。妙な名前だが、海軍の通信記号では「スケベイ」という意味だそうで、無粋で有名な戦場の日本軍人にも、まだユーモアをひねり出す余裕はあったらしい。

で、同郷の分隊長が彼女と燃えたある夜、一句贈ってくれた。

かつらかぶって汗かき儲《もう》け

夕張娘の凄い息

トラックの菊丸さんは、この句といい、アダ名といい、まずは高級将校たちを夢中にさせるテクニシャンだったことは想像にかたくない。

「自分ではそのときその相手を、本当に好きになって抱かれていただけ」

彼女はさり気なく言う。が、二六年の歳月があるとはいえ、そうした気持ちを持てるだけ、菊丸さんたち将校専用の女たちは幸せだったといえる。というのは、すぐ裏には横須賀の「小松」という民間経営の慰安所が出張営業をしていたし、また一般兵隊用の女性たちは、一日一人などという贅沢《ぜいたく》は認められなかったからだ。

「私の知っているので、一日に六五人を相手にしたのが新記録だったと覚えています。その女性は翌日から二日間も起き上がれなかった」

ともかく、菊丸姐さんがモテモテだったことは、ある日、ある将校に「結婚してくれ」と迫られ、断わるや日本刀で追いまくられたこともあったというから推察はつく。そのときは島民（カナカ族）の家に逃げ込み、難を免れた。

前述のK氏（駆逐艦副艦長）は当時を思い起こし、

「そう、菊丸は人気がありましたな。日本刀で追っかけられた事件もあったようですよ。それにしても、あの当時は前線からトラック島に寄港するのが兵隊の唯一の楽しみで、お互い恋のサヤ当てなんかはまるでありませんでしたよ」

と、懐かしそうに語る。同氏もごく最近の菊丸さんの消息は知らず、元気な音信に再会を望んでいた。が、K氏のようにフランクに戦場の想い出を懐かしがる人ばかりでもない。

「本当にがっかりしたのは、ある海軍大尉です。いま大阪で銀行の寮長をしている方ですが、連絡したらずいぶん迷惑がられましてね。妻も子もいるので二度と連絡しないように言われたときには、ずいぶん淋《さび》しい思いをしました」

多くの〝恋人〟たちは、この銀行の寮長ドノと同じに違いない。恋人たちだけではない、彼女たちの多くも「慰安婦」という自分の過去をひた隠しにすることで結婚し、妻となり、母となって現在の立場を守っている者が大半なのだ。菊丸さんの場合はあくまでも例外なのである。

つのる思いの彼の地訪問

トラック島での生活にもなじみ、ようやくカナカ族と友だちになったころ、南洋の島々は敵の戦火で急を告げはじめていた。希望者（もちちん女性群だけ）は日本に帰ることになったのである。

昭和十八年十二月、第一陣が「朝日丸」で帰国した。思えば短い二年間であった。だが、彼女には生涯忘れることができない〝恋人〟とめぐり会った二年間でもあった。Mという砲術参謀であった。

「日本に出張で帰るときに、下駄を買ってきてくださいと頼んだんです。そうしたら赤い矢がすりの鼻緒がついたのを二足、わざわざ自分で持ってきてくださったんですよ。そしてある日、M参謀が戦地に行くのを見送りに行ったんです。その帰りでした、下駄の鼻緒がプッツリ……。あれが彼との最後になったんです。二、三日あとに戦死の報が入りました」

こうした不幸もあったが、島での生活は菊丸さんにとって決して暗い青春の一ページとはならなかった。

「それより日本に帰ってきてからのほうがつらい毎日でした」

島では慰安婦とはいえ身分は軍属であり、将校と同等に近い食生活ができた。赤飯のかん詰めに肉、野菜も豊富だった。果物は本場だから文句ない。そのうえカナカ族が朝の六時から風呂を沸かし、食事も用意してくれる毎日だった。

それが横須賀に着いたとたん、トウモロコシご飯。さらに当時の女性には不可欠の脱脂綿さえ手に入らぬありさまである。

「海軍省から渡されていた身分証明書があったんです。

つまり私たちが南洋の島で従軍したと書いたものですが、これを見せるようになってから、乗りものでも品物でもかなり便宜をはかってもらえました」

それでも島の生活とは雲泥の差だった。しかし昭和十九年夏、再び上京、北海道に引き揚げた。這々《ほうほう》の体《てい》で、こんどは陸軍の兵器工場の旋盤工として働く。

「ここでの毎日は、いかにして食料を手に入れるかでしたわね。悪いとは知りながら、夜、空襲がくるとみんなが防空壕に入っているすきにイモ掘りに行き、それをふかして食べたもんです。ある日、農家をのぞくと誰もいず、炊きたての白ご飯が大きなお櫃《ひつ》にいっぱい入っている。これをいただいてきて、みんなで食べたんですが、この味はいまだに忘れられません」

このときも東京・西小山の芸者時代の親友・五十鈴ちゃんとは一緒だった。日本の敗色濃い昭和二十年七月、彼女たちはこの兵器工場を辞め、東京・尾久に二人で家を借り、戦後はキャバレーのホステスになる。

「この家の持ち主が馬喰《ばくろう》で、大蔵省の金の運搬係をしていたんです。このオヤジさんがよく金やプラチナをかすめ取ってきては、これを私たちが品物や食べ物と替えるんですが、キャバレー勤めはそのお客さん捜しですよ」

それも半年くらいで辞め、五十鈴ちゃんとも横浜で別れた。そのとき以来、菊丸さんには五十鈴ちゃんがどこでなにをしているのかまったく消息が知れない。

「彼女にだけはもう一度会いたい。たぶん結婚していると思いますが……」

キャバレー勤めのあとは、東京・新橋で男たちを使って「泥棒グループ」をつくったという。当時、菊丸さんは大映のニューフェイスに合格、養成所がよいのかた手間の泥棒稼業だったというから、「美人のドロボー現る！」で、警察にバレるのは火を見るより明らかで、ご用になるのは時間の問題であった。

「逮捕された時期が悪かった。なにしろ初めて女優としての仕事が決まり、明日から撮影所入りという日にガチャリですからね。それで、まてまた北海道帰りですよ。執行猶予三年ですみましたが、これで私の将来はとざされたも同然でした」

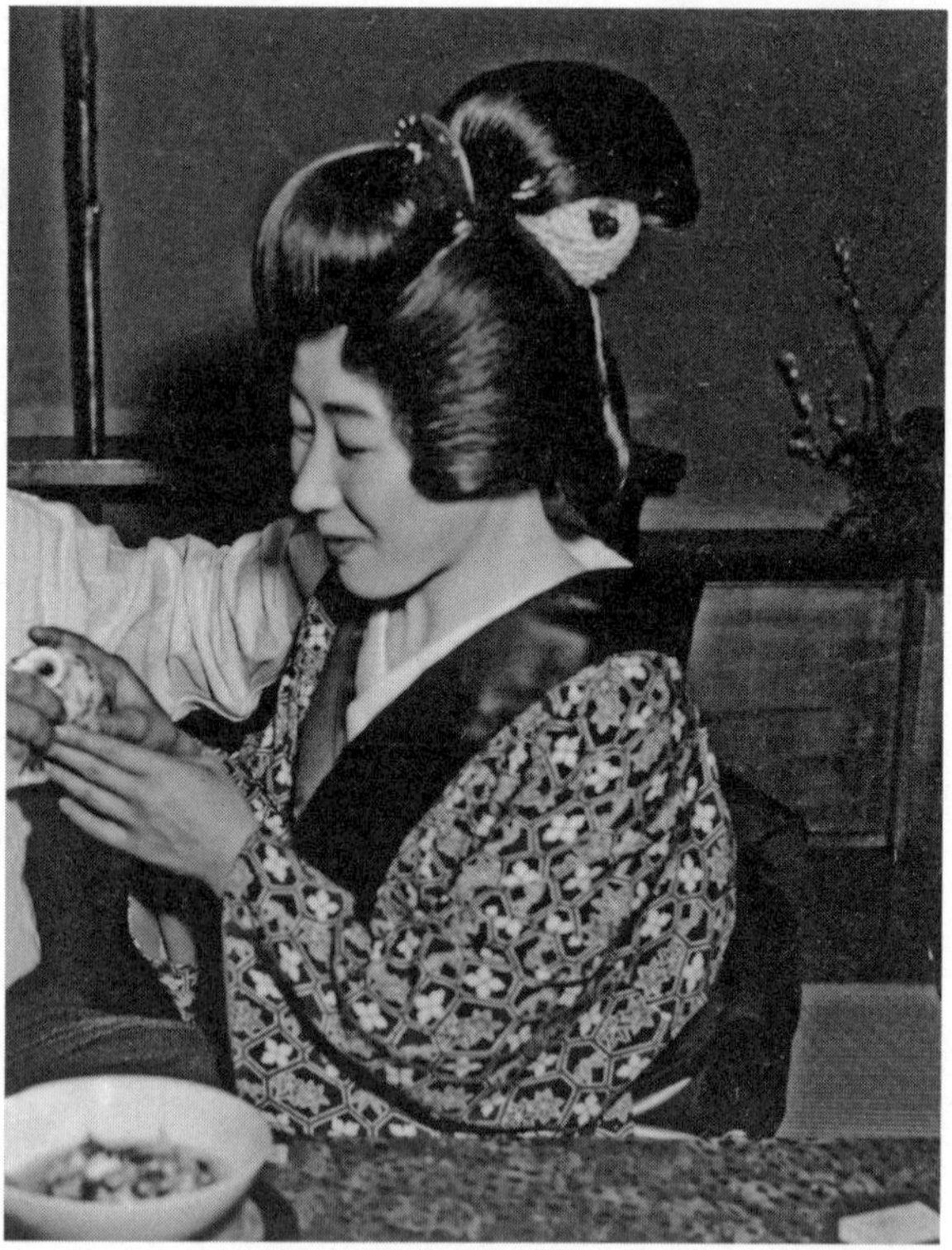

夜の街で生きてきた菊丸さんの艶やかな接客の姿。写真の裏書きには「昭和40年2月、節分」とある（本人提供）。

その後はキャバレー、クラブ、バー、割烹《かっぽう》などに勤めながら、細々と女一人生きてきたのだと、たんたんとした口調で語る。

ところで、彼女には結婚の経験が一度もない。チャンスは何度もあったという。独身の将校連中に何度かプロポーズされたのは帰国してからも同じで、美人ドロで逮捕され、取り調べを受けているあいだにも、担当の検事とすっかりデキてしまい、熱心に結婚を迫られたという。

「でも、私はどういうものか結婚には踏み切れないなにかがあって、とうとういままで戸籍上では生娘のままなんです。自分の過去を恥じているわけではないのですが、相手を愛せば愛するほど、なんですか、申し訳ないような気持ちになって……」

芸者、慰安婦と笑わば笑え、菊丸さんはやはり古い古いタイプの〃大和撫子〃なのだ。現在の彼女は「もうひとガンバリ」と勤め先を物色中だ。

「彼（パトロン）にばかり頼ってるわけにもいきません。また自分の口は自分で養わなくてはねえ」

そして、ひまを見つけては、いまはなつかし「トラック島」の生活をはじめ、終戦直後の波乱に満ちた生涯を手記にまとめながら、いま一度、あの南洋の島々を訪れることに夢をたくしている。司令官とともにめぐったトラック諸島の夏島、春島、秋島……。パラオ、ソロモン、パレンバン……。

「あの地を踏めば、きっといま以上に懐かしい彼らの顔が目に浮かぶでしょうね」

戦場の芸者・菊丸は、二六年前に戻っていたようであった。

解説

戦前、日本の委任統治領だった南洋群島のトラック諸島は、日本海軍の一大前線基地だった。山本五十六大将座乗の連合艦隊旗艦「大和」も常時碇泊《ていはく》していたし、多くの艦艇が出撃の前線基地にしていた。

ところが昭和十八年半ば過ぎから戦局は急速に悪化し、本格的反攻を開始した米軍は、十一月二十一日に中部太平洋のギルバート諸島のタラワ、マキン両島に上陸、日本軍守備隊は同二十五日に玉砕する。

こうなると米軍の次の目標は南洋群島に間違いない――危機感を募らせた日本政府は、マーシャル諸島やトラック諸島、南洋庁のあるパラオ諸島の邦人婦女子の本土引き揚げを命じた。

一方、米軍は翌十九年に入ると南洋群島の偵察を頻繁に行い、一月七日にはトラック島上空にも米大型偵察機が姿を見せた。そして二月一日、南洋群島の一角マーシャル諸島のクエジェリン環礁に米軍が上陸、二月六日に日本軍守備隊は全滅する。

クエジェリンとトラック島は目と鼻の先である。二月十日、連合艦隊旗艦になっていた巨艦「武蔵」をはじめ一三隻の艦艇は、あわててトラック泊地を撤退、パラオ諸島に避難した。そのトラック諸島が米空母機動部隊の猛爆撃にさらされたのは二月十七日、十八日であった。被害は甚大で、航空機二七〇機、艦船沈没・座礁四三隻、損傷一一隻、死傷者六〇〇余という損害を被《こうむ》り、トラックの前進基地としての機能は失われてしまった。

日本から上海の戦線を訪れた芸術慰問団。兵士たちの大歓迎を受けて、アコーディオンを弾きながら唄う歌手の渡辺はま子さん（昭和13年）。

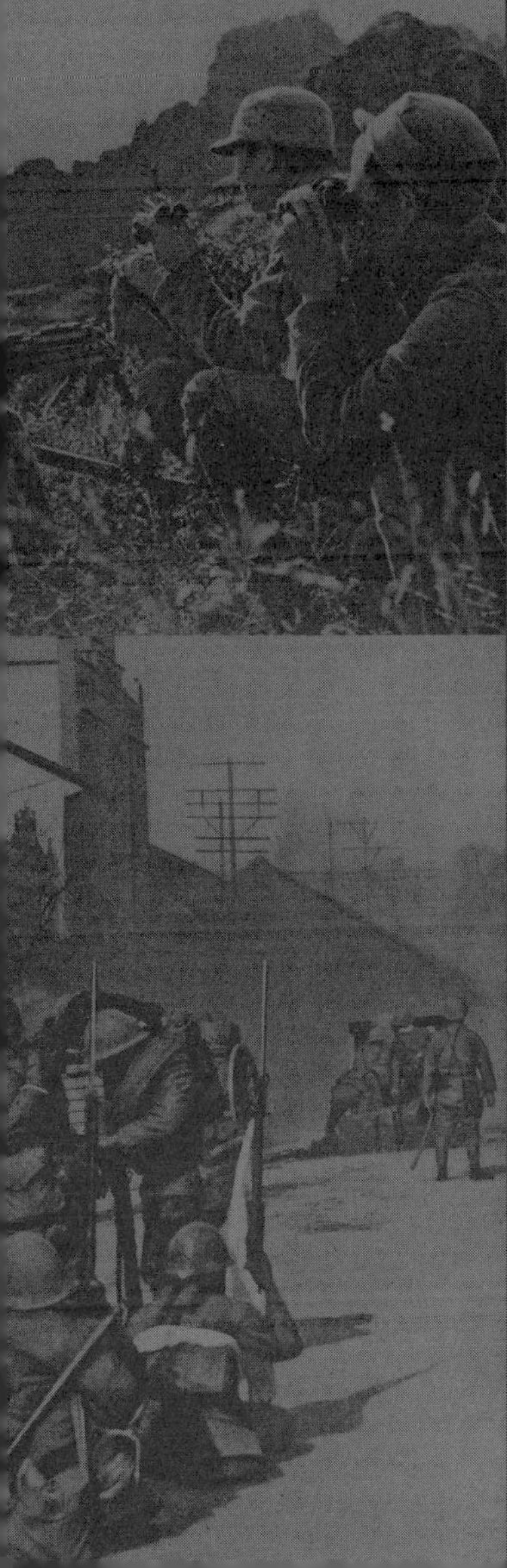

第4章

泥沼の戦場・中国戦線に生きる

殺戮《さつりく》の現場を証言する従軍カメラマン

部隊と行動を共にして、その姿を克明に記録する従軍カメランが目撃した、あまりにも凄惨《せいさん》な南京攻略戦と徐州《じょしゅう》作戦の実情とは——

上海攻略戦に従軍したカメラマン

河野公輝《こうのきみてる》さん（六二）は、昭和七年（一九三二）に中国大陸に渡り、ハルビンで陸軍の嘱託カメラマンになって以来、常に最前線にあってシャッターを切り、アイモを回し続けてきた人である。

従軍カメラマンは中国服を着て行くのだが、二挺《ちょう》の自動小銃を両腰に下げ、首からライカ・カメラと35ミリ映画用のアイモを吊っていたというから、かなりの重装備であった。

敵陣を占領したときに日の丸を立てて万歳をしている写真などは、嘱託カメラマンが撮影するわけだが、ほとんどの場合、あれは演出である。つまり、占領直後はまだまだ危険だから、あとで一段落してから「それでは記念撮影をやるか」ということになる。

敵兵の処刑場画などの撮影を命じられることもある。参謀本部が記録に残すためだが、ときには、その残酷な写真を、敵側の支配地域の上空からばら撒《ま》いたりもした。一種の恐怖作戦である。

河野さんは昭和十二年（一九三七）十一月五日に開始された、有名な杭州湾《こうしゅうわん》上陸作戦にも従軍している。そこで今回は、そのときの体験を聞くことにする。

杭州湾上陸作戦は、上海の日本軍が海岸に釘付けにされて苦戦しているため、戦線の背後にあたる杭州湾から奇襲上陸して挟み撃ちにしようというものだった。

「とにかく、すごかった。百三十数隻もの大艦隊だから、水平線の端から端へずっとつながっていてね。砲撃目標を定めるための軽気球も、びっしり並んで壮観だったねえ」

杭州湾上陸作戦にあたった第一〇軍は、三個師団で編成されていた。この日、上海の日本軍は「日軍百万上陸杭州北岸」という文字をぶら下げたアドバルーンを上げたが、一〇〇万はいささかオーバーだが、ともかく大兵力を杭州湾に集中したのである。

どの地点から上陸するか、参謀本部は慎重に検討を重ねた。その結果、杭州湾を上陸地点に選んだ理由は、「遠浅で大軍が上陸戦を決行するには条件が悪い」というので、敵がまさかと思っている、その虚を衝《つ》く狙いがあったからだという。

内地では緊急に派兵の体制をとり、行く先を明かさぬまま移動させたから、万歳、万歳の歓呼の声で送りだす光景は見られなかった。

中国派遣軍の移動は極秘に進められた。敵をあざむくにはまず味方をあざむけということで、部隊によってマチマチな地図を配った。たとえば青島《チンタオ》の地図を配った部隊もあったという。そのため実際の杭州湾とは方角違いの地図を渡された部隊の兵隊たちのほとんどは、自分たちがどこへ行くのか、また作戦の目的はなんなのかも分からないままだった。もう、いい加減くたびれていたので、てっきり内地へ帰れると思いこんでいた連中も多かったという。

河野さんは杭州湾上陸部隊の第一六師団を護衛する駆逐艦に同乗し、夜陰に乗じて上陸した。第一六師団の将兵は、それまで北京で苦労して凱旋《がいせん》寸前だったところを再び前線に駆り立てられたためか、兵隊たちは荒れていた。残虐行為の原因が、そこにもあったのだろう。

「上陸すると手当たりしだいにぶっ殺す。銃剣で刺すなんて生やさしいものではなく、棍棒《こんぼう》でやるんだな。男も女もバリッと殴られ、ブワッと血を噴き出して死ぬんだよ」

全部殺せという命令が、杭州湾上陸の直後に出された。河野さんは、はっきりと命令伝達書を見た。そこには次のようなことが書かれていた。

「共産主義の暴虐を許さず。共匪《きょうひ》の跳梁《ちょうりょう》を粉砕するため、農夫、工夫はもとより、女子供にいたるまで全員殺戮すべし」と。

悪逆の限りを尽くす南京侵攻作戦

杭州湾から上海―昆山《クンシャン》―蘇州《スーチョウ》―南京と進撃した。日本軍の犠牲者も多かったが、とにかく大変な勢いで前進したため、気がついてみたら敵の包囲の中に飛び込んでいた部隊もあるくらいだった。

川岸に女性たちが首だけ出して隠れているのを引き上げて殺した。陰部に竹を突き刺された死体が、昆山にいたるまで、えんえんと道ばたに転がされていた。その昆山では、中国兵が大勢死んでいた。砲弾にやられたらしいその死体は引き裂かれ、陰部が丸出しになっていた。三〇〇〇人はいただろうという。

「われわれはチンポコ三万本といったなあ。死体のチンポコは、まるでローソクみたいに、みんな立っとるんだ。カメラのファインダーを通して見ると、残虐というよりも壮観だったよ、チンポコの林立は……」

どこへ行っても死体の山だった。そのなかには、まだ生きている者もいて、うつろな目を開けてこちらを見る。それに気づくと、兵隊がすかさず銃剣で刺した。

殺されて三人一緒にぶら下げられているのや、首のない子どもの死体など、いろんな場面にぶつかった。捕虜に穴を掘らせて、その前に座らせて首を切る。皮一枚だけ残す〝上手な斬り方〟をすると、前にぶらんと垂れて、その重みでどさりと穴のなかに落ちる。

河野さんは、その瞬間を撮影した。占領して万歳を叫ぶ場面よりも、こういった残虐場面の方をむしろ熱心に撮った。しかし、やめさせようとする従軍記者もいた。

「普通の百姓じゃないか、殺さなくてもいいじゃないか」

と絶叫して立ちはだかったが、兵隊たちはその記者を押しのけて殺し続けた。

「読売新聞のカメラマンだったと思うけど、あまりにもの残虐さにショックを受けて発狂したのがいたな。おれ？　オれは病コーモーで、バチバチ撮りまくった

杭州で日中の激戦を撮影する従軍カメラマンの河野公輝さん（一番手前）。

さ」

敗戦後、河野さんは上海のソ連大使館の近くに住んでいた。自分が撮影した残虐な写真を三〇〇枚くらいその家の床下に隠した。そのままにして引き揚げたから、あるいはまだあるかもしれないという。

蘇州《そしゅう》での強姦と掠奪《りゃくだつ》も、すさまじいものだった。蘇州は美人の産地とされているが、娘であろうが人妻であろうが片っ片っ端から強姦した。そして終わったあとは、必ず殺した。どういうわけか、みんなそうした。

強姦に飽きると、肉親同士に交りを命じ、それを見物するようなこともあちこちでなされた。父と娘、兄と妹、母と息子が銃剣の恐怖のなかで身体を重ねあう。強要されての行為だが、しかし、そのうち快楽のうめきをもらすような例もまれにあった。すると即座に、娘にのしかかっている父親なら父親を、殺したりもした。

あるところでは、日本兵の姿を見かけると、女性がすぐ肥溜《こいだめ》に飛び込んだ。さすがにそのときは強姦しなかったというから、彼女たちにとっては唯一の安全地帯だったのかもしれない。

略奪と虐殺行の南京戦

掠奪は金持ちの家を狙った。中国人の金持ちというのは、日本人とは桁違《けたちが》いらしい。柱をトントンたたいて、そこだけ音が違うと銃剣でくり抜く。すると隠していた銀貨がざくざく出てくる。あるいは壁に宝石が埋めてあったりもするという。

蘇州でのことだが、当時の金で何万円という値段のミンクのコートが、倉のなかにぎっしり入っていた。虫よけを入れて棚に整理されてあるのを、兵隊たちは先を競って奪い合った。持ちきれないから、捕虜にかつがせて隊列を追った。

「われも、一枚ちょうだいしたな。だって、あのころはもう寒かったから」

その河野さんにいわせると、東京の部隊が悪かったという。特に赤羽工兵隊というのが掠奪に精を出した。歩兵を寄せつけず、まず自分たちが目ぼしいものをあさるのだった。

掠奪は文化財にもおよんだ。有名な書道家の額や仏像などだった。『日日新聞』のUという人物は、仏像の首だけを切り取って財閥のO家に持参して、三万円もらったと話していた。

河野さんも、小さな首飾りなどを持ち帰った。『上海日報』と『朝日新聞』の嘱託でもあったから、杭州湾上陸作戦が終わって上海に帰ると、三カ月分の給料がたまっていて、持ち帰った〝戦利品〟を売った金と合わせたら大変な金額だった。

「キャバレーでばらまいてしまったけどね。どうせ明日の命は分からないことだし、ヤケッパチだったな」

残虐行為も掠奪も強姦も、戦争にはつきものとされている。そもそも殺しあいが戦争なのであり、その目的とするところは利権の獲得だったのであり、暴力で相手を屈服させるのが勝利なのだから、残虐・掠奪・強姦が兵士の間で常識になったとしても、あるいは当然なのかもしれないが……。

杭州湾上陸作戦が成功し、十二月十三日には首都・南京を占領する。問題の大虐殺は、このときに行われるのだが、詳細はのちにふれたい。

河野さんも、むろん南京に行った。だが南京での虐殺よりも、杭州湾から南京にたどり着くまでに目撃した、さまざまな場面のほうが印象的であるらしい。

「南京ねえ。入城式を前に揚子江に五〇人、一〇〇人とかたまって死体が流れているのを見たなあ。戦闘での死者なのか、捕虜を殺したのか、一般の住民を虐殺したのか、それはわからない。ただ南京城外の池が真っ赤な血の海と化していて、綺麗《きれい》だったのを今でも思い出すなあ。カラーで撮影していたら、すごかっただろうな」

十二月十七日が日本軍の南京入城式。河野さんも部隊と一緒に南京に入った。モーゼル式自動小銃を二挺も持ち、中国服だったので城門で憲兵にとがめられた。だが、飛行機で先に来ていた従軍作家や記者などが証明してくれて、式場の中に入ることができた。

城内の民家を一軒「もらって」新聞記者の宿舎にした。二階建ての立派な家で、家具や備品は日本製が多く、日本で教育を受けた人物の住居だったのだろうと思われた。しかし、持ち主がどうなったのかはわからないままだった。

河野さんは南京城内で行われた、日本兵による民衆の虐殺は目撃しなかった。だが〝捕虜〟の多くは機関銃で処刑されていたから、あのなかに一般の住民もだいぶいたのではないかと言う。

宝物殿へは記者仲間と一緒に行った。河野さんは青銅の壁板に仏像がぎっしり彫り込まれているのを、適当な大きさに切ってかつぎ、宿舎の家に隠していったん上海に帰った。そして二週間くらいして引き返したら、そのときにはもう海軍が家を接収していて、どうにもならない。「チキショウ、横取りしやがったな」と思った。

うまく、大量に持ち出すことに成功した記者もいた。だが舟に積みこんで揚子江を下りかけたとき、機雷にふれて沈んでしまった。

徐州作戦から漢口作戦に従軍

南京攻略が終わり〝大勝利〟の美酒に酔った日本軍

は、翌昭和十三年四月七日から徐州作戦を開始した。

五月十九日に第一六師団配下の連隊が、徐州占領一番乗りを果たした。河野さんも、このとき先頭部隊と一緒にいた。

徐州は城門はあるが、城壁はない。工兵隊が拍子抜けして、たむろしてジュースや焼酎を飲みはじめた。河野さんは城門によじ登って、アイモを回し始めた。そのとき日本海軍機の編隊がやって来たので、そちらにレンズを向けたらいきなり爆弾を落としてきた。完全な誤爆だった。

飛行機が去ったので、また城門に上がろうとしたら、今度は重砲の攻撃を食らった。急いで連絡して止めさせたが、どうやら久留米師団が撃ったらしい。そこには徐州作戦に材料をとって、『麦と兵隊』を書いた火《ひ》野葦平《のあしへい》がいたはずである。

徐州作戦が終わり、漢口作戦にとりかかったが、大別山脈にさえぎられて悪戦苦闘の連続だった。第二の大場鎮といわれ、占領までに三カ月を要した。将校もずいぶんと戦死した。輸送もうまくいかず、撮影済みのフィルムの送りようがなかった。仕方がないので偵察機に頼んで吊りあげてもらった。

「ありゃ違反なんだけど、飛行士は新聞社からだいぶ謝礼をもらったはずで、いいアルバイトだったろうな」

河野さんには助手が二人ついていたが、「ついて来るなよ、君らはわれの給料の三分の一くらいなんだろ」といたわった。大別山では、日本軍は毒ガスを使用した。鬼将軍といわれた、第一三師団の荻洲《おぎす》立兵《りゅうへい》中将がしきりに「神風よ、吹け、吹け」といった。しかし、山間部なので風が捲《ま》いて、日本軍のほうに流れてきたりで、あまり効果的ではなかった。

補給が続かなかったが、大別山にはイモがたくさんあったので飢えることはなかった。それでも分水嶺《ぶんすいれい》を過ぎてまっすぐ漢口へ下るところの養蜂場のある大草原にさしかかると、兵隊たちはいっせいに巣箱にかけ寄った。甘いものなど久しく口にしていなかったからだ。ところが巣箱にむしゃぶりついたところへ蜂の一斉攻撃をくらい、兵隊たちの顔はいたるところデコボコになってしまった。

中国軍は山から山へノロシで連絡をとるのが巧みだったから、機動的だったといえる。「逃げ足の早い奴らだ」と軽蔑を込めて評していたが、しかし、そういう日本軍は追撃したつもりで、実はずぶずぶと泥沼へはまり込んでいたのであった。

河野さんは、徐州作戦後は第一三師団と行動を共にした。東北の兵隊たちで、牛のごとく悠々としている面もあったが、それはノロマということでもあり、大別山越えのときは苦しんだ。

身上話になると、みんな女房と子供のことばかりを言う。三人も四人も子どもを持つ兵隊が多かった。

「かわいそうな部隊だったな」

河野さんは最後にポツンといった。虐殺や強姦や掠奪をこともなげに語るこの人が、感情を込めて洩らした言葉だけに、妙に生々しかった。

解説

昭和十二年（一九三七）七月七日、北京郊外の盧溝《ろこう》橋《きょう》で起きた日中両軍の小競り合いは、またたくまに日中全面戦争（当時の日本側呼称は「支那事変」）へと拡大していった。そして戦火は上海にも飛び、この年八月九日から日中両軍の激闘が開始された。

日本軍は上海派遣軍を編成して増援し、さらに第一〇軍も新編成して送った。勢いを得た日本軍は、首都・南京に向かって敗走する中国軍を追撃した。この追撃戦のなかで、捕虜や住民に対するさまざまな残虐行為が発生した。

十二月九日、南京城を包囲した日本軍は翌十日から総攻撃を開始し、十三日に南京は陥落した。そして、南京陥落の翌日から約六週間にわたって行われた城内・城外の掃討戦の過程で、いわゆる「南京大虐殺」が行われたといわれる。その被害者数は、保守主義者らの「まぼろし説」から中国政府の「三〇万人以上」説まで、現在もさまざまに論じられている。

南京大虐殺をめぐる目撃者たちの証言

虐殺の有無で真っ向から対立する朝日と毎日の記者。そして師団参謀長の戦後の証言は……。

「南京陥落！」の大誤報

中華民国の首都であった南京が陥落したのは、昭和十二年（一九三七）十二月十三日である。十三日ではなく「十二日の十二時十二分であった」（第六師団の下野参謀長の話）とも一部では言われているが、それは、一番乗りがどこの部隊だったかの功名心がからんでいたためであって、日本軍が南京城に入ったのは、さまざまな資料から判断して十三日が正確のようだ。

ところが、国内の各新聞は大誤報を行っている。たとえば『大阪朝日新聞』十二月十一日付夕刊は、一面ぶっ通しで次のような記事で塗りつぶしている。

【上海特電十日発】南京城の敵は投降勧告に応ずる色なく十日朝来引き続き猛烈な抵抗を続け、午後には遂《つい》に巨砲を打ち出して来たので、我が方遂に武力を行使するに決し、午後一時一斉に総攻撃の火蓋《ひぶた》を切った、わが軍の二回にわたる猛爆撃と相呼応し、砲兵隊は全力をあげて城内に向て砲撃を浴せ全線一斉に進撃を開始、同夕刻早くも各城門を占領し目下城内を掃討中である——。

題字の横にハガキほどもある大書きの日の丸を刷りこみ「南京遂に陥落す」という八段抜きの大見出しで、さらに「全城門、城壁に日章旗」「直に残敵掃討戦展開」「抗日の本據ここに覆滅」といった調子であった。

この年の七月七日に「支那事変」（日中戦争）が始まっていらい、上海や華北の戦闘で日本軍が苦戦を続け

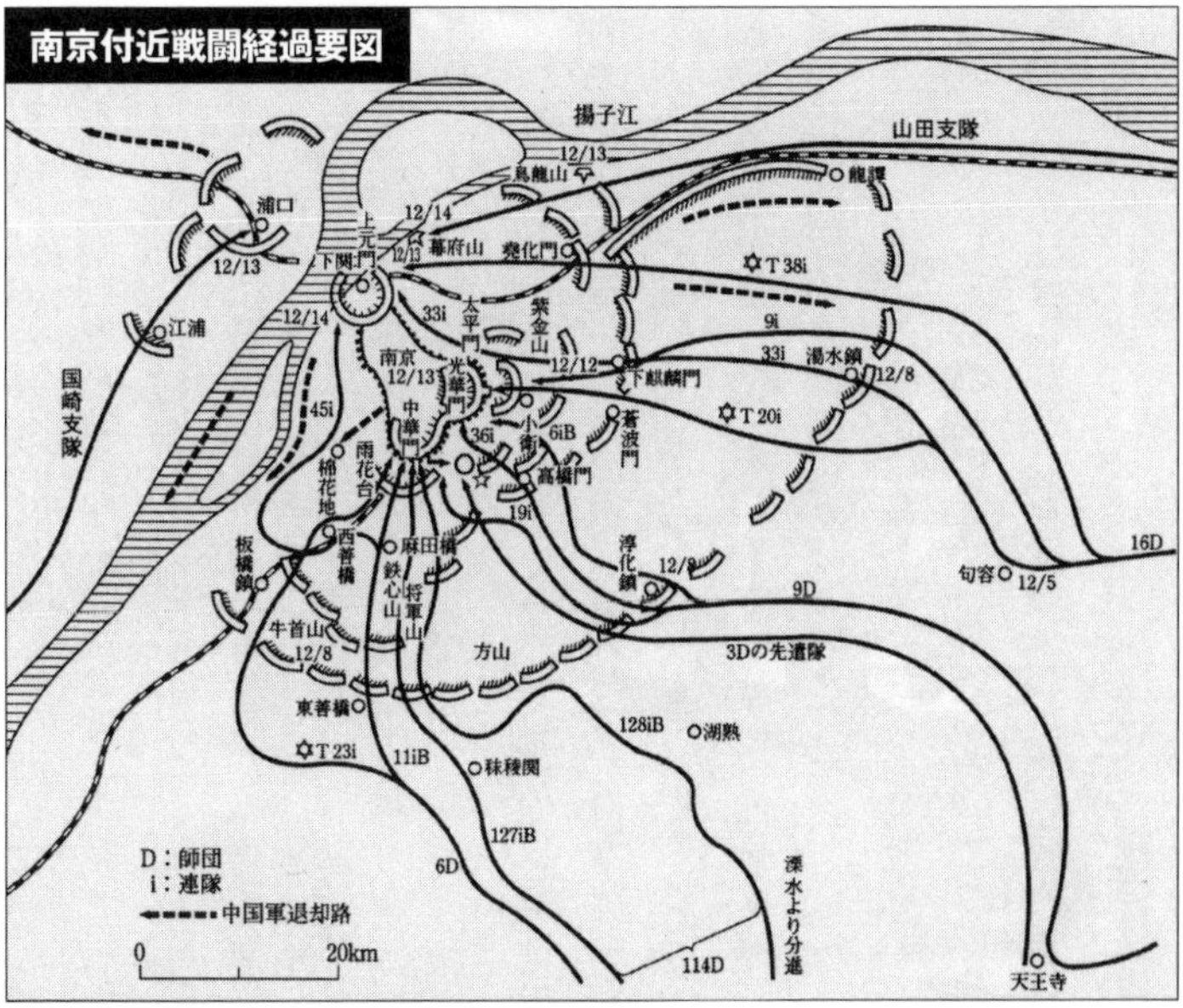

南京攻略戦関係要図

ていただけに、この〝快報〟はたちまち国内を戦勝の興奮でつつむ。ただちに全国各地では提灯《ちょうちん》行列が始まり、「勝った、勝った」「万歳、万歳」の叫びと、軍歌が響きわたった。なにしろ日本が単独で敵国の首都を占領したのはこれが初めてであり、その感激は大きい。そしてなによりも、これで戦争が終わったという安堵《あんど》感が強かったのである。

だが、国内が提灯行列に沸いているとき、南京攻略の日本軍はいぜんとして激しい抵抗を続ける中国の首都防衛軍に苦戦を強いられていた。

南京市は明《みん》時代に洪武帝《こうぶてい》（在位一三六八～九八）が築いた城壁に囲まれている。高さが一三メートルから二五メートルで、三四キロの長さにわたる大城壁である。さらに下関《シャーカン》から水西門・中華門・光華門、そして中山門にいたる城壁のおよそ半周には、深さ二メートル、幅一〇〇メートルの揚子江から水を引く外濠《そとぼり》といういかめしいものであった。

このとき、中国政府はすでに後方の漢口に移されていた。しかし、城内には約三〇万人の市民が残留し、防衛軍は城外の要塞《ようさい》をふくめて約一〇万人だった。

大本営が南京攻略命令を下したのは十二月一日、朝《あさ》香宮鳩彦《かのみややすひこ》中将が指揮する上海派遣軍（第九、第一六師団が中心）が東方から、柳川兵助《やながわへいすけ》中将が指揮する第一〇軍（第六、第一八、第一一四師団）が南方から攻めることになった。総指揮をとるのは、中支那方面軍司令官の松井石根《まついいわね》大将である。

松井大将は作戦開始にあたり、「首都の攻撃は世界的大事件であるから、慎重に研究して、日本軍の名誉をいっそう発揮し、中国民衆の信頼を増すようにせよ」という訓令をだした。そして十二月八日前後には、早くも各師団は南京城に接近していた。

だが、中国軍の抵抗は激しく、衰えを見せない。南京城は昔から天然の要害といわれている。ここで曲線を描く揚子江は幅が二キロにおよび、残る三方も幾重にも重なる山と湖で、攻める側にはまことに苦しい状況である。

日本軍は中国軍の山のトーチカからの砲撃にさらされ、多くの死傷者をだしていた。しかし装備に優れた日本軍は、飛行機による爆撃の援護も受けて、十二月十日には城壁のすぐそばまでせまっていた。この城壁接近を「占領！」と報道したのは新聞社のミスだが、それは大本営のあせりそのものの反映でもあった。

助命を乞《こ》う男女の群れ

今井正剛さん（六六）は、このとき朝日新聞の従軍記者として南京作戦の最前線にいた。攻略部隊が一番乗りをねらって城壁に挑んでいたように、今井さんもまた功名心の命ずるまま、南京城に誰よりも早く飛びこむチャンスを狙っていた。

「さすがに、南京には精強部隊がいました。最後まで抵抗したのは軍官学校の学生でしたが、子供みたいなのが蔣介石の親衛隊の誇りをもって、捕虜になってからも昂然《こうぜん》と胸を張りましてね。学生だけでなく、自分は蔣委員長のために生命を賭けて戦う、という兵隊が多いのには驚きましたね、弱い中国兵のはずなのに……。だから、日本軍はこういうのが普通の市民にまぎれこんでいるんじゃないかと、恐怖したんじゃないですかね」

晴れやかな入城式の直後、今井さんが目撃したのは、あまりにも血なまぐさい場面であった。

「内戦続きだから、中国人は戦争なれしていたんですね。占領軍が入っても、平気でウロウロしているのが多かった。それに思ったほど城内は荒れておらず、海軍の爆撃機が大損害を与えたはずじゃなかったかいな、と記者仲間と笑ったくらいでした。ところが……」

たしか、十二月十四日だった。支那事変がこじれて引き揚げたが、以前の朝日新聞支局がどうなっているか懐かしく思って行ったみた。すると使用人だった阿《あ》媽《ま》がいて「今井先生、よく来てくれました」と、喜んで迎えてくれた。それで二階に上がってくつろいでいたら、阿媽が息せききって駆け上がってきた。

「助けてください！」

という。聞いてみると、隣の親爺と息子が日本兵に殺されかけているというのだ。

引っ張られて近くの空地に行くと、男たちが二〇〇人くらいしゃがんでいる。それを日本の兵隊が五、六人ずつ塀に向かってうしろ向きに立たせ、五メートルくらいの至近距離から盛んに撃ちまくっているところだった。

ゲリラを掃討するという名目で射殺しているのだが、阿媽は隣の親爺と息子は絶対に兵士ではない、と訴える。そこで今井さんは「自分が保証する」と現場の指揮官に言って、二人を釈放させることができた。

「そしたら、それまであきらめて死ぬ順番を待っていた男たちが、自分も自分もといって私にすがりつくんですね。まわりにいた女子供も一斉に懇願するわけですが、どうにもならない。『こんなことをしたら、あとでどんな悪影響を及ぼすかわからないのか』と指揮官に話しかけてみたけど、『命令ですから』の一点張りでしてね……」

その晩だった。眠ろうとして体を横たえていた今井さんは、ピシャッ、ピシャッ、ピシャッというような音が表でしているので、起き上がった。

「人間が列を組んで歩く、その裸足《はだし》の音だったんです。何千人、いや万を越す数でしょう。ところどころに銃剣を持った日本兵がついているのを見て、ははあ、揚子江に連れて行くのだなと思いましてね、後をつけたんです」

行列は推測どおり城門を出て、下関の方へ向かっている。揚子江の岸壁である下関のあたりは、倉庫が黒々と並んでいる。今井さんも行こうとしたが、しかし、衛兵に制止された。

「どうしたい?」

「ええ、残敵掃討で大変です」

「連中も殺すのか?」

「まあ、いいじゃないですか」

そんな問答を交わしているうちに、やがてダダダダという機関銃の音が聞こえてきた。これは二カ所に銃を据えて、逃げてくるともう一方が待ちかまえて掃射したらしい。弾丸から逃がれた者は揚子江へ飛び込んだというが、どこまで泳げたか。なにしろ対岸まではニ〇〇〇メートルもある。そのうえ十二月中旬の川である。

今井さんがはっきり目撃したのはこの二回であった。十二月十七日の松井方面軍司令官以下の「南京入場式」が終わると、すぐ内地へ帰ったから、その後のことは知らない。

久し振りの内地でくつろぐつもりだった今井さんは、しかし、講演旅行に忙しくて正月どころではなかった。新聞社が販売政策のひとつとして、従軍記者の戦況報告会を各地で開いていたからである。

「軍歌の新譜と記録映画、そして私の講演というわけですが、いや、どこへ行っても大変な人気でしてね。話すことといえば、支那軍の強さですよ。ええ、みんな意外そうに聞いていますがね、その強い支那軍を破る皇軍の無敵ぶりにさしかかると、ヤンヤの喝采《かっさい》というわけです」

徹底した敗残兵狩り

南京虐殺は当時の日本ではひた隠しにされていたが、外国にはたちまち広がってしまった。ナンキン・アトロシティー。つまり「残虐の南京」とでもいうべき見出しで、大々的に報道されていた。ニューヨーク・タ

南京城の中華門に水平砲撃を加える日本の野砲隊。写真手前に待機しているのは、南京城一番乗りを目指している緒方部隊。

イムズ記者、パラマウント映画カメラマンなどなど外国の報道陣がいたほか、ドイツ、イギリス、アメリカ、デンマーク人たちの国際難民区委員会が証拠をにぎっていたからでもある。

戦後の戦争犯罪を追及する東京裁判（極東国際軍事裁判）で、南京事件は大きな焦点となり、中国側は正規の戦闘以外による日本軍の虐殺は四三万人、強姦は二万人におよぶと訴えている。四三万人が正確かどうか、現在にいたるも議論は盛んだが、ここでは占領直後に国際委員会が日本大使館に提出した報告からいくつかを引用しよう。

十二月十五日　数人の日本兵が民家に押し入り、嫁を強姦し三人の女を連れ去った。あとを追った二人の夫は銃殺。

十二月十三日から、日本兵は毎晩トラックで難民収容所の娘をあさりに来て、翌朝まで輪姦した。

十二月十七日　七人の日本兵が一七歳の娘を輪姦し、娘は翌朝死んだ。

十二月十九日　日本兵二人が妊娠九カ月の嫁を輪姦、

一時間半のちに陣痛がきて出産し、嬰児《えいじ》は無事だが母親は精神錯乱している。

九歳の少女も、七六歳の老婆も強姦され、国際委員会が確認しただけでも八〇〇〇人に達している。

敗残兵狩りも徹底して行われている。なにしろ、便衣に着がえて一般住民のなかにもぐりこめば、誰が兵隊かわからない。手にタコがある者、坊主刈りの者、陽焼けしていて額《ひたい》だけが白い者などがすべて兵隊とみなされた。額が白いのは軍帽をかぶっていたせい、というわけである。

「中国軍お得意のゲリラ隊が、いつ反攻にでるかわからない。しかも十二月十七日には方面軍司令官が入城し、兵団長に宮様（朝香宮中将）もいらっしゃる。万一のことがあっては大変だから、女子供と老人を除いてみんな殺せ、ということになっても無理はないんじゃないですか、当時は」

今井さんはそういい切る。だが、どういう名目で殺害がなされたのであろうか。

男の住民を数珠《じゅず》つなぎにしたまま揚子江へ突き落とす。かためて座らせてガソリンをばら撒《ま》いて火をつける。木に何人かをまとめて吊るし、焚火《たきび》であぶり殺す。機関銃で行列を一斉射撃し、川に飛びこみ泳いで逃げるのを掃射した……。

元第六師団参謀長、虐殺を否定

だが、毎日新聞の従軍記者だった五島広作さん（六六）は、明快にいい切る。

「ゲリラ掃討作戦だから、怪しい者を射《う》つのは当然です。今井君が目撃したという下関での一斉射撃も、あれは捕虜が逃げようとしたからで、やむをえない。収容所に連れて行って保護を加えようとした、その途中の出来事なんですから。

もうひとつ、今井君は支局の近くで知り合いを救ったといっているけど、あれは極東裁判のときの中国人の証言を、さも自分が見たように語っているだけで、デタラメですよ」

五島さんにいわせると、そもそも八紘一宇《はっこういちう》の精神にもとづく聖戦なのだから、兄弟である中国人を虐殺するようなことを皇軍がするはずはないのである。

「二万人の強姦にしたところで、真相をいえば、あれは慰安所での出来事です。いいですか、慰安婦一人が一日に五〇人も一〇〇人も客をとれば、延べ回数で二万でしょう。そもそも女が拒絶するかぎり強姦なんて不可能なんですからね」

五島式にいえば、この世に強姦事件は一つも存在しない理屈になる。しかし、今井さんは苦笑していう。

「あの人は熊本県人で、六師団専属の記者だったからムキになっているんでしょうな。なにしろ六師団長は、四三万人虐殺のうち二六万人の責任をとらされて、裁判（日本軍戦犯を裁いた南京法廷）で死刑になったから。なにも私は六師団が虐殺の張本人だなんていっていない。だいいち南京攻略の際には、将校も兵隊もみんな部隊章をはずして、どこの所属かわからないようにしていましたからね」

その第六師団の参謀長だった下野《しもの》一霍《いっかく》さん（八一）に、ねばりにねばってようやく会えた。朝鮮の管区司令官で敗戦を迎えた元中将は、淡々という。

「虐殺なるものはすべてウソです。そりゃ、戦場ですから多少はそういう面があったかもしれないけど、六師団にかぎって断じてそのような事実はない。南京城一番乗りだったし、とかく勇猛果敢の六師団は、中国人から恐れられ憎まれましたからね。谷（寿夫《ひさお》）師団長はその報復として戦犯の汚名を着せられただけなんです」

東京・中野区で現在、町内会長、民政委員などを務めている下野さんは、社会福祉活動に忙しいとのことで、あまり時間をさいてくれなかった。

私たち太平洋戦争研究会は、どこの師団が虐殺を働いたのかをいま問題にしようとしているのではない。ただ、まぎれもなく虐殺・強姦があったにもかかわらず、その事実すら時間とともに流し去ろうとしている風潮をこそ、問題にしたいのである。

「虐殺」で対立する南京攻略戦の兵士たち

「掃討戦を虐殺といってるんでは？」「虐殺は後続部隊が」、いや「私は刺し方だった」「強姦をやらない兵隊なんかいなかった」と――

虐殺の責任で絞首刑

昭和十二年（一九三七）十二月十八日の『朝日新聞』夕刊を見ると、大見出しで次のような記事が載っている。

【南京にて今井特派員十七日発】嗚呼《ああ》感激のこの日、同胞一億の唱和も響け、今日南京城頭高く揚る萬歳の轟《とどろ》きは世紀の驚異と歓喜茲《ここ》に爆発する雄渾《ゆうこん》壮麗な大入城式である。皇軍中支に聖戦の兵を進めてここに四カ月、輝く戦果のうちに敵首都を攻略して全支を制圧し、東亜和平の基礎茲に定まって国民政府楼上にへんぽんとひるがえる大日章旗を眺めては、たれか感激の涙なきものがあろうか――。

しかし、松井石根《まついいわね》大将、朝香宮《あさかのみや》殿下と続く南京入城行進を見守るのは、日本兵とカーキ色の従軍服を着た日本の報道陣だけであった。迎える民衆が一人もいないのはもちろん、残敵掃討に疲れはてた前線兵士たちも城外にうずくまっていた。

だが、日本国内の新聞は一行も書かなかったが、世界中に大虐殺のニュースは伝えられていて、さすがにあわてた陸軍中央部は、松井大将はじめ関係者を呼んで事情を聞かなければならなかった。

松井大将は①上海戦いらいの悪戦苦闘、②急進撃にともなう給与の低下、③便衣隊と一般民衆との区別が困難、などの理由をあげて弁解したが、陸軍中央部も形式的な戒告処分にしただけであった。

昭和12年（1937）12月17日、南京を占領した中支那方面軍は南京入城式を行った。先頭を行くのは松井石根軍司令官。

戦後になって、松井大将は極東国際軍事裁判で南京事件の責任を問われ、否認をし続けたが絞首刑を宣告され、東條英機《とうじょうひでき》大将らとともに刑を執行された。

しかし、松井は刑の執行直前に、巣鴨プリズンの教《きょう》誨師《かいし》であった東大仏教学の花山信勝《はなやましんしょう》教授に、次のような告白をしている。

「私はみんなを集めて、せっかく皇威を輝かしめたのに、あの暴行で一挙にそれを落としてしまったと泣いて怒ったんです。ところが後で、みんな笑った。ある師団長のごときは、当たり前ですとさえ言った。私は日露戦争のとき大尉として従軍したが、そのときにくらべて、師団長など問題にならんほど悪い。武士道とか人道とかいう点では、当時とまったく変わっておったのです」

松井大将が具体的に誰を指したのかはわからない。しかし、杭州湾上陸作戦いらいの司令官で「山川草木、全部、敵なり」という演説をぶった柳川平助中将あたりを指すのではないかと思える。

先に登場した従軍カメラマンの河野公輝さんが見たという「農夫、工夫はもとより、女子供にいたるまで、全員殺戮すべし」なる命令伝達書は、各師団に届いたことは事実らしい。大分合同新聞社発行の『郷土部隊奮戦記』にも、第六師団司令部にその命令書が届いた話が出てくる。もっとも、その命令書を第六師団の高級副官は「こんなバカな命令があるか」と蹴飛ばしたことにはなっている。

谷寿夫師団長が、第六師団だけでも二、三万人を虐殺したという責任を問われて、戦後、南京での軍事裁判で銃殺刑になったことはすでにふれた。その師団参謀長だった下野《しもの》一霍《いっかく》さん（当時は大佐、のち中将）が、私たちのインタビューに対して「南京虐殺はすべて事実無根である。多少の行き過ぎはあったかもしれないが、六師団は無実である」と答えたことも、すでにふれた。

虐殺は後続部隊がやった

そこで私たち太平洋戦争研究会は大分県に足を運んだ。第六師団麾下《きか》の歩兵第四七連隊は、南京城中華門の一番乗りで勇名をはせた大分県の部隊だからだ。

三明保真《みあきやすまさ》さん（六三）＝大分県今津留＝は、その第四七連隊の第一大隊第三中隊長で、この人の中隊が中華門一番乗りをとげた。

杭州湾敵前上陸後の南京作戦の直前、第四七連隊にコレラ患者がでて一週間の足止めを食ってしまい、南京城攻撃に間に合うかどうかハラハラしたそうだが、三日間ぶっ続けに近い行軍で追いついたという。

南京城の城壁は一〇メートル前後の厚みがあり、箇単な砲撃などではなかなか壊せない。城門の鉄扉も二重になっており、さらに切石を積んで支えているから容易ではない。

「そこで用意していたハシゴをかけてよじ登ることにしたんですが、二本つぎ足すのだから危いもんです。もんどりうって転落した兵もいるし、敵のかっこうの標的となり、撃たれた兵もいますが、城壁の上の番兵がまさかまだ日本兵は来ないだろうと油断していたため、躍りこんだのです」

三明さんからもらった名刺には、大分県傷夷《しょうい》軍人会副会長、大分県金鵄《きんし》会副会長の肩書きがある。この作戦で負傷し、一番乗りの手柄で金鵄勲章を受けたからなのだ。

さて虐殺だが、傷夷軍人会事務所で三明さんはどこか憮然《ぶぜん》とした表情で口を開いた。

「攻略後の掃討戦を虐殺と言っているんじゃないですかね。便衣隊か一般人かわからないから、えい、ここにいるのをみなやってしまえ、というようなことが一部にはあったかもしれませんけど。しかし、われわれ第一線の者は、後の警備隊に申し送って城外へ出たから、そのあとどうなったかは知らないんですよ」

　三明さんの部下で砲兵伍長《ごちょう》だった津崎覚寿《つざきかくじゅ》さん（五七）＝福岡県宗像郡福間町＝は京都の禅寺で育ち、仏教大学から応召した人である。そして軍隊では、戦死者の遺骨や遺言を家族に送る役目を与えられていた。

　戦死者はたいてい臨終のとき口がきけず、声が出せても「痛い、痛い」と叫ぶだけだが、遺族には全部「天皇陛下万歳を三唱して死んだ」ことにした。あるいは自殺者も、戦死ということにしたともいう。遺骨にするため戦死者の腕を切り落とし、誰のものかをわかるようにして、何本も背嚢《はいのう》にぶら下げて歩いた津崎さんだが、しかし残虐行為は絶対にやらなかったという。

「虐殺は後続部隊がやるんです。輜重兵《しちょうへい》なんかが、物資はあるし、敵はいないし、おもしろ半分にやるんですよ。田んぼのなかに首を刺した竹を突き立てたり、殺した女のあそこに薬莢《やっきょう》を詰めたりしてあるのを行軍中によく見ました。そりゃあ自分も南京作戦のときなど、作戦的な放火やスパイ容疑者の首を切ったことはありますよ。しかし、定義的に言いますと、虐殺というのは無辜《むこ》の民《たみ》を殺すことでしょう。罪ある者を殺すのは、虐殺じゃないはずです」

　だから自分は虐殺をしていないという津崎さんは、復員後「戦争とはいえ、殺人をしてなにをいまさら」と思い、禅寺には戻らず八幡製鉄所の圧延工になった。二年前に定年でやめ、いま北九州市郊外の分譲団地に住み、終始、ニヒルな話しぶりだったが、奥さんの「変わり者で団地の人たちとはほとんど付き合いのない人なんですよ」という言葉も印象的だった。

その非道な数々の例

　映画館を経営し、保守派の大分市議でもある井上基《いのうえもと》喜《き》さん（五三）＝大分市草場町三組＝は、南京攻略戦のときは歩兵第四七連隊の機銃隊の伍長であった。

「九州の兵隊は無鉄砲で血の気が多い。やれと言ったら、がむしゃらにやるわけです」

　しかし、虐殺がいつどういうふうにやられたかは、まったく知らないという。

「なにしろ、入城式のあと入ったから。片付ける意味で、その前にやったということは考えられますけどね」

井上さんは軍刀を持って応召したけれども、自分では一度も抜いていない。南京に向かう前にゲリラ容疑の女性を斬《き》れと命じられたが、どうしてもやれなかったことがある。泣いて命乞いをする女性を見て、哀れになったからだという。ところが、「警官あがりの一等兵が、刀を貸せというので貸したら、わけもなしに片っ端から斬ってまわりましてね。自分は若かったから強姦も知らなかったし……」という。

結局、大分県では〝残敵掃討〟や〝捕虜処刑〟の件しか聞けなかった。しかし、虐殺がまったくの事実無根といい切る人はなく、「多少の行き過ぎ」という表現で暗に肯定する印象だった。だが、なぜこうまでかたくなに虐殺に関する話題になると口を閉ざすのだろうか。つい先ほどまではとくとくと武勇伝を披露していた人が、こと虐殺の話になると急に頬《ほほ》をこわばらせるのを、私たちは何人もの人の表情に見た。

しかし、茨城県水戸市の神主である田所耕三《たどころこうぞう》さん（五三）の場合は、それらの人びとにくらべていかにも率直であった。東京・芝浦の工業中学卒業の昭和十一年、十八歳で一年志願兵として入隊した田所さんは、翌十二年六月に重砲据付け要員としてマーシャル群島などに派遣され、十月に原隊復帰となったところで、杭州湾敵前上陸に参加することになる。したがって、南京作戦では一一四師団（宇都宮）の重機銃機部隊の一等兵であった。この師団は、杭州湾上陸以来ほぼ第六師団と共同作戦をとり、城壁の攻撃も同じ中華門側からである。

以下は、田所さんの話である。

——南京までは、飲まず食わずと言っていいくらいの二週間だった。初めのうち米はあったが、補給がきかない。農民たちが赤い色のメシを食っていた。どうせ言葉が通じないから、銃で頭をたたいて取って食ったよ。頭をなぐられるとたいてい死んだけど、どうせ言葉で言っても通じないんだから……。

——集落を次々と焼き払って行くんだよ。敵が来たぞオー、と思わせるためだ。火を見ると大軍が来たと思

中華門を爆破し、戦車を先頭に南京城内になだれ込んだ日本軍。それまで頑強に抵抗していた中国軍の中には、軍服を脱ぎ捨てて一般住民の避難区に逃げ込もうとする者も少なくなかった。

うだろう。それにしても支那の百姓の度胸のよさには感心したな。ヒョウタンに入れた種子を棒でたたいて畑に蒔《ま》くんだが、鉄砲のタマがどんどん飛んでくるなかを悠々とやっているんだからね。

——兵隊サンヨアリガトウなんて唄う占領地の子供の話なんて、ウソっぱちだな。中国では、ほんの手前、海岸寄りのほうだけで、私らの行ったところではそんなことはなかったよ。なにしろ日本兵は行く先々で、道の両側にぶった斬った首を並べたりするんだから。南京城外で、あれは仙台の輜重兵《しちょうへい》たちのしわざだった。

——南京陥落の日に城内に入ったけど、翌日にはもう外へ出されてしまった。そのとき、水筒に一杯の恩賜《おんし》の酒をもらったけど、みんなで飲むんだから、盃をちょっとなめる程度だったね。それと恩賜のタバコを一〇本、兵隊は涙を流して喜んでいただいたよ。……入城式で行進したのは、あれは無傷の部隊だけだったさ——。

田所さんの話す表情に躊躇《ちゅうちょ》は見られない。むしろ、たんたんとした調子でさえある。もう少し続けよう。

——城内で残敵掃討をやった。将校や士官学校出の奴をつかまえ、柳の木にしばりつけて初年兵に撃ち方や刺し方を教えながらやらせる。将校や下士官は、穴の前に座らせた捕虜の首を刎《は》ねる。私？　私は二年兵だったから、刺し方だった。こんなことが城の内外で十日間くらい続いたかな。もちろん、命令でやった。

——そのころ、私らは下関にいた。鉄条網の鉄線をはずして、捕まえた連中を一〇人ずつくらい束にして、井桁《いげた》に積み上げ、油をかけて燃やしちゃった。俵《たわら》しばりといったな。豚を殺すのと同じ気持ちだったなァ。ああいうことやってると、人間を殺すのは平気になる。日常なんだから。それに命令だから何とも思わなかったね。

——機銃機で掃射して殺すのもやった。左右に山があって、そこに据え付けてバリバリ撃つ。中国人は初めはワアワア泣いてるけど、どたん場になるといさぎいいもんだね。日本兵で斥候《せっこう》に出て捕虜になったのが、敵陣で水汲《みずく》みかなにか使役させられているのが見えたりしたら、可哀想なのでこちらからパーンと撃ってやったもんだけど、伏せて逃げるね。こちらは、辱《はずかし》めを受けさせないための〝日本人愛〟のつもりなのに。

——捕虜をみせしめのために傷つけたりもしたな。耳をそぎとる。鼻を切りおとす。口のなかに帯剣《たいけん》を差し込んで斬り開く。目の下に帯剣を横にして突っ込むと、魚の目のようなドロリとした白いものが五寸くらい垂《た》れる。こんなことをやらないと、ほかに楽しみがない。上陸いらい久しぶりの遊戯なんだから。将校？　知らぬふりをしていたな。

しかし、女がいちばんの被害者だったな。年寄りからなにから、全部やっちまった。下関から木炭トラックを村に乗りつけて、女どもを掠奪して兵隊たちに分ける。女一人に兵隊一五人から二〇人くらい受け持たせてね。倉庫のまわりなど日当たりのいいところを選んで、木っ葉などぶら下げて場所をつくる。「赤ケン」といって、中隊長のハンコがある紙を持った兵隊たちが、フンドシをはずして順番を待つんだ。

いつか女の掠奪班長をやったことがあるけど、行くと、女たちはどんどん逃げる。殺すわけにいかないから、追いかけるのに苦労したもんだよ。

中国の女は技術はうまいね。殺されたくないから必死なんだろうけど、なかなかいい。なにしろ上陸いらい女の体にさわったこともないんだから、いじくりまわしたり、なめまわしたりする。私らは、よく「なめ殺す」と言ったもんです。

――新潟の奴で、一人で城内へ強姦に行ったのがいた。ところが、なかなか帰ってこない。みんなで探しに行って、男たちを全部捕まえて「行方を教えろ！」といって、一人の男をぶった斬ってみせた。すると白状して、リンゴを貯蔵する防空壕みたいな蔵で死体になっているのがわかった。女を連れて入ったところを、後からミツマタのクワで背中をやられて、リンゴの上に転がされていたんだな、あれは……。

――強姦をやらない兵隊なんかいなかった。そして大抵やったあとで殺しちまう。パッと放すとターッと駆けて行く。そいつを後からパーンと撃つ。殺さないとあとがうるさいからだよ。憲兵にわかると軍法会議だからね。殺したくないけど殺した。もっとも南京にはほとんど憲兵はいなかったけど。

――南京に二カ月ぐらいいて、武州に向かったんだけど、このとき私は班長になっていた。上等兵で下士官勤務を命ずというやつでね。そのときだったな、股裂《またさ》きをやったのは。ある村で、みせしめのために女を柳の木にしばりつけ、両足首にまきつけたロープを二頭の馬の鞍《くら》に結び、左右からムチをくれると股から裂けて、乳房のあたりまでまっぷたつだ。それを部隊みんなで見ている。中隊長もなんにも言わなかったな……。

田所さんは、たんたんと語った。第一線の下積み兵士がいかに必死に闘ったかを語ったあとで、虐殺と強姦についても率直に述べたのである。

二年兵で下士官勤務の上等兵になった昇進ぶりからみても、田所さんがいかに有能な兵士であったかがうかがえる。そう、命令に忠実に従った兵士なのだ。戦後の日本で育った者には考えも及ばない残虐行為の連続ではあるが、もしかしたら前線で血みどろになって闘った〝皇軍兵士〟の姿が、この人に象徴されているのではないだろうか。

戦場で有能な兵士とはなんであったか？

中国戦線から太平洋戦線へ、元兵士たちが告白する、最前線の一般民衆相手の〝虐殺・強姦・掠奪戦争〟の実態とは――

憲兵を後ろから狙撃する

先に登場した〝南京虐殺〟の田所耕三さん（五三）について、もう少し触れておこうと思う。

水戸市在住の神主である田所さんは、ジャンパーを着て赤い野球帽をかぶり、いかにも人のいい話し好きの小父《おじ》さんという感じで、ごく自然にみずからの戦争体験について語った。

虐殺・強姦・掠奪は戦争だからあたりまえ、という考えであるらしく、私たちが会った多くの人たちに共通する「そういう事実はあったけれども、しかし、自分はやっていない」という言い方は決してしない方である。

昭和十一年（一九三六）九月に一八歳で志願兵として入隊、中国大陸を転戦したあと、昭和十六年（一九四一）からは南方に向かい、ニューブリテン島（パプアニューギニア）のラバウル攻略ではだいぶ苦戦し、昭和十九年三月に始まったインパール作戦では辛酸をなめ、敗走の中で終戦を迎えた。実に九年間の軍隊生活だった。

「自分のようなやっかい者は、ひどいところひどいところを選んで回されましたよ」

自らを「やっかい者」というのは、戦闘のときは頼りになるが、そうでないときは統制がきかない兵隊であったということだろう。女体の股裂《またさ》きをやった（既述）ときなど、やめさせようとする上官がいなくもなかったが、「弾丸は前から飛んでくるとはかぎらないからな」とうそぶいて黙らせている。また、徐州作戦の途中、田所さんの部下が中国人のカメラを掠奪した。訴えで日本軍の憲兵が動き始めたので、部下から縄つきを出さぬために、聞き込みに歩いている憲兵伍長を狙撃して殺したことさえあるという。

復員したときは二六歳だったが、戦後はずっと定職につかなかった。実家は農業だが、田所さんは六町歩の土地をを全部、弟にやった。

「人間、裸にならなくちゃダメだ。そう思ったからです」

定職につかないまま、水戸市で保守派のための選挙参謀のようなことをやってきた。

「茨城の県会議員で、私と面識のない者はいない。選挙で私がダメだといったらダメなんだ」

ともいう。その実力についての評価はマチマチだが、選挙演説のうまさには定評がある。神主になったのは、ぶらぶらしているうちに周囲から押しつけられた恰好《かっこう》だというが、もともと先祖代々、その神社を守ってきたからでもある。

いま、六畳二間の家で、若い奥さんと一男二女の五人暮らし。「二年越しの女房は持たない」方針だったが、子供ができてから気が変わった。長男がいま小学校一年生だが、学校に入るまでは掘立小屋でランプ生活をしていた。そして庭に国旗掲揚台を作り、毎朝かならず日の丸を上げていた。街を歩くときも軍服姿だった。だから子供が「お前のお父さんはキチガイだ」と、友だちからからかわれる。さすがの田所さんもやむなくランプ生活をやめ、国旗掲揚も軍服もあきらめた。

「信念よりも、子どもが優先するんですなあ」

と苦笑する。信念とは、人間、裸にならなくちゃダメだということであり、同時に、大日本帝国は復活しなければならない、という思想である。

三島由紀夫割腹自殺のニュースのとき、長男が、

「お父ちゃんも、あんなふうにして死ぬのか」

と心配そうに尋ねた。そのとき田所さんは「お父ちゃんが死ぬときは、共産党や社会党のヤツらを皆殺しにしてからだ」と答えた。

徐州を退却する中国軍を追って隴海線《ろうかいせん》の村に突入する日本軍。

自衛隊は軍隊に非ず——などという佐藤栄作首相を欺瞞《ぎまん》的だと批判する田所さんは、かつて愛国党の赤尾敏総裁のために資金集めをしたこともあるという。そのためか長男も父親の影響で、大きくなったら軍人になりたいと胸を張る。そのために、いま、徹底したスパルタ教育を受けている。

この人に戦後はこない

田所さんは初年兵のときにゲートルをなくして、古年兵にこっぴどくやられたことを懐かしむ。ゲートルを手に捧げ持ち、次の文句を一〇〇回繰り返させられた。

「巻脚絆《まききゃはん》どの、巻脚絆どの、石の土台が腐ろうとも、太平洋の水がなくなろうとも、現役はいうまでもなく予備後備にいたるまで、二度と再び巻脚絆どのと別れません。巻脚絆どの、巻脚絆どの……」

ありゃいい文句だ、明治時代からあるそうだがと田所さんは繰り返し口にする。そして、右足のつけ根にある傷跡も見せる。それは梅毒《ばいどく》に罹《かか》ったとき、自分で手術したときのものだという。

「徐州作戦のとき、集落の女をやったところ、病気をもらってしまった。ゴムを使わず、いつも抜身《ぬきみ》だったもんでね。ヨコネがだんだん紫色に腫《は》れあがって、いや、ひどいもんだった。軍隊では性病にかかると格下げになるから、こりゃあ班長にでも見つかったら大変だ、なんとかしなきゃあと思ってね。それで我慢に我慢をして、腫れあがっていよいよというとき、ビール瓶を割った破片でヨコネを切開して、塩水で消毒したんだ。いやあ痛いことは痛かったけど、しかし治ったからねえ」

楽しい思い出を語る口調の田所さんだが、戦後、一度だけ恐《こわ》い思いをしたことがある。それは夢だった。

「中国の兵隊が枕元に来て、何千本という剣を刺し立てる夢だったなァ。たまげて目を覚ました。本当に恐かったよ……。だけど一回だけ、それきりです」

そして田所さんはふっと、次のような言葉をもらす。

「野戦仕込みの人間でしょう。人を殺し続けてきましたからね。ふと病気が出ることがあるんです」

病気とは、何をさすのか。

「人がなんと思っているかを詮索《せんさく》する余裕がない。自分の解釈だけで突っ走ってしまうことがあるんですよ」

九年ほど前、「水戸市議会ピストル乱射事件」というのがあった。その事件は、実は田所さんが起こしたものである。

議長選挙をめぐる舞台裏の暗闘で「汚ないことをする」議長候補を襲い、さらに二カ所にタクシーを乗りつけてピストルを乱射、ボスを脅かしたのだった。殺人にはいたらなかったが、大問題になった。茨城県警はピストルの出所を追及して嘘発見器まで用いたが、とうとうわからないままだった。

シンガポール攻略作戦のころ、爆弾軍曹と異名をとったそうだが、いまも爆弾男というわけである。まさに田所さんが自ら診断するとおり〝野戦仕込みの病気〟であろう。つい先日も、ある新聞記者に「おまえはアカだろう」と、ナタで殴りかかった。一晩だけ留置されたが、田所さんは「そのとき止めに入った人物があって目的が果たせなかった」ことを口惜《くや》しがっていた。

一八歳から軍隊生活、しかも第一線でつねに戦闘を経験した九年間——田所さんにとって、青春とは戦争そのものだったのであり、この人に戦後はまだ訪れていないのではなかろうか。

激戦後の呉淞《ウースン》へ上陸

坂田甚蔵さん(五八)は、昭和九年(一九三四)十二月に入隊、すぐに満州(現在の中国東北地方)に派遣された。家は東京の足立区の農家だった。だから東京の師団に入るのが普通だが、なぜか第一六師団(京都)に組み込まれ、福知山歩兵第二〇連隊に配属された。満州事変勃発以来の戦時編成で、こういうケースが多かった。つまり、補充地区の人員不足が原因だった。

十二月一日に入営して、七日にはもう広島の宇品港から船出だった。満州の新京(長春)の連隊本部に着いて連隊旗を見せられたが、なんと房《ふさ》だけしかついていなかった。弾丸が旗をずたずたに裂いてしまったからであった。


朝鮮とソ連との国境に近い延吉まで行き、守備隊のなかで初年兵教育を受けたが、真冬のことでもあるし、大変な苦労だった。零下四〇度というところである。馬のマツゲは吐く息でたちまち凍り、アメン棒のように垂れ下がる。演習の帰りに飯盒《はんごう》を川の水で洗おうと思って手をつけると、手がくっついて離れなくなる。

歩哨《ほしょう》に立っているとき足踏みをするのは、寒さしのぎということでもあるが、そうしなければ軍靴《ぐんか》がすぐ地面にくっついてしまうからでもあった。

食事は、おかずがタクワンとワカメ汁ばかりで、たちまち鳥目《とりめ》(夜盲症)になってしまった。班内で坂田さんを含む三人が鳥目になり、班長に報告したら、

「なにをすっとぼけていやがる」

とこっぴどくぶん殴られた。しかし、歩哨のとき班長が足音を殺してやって来て、顔のすぐ前で手を動かしたのに全然反応を示さなかったので、本物だと認められて医務室に行くことができた。

昭和十一年十月に、秋期演習が終わったところで除隊になったが、翌十二年九月に再び召集がきた。今度

は東京の師団だったが、特設の第一〇一師団一〇三連隊なので兵舎がない。だから、在郷軍人会の世話で民宿した。

毎日一回だけ兵営に行き、今日は軍靴《ぐんか》であすは軍服、つぎが鉄砲で……というふうに一つずつ支給されるだけで、点呼さえもない。中隊長が誰か、分隊長がどんな顔かも知らないうちに神戸から船出だった。

冬服を支給されたので、てっきり北支へ回されると思っていたら上海の呉淞へ敵前上陸した。坂田さんたちの船は重砲の積み込みに手間がかかり、遅れて着いたため激戦のあとだったが、波止場は中国兵の死骸でびっしり埋まっていた。

上陸したのは十月十四日、暑い日だった。枝豆がたくさん作ってあったので、皆でゆでて食べたが、水が合わないせいもあってか、すごい中毒を起こした。

そんな夜、先行していた師団が逆襲をくらって後退してきたので、入り乱れての戦闘になった。第一〇三連隊は東京でのんびりしていたから、たちまち烏合《うごう》の衆になって総崩れだ。手榴弾攻撃にやられる人が多く、このとき連隊長も戦死した。

杭州湾敵前上陸のときは、上海から陸伝いに援護にまわり、そのあと上海警備にあたった。その警備に立った街で、通りかかる中国人の身体をさぐり、時計や銀貨を取りあげる〝作業〟も随分とやった。ドンペイと呼んでいた一円銀貨が二枚もあれば、豪勢な中華料理のテーブルが囲めた。

便衣隊三〇人を皆殺し

南京には陥落後に入った。

「私らの部隊は、戦闘は弱いけど悪いことでは天下一品だった。だから、鬼部隊と呼ばれてね……街に入ったら強い。なにしろ掠奪や強姦はお手のもので、部隊にはちゃんと火つけ班までできていたんだからねえ」

集落から集落を片っ端から焼いて進む。あるときなど二階へ避難民を押し上げで、ハシゴをはずしてから火をつけたこともある。だから東京部隊は「向かうところ敵なし」といって恐れられた。たしかに主要な敵が姿を消してからのことだから、「敵なし」ということになるのだろう。

　谷川という部隊長は、兵隊を消耗しなかったのを理由に格下げを食った。とにかく前へ出ない。戦死者を出さなくても戦争はできる、というのが持論の人だった。

毒ガス攻撃に備えて防毒面を付けた日本兵たち。写真は上海戦総攻撃での日本軍。

　兵隊のなかで入れ墨をしていて、日頃から大言壮語しているような連中が、いざ戦闘となると臆病だった。夜間演習で斥候に出た兵隊が、隣の部隊の歩哨に「誰か！」とやられて、びっくりして逃げ、射殺されたようなこともある。

　いちばん戦闘らしい戦闘は、昭和十三年春の南昌《ナンチャン》の飛行場警備のときの経験であった。主力が討伐に出かけたあと、留守部隊が包囲されて歩哨が全員帰って来ない。

　捜しに出た。そうしたら軍曹以下七、八人が裏山で殺されていた。全裸にされて、ズタズタに切り裂かれていた。

　包囲され、射って射って銃が熱でなまくらになり、戦死者の銃でまた撃つ戦闘が続いた。

「じわじわ迫ってくるのが、こちらの弾丸が当たるとプクッと動かなくなるのね。急所がはずれると、そいつがじわじわ戻って行くのが見える」

　朝になると、日本兵と中国兵が重なり合って死んでいる。人がいると安心するのか、人の上で息を引きとる兵隊が多かった。

押したり退いたり、二昼夜も戦闘が続いた。いよいよダメだと思ったとき、ガスを使うことに気付いた。運よく風がそよそよ吹いていたので、防毒面をつけてガスを焚《た》いたら、ようやく包囲の敵は逃げ散っていった。

坂田さんの軍隊手帖には〝特業・昭和十年三月二十三日ガス〟という項目がある。現役のとき、ガスの特技を習ったからで、催涙ガスやイペリットガスなど二、三種類あった。

谷を挟んで敵と向かいあっているとき、三〇人あまりの男の集団を捕まえた。便衣隊か民間人か、判断がつかなかった。そこで殺すことにしたが、敵にこちらの位置が知れてはまずいので銃が使えない。

「そこで着剣で殺すことにしたけど、下手をすると逃げられる。ジュズつなぎにしたのをずるずる引っぱって、端から突いていった。すると後《うし》ろの奴が逃げようとして、互いに引っぱり合うものだから縄がますますきつくなる。さあ、わたし一人で一五、六人突いたかなあ」

坂田さんは昭和十五年（一九四〇）一月に除隊になり、家に帰ったものの農業がいやで、土地を売って警察官になり、昭和三十年まで勤めた。このときの退職金六〇万円で、売った土地の一部を買いもどしたのがよく、土地ブームのため値上がりする一方で、さらに買い続けて、いま足立区竹の塚に三〇〇〇坪もの土地を持ち、豪壮な家を建てて住んでいる。

坂田さんの第七中隊二〇〇人のうち、生還した者は八〇人だった。

「人間、努力か運かといいますけど、やっぱり運ですねえ。おかげで町会長と宮総代を務め、つい最近は警友会会長にもなりました。私は運のいい男ですよ、きっと……。ただ、子供がありませんのが淋しいですけどね」

坂田さんは、しきりに運を強調した。もし坂田さんが運の人なら、田所さんは努力の人ということになるのかもしれない。

召集令状を破り捨てた従軍僧の抵抗

徴兵忌避で憲兵に逮捕され、一年間の拷問とリンチの末に中国戦線に送られた修行僧。

兵役を拒否して戸籍を抹消される

富士山麓の山中湖に虚空蔵院《こくぞういん》という禅寺がある。ここにいる釈神仙《しゃくしんせん》和尚（五六）は、座禅を組みに訪れる凡俗たちとの雑談になると「私は、この世から死んだ人間なのでな」と前置きする。出家したこと自体を〃死んだ〃とする考えかたも含んでいるらしいが、しかし、和尚さんは実際に〃二度死んだ〃経験の主なのである。だから俗名を持たない。つまり、戸籍がないのである。

いま、和尚さんの過去をたぐり寄せようとするなら、その身体に残された傷を見せてもらうところから始めるのがいちばん確かであろう。

腹には長さ二五センチにおよぶ傷跡がある。これは昭和二十年（一九四五）八月十五日に、敗戦を知って切腹自殺をはかり、未遂に終わったときのものである。ところは上海、すっかり中国人になりすましてはいたものの、実は日本軍の従軍僧で、昭和十四年（一九三九）三月に脱走していたのであった。脱走の理由、切腹の動機についてはあとでふれることにする。とにかく死なねばならない、と思い込んだ和尚は、作法どおり刀を突き刺し、腹を切り開いたところで意識を失ったのである。

しかし、死ねなかった。一週間ほどたって意識を回復したときは病院のベッドに置かれて、飛び出した腸を一メートルほど切り捨てて結んだ荒療治を受けていた。そして、結局、八回にわたる整形手術を必要としたが「日本のハラキリ」と評判になって、入れ替わり立ち替わり第七艦隊の米兵たちが見物に来て恥ずかしかったという。

そのとき和尚が「誰か介錯《かいしゃく》してくれていたら」と思ったかどうか、それは聞き洩《も》らした。しかし「三島事件」については次のようにいう。

「三島も馬鹿なことをしたもんだな。日本人は、そもそも恐るべき無謀な戦争を心から反省しなければならんのに、なにを血迷って皇軍の復活などといいよったのか。太平洋戦争はもちろん、明治維新以来の日本の戦争は、すべて間違っておるんだ……」

神仙和尚の左手首には、火傷《やけど》に似た傷跡がある。人差指の先には、不自然なアザがある。これは三十年前、憲兵隊により加えられた拷問の痕《あと》なのである。

和尚は昭和十三年（一九三八）二月から丸一年、大阪の憲兵分隊の留置場の独房で過ごした。ほとんど毎日、拷問を受けた。なぜか。実は和尚は、日本で数えるほどしかいない兵役拒否の実行者なのであり、それが原因で戸籍を沫消される〝死〟を経験したのだ。

私たちは、例えばアメリカでベトナム戦争に反対する青年が、徴兵カードを焼いて兵役を拒否しているといったニュースによく接するし、クエーカー教徒が合法的に兵役から除外されることも知っている。しかし、太平洋戦争下の日本で似たようなことがあったかどうかとなると、たいていの人は首をかしげるだろう。

いわゆる〝徴兵逃がれ〟で、検査に不合格になるために病気をよそおったり、故意に負傷したというような話はかなり多い。あるいは行方をくらまして、ついに徴兵されずに済んだ人もまれにいる。しかし、それはあくまでも〝逃げた〟ケースであり、正面きって〝拒否〟した人はほとんどいなかった。

そのなかで唯一、兵役拒否を貫徹したことで知られるのが、キリスト教団体の『エホバの証人派——灯台社』の人びとである。昭和十四年一月に召集を受けた灯台社の三人は、エホバ以外の神に礼拝しないと宮城遥拝《ようはい》などを拒否し、天皇に忠誠を誓うことができないといって武器を返納し、軍事裁判にかけられたのであった。

坊主にまで人殺しをさせるなんて……

だが、赤紙（召集令状）を破り捨てたのは、おそらく神仙和尚ぐらいであったろう。昭和十三年二月一日に、京都市役所の吏員が届けた令状を、目の前で破ったのだ。そのとき和尚は二四歳、京都の天龍寺という禅寺で修行中だった。出家したのは京大法学部卒業まぎわの昭和十年二月だったが、しかし翌年一月から現役兵として入隊し、約二年務めて昭和十二年十一月末に満期除隊したばかりで、陸軍歩兵少尉だったのである。

赤紙を届けた吏員が青くなって帰ってから、ものの一時間もたたないうちに憲兵が一人駆けつけた。

「ちょっと来い！」

と大変な見幕だが、しかし、よく見ると憲兵は曹長だった。

「おれは少尉だ、お前の命令を受ける筋合いはない」

「なんでもいいから来い」

というような押し問答になるうち、憲兵が拳銃に手をかけた。と、和尚はいきなり殴りつけて山門の外に放りだした。身長五尺六寸（約一八五センチ）、体重二三貫（約八六キロ）、子どものころから撃剣《げっけん》で鍛えた腕には自信があった。

ただでは済まないだろうと思ったが、不安よりも「さっぱりした」という気持ちのほうが強かった。その二カ月前に、除隊で寺に戻ったとき軍服を着ていたのを「坊主のくせになんじゃい」と師匠にたしなめられたばかりだった。

前年の昭和十二年七月七日、盧溝橋《ろこうきょう》の一発で支那事変（日中戦争）が始まり、やがて太平洋戦争にそのまつながるのだが、国内の興奮は大変なものだった。たとえば山口県の野田高等女学校では「愛国女子団員」四五〇人が、七月十三日の朝礼のとき日支即時開戦を決議し、神社に参拝して戦勝を祈願、代表者は山口連隊に出向いて決議文を渡している。

同じころ大日本国防婦人会熊本支部では、第六師団に装備資材の献納金を申し合わせた。記録をみると、過熱するのはどうやら女性のほうが先のようだが、全

山口や熊本の婦人たちに負けじと、東京でも新橋の美妓3000人が大日本国防婦人会服もかいがいしく、南京陥落祝勝パレードに参加して皇居前広場を行進した。

国町村会が全吏員の俸給一〇〇分の一拠金を決めたりしている。

一挙に大軍を送って中国を屈服させる作戦の日本軍は、この年の暮れまでに一六個師団を送りこみ、上海地区の杭州湾上陸の成功などで、ついに首都・南京を占領した。

僧侶にも次々と召集令状がきて、京都からは宗派を問わず多数のお坊さんがサーベルを吊って出征した。それを横目に睨《にら》んで、天龍寺の師匠は、

「坊主にまで召集をかけて人殺しをさせるなんて、こんなべらぼうな話はない。これはきっと陛下の御意志にそむく戦争だ」

と、洩《も》らしていたのだった。

神仙和尚は昭和十一年から二年間の現役期間、とりたてて軍隊に疑問を抱いたわけではなかった。入隊直後の二・二六事件のときは丹波篠山《ささやま》にいたが、別に影響も受けず、むしろその後、幹部候補生をやたらと増やしてトントン拍子に昇進させるので、儲かったような気持ちさえ抱いていた。その歩兵少尉が赤紙を破り

捨てるという、およそ前代未聞の暴挙を行ったのは、「坊主にまで召集をかけて人殺しをさせるなんて」という師匠の言葉に強く影響されたからであり、「天皇の御意志にそむく戦争だ」と信じたからでもあった。

絶対平和主義にもとづく宗教上の理由でも、侵略戦争に反対する思想上の理由でもない。神仙和尚は逮捕されてからも、「わしは坊主じゃ。人殺しはせん」というだけでなく、「中国みたいなところに飛び込んで、こりゃー自滅するだけの戦争じゃないか」とも、主張し続けたのであった。

憲兵に逮捕されて拷問の日々

赤紙を破り捨てた翌日の午前三時、補助憲兵を含む約四〇人の憲兵隊が天龍寺にやって来た。神仙和尚は警策を持って抵抗した。警策というのは座禅のとき背中をぴしゃりと打つ三尺あまりの樫《かし》の棒だが、憲兵のほうも心得たもので、遠巻きにして縄を投げてからめ、梯子《はしご》で足をすくう、あの江戸時代の捕縛の要領でやってきた。

捕物帖さながらの逮捕劇はわずか五分で終わり、和尚はそのまま憲兵隊に連行され、留置場に放り込まれる。しかし、最初の一週間は予想された拷問もない。そのかわり独房の床がひどい。割った薪《まき》を敷きつめて釘で打ちつけてあるのだが、角がそろって上を向いているため、座っても横になっても身体に食い込む。

そのとき、すでに銃殺を覚悟していたから、弱音を吐かないことにした。だが、一週間後に大阪に移されてからは、様子がかわってきた。そこの床には薪はなかったが、取調室で本格的な拷問が始まったのである。憲兵中尉の指示で、何人もの下士官たちがやたら殴りかかり、後手錠にして海老責めにもする、宙吊《ちゅうづ》りにもする。

それが毎日繰り返されるのであったが、低抗するとたちまち以前に倍する拷問になる。神仙和尚がいちばん応《こた》えたのは水攻めだった。これは顔を上向きにさせてタオルを鼻と口に当て、薬缶《やかん》の水をポタポタたらす方法で、呼吸をしようとすると空気のかわりに水を吸いこまねばならない。

あるいは電気責め。これは身体に電流を通すのだが、文字通りしびれてしまう。そして音責めは、密室でキーンと音をたて、しだいに高くする。音責めのため、気が狂った例も多かった。

独房に戻されても、悲鳴が聞こえないことはない。悲鳴を上げれば、たしかにいくらか苦痛を忘れることはできる。しかし、神仙和尚は決して声を上げなかった。それは、どうせ殺されるのだから、見苦しく振舞うのはやめようという決意からばかりではない。

「拷問に耐える一番いい方法は、声を出さんことだ。すぐ気絶できるからな。わしはよく手錠で自分のみぞおちを打って眠ったもんじゃよ」

隣の房には共産主義者が入っていた。共産党員らしいとわかっているだけで、所属も住所も氏名も年齢も明かさぬ完全黙秘の彼は、三カ月後に拷問に耐えきれず自殺した。明かりとりの窓の鉄格子に衣服を結びあわせてかけ、首を吊ったのである。

そのあとにはイギリス人が入った。スパイ容疑ということで、拷問のたびに悲痛な叫び声を上げていたが、その男はまもなく銃殺された。

生家の〝特権〟に救われて従軍僧に

ところで、神仙和尚に加えられた拷問は、なにを目的とするものであったのか。最初は懲罰の意味もあったのだろう。しかし、取り調べになると「どうだ召集に応じる気になったか」という質問が繰り返されるだけだった。そして「行かない」といつもの答えを告げると、日課のような拷問だった。

容疑事実というのは、①徴兵忌避《ちょうへいきひ》、②皇軍侮辱、③公務執行妨害、④傷害罪、⑤不敬罪などであったらしい。らしいというのも、起訴されて軍法会議にかけられる気配もなかったからである。

神仙和尚は高文に合格した法学士であり、しかも専門は公安であった。召集令状を破ったことはまぎれもない事実だが、もし軍法会議になれば、中国大陸における戦争拡大の無謀さを指摘し、堂々と意見を陳述するつもりであった。なにしろ取り調べのとき、「陛下がこんな戦争に同意なさるようなバカなことはありえ

ない」といったら、

「貴様、陛下をバカ呼ばわりしたな。不敬罪だ！」

といきりたつ憲兵である。あるとき興奮した憲兵から、研《と》いたばかりの鉛筆で指を刺された。いまも青味がかったアザが残っているのはそのためである。

「憲兵なんて、軍人のうちでも岡っ引き根性の最低の野郎がなるんだな。あいつらのどたまでは、こっちをどうすることもできないから、拷問に耐えかねて自殺するか、衰弱して死ぬかを待ってやがる。あるいは銃殺して闇から闇に葬るつもりだったんだろうなあ」

だから、なんの望みも持っていなかった。どうせ死を待つのならと座禅を組んで過ごすことも考えたが、しかし、師匠から裏切られて、それもいまいましかった。当時の天龍寺の住職は政府の要人とコネがあり、天皇の側近に出ることもできる人だったが、弟子が〝国賊〟になったとたん、あわてて「自分はあのとき外出して寺にいなかった」と弁解にこれつとめていたため、禅宗すらも信じられない思いだった。

京都大学では昭和八年の滝川事件など暗い影が差しはじめていたが、まだまだ自由の気風があった。法律は自由を守るためにあるのに、現実は自由を抑圧する働きしかないと疑問を抱いたのもそのころで、同級生たちが特高警察の上に立つ公安検事になっていくとき、出家の道を選んだのだった。もっとも親の反対を押し切って強引に結婚した女性の自殺に直面して、仏教に救いを求めたというのが直接の動機ではあったが……。

やがて〝取り調べ〟は、法務官にならないかという内容に変わる。少尉に、いきなり佐官待遇の法務官になれと言い出したのは、軍にすればひとつの譲歩だったのだろうが、しかし、軍法会議の検察官になどなるのはなお嫌なことだった。

「法務官になったら、お前ら憲兵より上位になるがいいのか？」

といって憲兵をからかう余裕も出てきた。銃殺は時間の問題だと思っていたからである。だが、衰弱死のほうが先にくるかもしれなかった。それも仕方がないと思った。しかし、そんなときいきなり「釈放だぞ」と言い渡された。

ちょうど一年たった昭和十四年二月三日のことである。

「おまえは気違いだ。いいか、憲兵司令部に提出するから、これから東京の松沢病院に行って診断書をもらって来い」

憲兵分隊長はそういって、神仙和尚を父親に引き渡

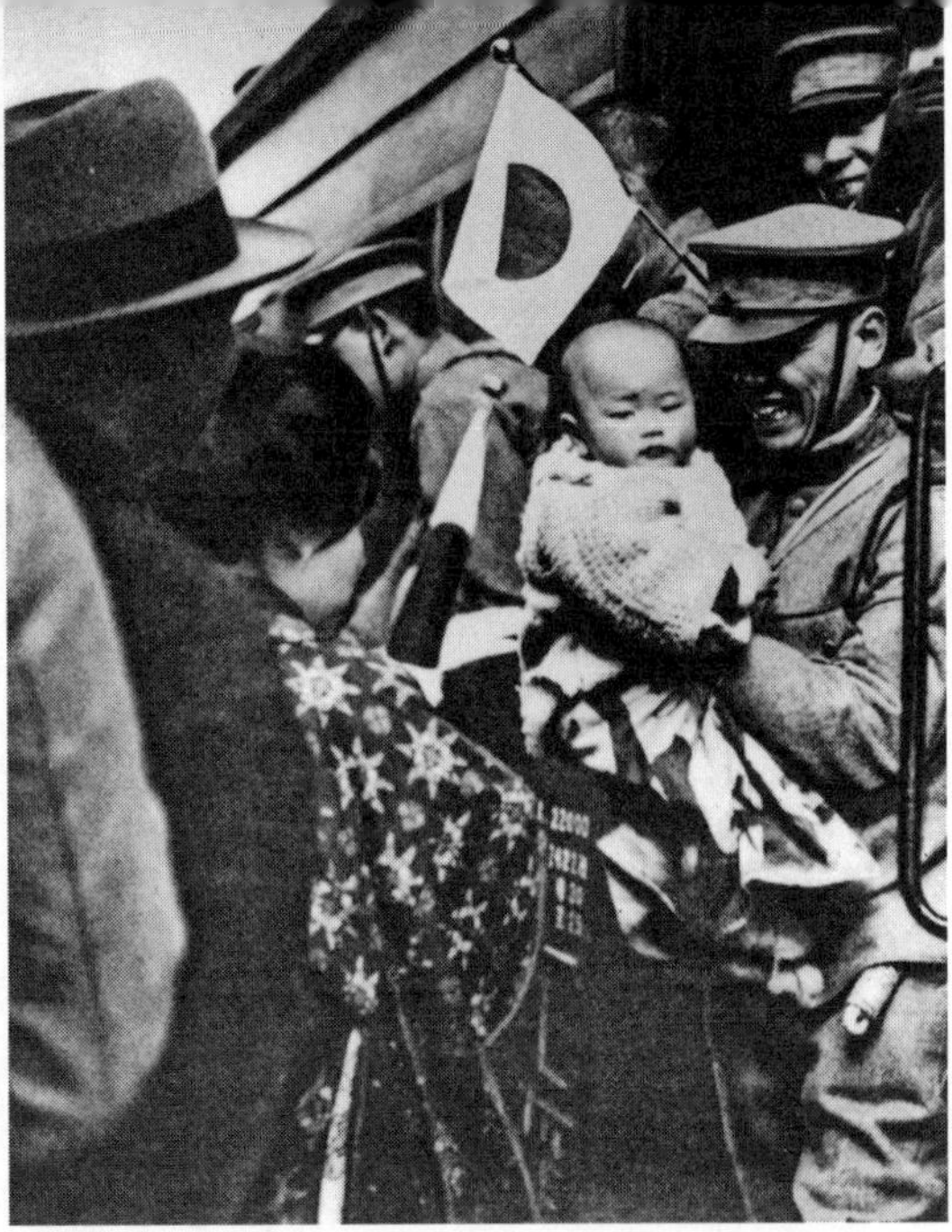

神仙和尚だけではなく、当時は写真のような妻子ある年配の予備役兵にも赤紙は舞い込んでいた。

した。和尚の生家はかつての旗本で、徳川姓である。大木という分隊長は、和尚の父親に経済援助を受けたこともある人だった。

「私は、その特権階級である自分が嫌で出家したんだったのに……」

と和尚はいまも述懐するが、しかし、生家のその特権のゆえに、衰弱死寸前のところを救出されたのだ。

「お前は気違いだ、だから望みどおり坊主で通せ。しかし一族に気違いはいらない。不浄の坊主もいらない。そこで戸籍から抹消する」

おそらくそれが父親にできる最大限の努力だったのであろう。神仙和尚には翌日、従軍僧の辞令が渡された。従軍僧は軍属で将兵ではないが、佐官待遇である。武器は持たずに済む。

「戦地に行く赤十字船がまもなく出る。行くか?」

「行きます。望み通り死んであげます」

神仙和尚は答えた。一年間の留置場暮らしで二三貫あった体重は一二貫に減り、一片の辞令すらその手に重かった。

日本軍の残虐に悲嘆する脱走従軍僧

中国人僧侶になりすまして日本軍から逃れ、峨眉山で終戦まで禅修行の従軍僧。その背後では、泥沼の戦場に飲み込まれた日本兵の悲惨な日常が……。

上陸三日で脱走した従軍僧

「従軍僧というのは、捕虜を保護して虐殺などせんように監視するとか、死者の冥福《めいふく》を祈るとかが国際的な通念じゃが、日本軍の場合は骨を拾って念仏をあげるだけが仕事だったな。それから念をおされたのは、間違っても敵兵を仏扱《ほとけあつか》いしちゃあいかんということ」

釈神仙《しゃくしんせん》和尚は、昭和十四年（一九三九）三月に赤十字船で上海に向かった。このとき同じ船に、のちに大徳寺の管長になった小田雪窓師も乗っていた。

「呉淞《ウースン》に上陸したのは、たしか三月四日だったが、病院でたまげたのは白木の箱が山と積まれておるのに、なかに骨は入っとらん。骨を拾う余裕もないくらいの激戦が続いとったわけだ」

徴兵拒否の危険人物だというので、現地の憲兵も監視の目を光らせている。だが神仙和尚は、すでに上陸した日から脱走の決意をかためていた。

従軍僧は骨を拾う役目があるから、前線に出る。敵とのギリギリの接点である歩哨線《ほしょうせん》を越えてもかまわない。佐官待遇でもあるし、憲兵もよけいな口出しはできないから、神仙和尚はさりげなく病院から出た。

「上陸三日目でしたよ、上海市内へ通じるガーデンブリッジを渡ったのは。橋のところに海軍の陸戦隊がいて、ゲリラに気を付けてください、なんて声を掛けるのをもっともらしく聞いてね。それからヤンチョ（人力車）を拾って、俥夫《しゃふ》に『お寺へ連れて行ってくれ』

神仙和尚が眺めて通った上海の街とガーデンブリッジ。

というて、有り金を全部やった」

言葉は通じないが、坊主だから寺へ連れて行けばいいと思ったのだろう、人力車は上海の有名な禅寺である堂念院に和尚を運んだ。

寺では、思いがけず転がり込んだ厄介な荷物をもてあました。それでなくても日本軍はなにかと口実を設けては寺に入り込み、金の仏像などを持ち帰る。脱走の従軍僧をかくまったことが分かれば、どんな目にあわされるかわからない。さらに、神仙和尚が脱走を装ったスパイかもしれぬという疑いもある。

「一週間ほど堂念院におったが、一年がかりで憲兵に痛めつけられた拷問の傷跡が生々しいし、達磨《だるま》大師《だいし》がひらいた禅の教えを乞《こ》うワシのひたむきさが通じたとみえて、それなら峨眉山《がびさん》へ行かせてやろう、ということになったんだ。……なんというか中国人のはかり知れない度量の広さに、救われたんだなあ」

峨眉山は中国仏教の三大霊場のひとつで、四川省の西部にある。和尚は約二年半がかりでここに到着するわけだが、いたるところで交戦中の中国大陸を旅するのだから、まさに『西遊記』さながらであったろう。

神仙和尚は日本軍に逮捕された中国人僧侶ということにされた。言葉が通じないことでもあるし、拷問で耳をやられ口もきけなくなった、という触《ふ》れ込《こ》みで一切を手真似で通した。

殺戮と強姦に明け暮れた中国戦線

この神仙和尚の旅をくわしく紹介すれば、紙面がいくらあってもたりない。残念ながら省略するが、和尚は旅をしながらつくづく次のような点を痛感したという。

「いったん中国側に立って見ると、日本という国がいかに好戦的で、弱い者いじめに徹しているかを痛感させられたもんです。中国大陸の点と線を確保しているにすぎんのだが、とにかく、ありとあらゆるメチャクチャをやりよる。軍律らしいものがあったのは、まあ、南京の手前までだったなあ」

揚子江をさかのぼるとき、日本の海軍と憲兵がゲリラの武器が隠されている疑いがあるといって、ジャンクに乗り込んできた。そして荷物の検査を始めたのだが、検査というのは積荷を片っ端から川の中に放り込むことであった。

下村静夫さん（五二）＝北九州市八幡区＝は独立歩兵第一一連隊の二等兵として、昭和十四年一月に北支戦線へ向かった。神仙和尚が脱走したころ、前線でもっとも苦労した部隊である。

「われわれは佐賀県と福岡県の兵隊だから、たしかに強かったですよ。とにかく負けるという気がせんです。炭坑育ちと農家の息子ばかりで、無謀の強者というところでしょうかな。同年兵が一三〇人おりましたが、幹部候補生になったのは一人もおらんとです」

一年後に名古屋出身の兵隊が加わったが、その半分以上が幹部候補生の資格をもっていた。しかし、彼らは戦闘になるときわめてもろい。

下村さんはいう。

「名古屋の連中が、よく九州人は強いなあと感心しよりましたが、やっぱり人間ちゅうのは理論を持つと弱かですな。知らん人間がいちばん強かござりますよ。

私なんか逃げた覚えはなかですもん」

新しい占領地に着くと、部隊が街をぐるぐる威嚇《いかく》の行進をする。住民はその列を横切るわけにいかず、通り過ぎるまで待たねばならない。なかには待ちくたびれて列と列の間が空いたすきに横切る者がいる。すると、それが女子供《おんなこども》であろうが袋だたきにする。

日本軍はわざと威嚇行進の列を横切らせるようなこともした。なにも知らずに住民が突っ切ると、人力車はひっくり返すし、人間には踏んだり蹴《け》ったりのあらゆる乱暴をはたらく。「途中を切られる」ことを、極端に嫌っていたからであった。

下村さんは、そのような日本軍の〝勇猛〟な兵士であったわけだが、しかし「戦争でいちばん悲惨なのは婦女子ですタイ」という。

北支の山岳地帯なら、日本軍が来たといえばどこまでも逃げられるが、中支に多い穀倉地帯は一望のもとに見渡せる平野部だから逃げきれない。そこで女たちは髪を切って男に見せかけ、下を向いて顔を見せずに穀物をひいたりしている。このような場合、女たちは輪をつくっている。顔をスミでわざと汚したりしているから、どれが若い女かわからない。しかし、大切な娘はどうしても輪の中心に座らせている。性に飢えた兵隊たちは、独特のカンで娘を選びだし、そして襲いかかった。世に知られる「南京大虐殺」ほどではないにしても、殺戮や強姦は中国大陸のいたるところで行われていたのである。

祖国をうれい峨眉山で断食

神仙和尚が南京を通りかかったのは昭和十四年の夏だったというが、一年半前の大虐殺のツメ跡がまだ生々しく、クリークが白骨で埋まっている光景も見られたという。

岡美千夫さん（六一）＝東京都国分寺市＝は朝日新聞の記者兼カメラマンとして従軍した人だが、中国へは盧溝橋事件の直後からはりついていた。

上海支局詰めになって間もなくの昭和十二年八月上旬に、海軍陸戦隊の大尉が中国人ゲリラに射殺される事件があり、カメラとニュース映画用アイモをかかえて現場に飛んだ岡さんは、そこで中国軍に逮捕された。

フランス、ドイツ、日本などの租界地《そかいち》の道路が中国人街にのびていて、その「越界道路」の柵をついまたいだのが原因だった。このときは日本側のジャーナリストたちの懸命の奔走に、中国のジャーナリストが協力して銃殺を覚悟していた岡さんは翌朝、すぐ釈放された。

岡さんはいう。

「とにかく、この国の民族性をひとくちにいえば、大きいということでしょう。盧溝橋事件のあと、首都・南京に出張で行きましたが、驚いたことに書店では軍用書籍として『歩兵操典』や『陣中要務令』を売っとる。そう、日本軍のものですよ。それだけ日本を研究しとったんですね」

岡さんは昭和十三年三月に南京支局に赴任した。半年前に出張したとき見た整然とした南京市は、前年十二月の激戦でみるかげもなかった。朝日新聞社では南京野戦支局と呼んでいたが、占領後三カ月というのに、いまだ野戦さながらだった。

「二個連隊が城内にいて、南京警備司令部があったけど、そのパトロールする焼け跡に泥棒市があるといったぐあいでね。難民の暮らしたるや大変なもので、女たちは沓下《くつした》に詰めた米とひきかえに、日本兵に体を売ってました。虐殺というべきかどうかはわかりませんが、十三年の四月から五月にかけて、捕虜を大量に処刑していましたね」

岡さんは、しみじみいう。

「いまベトナムでアメリカがやっていることは、昭和十二、三年に中国で日本がやったこととそっくり同じなんですねえ……」

神仙和尚は太平洋戦争の突入を重慶で知った。旅をしながら難民救済の仕事を続けたのだが、途中で砲撃の破片を太股《ふともも》に受ける負傷をし、その治療をしていたのだった。

「雨が降っていたのを覚えとる。なんとまあ、中国という泥沼に足つっこんでおいて、手だけで米英を相手にするのかい、となさけない思いでしたよ」

神仙和尚は、暗澹《あんたん》たる思いで峨眉山へ向かった。霊山入口の虎谷の橋を、再び生きて日本に戻ることもあるまいと考えながら渡り、断食を始めた。

逃げることを知らない兵士であった下村静夫さんも、昭和十六年の中原作戦など苦しい戦闘を経験するうちに、すっかり厭戦《えんせん》気分になっていた。中国軍は撤退するとき食糧を焼きつくしてゆくので兵隊たちは飢餓に襲われて、激しい行軍に耐えられずバタバタ倒れた。

「こんなことなら負傷して病院に入ったほうがいい、と思うたんですが、なかなか怪我もせん。それで演習のとき、タマが飛んでくるほうに足を出してみたバッテン、当たらん。それじゃあと手を出したが、これも当たらん、しまいにバカらしゅうなってやめましたがね……」

厭戦《えんせん》気分みなぎる大戦末期

逃亡兵が目立ちはじめていた。下村さんたちの部隊のYという兵隊は、ドイツ人宣教師のところへ逃げて、女の服装をして隠れていたが捕えられた。下村さんを含む捜索隊は、Yを馬にくくりつけて帰った。むろん、

対米英戦争が始まるや、中国戦線の日本軍は泥沼にはまり込んだごとく身動きがとれなくなっていた。そんな「泥沼の戦場」を、焼け落ちる敵司令部を尻目に中国軍を追う中原作戦の日本軍。

銃殺だった。

中国戦線で日本軍の士気の低下が目立ってきたのは、昭和十七年以降といわれる。太平洋地域での戦いに重点をおいたため、有力な部隊はどんどん南方へ送られ、その補充として送りこまれる年配の召集兵のなかには、銃を持たない者さえいた。

兵器の補給がないだけでなく、食糧の不足が慢性化してきた。栄養失調で倒れる兵隊が続出するなかで、唯一の楽しみは内地から届く慰問袋である。

だが、最初は菓子類などが多かったのに、次第に大豆でつくった代用コーヒーやコンブや焼米になり、やがては古雑誌とかブロマイドのたぐいのものになってきた。そして下駄の入った慰問袋もふえた。なにも入れるものがないため、かさばるもので間に合わせようということなのだった。

ゲリラ戦で徹底抗戦をする中国軍は、奥地へ奥地へと日本軍を引き寄せる。補給線はこうして延びきり、頼みとする内地からの補給は減る一方だった。物資の不足ということもあったが、なによりも太平洋戦争に入ってからは輸送船が沈められるようになったためである。アメリカ軍の潜水艦にやられて、昭和十七年後半からは重火器の補給はほとんどなくなっていた。

兵員補充のなかに、未教育補充兵が目立つようになってきたのもこの頃からだった。そして昭和十八年になると、補充兵の中には丙種の者も含まれるようになってきた。丙種といえば、片一方の足が短い者や、腕の曲がった者などだが、徴兵検査のときに「これぐらいならまだご奉公できる」といわれたという。

また前線では、大砲の下敷きになって右肩を折った負傷兵が、てっきり内地帰還になると思っていたら「砲兵としては使いものにならんが、歩兵にはまだなれる」と転属させられたり、爆風で両耳が聞こえなくなった兵隊を炊事係にまわしたりの、苦しいやりくりも始まっていたのである。

捕虜収容所のなかには、捕虜だけではなく、逃亡兵が混っていて、しかも、その数は少なくない。負傷が原因で指の曲がった兵隊が、銃の引き金を引けないのを苦にして逃亡したり、歩哨勤務中に居眠りをしていたのを咎《とが》められた初年兵が、処罰を恐れて逃亡したりのケースである。逃亡するのは初年兵が多かった。体質が低下した兵隊に、操典や教範どおりの厳しい勤務や演習を課すものだから耐えきれないのだった。

逃亡できない者は、自殺した。自殺できない者は、自から銃で手や足を撃って自損をした。自損できない者は、精神病や神経痛などを装って病院入りを図った。

一方で〝東洋鬼〟と恐れられ、憎まれながらも、一方では当の鬼が気を悪くするような厭戦的な兵隊が続出していたのが、太平洋戦争に入って以来の中国戦線の実情であった。

解説

昭和十六年（一九四一）十二月八日に対米英蘭戦争、いわゆる太平洋戦争がはじまると、真珠湾奇襲攻撃をはじめとする日本軍の快進撃に目を見張り、国民の関心は太平洋戦線に奪われてしまった。しかし、昭和十二年七月にはじまった日中戦争はその間も延々と続けられ、陸軍を中心に泥沼の戦場と化していたのである。

敗戦時の日本陸軍の総兵力は五四七万人といわれるが、そのうち中国戦線には一〇五万六〇〇〇人、全陸軍の約一九パーセントが駐屯していた。ところが五四七万人の全陸軍兵力のうち、二二三八万八〇〇〇人は日本本土にいた、いわゆる「本土決戦部隊」で、これら内地部隊を差し引くと、東南アジアや太平洋各地にいた日本陸軍は約三〇八万二〇〇〇人となる。全体の約五六パーセントにあたる。

さらに正確にいえば、当時は日本領だった千島・南樺太、朝鮮、台湾にも合計約五五万一〇〇〇人が駐屯しており、これらの兵力を差し引くと、純粋の海外駐屯兵力は約二五三万一〇〇〇人になる。この兵力に対する中国戦線の陸軍兵力は約四二パーセントにも達する。日中戦争が、先の大戦でいかに大きな比重を占めていたかは、この兵力分布を見ただけでもうなずけよう。（太平洋戦争研究会著『日中戦争がよくわかる本』PHP文庫より）

「焼き、奪い、殺せ」三光政策の八路軍索敵部隊

人参やコーリャンの茎を下腹部に押し込み、農婦を殺した経験のある一軍曹もおじけづいた、不気味な細菌戦の実態とは——

ゲリラ戦訓練を受け中国へ

昭和十二年（一九三七）七月七日の盧溝橋事件によって、日本と中国は全面戦争に突入し、アジア人同士の最大の戦争に拡大していった。このシリーズでも繰り返し確認してきたが、昭和十六年（一九四一）十二月八日以来の太平洋戦争は、あくまでも日中戦争が拡大延長したものであった。

広大な中国大陸で、文字どおり〝点と線〟を維持するだけの日本軍にとって、もっとも強力な敵は蔣介石の国民政府軍よりも、毛沢東率いる中国共産党軍であった。だから日本軍は中共軍の解放区攻撃にあたっては『焼きつくせ、奪いつくせ、殺しつくせ』という、いわゆる三光政策をとったのである。

菊池義邦さん（五七）＝千葉市＝は、昭和十三年十二月に歩兵第五七連隊（佐倉）に入り、のちに選抜されて盛岡の陸軍予備士官教導隊で教育を受けるなど有能な兵士であった。そして、機関銃中隊の軍曹になった昭和十七年四月、第五七連隊に動員下令が出て中国大陸に向かうことになるのだが、最初から対中共軍専門の特殊部隊として編成されたのだった。

「このとき第三機関銃中隊の分隊長になったんですが、92式重機関銃という射程四・三キロ、空冷式で一分間に四五〇から六〇〇発も撃てる当時の最新型でして、ソ連の中型戦車なら貫徹するといわれたやつです。訓練のときなんか、指揮官は『目標モスクワ、撃て！』

ってな調子でやっとりましたよ」

新たに編制された第五九師団は、八大隊二旅団の〝乙装備〟だった。通常の甲装備と異なるのは、連隊がなくて独立大隊の名を冠し、四大隊で一旅団、二旅団で一師団という編成であり、軍旗がないのも特徴であった。すなわち対共産ゲリラの特殊部隊であった。

出発を前に全部隊が千葉県下志津に集結し、ここでゲリラ相手の訓練が行われた。対ゲリラ戦の基本といわれるウサギ狩り戦法とキツツキ戦法であった。

ウサギ狩りというのは、完全包囲のもとに包囲網を縮めるやりかたで、キツツキ戦法というのは囮《おとり》部隊を潜入させたあと包囲するやりかたであり、ウサギ狩りは平野部で、キツツキは山岳部でよく取られた戦法である。

「私どもがやかましくいわれたのは『生きとるものは猫でも殺せ』ということで、それはもう徹底しとりました。『東京は日本の都であり、日本は世界の都なのであるから、世界の主要都市に天照大神を祀《まつ》らせて桜の木を植えさせにゃならんのだ』などと訓示されると、もうゾクゾクッとして、日本男児たるもの誇りをもって玉砕覚悟の戦さをすべきだと自分に言い聞かせたです」

こうして菊池さんは中国に赴く。下関港から釜山に渡り、天津・済南を経由して、昭和十七年五月末に第五九師団の司令部がある泰安に到着した。

92式重機関銃は重量が五五キロあるから馬で運搬する。だから菊池さんは馬二〇頭の責任をもつ馬掛輸送下士官も兼務していて、「お前らは一銭五厘だが、馬は五〇〇両だぞ!」という調子で、部下を叱りつけたものであった。

索敵の二小隊が続けて全滅

泰安は山東平野にぽつんとある泰山《たいざん》(一五四五メートル)の麓で、ここには張家荘・華豊・楼徳など三菱資本の炭坑があり、良質な無煙炭を採掘していた。

「着いたら翌日にはもう討伐命令が出ましたよ。泰山に八路軍の山東縦隊が籠《こ》もっているというんです。華北全域に朱徳《しゅとく》を総司令官とする二〇万の八路軍がいて、山東一帯には六、七万人ぐらいと推定されていたんですがね、ともかく初めての戦闘に出かける喜びで、日本男児に生まれてよかったと思うたです」

菊池さんは第五九師団独立歩兵一一一大隊に所属して、大隊長の名前をとって坂本大隊と呼ばれていた。坂本大隊は新泰県など五つの県の警備に当たったが、その主眼は炭坑を守ることにあり、同時に〝討伐〟の際の捕虜を特殊工人として坑内労働に送りこむ目的も持っていた。

このころ日本軍は①治安地域②準治安地域③敵地域というふうに、治安上の立場から三つに分けていたが、坂本隊が警備する一帯は②の準治安地域であった。最初の出動は、泰安の東方四〇キロの萊蕪《らいぶ》へ向けてだったが、県境には遮断境が掘ってあった。この壕は深さ三メートル、幅二メートルぐらいで、解放区との間の交流を断つ目的であり、とりわけ塩とマッチが持ち込まれないよう目を光らせていた。このときの戦法は〝ウサギ狩り〟で、鉄車《てつしゃ》という集落が包囲網の圧縮中心点だった。

六月二日午前六時に布陣を終えた部隊は、大隊砲を合図に行動を開始する。

「私らは尖兵《せんぺい》中隊でしてね、軍刀をにぎりしめ千人針の五銭玉をさぐり、今か今かと待ちかまえていたです。五銭玉？　これは死線（四銭）を越える、という縁起をかついで千人針に縫いつけとったんですがね、とにかく、号砲で一気に八〇〇メートル突撃して行ったものの、どの家にも人影がない。なあーんだと拍子抜けしたけど、はるか山裾《やますそ》をロバを引いた一隊が逃げるのが見えるじゃありませんか。私はただちに『山裾を行くぞ、三連撃て！』と命令しました」

一連は三〇発である。射撃が始まると、バタバタ人間が倒れるのが目に入る。さらに続けて撃たせて、すぐ現場に駆けつけると約三〇人の死体が残されていた。これが菊池さんの最初の手柄であったが、しかし死んでいたのは老人と子供だけであった。

「ですが……集落の一軒一軒を掃蕩《そうとう》していったところ、手榴弾が二発見つかりました。明らかに通敵集落であると、これで判断されましたから、あとは米、コーリ

当時、中国共産党が本拠地にしていた延安で作戦を協議する毛沢東主席（右）と第八路軍総司令の朱徳。

ャン、ニワトリ、卵などあらゆる食糧を一カ所に集めて戦利品とし、民家は残らずコーリャン殻に点火して燃やし、一軒残らず焼き尽くしましたよ」

掃蕩剔抉《てっけつ》と呼んだが、要するに食糧となるものはすべて掠奪し、生活用品はことごとく打ちこわし、逃げ遅れた人間は残らず殺戮するか捕縄し、最後に集落全体を灰燼《かいじん》に帰することであった。

最初の討伐戦は二週間続いたが、しかし、八路軍とわかるものを一兵も倒すことはできなかった。にもかかわらず、索敵行動に出かけた小隊が二度も襲撃された。

小山という少尉の率いる一五人が張家荘の南で消息を絶ったので、その小山小隊を捜索に出かけた一三人の小隊が、またもや全滅したのであった。

捕虜と機関銃弾の横流し

続けて二回も小隊が全滅させられた坂本大隊は、弔い合戦として何度も出動したが、そのたびに空振りに終わった。だが、やがて大きな作戦が準備された。昭和十七年十月に開始された第三次魯頭《ろとう》作戦である。

「新泰県を中心に、魯西、魯南、魯頭と呼んでいたのは、その昔、この一帯が魯という国だったからですが、魯頭というのは山東半島のことで、この大作戦の狙いは八路軍山東縦隊を半島の先端に追いつめることだったんです」

北支那派遣軍の主力約一二万人が参加し、陸海空が協力するこの大規模なウサギ狩り戦法は、日本軍最大のものとして行われた。しかし、大きな作戦としてはこれが最後のものになった。

「大作戦の前に逆の方向へ行軍して、鉄車集落でやったようなことを何度も繰り返したです。一種の陽動作戦ですね。魯南の偏連《へんれん》という山間の集落に八路軍の造幣所があって、ここでは激しい抵抗があったんですがなんとか占領しました。このとき青島から届いた恩賜《おんし》のタバコに火をつけてバンザイを叫んだ気分は、もうなんともいえなかったですねえ」

型どおりの掠奪と破壊、そして逃げ遅れた者の捕縄。男性はもちろんだが、「断髪の女性を見逃がすな」との注意が特に出されていた。髪を切った女性は纏足《てんそく》などしておらず、中国共産党の影響を受けていると判断されたためである。

女性はいずれ拷問で敵情を吐かされたうえに殺されるのだったが、その任務は情報班が一手に引き受けていたから、菊池さんたちは詳《くわ》しくは知らなかった。

男性のうち元気そうなのは部隊に配給される。行軍中の運搬をさせるのだが、まったくの牛馬扱いで、菊池さんたちはキンタロウ、モウスケ、オオマサ、コマサなど勝手な名前をつけて引き立てていった。

さらに南下して徐州の西方にあたる虞城《ぐじょう》あたりまで行き、ここでは中隊長が初物の芸者を買う費用捻出《ねんしゅつ》のために、肉屋に押し入って豚をかっぱらうようなこともやった。

「軍曹の私の給料が二三円五〇銭でしたが、女を買う値段が七〇円だという。さすがに馬鹿らしい気がしましたけどねえ」

慰安婦が部隊に同行していた。一五人の小隊が、炊事や洗濯などの雑役も兼ねた慰安婦一人を連れて行き、そこでゲリラに襲われたというので救出に駆けつけたこともある。

菊池さんらの機関銃隊は大隊の虎の子で、従軍作家が『重機関銃いまだ射撃中なり』という小説に書いたりもしたというが、その92式重機関銃で、震えている慰安婦を救出したときの場面が妙に記憶に生々しいという。

陽動作戦中のある日、一発も射たずに一五人を捕虜にした。いずれも二二、三歳の体格のいい青年だったので、菊池さんは県公署の日本人顧問室へ連れて行った。

一応、中国人が行政に当たる建前になっていたが、実際には顧問と称する日本人が勝手に動かしていて、この顧問のなかには二・二六事件で服役中のはずの人物がいたりしたのであった。

「捕虜を連れて行くと、顧問が『まとめて一〇〇円でどうか』という。こちらは一も二もなく承知して、さあ、その晩はドンチャン騒ぎです。捕虜は満州へ労務者として売られたはずです……」

捕虜を横流しした菊池さんは、上部への報告書に〝遺棄死体一五、使用した弾薬三〇〇発〟と書いた。そして、補給された機関銃弾は日本軍に協力している中国人の軍閥に売り一〇〇円受け取ったが、これも有能な軍曹の甲斐性《かいしょう》のうちで、菊池さんはあとで師団長から〝緒戦の大勝を祝す〟の電報をもらったという。

中共軍解放の五県で細菌作戦実施

さて、陽動作戦が終わって、いよいよ本格的な包囲に移った。山東半島を渤海湾《ぼっかいわん》側と東支那海側から横一列に人海戦術で遮断、そのまま先端に追いつめるというのである。

海岸線は海軍が封鎖している。十数万の歩兵はバケツ、鍋《なべ》、釜《かま》などあらゆる金属製品を手に持って、ドンカチャ、ドンカチャ音を立てて喚声をあげ、文字どおりのウサギ狩りで前進をした。

「あたり一面コーリャン畑で、藁《わら》があちこちに積み上げてある。部隊は定石どおり火を付ける。すると藁の中に隠れていた年寄りや女子供が、咽《む》せて飛び出すんです。こんなときは、ひとまず女を捕える。進軍中だから強姦の余裕はないので、裸にして下腹部に畑から抜いたばかりの人参やコーリャンの茎を押し込んだり……。私もやりました。兵もおもしろがってやりました」

女はこうして凌辱死《りょうじょくし》、悶絶死《もんぜつし》するのだが、それも作戦の目的のひとつであった。部隊はいたるところで、このようなやり方をし、前進をした。そして半島の先端にたどりついたのだが、十数万の兵で栄城の街は大混雑で、それぞれ二〇歳から六〇歳の男子を戦果として連行していた。

捕虜のほとんどは農民であったといわれるが、このときの約三万人は、半分が満州へ特殊工人として、残り半分は日本本土へ坑夫や港湾荷役夫として送り込まれたようである。しかしこのとき、八路軍は正面にまったく姿を見せず、アリ一匹這い出る隙間《すきま》もないはずの日本軍の包囲網は、後方からしきりに襲撃されたのである。

「このあとしばらく、坂本大隊は第三二師団の指揮下に入って、太行《たいこう》山脈の国民党軍と戦闘したんですが、連中は共産党軍と違ってあっさり投降するんで、これといった苦労はなかったですね。むしろ、そのあとの細菌戦のほうが……」

昭和十八年秋の魯西作戦は、コレラ菌探索作戦とも呼ばれた。関東軍の石井部隊が、防疫給水部の名目で細菌の研究を続けていたことは周知の通りだが、鉄の弾丸を使用するよりも細菌をばら撒《ま》いた方が安あがりで済むとして、実戦に用いられたのである。

北支那派遣軍は、中共軍解放区の陽穀《やんこく》県、朝城《ちょうじょう》県など五つの県にコレラ菌を散布し、住民が実際に病気に罹《かか》ったかどうかを調べたというのである。この作戦目的は、それとなく下士官クラスにまで知らされ①生水飲用の禁止②消毒液の携行③クレオソート携行などが厳重に命令された。

「住民は一人残らず捕えろ。ただし殺してはいかん、というのが従来とは違っていましたねえ。われわれの坂本大隊は、軍医の一団を警護するのが役目でしたが」

穀倉地帯であった。進撃した部隊は住民を片っ端から捕え、軍医の命令で一列に並ばせて下半身を裸にし、四つんばいにさせた。軍医は長さ五〇センチくらいのガラス棒を、無造作にぐいぐいと肛門に突っ込み、引き扱いては試験管に戻していた。

農婦の下腹部に人参やコーリャンの茎を刺しこんで殺したこともある菊池さんだが、さすがにこのときは無気味で気勢が上がらなかったという。そこで、せっかく収穫を終えた穀物を積み上げ、兵隊が寄ってたかって大便や小便をかけてから火を放つようなこともしてみた。

この細菌戦の効果がどうであったか、菊池さんは知らない。むろん戦後になってからも事実は陰蔽《いんぺい》されたままである。ただ、このとき収穫期の穀物を大量に徴発して後送したのを、御用商人が内地へ送ったことは確かである。コレラ菌探索作戦は、むしろコレラ菌散布作戦であったのかもしれなかった。

解説

三光は「焼きつくせ、奪いつくせ、殺しつくせ」を合い言葉に、中国共産党軍のゲリラ部隊が多かった山西省や河北省、山東省でゲリラと通じていると思われる集落を襲って住民を殺し、穀物など食糧を奪い、最後に家々に火を放つ日本軍の討伐戦《とうばつせん》（剿共戦《そうきょうせん》、儘滅戦《じんめつせん》などいい方はさまざま）を、共産党軍が名づけた呼び名。また、万里の長城付近の集落に対しては、満州国への共産党軍ゲリラの侵入を防ぐため、集落を無人化して他所に強制移動させたり、侵入阻止の壕を何百キロにもわたって無数に掘った。これも三光であった。これらの作戦による犠牲者は夥《おびただ》しい数にのぼった。さらに、日本国内の労働者不足を補うために、広い範囲を包囲して圧縮し、何千何万という農民を捕虜として日本へ強制連行した。日本政府は形式的な雇用契約を結ばせて国内の各会社へ配属し、監視付きで強制労働させたのである。その数は約四万人とされる。

「三光政策」を実行した小隊長、殺戮の回想

拷問を受け、刺殺される寸前「お腹の子供になんの罪があるのか！」と絶叫した女性の声がいまも忘れられない……。

路傍にころがる中国兵の首

対中国共産党軍専門の第五九師団一一一大隊の機関銃中隊付軍曹であった菊池義邦さん（五七）＝千葉市＝は、前項でふれたゲリラ掃討戦や、山東半島の八路軍を追いつめる最大の第三次魯頭作戦、さらには細菌戦の石井部隊に協力するコレラ菌探索作戦などをへて、昭和十九年（一九四四）一月に第一二軍司令部の参謀部勤務となった。

これは下士官の楽しみのひとつである遺骨護送や初年兵受領の名目で内地へ帰れる役目が、菊池さんにはなかなか回ってこないので、正月酒がヤケ酒になり、大暴れしたため坂本大隊から追放されたのであった。

処分を受けなかったのは、それまでの働きがモノをいったからであろう。捕虜を横流しして売ったり、機関銃弾をヤミで売ったりもする軍曹ではあったが、焼きつくし、奪いつくし、殺しつくす〝三光政策〟の忠実なる実行者である菊池さんを、上司としては処分できなかったのであろう。

昭和十九年に入ると、在華アメリカ軍は日本本土空襲のための飛行場を広西省の桂林・柳州、湖南省の衡陽、江西省の遂川などに建設しはじめた。これを破壊するために捷《しょう》一号作戦が立てられ、北支那方面軍は黄河渡河大演習と称して進軍、一応成功をおさめるのだが、このときの正面の敵は国民党軍であった。

「私は司令部の警備に当たっておりましたが、黄河を

渡ってからというもの、まるで西瓜《すいか》が転がっているみたいに、国民党兵士の首がいたるところにある。死体には野犬が群がって、人肉で太った犬どもの毛はツヤツヤ光り、まるでハリネズミみたいでしたよ」

このとき、洛陽まで攻めるのだが、米軍の空爆が激しく、日本軍も大きな犠牲をはらった。菊池さんは安全を見きわめて進む司令部の警備だから、さほど危険な目には遭《あ》わなかったが、便所造りには苦労した。

北支那方面軍の岡村寧次《おかむらやすじ》大将の上に、陛下の名代ということで朝鮮王族の常光参謀が来ており、この人のために移動のたびに穴を掘らねばならない。深さ七〇～八〇センチの穴にコーリャン殻で囲いを作り、用便中は警備に当たる。岡村大将や内山中将用の穴も掘ったが、囲いはいらない。むろん、それ以下の者は、佐官から兵にいたるまで、勝手に場所を決めて野グソであった。

この作戦が終わった直後の八月一日、菊池さんは陸軍曹長に進級した。曹長といえば尉官の一歩手前である。八カ月ぶりに新泰県の原隊に復帰した菊池さんは、小隊長を命ぜられた。

坂本大隊に戻って、さっそく与えられた任務は、山東南部にあるといわれた在華米軍飛行場攻撃と、中国共産党山東縦隊の殲滅《せんめつ》であった。八月上旬に出発し、蒙陰《もういん》→沂水《ぎすい》→安東衛→海州と進んで、連雲には十月末に着いた。

「私ら討伐隊は便衣に着がえてます。軍服じゃなく、中国人の服装で行動するんですよ。しかし、ゲリラというのは実に油断がならん。日照県の伝道河《ふどうが》という小さな川を、一個中隊が渡りかけて半ばにさしかかったところを、待ちかまえていた民兵に撃たれて、あらかた殺されるようなこともあったです」

討伐行のなかで初年兵訓練

日照からさらに南下して行くとき、どこまでも続く大平原でイナゴの大群に何回か出会った。雲のような大群が、さあっと地上に降りると、あたりの作物や木の葉はすべて食い荒らされて何も残らない。

この凄《すさ》まじい光景に、菊池さんらが息をのんでいると、使役の中国人が『皇軍一様』といった。イナゴは蝗と書く。皇軍と蝗群。中国大陸を食い荒す点で同じという、痛烈な皮肉だったのである。さすがに菊池さんは絶句させられた。

その皇軍も、鉄の規律がガタガタになっていた。この作戦の途中、三〇歳の召集兵が自殺し、やはり召集の一等兵が逃亡した。郷里に妻子のいる召集兵の場合は、がむしゃらな〝三光政策〟に耐えきれなかったのではないだろうか。

日本軍の駐屯地には『共匪撃滅』『日満華一体』『東亜新秩序の建設』などのスローガンばかりだが、解放区に行くと『白木の箱をかかえて泣く父母妻子を想え――八路軍』『馬上の将軍・足にマメ出して歩く兵隊――日本人解放連盟』などの文句が壁に書かれ、立木に刻まれているのだった。

この作戦のあと、菊池さんは初年兵受領のため日本へ帰り、わずかな休暇の間に慌ただしく結婚式を挙げ、昭和二十年一月、ふたたび新泰に戻る。

「甲府から約一〇〇〇人の初年兵を連れて行ったのです。さっそく泰安の西方に当たる東阿《とうあ》と東平《とんぺい》に八路軍撃滅に行ったのですが、呉家海子という村に八路軍の野戦病院がありましてね、徹底して捜索したところ二〇人ほどの傷病兵が見つかりました」

いずれも重症で、撤退の八路軍も連れて行けなかった連中である。この二〇人は、さっそく村のはずれの窪《くぼ》地《ち》に集められた。そしで、部隊に配属され約一〇〇人の初年兵が、その周りに立つことを命じられた。

「初年兵は一人一人名前を呼ばれて、声もあげることができずにうずくまっている病人を突くんです。初年兵のなかには、真っ青になってブルブル震えて後ずさる者もいたのですが、叱りつけて突かせました。訓練が終わるまで二時間くらいかかりましたかなあ。突き終わると、昼飯を食ってまた前進です」

主力を正面に置き、四キロほど左右に小隊を出して行軍するのだが、盧泉屯《ろせんとん》という村に近付いたとき、左翼の小隊が敵と遭遇した。すでに無線はなく、敵と遇《あ》ったら榴弾砲《りゅうだんほう》を四発撃つことになっていた。主力は一斉に音の方へ走ったが、小隊二〇人の死体が残ってい

ゲリラ戦を武器とする八路軍は、日本軍の動静を読み、的確な攻撃を仕掛けてきた。

るだけだった。

八路軍は殺した日本兵の衣服を必ず剝《は》いでいく。しかし、このときは裸にする余裕がなかったらしく、死体は便衣をつけたままだった。裸にするのは、彼らが衣服を必要とするからで、とくに他の理由はない。むろん〝毛沢東理論〟で、武器は必ず奪っていく。

小隊二〇人が殺された近くの農家で、五〇歳くらいの男一人と、二〇代の男二人が穀物の選別作業をしていた。

「こいつら、知らん顔してオレたちを騙《だま》す気だなと思ったから、私は有無をいわせず三人を倒したです。一人は胸に引き金を当てて撃ち、二人は着剣して刺したですが……。しかし、双眼鏡で山裾《やますそ》をのぞくと、約三〇〇人の八路軍が粛々と戦場離脱するのが見えたです」

殺された小隊の死体は、七、八キロ運んで焼いた。遺骨は兵隊が乾麵包の空袋に入れ、首に吊って次の討伐地へ向かった。

そのあと、杭日堂という村を包囲したが、ここでは道路沿いに交通壕が掘られており、解放地の拠点であることがわかった。そこで包囲の日本軍も村の手前に壕を掘り、突撃の機会をうかがっていた。

「私のそばに見習士官がいましてね、突然『突撃!』という命令を下すじゃないですか。私はとっさに『出るな!』と叫びましたが、命令をを無視された見習士官は再び『突撃!』と叫んで抜刀して壕を飛び出したんです。

その瞬間、側面から狙撃《そげき》されて、見習士官は一発で倒れたです。途端に爆竹が鳴り、ドンチャカドンチャカ鳴り物入りの喚声が上がり、こちらの壕に手榴弾が投げ込まれましてね。この村には〝民兵紅槍会《こうそうかい》〟という強力な組織がありまして、交通壕は各家庭のカマドの焚《た》き口に通じており、自由に連絡がとれるようになっとったんです」

待ち伏せ攻撃で救援の小隊全滅

このような討伐を繰り返しながら、部隊は転々とする。根拠地の泰安に戻ったとき、わずかに安らぎの時間を見出すのだが、そんなある日、菊池さんは強姦の誘いを受ける。

「井口という古参軍曹が夜中に起こしましてね、農家の娘のとこへ夜這いに行こうというんです。昼間のうちにめぼしい娘を物色しておいたから、黙ってついて来いというわけで……。なに、夜這いというても戸口を蹴破《けやぶ》って躍り込むんです。老夫婦に娘が一人の家でしたが、井口が自分が先にやるというんで、私は年寄りを外に追っ払って見張り役です。ところが、奉安憲兵分遣隊の私服が、ピストルを構えて近付くじゃないですか。私は軍刀かかえて逃げ出しましたよ」

治安地域では、皇軍の善政ぶりを見せねばならぬから憲兵は厳しく、どうやら怪しいと睨《にら》んで尾行したらしい。敵地城で蛮行のかぎりをつくした延長で夜這いに出かけた古参軍曹は、不本意ながら現行犯逮捕されたのであった。

しかし、調書をとられただけで、すぐ釈放された。菊池さんはしばらく「おまえだけ逃げるなんて」と文句をいわれたが、あとで憲兵隊からきた『隊長の処置に任《まか》す』という通達を握りつぶしたから、井口軍曹にはなんの処分もなかった。菊池さんは命令受領員をしていたから、握りつぶせたのである。

昭和二十年三月、蒙陰警備隊が約三〇〇〇の八路軍に包囲されたので、至急救出に向かうことになった。一足先に出発した五〇人の援軍は、途中で待ち伏せされて全滅している。菊池さんがそこまで行ってみると、二人の生存者がいるだけで、四七人の裸の死体が転がっていた。

「衣服を剥ぐだけで、死体に傷を加えたりはしないですね。村社中尉、東少尉、中村兵長などがやられていました。このとき行方不明になった高橋上等兵は捕虜になっていて、片足切断で復員したといいますが、八路軍が手術して救ったんでしょうねえ」

その高橋上等兵奪還、中共軍殲滅を誓って蒙陰に突撃したが、この警備隊はすでに全滅していた。部隊は約一カ月、蒙陰にとどまって作戦を展開したものの、なんの成果もなく、死体の処理をしただけであった。

遺体は付近の民家から片っ端から木製品を持ち出し、

夫や息子、兄姉たちを抗日戦に送り出している中国の銃後では、「自分たちの村は自分たちで守ろう！」と、老若男女すべてが立ち上がっていた。

その上に置いて焼いた。全員が火を囲み、捧《ささ》げ銃《つつ》をして「海ゆかば」を斉唱した。柳の枝で位牌《いはい》をつくり、名前を記入して一緒に焼いた。

八カ月の妊婦を拷問、そして刺殺

四月に入って、膠済《こうさい》鉄道南側約三〇〇キロ地帯の八路軍撃滅の命令が出た。大隊長は坂本中佐から藤田少佐に代わり、さらに熱田大尉に代わっていた。熱田大隊にはこの作業のとき、特に地雷探索隊の工兵一個分隊が加わっていた。

「新泰を出て、青島に近い索格庄《さっかくしょう》という集落を目指したんですが、近付くにつれて地雷線に引っかかるんです。渡河地点に集中して敷設されているほか、道路の三叉路、村の出入り口などにも埋められ、家屋の中にさえ地雷があるんですよ」

地雷の威力はあまり強くはなかったが、そのものすごい音と爆風が日本軍を悩ました。そして、ついに地雷探索の工兵が一〇人も一挙に吹き飛ばされてしまった。工兵たちは尻餅をついて声にならない叫びをあげて、のたうちまわった。

「工兵がやられたので、今度は探知用に付近の農民を集めました。三〇人くらい数珠《じゅず》つなぎにして、先頭を歩かせるんです。一番確実な探知機で、地雷にはふれずに済みましたけど、よその中隊では農民ごと吹っ飛ばされたらしいです」

目的の索格庄に入ると、さっそく陣地の構築が始められた。米軍が上陸するとすればこの地点だという情報が入っていたためであった。第五九師団は山東半島の南側に展開して、対戦車壕を掘りながら肉迫攻撃の訓練も行った。上陸する戦車に近付いて、手榴弾を投げる捨身の訓練だった。

菊池さんはこのとき、現地召集の新兵教育掛を命じられた。なによりも度胸をつけるのが急務で、師団長は「生きた人間を突かせよ」と命令を出した。生きた人間を突かせる訓練は、軍によって正式に決定された基本教育になっていたのである。

「昭和二十年現地召集現役兵第一期基本教育検閲計画」の中で、兵の訓練の度合をはかるバロメーターとして行われたのである。

「四〇から五〇歳の農夫を、突き訓練用に使いました。ただ殺してはもったいないというので、陣地構築の作業でさんざん酷使して、疲れて役に立たなくなったのを山の中腹の立木に縛り付けるんです。目隠しなんかしなかったですねえ。新兵は完全軍装で、一〇〇メートルくらい下に四列縦隊で並んでいて、小隊長が上から手旗で合図すると一人ずつ一気に駆け登り、銃剣で突くわけです。私の第四中隊だけで三〇人ほど殺しましたかねえ。ですから大隊で二〇〇人ぐらい訓練で殺したんじゃないですか」

訓練の犠牲にはならなかったが、女性も殺され続けた。ある日、八路軍に通じていると思われる妊娠八カ月の女性を捕まえて拷問を加えた。一日に三センチずつくらい髪を切り、十日間で丸坊主にしたが何も喋《しゃべ》らない。坊主頭になってからは、食物も水も口にせず、とうとう雨の降る日、殺された。ある伍長が銃剣で腹を突き、崖から蹴落としたのだったが、その女性が突かれる寸前、もの凄《すご》い形相をして「お腹の子供になんの罪があるのか！」と絶叫したときの声を、菊池さんは今でも忘れることができないという。

昭和二十年七月、第五九師団は突然の命令で山東半島を退き、朝鮮の興南に移動することになった。大本営は、中国大陸における戦線の思いきった縮小をはかり、ソ連軍に備えて朝鮮・満州方面を補強したのであった。

昭和十三年に佐倉歩兵第五七連隊入りして以来、忠実なる日本軍の兵士として鍛えられた菊池さんは、対中共軍専門の特殊部隊で掠奪と殺戮を実践した。そして昭和二十年八月二十三日に武装解除、シベリアで昭和二十五年七月まで重労働に従事、ここで中国での戦争犯罪の一部を告白して中国撫順《ぶじゅん》へ移送されて裁かれ、昭和三十一年九月に帰国した。実に十四年三カ月ぶりの帰国であった。

菊池さんにとって、戦争とはなんであったのか。戦争犯罪とはなんであるか。そして、中国国民に対して、いま何をなすべきなのか……。菊池さんは自問自答の日々を送っている。

〈座談会〉地獄の大陸戦線に流れた暴虐の血

太陽の暖かさが服を脱がす——中国軍の温情にすべてを告白し、無罪となった元日本兵三人が語る大陸戦線の実態。

便衣に中折れ帽の鬼の中隊長

中国共産党軍（中共軍）掃蕩《そうとう》の専門部隊として、第五九師団（東京）が編制されたのは昭和十七年（一九四二）四月であった。主として山東省を転戦したあと、敗戦直前に朝鮮・満州へ対ソ連作戦で移動し、そこでソ連軍によって武装解除された。

捕虜になってからシベリアへ送られ、ここの取り調べで戦犯容疑者になった人たちは再び中国へ戻されて、厳しい追及を受けた。

この師団の機関銃中隊にいて、対ゲリラ戦の尖兵《せんぺい》だった菊池義邦さん（五三）＝千葉市＝の体験については、すでに前項でも紹介してきた。今回は、その菊池さんと同じ師団に所属し、シベリア抑留、撫順刑務所生活のあと、昭和三十一年（一九五六）秋に帰還した二人を加えて特別座談会をおこなった。

佐野勲さん（四九）＝千葉県船橋市＝は、昭和十七年に志願兵として済南《さいなん》に行き、師団付の無線中隊に配属されて、多くのゲリラ戦に参加した。

山田三郎さん（五一）＝千葉県船橋市＝は、昭和十五年に現役兵として済南へ行き、体が弱いためもっぱら旅団本部の警備に当たったが、大きな作戦には参加している。

＊

山田　現役召集で上野公園に集合せよということなんで行ったら、いきなり列車に乗せられてなあ。済南に送られたちゅうわけよ。済南の独立混成第一〇旅団は第五九師団の前身ですが、ここはもともと九州・久留米の部隊でしょ。荒っぽさで定評のある九州男児が初年兵教育掛で、生きたままの人間を突かせる訓練から始めて、村に分屯《ぶんとん》してるときなんか、歩哨に立ってい て、山裾を歩いている人影を見かけると、ひょいと銃をかまえて「ちょっと撃ってみるかな」って調子だった……。

佐野　虐殺といえば、僕も初年兵のとき老婆を一人殺している。縛りつけた老婆を二間くらいの距離から撃たされたんです。Kという分隊長が、訓練だといって命令したんだけど、僕はぶるぶる震えてどうしても撃てない。老婆は「勘弁してくれ」って哀願しているし、引き金を引くとき思わず目をつぶった。

そしたら、はずれた。分隊長は怒って「そんなことで人が殺せるか！」って、銃の台尻で僕の頭をぶん殴ってから、「こうしてやるんだ！」って、一発で仕留めた。僕の弾丸は当たらなかったけど、でも虐殺に加わったことは確かです。このお陰でといっていいほどの理由で、十一年間の捕虜生活を送ることになったんだから。

菊池　その分隊長のKさん、捕虜になってから懺悔《ざんげ》してますよね。

佐野　わかんないよ。いま電電公社にいるっていうけど、どうも気になる。Kがどう供述したかだ。

山田　山田三郎っていたでしょ。〝人斬《ひとき》り山田〟って……。

菊池　いたいた、有名だった。

佐野　中国側が人相書きを回していたね、懸賞金をつけて。

山田　僕と同姓同名だから、シベリアでも撫順でも、ずいぶん苦労させられたよ。「お前があの山田だろう？」って、しつこく調べるんだ。

佐野　シベリアでもそうかね？

山田　シベリアでは、僕がずっと否定したもんで、三回も重営倉に入れられた。もう、泣き通しでしたよ、僕は。それでとうとう、あることないこと喋って、やっと出してもらったけど、供述書では一二〇人あまり殺したって書いたな。

佐野 そんなに殺《や》ったのかね〝人斬り山田〟は。

山田 戦闘中のものを含めてだがね。中国に移されてから、幸い同じ部隊の者がいたんで、何人かに証言してもらってやっと嫌疑が晴れた。あっちの山田三郎さんは通訳だったんだが、あまりうまくないんで言葉が通じない。それで、いらいらして斬っちまったんだな。

菊池 あの人の上司の浜野大隊長も〝人斬り浜野〟と言われていた。だいたい浜野大隊は何人斬ったかわからんね。私の中隊の小川隊長の首にも懸賞金がかけられていたけど、便衣を着て中折れ帽かぶって日本刀ふりまわす姿は、まさに鬼だったな。いま小川さんは千葉県のある町の議員さんだけど、そりゃもう好々爺《こうこうや》でね。

山田 〝人斬り山田〟はどうしてるかねえ。死んじまったのかもねえ。

労務者徴発で〝人間掠奪〟

菊池 サブちゃんは、コレラ菌探索（前項参照）に行った？

山田 行かねえ。体が弱いんで、あまり討伐に行かずに、警備ばかりしていたから。

佐野 僕は行ったよ。ある村では、やせこけた住民が逃げようとしてバタバタ倒れてたな。みんな脱水症状で、コレラって本当に恐いもんだと思った。だけど、石井部隊は本当に撒《ま》いたのかなあ、コレラ菌を……。

菊池 撒いたさ。私ら尖兵でしょ、軍医がこんな（五〇センチくらいの長さを手で示して）ガラス棒をケツの穴に突っ込んでは試験管に移していた。

佐野 指揮班長が、しきりに「近付いちゃいかんぞ」と僕らにいって「ここは特にひどい」とかなんとか、ブツブツ言ってな。

菊池 ムシムシする暑いころだったが、あの作戦は糧秣掠奪でもあったんだな。

佐野 「敵地区に物資がたくさんあるから匪賊《ひぞく》がたむろするんで、なくしてしまえば匪賊もいなくなる」なんて説明されたけど、あれは日本に送ったんだな。

菊池 そう、済南に集めてね。

佐野　僕ら後方部隊は、占領地の弁公所に司令部つくって、ニワトリ持ってこい、卵持ってこいって命じる。弁公所というのは役場みたいなところだが、尖兵隊がめぼしいものをあらかた荒しているから集まらない。だから何人あたり豚一頭持ってこいと割り当てたりしてたが、弁公所がいうには「八路軍はちゃんと金を払うが、日本軍は掠奪する」って……。

山田　向こうの人も、食いものがないんだ。小指ぐらいの漬け物一切れで、三日間のおかずにする。

佐野　万歳橋、覚えているだろ。あそこを渡って城内に入る住民に、米を出さなきゃ通さない、なんていっ

関東軍第731部隊（細菌戦部隊）の創設者・石井四郎軍医中将。

南京近郊で細菌戦を行った第731部隊が、ペスト流行後にその村を焼き払っているところ。

てね。一日立ってると、すごいもんだ。山ができる。

山田　お菓子のなかに拳銃を隠してることもあったよ。

佐野　だから、検査と称しておおっぴらにやる。甕《かめ》に入ったコーリャン酒や莽泰酒《モウタイチュウ》なんかを、ひしゃくでひっかきまわして調べて、ちょいと一杯飲んでから「よし入れ」なんてね。

山田　泥棒部隊だもんね。作戦から帰った連中のポケットのふくらみかたといったら……。

佐野　通信隊で持って行く通信箱、こいつは四号まであるんだけど、二つは空っぽにして出かけるのよ。

山田　留守部隊の者は、作戦帰りがまぶしく見えて、なんとなくおべっか使っちゃってね。洗濯なんか引き受けると、相手も「おう、これ取っとけ」なんてポケットの札束をくれる。あの金、掠奪品を途中で売ったものなんだ。部隊に持ち帰れないから、途中でそれを商売にする連中に売るんだが、ロバがいい値がする。

佐野　悪いことしたよねえ。

山田　悪いこと世界一だろうね、日本軍は。

佐野　人力車なんか、一度も金を払ったことがない。

山田　大の男の苦力《クーリー》が地面に手をついてね、金を払ってくれって頼んでる。

佐野　済南でだったな、二人連れで遊びに出て、人力車二台に分乗して競走するんだ。走れ走れって、軍刀抜いて苦力を脅かして……。

菊池　昭和二十年の初めの頃は、人間の掠奪に行った。深夜、民家へ踏み込んで寝てるのをたたき起こして、男を引き立てる。女房や親が泣いて頼むのを押しのけて行くんだが、このときの目的は労務者の徴発だった。

佐野　日本軍を鬼といってたなあ。女でも徹底している。一秒後に死ぬ女でも、最後には「日本鬼子《リーベングイズ》」を叫ぶ。

山田　日本兵には、天皇陛下万歳と叫んで死んだのは一人もいないけど、毛沢東万歳、中国万歳って叫んだ八路軍の兵士を見かけたよ。

菊池　討伐の帰りに、少年を捕えて使役に使ったことがある。約五〇里、荷物をかつがせたんです。ハンタロウって名前を勝手にくっつけて、馬みたいに。新泰県に着いて、一人で帰れるっていうから、別れ際に何かいうことないかと紙を渡したら『打倒日本、八路軍万歳』って書いたんで、もう、びっくりしました。

強姦・上官暴行で銃殺刑に

山田　昭和十七年から十八年にかけて、華項って村に分屯してたけど、このとき、炊事係の中国人がご飯に毒を盛ってね。全員が血を吐いて、一人は死亡する大変な騒ぎになった。私はちょうど馬屋にいたんで助かったが、その直後に襲撃をかけられてね。防戦防戦で、ベルトの小銃弾一二〇発全部撃っちゃった。

菊池　そりゃ、すごい。

佐野　小銃弾三〇発撃つのでもおおごとだよ。

山田　だって一晩中だもん。救援隊が着いてなんとか助かったけど、そのあとさ、村全部を焼いちゃったのは。炊事係はとうとう捕まらなかったが、日本軍の報復はすごい。

佐野　一人襲撃されたらみな殺しにせよ、だからね。最初に言った老婆虐殺も、そういういきさつからだった。

山田　敵地区では、なんでもやっちゃうんだ。

佐野　治安地区では軍法会議にかけられる。宣撫《せんぶ》が目的で出動するときは、私服の憲兵が五、六人つく。

山田　強姦で銃殺されたのがいる。

佐野　済南飛行場の裏手で、処刑する。あそこには土を盛って石を置いた墓がたくさんある。いつか上官暴行で四人ほど銃殺されるのを見たが、浅草あたりのヤクザが混じっててね、「たった一人の妹にだけは、銃殺になったことをいわないでくれ」って泣く。それがまた兵の教育のタネになる。

山田　ところが、中国人はめったに泣かないね。偉いよ。

佐野　叛乱《はんらん》を起こしそうになった保安隊を武装解除して、そこの通訳をいろいろ責めたんだけどしゃべらない。訊問《じんもん》に当たった奴が、井戸の近くに連れてって、刀を洗って「斬るぞ！」といって、なにかいい残すことないかと尋ねても〝没法子《メイファーズ》〟だもんね。その直後に、スパッと首を落とされてる。

菊池　ねえ、こんなことがあったでしょう。蒙陰で捕

「日本軍の侵攻間近し！」と聞き、桂林の南駅から脱出を急ぐ中国人たち。

虜になった高橋上等兵が、三週間のちに帰ってきたんだけど、これは夜の間にこっそり農民が城門まで運んで、置いて行ったんだよね。そもそも片足を負傷して、捕まったんだけど、八路軍は手術で切断して、治療して帰してくれた。

部隊に戻った高橋上等兵とは、一切面会謝絶だが、私は古参兵だから、かまうもんかと行って話を聞いた。高橋は「殺されると覚悟していたのに、連れて行かれた根拠地で、ご飯と生卵とお新香を食べさせてくれて、治療までしてくれた」という。日本語のわかる看護婦がいて、痛いですか、なぜ痛いかを考えなさい。そして、こんな所にいないで早く日本へ帰んなさい。ここから帰してあげるから、といったという。高橋は涙を流していましたよ、感謝して。

あとで九州の小倉へ送られて、軍法会議にかけられましたけどね。高橋はいま、千葉市内で自転車屋を開いていますよ。

すべてを供述して無罪放免に

魯頭作戦で捕虜になった小原一等兵は、うまく逃げて部隊に戻ってきたのに、敵前逃亡の罪を被《かぶ》せられて無期懲役刑になった。生きて帰ったからいけないんだ。あれは昭和二十年三月だったかな。

山田　なんのための戦争だか、わからなくなるばかりでね。僕は戦闘の最中は、何回も手を上げたですよ。伏せたまま右手を上げとくと、運よく人差指とか親指にタマが当たって、内地送還になるんじゃないかと期待してたんだ。

佐野　ほう、そりゃ、あんた進歩的だったね。

山田　しかし、当たらないもんだね。

菊池　八路軍は強かったな。国民党軍みたいに、陣地を構えて銃眼を造るなんてことはしない。遊撃戦だから。

佐野　行軍していると、山の稜線《りょうせん》にボーッとノロシが上がる。気持ち悪いもんだね。

菊池　夜間は懐中電灯で、稜線ぞいにチカチカ点滅が動いて行く。地の利と人の和かな。

佐野　一〇〇〇人の八路軍が一晩でいなくなったり、かと思うと、一晩で三〇〇〇人ぐらいの部隊が集まったりする。

山田　僕はボーッとしてるから、村長の家なんかに入り込んで世間話なんかしてたけど。

菊池　そして相手は、話しながら八路軍のための靴を縫ったりしているだ（笑）。私ら、殺せば殺すほど金《きん》鵄勲章《しくんしょう》がもらえる時代とはいえ、大変な相手と戦争やっていたんだな。

山田　しかし、戦後の中国側の態度は、そんな僕らに寛大だったなあ。

菊池　撫順の刑務所に、日本兵にやられて片腕なくしたり、耳をそがれた人たち約八〇〇人がデモをかけてきたことがあった。でも、取り調べに当たっては恨みがましいことはいわない。

佐野　気持ちがでかいんだね。

山田　あんたが反省してくれればいい、って言ってる。

佐野　圧力をかけて告白させたものは真実性にとぼしい。五回、六回と供述書を書かされてるうちに、シベリア当時のものがどんどん変わって、しまいには包み

日本軍の捕虜に対し、中国軍の戦闘方針を説明している八路軍の王震第359旅団長（右から2番目）。

隠さず書いたよ。

菊池　朝鮮戦争が激しくなって、撫順にも戦火が及びそうだっていうとき、中国側は私らの安全をはかって、東北（旧満州）の奥地へ移したよね。「強風よりも太陽の暖かさが服を脱がす」というけれど、私は全部しゃべる気になった。

山田　最後の人民裁判で、僕は僕の行為一切をバラしたつもりなんだ。しかし、無罪釈放でしょ。

菊池　『戦争犯罪人ではあるが、ていどの差こそあれ改悛《かいしゅん》している。よって不起訴、無罪釈放する』っていい渡された。その文書、今でも大事にして持っている。

山田　ああ、僕も持ってる。

佐野　帰ってきて腹が立ったのは、洗脳されてるんじゃないかって、警察からしつこくつけまわされたことね。

山田　僕も不愉快だった。

菊池　中国でのことあれこれ話すと、困るのかもしれんけど、真実だから仕方ないじゃないですか、ねえ。

第5章

見捨てられた戦場

死よりも残酷だったペリリュー島の白兵戦

剣道三段の曹長が敵の首をパッと刎《は》ねた。〈やった！〉と思った瞬間、首のない米兵の手榴弾が炸裂して……。

厳寒の北満守備から赤道直下の南洋へ

満州（中国東北部）のチチハル付近の守備に付いていた関東軍の精鋭第一四師団（宇都宮）に、太平洋方面への転進が命じられたのは、昭和十九年（一九四四）二月十日だった。

零下三〇度の極寒の地から、赤道直下への大移動である。歩兵第二連隊（水戸）、第一五連隊（高崎）、第五九連隊（宇都宮）を主力とする約三万人は、ほとんどが若い現役兵だったから士気は旺盛《おうせい》であった。

原裕さん（五二）旧姓・中島＝茨城県行方郡＝は、昭和十六年（一九四一）三月に第二連隊に召集され、このとき軍事郵便を扱う上等兵だった。

「真冬なのに夏服を渡されたから南方とは気が付いたけど、行き先は知らされない。横浜と館山に寄港したときも外出はダメで、三時間ぐらい交替で体操させてもらったな。船内では畳一枚に四人の割りだから、ちょっと席をはずすと自分の場所がなくなるほどだった」

すでに、太平洋の日本軍には明るい材料は何ひとつなかった。ガダルカナル島の敗北以来、東部ニューギニアは地獄の戦線となっているし、日本の防衛線は縮まる一方である。

永井啓司さん（五〇）旧姓・館＝茨城県東茨城郡＝は、昭和十三年（一九三八）一月に志願兵で第二連隊に入ったから、このとき軍曹であった。

「われわれが横浜で体操をしよったころ、大本営は二連隊の派遣先をサイパンだ、パラオだと迷っとったんだから、我々に行き先がわかるはずもない。爪と髪を切って遺《のこ》し、認識票を体につけさせられてね、戦死の用意をした。このことを〝編成完結〟という言葉で言っとったです」

まさに、死出の旅であった。

船団が目指すパラオ諸島は、トラック島と並ぶ日本海軍の根拠地で、当時、パラオには連合艦隊旗艦「武蔵」を中心に、多数の艦船が碇泊《ていはく》していた。そして戦艦「武蔵」には、ブーゲンビル島上空で撃墜死した山本五十六大将に代わって、連合艦隊司令長官に就任して間もない古《こ》賀《が》峯一《みねいち》大将が乗艦していた。そのパラオが、三月三十日に初空襲を受けた。

あわてた連合艦隊司令部は、翌三十一日、古賀長官と主要幕僚たちを二機の大型飛行艇に分乗させ、フィリピンのダバオに向かった。ところが、古賀長官の乗った飛行艇は悪天候に巻き込まれて行方不明となり、遂に殉職とされる。これから赴《おもむ》く地で海軍の司令長官が行方不明になるとは、第一四師団の将兵にとってはなんとも不吉な船出だった。

パラオが危険なので、第一四師団の将兵を乗せた船団は小笠原諸島の父島で待機した。

森島通さん（五二）＝茨城県日立市＝は、昭和十八年十一月に現役入隊し、二連隊の暗号手で一等兵であった。

「星一つの幹候要員でしたけど、血沈がまずいというんで休養をとらされたりでさえませんでね。寒い北満だからいけないんで南方ならいいんじゃないかと、わざわざ南方を志願したんです。お前みたいなのが行っちゃいかんよっていわれたりして、動員が下ったのは一番最後になりましたが、いざ船出となると第一艇団でもっていかれました。小笠原では、体が悪いんで、一日だけ上陸を許されましたよ。父島の小学校で、子供と女の先生と遊んだんです。そういえば、このときから三年間、女と話す機会がなくなったわけだよな」

小さな島に四万の米軍来襲

船団がパラオに到着したのは四月二十五日、そして、翌二十六日には第二連隊（中川州男《なかがわくにお》大佐）と第一五連隊の一個大隊がパラオ諸島南端のペリリュー島へ、第五九連隊第一大隊（後藤丑雄少佐）が、さらに南のアンガウル島の守備につくという、あわただしさであった。当時、ペリリュー島には日本軍の飛行場があり、アンガウル島には飛行場予定地があった。米軍にとってはフィリピン奪還の前進基地として、ぜひとも欲しい飛行場であった。

山口永さん（五〇）＝茨城県稲敷郡＝は、昭和十七年一月に第二連隊に入り、幹部候補生に合格して仙台の青葉城で教育を受け、このとき少尉であった。

「スシ詰めの船から降りたときのね、あのペリリュー島の海の青さが、いまでも忘れられんなあ。もっとも、上陸してからは、さっそく陣地構築と猛訓練だからよ、海の青さを観賞するヒマもなかったがよ。ペリリューは石灰岩の島だから、ノミで岩に穴を開けて爆破するんだが、そのダイナマイトに不自由したなあ」

国際連盟の信託統治領だったパラオ諸島は、第一次大戦で戦勝国入りした日本がドイツから統治を受け継いだ南洋群島の一部で、南洋庁が置かれた統治の中心地だった。島には日本人も多く住み、島民も日本語教育を受けていて、親日的だった。そうした住民や沖縄県出身が多い軍属なども協力して、ペリリュー島の陣地構築は進められた。陣地の大半は、島を縦断する山の斜面をくりぬく洞窟陣地だったから、その労力は大変なものだった。

塚本忠義さん（四九）＝東京都品川区＝は、昭和十八年一月に大竹海兵団に入り、工作隊上等水兵としてパラオに派遣された。

「戦闘機の修理が任務だけど、なにしろ飛行機がない。やられたのを皆で直して、あした試験飛行をやろうという前日に爆撃で全機やられちゃった。そこで修理する戦闘機もなくなっちまったので、陸戦隊要員としてペリリューに派遣されたんですよ。海軍なのに、陸軍に配属されましてね。第二連隊第二大隊の予備隊として軽機関銃の扱い方を教えられたりしたけど、陸戦の訓練といえば二回ぐらいしか受けとらん」

浜田茂さん（四九）＝山口県玖珂郡＝は、昭和十八

昭和19年9月15日午前8時30分、ペリリュー島の西海岸（西浜）に殺到する米軍の上陸用舟艇群。これが2カ月半に及ぶ死闘の開始であった。

年一月に大竹海兵団に入り、塚本さんと同じ時期に横須賀の海軍工作学校で教育を受け、飛行機の溶接技術を身につけた整備兵で、このとき上等水兵だった。

「大分県の佐伯航空隊から鹿児島へ移って、十九年の四月にサイパンへ行った。サイパンには爆撃機・艦載機・戦闘機が二百数十機おったから、これだけあれば大丈夫と思うたですよ。そしたら、六月にパラオ行きを命じられて、行く途中でサイパンが艦砲射撃に遭《あ》っとることを聞かされて……。パラオのコロール島からペリリューへ行ったのが七月十四日です。海軍司令部の本部前に着いた途端にサイレンが鳴って、ボーイングが一四機突っ込んできてね。こっちは着いたばかりで地形がわからんでしょ、四つん這いになって逃げて、夢中で水タンクに隠れて助かりました。あとは塚本と同じように、にわか仕込みの陸戦訓練ですよ」

訓練は、水際撃滅の方針でなされた。船から降りたところがいちばん弱いから、そこを狙えというわけだった。たしかに、米軍の上陸が始まってから、この訓練が効果的であったことはわかった。しかし、米軍はしゃにむに敵前上陸する日本軍とちがい、事前にたっぷり時間をかけて爆撃と艦砲射撃を加える。

土田喜代一さん（五二）＝福岡県筑後市＝は、昭和十八年一月に佐世保海兵団に入り、横須賀の見張学校で教育を受けた上等水兵であった。

「十九年二月にサイパンの隣のテニアン島に行って、そのあと六月にペリリューに派遣されたとです。飛行場の戦闘指揮所で見張りを続けましたがね。おもに爆音で判断して、島全体に空襲警報を流しよったですタイ。九月十日ごろじゃったと思いますがね、グアム島がやられたけん見張りを厳重にせえっちゅう指令があったんで、そのつもりでおったら敵の艦載機四機を発見しましてね、あくる日から本格的な爆撃が始まったとです。そして、十五日に上陸ですもんね。もう、見張りどころじゃなかけん、陸戦隊入りしたですバイ」

ペリリュー島上陸作戦の米軍は、二個師団で約四万人であった。上陸前の爆撃と砲撃で、東西約三キロ、南北約九キロの小さな島はすっかり裸になり、うっそうとしたジャングルを逃げ場とすることもできない日本兵は、洞窟にたてこもって必死に抗戦した。

「小さな島だから、せいぜい二万人ぐらいで攻めてくるんじゃないかって、日本の偉い人たちは考えとったんじゃねえかな。守るこっちは一万人だが、飛行機が一機もなかっぺ。最初の一週間は、それはもう大激戦で、こっちも相当、敵に打撃を与えた」（山口さんの話）

上陸の米兵にまみえた一瞬

程田弘さん（五〇）＝神奈川県川崎市＝は、昭和十七年に二連隊に入り、このとき上等兵であった。

「本格的な上陸は九月十六日未明からです。最初に上陸してきたのは十五日の夜だったけど、僕らが見たのは黒人が三人ほどで、カメラとスケッチブックを持っていた。引き寄せるだけ引き寄せろというんで、このときは撃たなかったですよ。さあ、いよいよ敵が来たぞというんでね、腹ごしらえすることにして、メシを炊《た》いた。小隊長が〝発見されるから火はいかん〟というをけど、なあに、かまうもんかと飯盒《はんごう》で炊いて塩をかけて食い終わってね、それから海岸へ行ってみたら人影がない……」

しかし、朝になって米軍は一斉に上陸してきた。最前線に立っているのは黒人兵だった。米軍は、いまなおベトナム戦でもそうであるように、黒人をつねに消耗品として前に出す。

戦車も続々と上陸する。日本軍はトーチカに入れておいた速射砲で応戦したが、やがて、そのトーチカも次々につぶされてしまう。ペリリュー島には日本軍の戦車は一二輛いて、そのうちの一〇輛が突っ込んだものの、あっという間に全滅してしまった。

飯島栄一さん（五二）＝茨城県鹿島郡＝は、昭和十六年三月に二連隊入りし、このとき上等兵であった。

「朝六時が満潮だからね、上陸用舟艇の都合で敵があがるのはその時刻だろうと、だいたい分かっておった。私は富山《とみやま》に前の日までいたが、海岸へ移動して疲れたのと、腹《はら》が減《へ》ったのとでタコツボにじっとしておった。で、艦砲がやんだもんで、終わったのかな、と思ってひょいと顔をあげたら、あんた、敵兵が目の前におった。さあ、それからあわてて殺し合いが始まった。米軍は、味方が上陸したから艦砲はやめるよね。だから、白兵戦。五中隊の第三小隊なんかは、戦車の火焔放射器で全部やられた。われわれのところの雲野兵長が、デング熱でふらふらしとるのをやられたんで、よしッと海岸に突撃したけど、一五〇人もおったかなあ。

突撃は、あの日三回やった。そのたびに、だいたい三分の一ずつ減ってねえ。死ぬ覚悟だから、銃剣つけて、タマ五発つけて、それから水筒だけ持って行く。一回目の突撃のときだったかな、中隊本部が応援にきてくれて、そのなかに鬼沢君がいたんだ。戦闘中だから顔は見えないが声は聞こえてね、心強かった」

鬼沢広吉さん（五二）＝茨城県鹿島郡＝は、昭和十六年三月の入隊で飯島さんと同じ中隊の衛生兵で、このとき上等兵であった。

「突撃のとき、剣道三段の小高曹長が、敵の首をぱっと刎《は》ねてね、やった！　と思ったら、首のない米兵の手榴弾がバーンと破裂して、小高さんが死んだ。アメリカの手榴弾は安全ピンを抜いといて、手を離すとバーンといく。日本のは安全ピンを抜いて、カチンとたたいて発火するからね、食いちがいがあるわけよ。

私は、患者を収容して壕のなかにいたんだがね、戦車五台と兵隊一〇〇人ぐらいにとり囲まれた。患者が三〇人ぐらいで、元気なのは六人しかおらん。そのとき、富田大隊長が〝自分は患者とともに死ぬから、お前たちは生きるだけ生きて連隊本部に連絡してくれ〟と命令した。それで壕から出たが、手を負傷してね。足をやられた青柳というのと一緒に水を飲んで〝天皇陛下バンザイ〟をやったけど、助かったようなわけ。しかし、本部には最後までとうとう連絡はとれなかったな」

死ぬよりも負傷を恐れて

石橋孝夫さん（四八）＝茨城県稲敷郡＝は、昭和十八年二月に第二連隊に入った通信兵で、このとき一等兵であった。

「連隊本部の予備分隊にいたんだがね、第二大隊の通信機が壊れたんで行けと命令されて行ったら、もう富田大隊長は戦死しとった。九月の十七日か十八日だった。ところが、第二大隊では『もう無線機なんか要らん、連絡とったってしょうがねえから破壊しろ』ってんで、乱数表も暗号書も全部焼いた。それから、山口さんらと一緒に行動したんだよ」

波田野八百作さん（四八）旧姓・小林＝東京都大田区＝は、昭和十八年に第二連隊に入り、このとき工兵隊の一等兵であった。

「満州の寒い所から、暑い南洋というんで喜んでおったのに、蚊やブヨが多いし、食料事情は悪いし、とんでもないとこだとぼやいとったんですよ。だけど敵が上陸となると、それどころじゃありません。私は上陸三日目に、足に盲貫銃創をうけて……。天山の工兵隊の壕にじっとしてましたね、一カ月くらい。化膿《かのう》してすぐウジが湧くから、自分で切開してタマを出したです。怪我するのは死ぬより恐いですからねえ、とくに足をやられると動けないから」

たしかに、負傷することは、そのまま死につながる。死が着実に迫るのを待つ苦痛は、なによりも耐えがたい恐怖であった。

「鍾乳洞《しょうにゅうどう》にひそんでいるとき、陸海軍あわせて八〇人ぐらいおったですがね、負傷兵が多くて、すぐ近くまで来た米兵に聞こえるような声でうめく。全員の生命にかかわるからね。そんなときは拳銃の先に細工して音がせんように撃ち殺すか、ゴボウ剣で刺すかする。つらいけど、なんとも仕方がない。繰り返しているうちに、どんどん人数が減っていった」（浜田さんの話）

組織的な抵抗は、一週間で終わった。そして、海岸から下がった一帯で、それぞれ小高い丘の洞窟陣地にたてこもり、長期的な防禦《ぼうぎょ》態勢に入るのだが、米軍はシラミつぶしの掃討戦に出てきた。

昭和十九年十一月二十四日、ついに第二連隊長の中川大佐は軍旗を焼却して自決した。このとき、パラオ本島の第一四師団司令部に『サクラ　サクラ』という無電が入った。ペリリュー島守備隊からの「玉砕」の暗号電であった。記録によれば、ペリリュー島の日本軍死者は陸軍六六三二人、海軍三三九〇人で計一万〇〇二二人。米軍は戦死一六八四人、戦傷七一六〇人である。

だが、この玉砕の島ペリリューからは、戦後間もなく四四六人の日本兵が生還している。そのほとんどは戦闘中に負傷し、意識不明でいるところを米軍の捕虜になった人たちである。ところが、このペリリュー島には、日本の敗戦も知らず、昭和二十二年（一九四七）四月二十二日に投降するまでの約二年半、米軍の兵器・弾薬・食糧などを奪い、洞窟に潜んで生き延びていた一団がいた。その数三四人。米海兵隊が占領したこの小さな島で、ねばり強く生き抜いていたのである。

現在、無事生還した三四人の皆さんは、「三十四会《みとしかい》」という名の戦友会を作り、親しくお付き合いを続けている。会の名は生還者数三十四《みとし》名と、ペリリュー島守備隊の主力が茨城県水戸《みと》市の歩兵第二連隊であったところから付けられたという。すでに本編に登場いただいている方々をはじめ、これからご登場いただく方々もすべて「三十四会」のメンバーである。

昭和二十二年四月二十二日に投降した日本兵は、厚生省（現厚生労働省）の「復員連名簿」によれば次の三四名である。（　）内は投降時の年齢。いずれも旧姓。

住所は出征時。

〈第十四師団歩兵第二連隊〉計二二名

少　尉　山口　　永（二七）茨城県稲敷郡君賀村
軍　曹　館　　　敬司（二七）茨城県西茨城郡大池田村
伍　長　福永　一孝（二七）大阪市此花区四貫島
兵　長　片岡　一郎（二七）茨城県多賀郡多賀町
上等兵　鬼沢　広吉（二八）茨城県行方郡秋津村
〃　　　飯島　栄一（二九）茨城県鹿島郡上島村
〃　　　飯岡芳次郎（二八）茨城県筑波郡吉沼村
〃　　　中島　　裕（二八）茨城県東茨城郡橘村
〃　　　梶　　房一（二八）茨城県那珂郡野口村
〃　　　斎藤平之助（三二）栃木県上都賀郡今市町
〃　　　程田　　弘（二七）茨城県結城郡大花羽村
〃　　　岡野　　茂（二七）茨城県結城郡三妻村
〃　　　滝沢　喜一（二七）茨城県結城郡上山川村
〃　　　浅野　三郎（二六）茨城県結城郡大形村
一等兵　塙　　　博（二六）茨城県那珂郡村松村
〃　　　石井　　愼（二五）茨城県行方郡立花村
〃　　　石橋　孝夫（二五）茨城県稲敷郡瑞穂村
〃　　　横田　　亮（二六）茨城県真壁郡村田村
〃　　　小林八百作（二六）群馬県甘楽郡小幡町
〃　　　鷺谷　平吉（三二）茨城県猿島郡古河町
〃　　　森島　　通（二八）茨城県多賀郡豊浦町
二等兵　上間　正一（三一）沖縄県国頭郡大宜味村

〈海軍西カロリン航空部隊〉計一二名

二兵曹　相川　　勝（三〇）長崎市大浦東山町
兵　長　高瀬　正夫（二七）愛知県渥美郡伊良湖岬村
〃　　　千葉　千吉（二七）北海道釧路国村
上等兵　浜田　　茂（二六）山口県岩国市
〃　　　塚本　忠義（二六）東京都荏原区
〃　　　高田　誠二（二六）大阪市港区
〃　　　土田喜代一（二八）福岡県八女郡永田村
一等兵　亀谷　長成（二六）沖縄県浦添村
軍　属　勢理客宗繁（二八）沖縄県九谷村
〃　　　宮里　真男（三一）沖縄県浦添村
〃　　　智念　福樽（三九）沖縄県大里村
〃　　　上原　信蔵（三〇）沖縄県与那城村

（原文のまま）

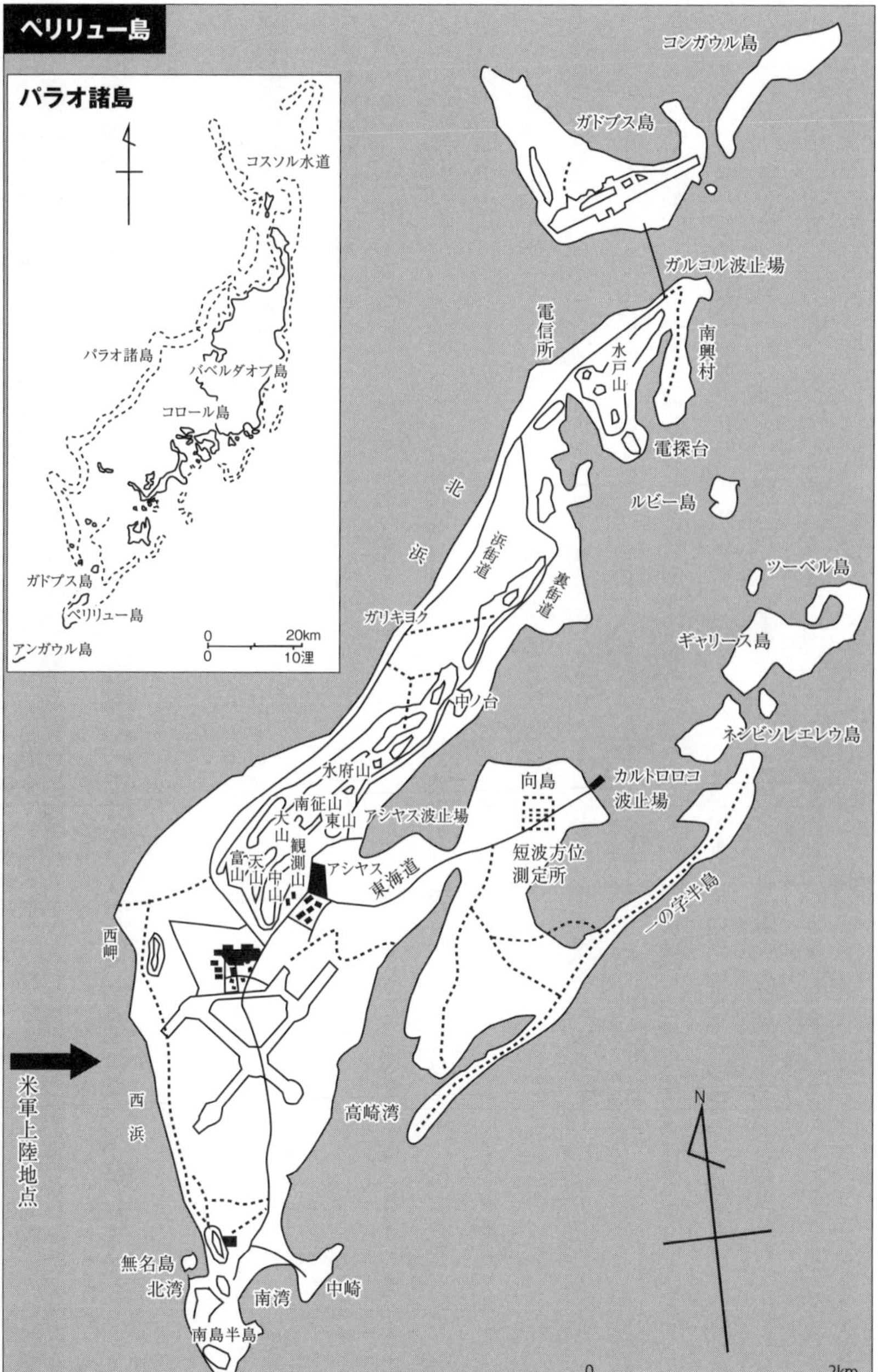
ペリリュー島
パラオ諸島
コスソル水道
パラオ諸島
バベルダオブ島
コロール島
ガドブス島
ペリリュー島
アンガウル島
0 20km
0 10浬
コンガウル島
ガドブス島
ガルコル波止場
電信所
水戸山
南興村
電探台
ルビー島
北浜
浜街道
裏街道
ツーベル島
ガリキヨク
ギャリース島
中ノ台
ネシビソレエレウ島
水府山
南征山
東山
大山
アシヤス波止場
向島
カルトロロコ波止場
富山
天山
中山
観測山
アシヤス
東海道
短波方位測定所
一の字半島
西岬
米軍上陸地点
西浜
高崎湾
無名島
北湾
南湾
中崎
南島半島
南岬
N
0 2km

玉砕のペリリュー島に生き残った34人

地獄の戦場を生きぬいて二年半、洞窟に潜んだ三四人の兵士たちの24時とは――

通信網寸断、指揮系統も乱れて

米太平洋艦隊司令長官兼太平洋戦域最高司令官だったチェスター・W・ニミッツ元帥は、その著『ニミッツの太平洋海戦史』（実松譲／冨永謙吾・共訳、恒文社刊）に書いている。

「ペリリュー攻撃は、米国の歴史における他のどんな上陸戦にもみられない、最高の損害比率（約四〇パーセント）を出した。すでに制空・制海権をとっていた米軍が、死傷者あわせて一万人を数える犠牲者を出したことは、今もって疑問である」と。

ところが、その〝玉砕のペリリュー島〟で、米軍が占領してから二年半もの間、島の中央部に連なる山岳地帯の洞窟や湿地帯のマングローブ林に潜んで、三四

人もの敗残兵が生き続けていたのは奇跡といえよう。もっとも、敗残兵という表現はふさわしくないかもしれない。

「日本が負けるなんて、考えてもみなかったですよ」

波田野八百作さんはそう言い、同じ工兵隊で上等兵だった斎藤平之助さん（五六）＝栃木県日光市今市＝はこう続ける。

「鍾乳洞に潜んでどのくらい経《た》ってからかなあ、アメリカ兵の数が少なくなったもんで、野郎ら、状況が悪くなったんで移動しやがったな、と思っていた」

海軍上等水兵だった土田喜代一さんも口を揃える。

「投降して捕虜になるなんて、誰も思わんです。友軍の機動部隊がいまに来る、それを待って敵をたたきつぶそう、ちゅうてですなあ」

米軍のペリリュー島攻略の最大の目的は、フィリピン奪還作戦のための前線飛行場の獲得にあった。写真は米軍占領後に拡張されたペリリュー飛行場。

陸軍上等兵だった滝沢喜一さん（四九）＝茨城県結城市＝も、日本は必ず勝つと信じて疑わなかった。

「ペリリューは玉砕したが、やがて、日本軍が奪還に来る。そのときわれわれは島の地理に明るいから、後方撹乱《かくらん》でもやって一旗上げるつもりだったな」

米軍が上陸して間もなく、ペリリュー島の日本軍は通信機もまともに使えず寸断されていたから、タテの指揮系統もヨコの連絡もとれない。加えて、陸軍と海軍の円滑さを欠く協力関係など、圧倒的物量を誇る米軍に押しまくられる日本軍は、バラバラに行動せざるをえなかった。

陸軍上等兵だった程田弘さんはいう。

「海軍にいられなくなって、大隊本部のある防弾兵舎に飯島さんと引き揚げまして、水を飲ませてくれといったら、ないという。なにか食うものはないかといったら、ないという。本部の連中は敵の顔も見てないくせに、第一線から下がった者にこんな仕打ちをする。〈よし、いまにみていろ〉と思って、富山《とみやま》の陣地にわれわれが行きかけた直後に敵の戦車が来て、防弾兵舎がバーンとやられた。こっちはもう、敵も味方もなくなってきとるから〈ざまあみろ〉ってわけです」

分散・潜行してゲリラ戦に

程田さんは、射撃の名手だった。海岸の陣地から狙い撃ちして、少なくとも二五人の米兵を殺したという。そのあとどうしようもなくなり、壕のなかの手榴弾を抱いて戦車に飛び込もうとしたのを止めたのが、二つ年上の飯島さんだった。そして程田さんは、しばらく飯島さんと行動をともにする。

9月15日朝、西浜にたどり着いた米海兵隊員は、躍り込むように日本軍の海浜陣地に突撃していった。

「私の中隊は、敵が上陸して三日目に七人ぐらいになってしまった。指揮する人がいないからね、連隊本部に合流しようというんで天山《てんざん》に向かった。天山の中腹に壕が掘ってあって、第二大隊（富田保二少佐以下六三五人―西地区隊）の者はここに十二月いっぱいまで立て籠《こ》もったんじゃないかなあ。水がない、食料もない。だけど残敵掃討に来る敵とは戦わなきゃならん。このときが一番苦しかったな。山口さんも、やはり天山の別の壕にいたね」（飯島栄一さんの話）

第二大隊第六中隊本部の少尉であった山口永さんは、のちに生き残りのうちただ一人の将校として、生存兵三四人の指揮をとる人である。

「連隊本部は大山《おおやま》で、われわれは天山に立て籠もったですよ。でも、連絡がとれたのは九月二十五日ごろまでですね。無線を使うとたちまち探知されて、ピタッと狙いをつけた弾丸《たま》が無線機めがけて飛んでくる。だから使えない。夜陰に乗じて伝令を出せたのもわずかの間だけでね、間もなく大山と天山はそれぞれ包囲されて、どうしようもなくなった。高い山だから、戦車は登れないよね。そのかわり、敵は山麓にずっと幾重にも鉄条網を張りめぐらせてやがる。そして日中、山の頂上まで来て、上からわれわれを攻撃する。上からやられるとかなわんから出て行くと、片っ端からやっつけられる。

十一月の上旬、天山を守りきれんようになって、大山の連隊本部に合流しようとして夜中に突破をはかったけどダメ。しかたないからじっとしておったら、大山の包囲が解けたのがわかった。十一月下旬ですな。はは あ、連隊本部が落ちたな、とうすうす感じていたら、やがて天山地区の大掃討が始まった。

正月二日が大変だった。関口中尉、園部中尉がやられて……天山を守り始めたころの二〇〇人が、五〇人くらいになっていた。これはいかん、とても守りきれんというんで、分散してゲリラ戦に移ることにした。ええ、このときから私が一番上の階級になったんです」

(山口永さんの話)

天山を捨てた陸軍の生存者は、五〜八人の小グループを作って米軍の包囲網をくぐる。このときは、まさに落ちのびるかたちであったが、大半の兵が大山と天山の中間あたりの鍾乳洞にたどりつくことができた。

この大鍾乳洞には海軍陸戦隊の人たちがいた。その陸戦隊員だった土田喜代一さんはいう。

「たえず天井からポタポタ水が落ちてくるようなところで、豚小屋なみじゃった。私もそうじゃったが、負傷した者は傷口にウジが湧いてですね、どげもならん。小便しようと思っても、ジャーッとやれば音が外に洩《も》れて敵に聞こえるかもしれんので、岩が斜めになっとるところで知らん顔してジワーッとやっとると、背中の方へ伝わってきて、生ぬるうなってくるですタイ」

ペリリュー島には硬い珊瑚岩《さんごがん》の自然の洞窟がいたるところにある。土田さんは、この大鍾乳洞に辛抱できなくなり、熊本県八代市出身の三原兵長と一緒に他の洞窟に逃がれるが、のちに三原兵長は、水汲《く》みに出たとき米軍に発見されて撃ち殺された。

火焔放射器に追われて壕の奥へ

だが多くの人は、この鍾乳洞にとどまっていた。しかし、壕の近くの足跡などで、次第に米軍が目をつけてくる。そして間もなく、投降勧告のスピーカーの声が聞こえるようになった。

「谷をへだてた山に機関銃を据えてね、鍾乳洞の入口を狙い出したんだ。これじゃ危ないというんで、負傷者以外は全員脱出することにしたんだがね、誰かオトリになって最初に出て敵を撃つ、そのスキに他の者が逃げる段取りでね」(原裕さんの話)

「おぼろ月夜の晩でしたね。私ら三人が斥候に出て、威嚇射撃することになって飛び出したんだが、出た途端にぶたれた(撃たれた)。それで岩陰に隠れて引き金を引いていたら、またぶたれた。オトリの私らがバンバンやっとる間に、次々に鍾乳洞を出たけれども七、八人やられたかな。窪地《くぼち》で負傷した人が〝殺してくれ、殺して行ってくれ〟とわめいとったですね」(飯島栄一さんの話)

「私は、三原兵長がやられて、一人ぼっちで湿地にいたんですが、鍾乳洞の方がどんどんやられとる。ああ……と思っておったら、明け方になって鍾乳洞を脱出した人らがどんどん湿地に逃げて来て、そのうちの森島さんと生活することになったです」(土田喜代一さんの話)

だが、鍾乳洞から逃げ遅れた人たちもあった。

「機関銃と手榴弾で攻撃されました。鍾乳洞だから、岩石が垂れ下がっとるでしょ、それが吹っ飛んでくる。夢中で奥へ逃げたです。そしたら、次は火焔放射器でしょ。あれは八〇メートルくらい届く。やがて『オーケー』という声がして、ダイナマイトがぶち込まれてね、入口がふさがれっちまったんです」(浜田茂さんの話)

このとき陸軍上等兵の武山芳次郎さん(四九)旧姓・飯岡=川崎市=は、病み上がりの身体を引きずっていた。

「私はペリリュー島に着いたとたんに盲腸になって、ずっと体の調子が悪いもんで、大隊本部の電話当番などしとったけど、敵さんが上陸してからは〝病人ですから〟というわけにもいかないでしょ、戦闘に出ることは出とった。鍾乳洞では火焔放射器に焼かれるかと思ったが、奇蹟的に助かったんです。懐中電灯をつけて入ってきた米兵が、やがて引き揚げて入口を破壊したあと、内側から必死に石をどけにかかったんです」

同じ鍾乳洞に閉じ込められた、海軍の浜田茂さんも協力した。

「やっと石をどけたら、星が見えた。なんともいえん星だった。明け方の四時ごろだったかな、外に出られたのは……。ところが、外に米兵の斥候が待っとって撃ち合いになったが、小高いところに隠れて助かった。塚本がバッタリ倒れたんで心配したですけどね」

「バッタリ倒れたけど、わずかに弾《たま》が逸《そ》れて助かったです。でもあのとき、半分くらいやられたんじゃないかな。鍾乳洞を出て、今度はバラバラの生活が始まった。一つの壕にいては危いというんでね」（塚本忠義さんの話）

連繫《れんけい》を崩す食料トラブル

日本兵たちが「海軍壕」と呼んでいた大鍾乳洞の中には、まだ日本兵が残っていた。負傷した人たちである。ところが米軍は、まもなく鍾乳洞の入り口をコンクリートで固め、すっかり塞《ふさ》いでしまったのだ。

閉じ込められた一人の陸軍兵長・片岡一郎さん（五〇）＝茨城県日立市＝は語る。

「中には六人いましたよ。海軍壕だから食糧はあったし、水も小人数なので、そのほうの不自由はなかったです。しかし、閉じこめられて三カ月のあいだに発狂して自殺した人もいるし、ようやく脱出したときは足がふらついて逃げきれずに射殺された人もいるし……」

鍾乳洞だから、コンクリートで塞いでも、いつしかゆるんでくる。三カ月後に思いもかけず娑婆《しゃば》に出て、生存者たちと合流できたのは、片岡さんと鷺谷平吉さん（当時一等兵）の二人だけだった。

だが、片岡さんは「激戦場の異例な体験というふうに見られるのは困る。私たち戦《いく》さが任務の者が、むしろ銃後の人たちより安易に生きたのではないかという後ろめたさがありますから」という理由で、コンクリート詰め二カ月間の体験についても、固く口を閉ざしたままであった。

当時、一等兵だった石橋孝夫さんは、コンクリート詰めの鍾乳洞を脱出した片岡、鷺谷の二人に、真夜中のジャングルで出会った。

「私ら、鍾乳洞から出て、富山と天山の間の丘に隠れとったですが、岩の割れ目にもぐったり転々としてましてね。コンクリート詰めの二人に出会ったとき、夜中だから互いに敵と思ったけど〝照《てる》〟の合言葉（第二連隊の通称号）で味方であることを確かめました。隠れ場の近くで大便して、ハエがたかって敵に気付かれて追われたり、ビクビク暮らしてましたからね」

すでに、湿地の生活で衣服はボロボロだった。フンドシひとつになってしまっていたが、そのフンドシさえつけない人もいた。さらに、珊瑚礁の島だから、岩場はとがって鋭い刃物のようで手足を傷つける。

「衣服は汗と垢《あか》でなくなってしまう。軍靴《ぐんか》は縫糸がまずやられてバラバラになる。足の裏なんか傷だらけでひどいもんだった。私は左腕を負傷していたけどね、薬がないからウジで治したんだよ。ウジのやつ、傷口の膿《うみ》を吸ってくれるからね。アハハハ、私は衛生兵だっぺ」（鬼沢広吉さんの話）

だが、問題は食料であった。小グループで行動するようになってからは、それぞれ〝自給自足〟ということになったが、これはもっぱら米軍の糧秣を当てにした。

「アメリカの陣地跡に行って、缶詰を拾うんです。でも、敵はそれに気付いて、石油をかけて燃やしていく。缶詰は燃えるとふくれるが、そんなものばかり食ってた」（斎藤平之助さんの話）

「そのうちに、友軍が残していた米を見つけた。今日見つからなかったら、あと二十一日間というもの水を飲んで過ごし、自然に死ぬしかないと思っていた日だけに嬉《うれ》しかったね。風に乗って麹《こうじ》の臭い匂いがプーンとただよってくるんです。雨にあたって腐るんですが、下の方のは綺麗だった」（森島通さんの話）

「米軍は、米を見つけ次第焼き払っていたからね。米は焼夷弾《しょういだん》でパーッと燃える。だけど、いくらか焼け残ったのがあって、手に入ったです」（塚本忠義さんの話）

米軍の水陸両用戦車は日本軍の塹壕や洞窟など、日本兵が潜んでいると思われるところを片っ端から火焔責めにしていった。

「米軍の携帯糧秣も拾ったですね。あれは、たいしたもんだった。濡《ぬ》れないように厚くロウで固めてあって、本の大きさで五センチぐらいの厚みでね、なかにはパンにタバコに肉の缶詰、それにコーヒーかジュースがついとる。外箱のロウはけずって貯めてローソクにしたです」（永井敬司さんの話）

詳しくは後述するが、生き残った三四人がこうした極限状態のなかで、必ずしも緊密な連帯感で結ばれていたわけではない。それは、食料に関するトラブルとして、まず現れた。

「友軍の米を見つけたとき、自分たちの食べるぶんだけ確保してから、世話になった飯島さんとこに報せに行ったんです。あそこは、山口さんが隊長でね。ところが運悪く米軍に見つかって、二日二晩攻められた。私が行ったのが原因とはいえ、こちらはまったく好意からでしょ。それなのに、山口さんは水一滴すらくれなかった……」（森島通さんの話）

ペリリュー島の34人が生きた極限の三年間

本土・日本に帰還できたのは三四人。しかし、まったく同じ条件下にいて……帰還者たちが堅く口を閉ざして語らぬその秘密とは——

暗闇にまぎれ、敵の糧秣を奪取

玉砕のペリリュー島に生き残り、敗戦を知らずに昭和二十二年（一九四七）四月まで抵抗を続けたのは、陸軍二二人、海軍一二人（うち軍属四人）の計三四人であった。

それぞれ五、六人単位でグループをつくり、洞窟や湿地の木の上に櫓《やぐら》を組んで生活を続けたわけだが、相互に連絡がとれて協力し合うまでにはしばらく時間がかかった。

食糧の調達と配分が難しかった。米軍との遭遇戦が散発的に起こっていたころ、敵兵を撃った者がその死体が携帯している食糧を自分のものにする権利を得る申し合わせがあった。昭和二十年までが、そうしたもっとも苦しい時期であり、飢えたくなければ、まず、敵を倒さねばならなかったわけである。

「ガダルカナル島あたりで、人肉を食った話は伝え聞いて知っていたね。しかし、われわれは寝ている戦友を食べるなんて、そんなことはやめようと申し合わせとった。糧秣が欠乏した時期が短かったのも幸いしたわけよ」（鬼沢広吉さんの話）

隣接のアンガウル島とこのペリリュー島を陥《おと》した米軍は、すでにこの両島を足がかりに、フィリピン攻略にとりかかっていた。人員も少なくなった米軍のペリリュー守備軍は、日本軍の敗残兵狩りに集中しているわけにはいかなくなっていた。それは、潜伏している日本兵にとっては、つけ込む余地が出てきたということでもある。深夜の糧秣倉庫狙いは、その具体的行動のひとつだった。

「ベーコンとかチーズは、せっかく盗んでも最初のうちは捨てちまったっぺよ。とても食い物とは思えねえから。盗むときやりやすいのは、真面目な当番兵がいる夜だったな。真面目に巡回するから、その切れ目に入り込む。不真面目な奴は入口に腰かけて居眠りしたりしてるから、いつ目を覚ますかがわからねえんで、かえってやりにくかったよ」（飯島栄一さんの話）

「糧秣取りは生命がけですからね。でも、食べなくてもどうせ死ぬ。そんなら、食って死んだほうが儲けものと考えて行った。ところが、悔しいことに私は目が悪い。眼鏡は三つか四つ持っとったけど、戦闘でみんなパーだもんね。見張りのヤンキーがタバコ吸うとっても、その火が見えんのです。先頭を歩いて、気が付いたら誰もついて来とらん。みんなはタバコの火がわかるのに、私だけはわからん。それが一番悔しかった」（森島通さんの話）

「糧秣取りに行ったものの、闇のなかだからね、お互いに敵だと思って取っ組み合いになったこともあったな。だけど、ベーコンとかソーセージとか牛缶とか、たっぷり手に入るようになってな。いまの所得じゃあ、あんな贅沢品《ぜいたくひん》はとても無理だっぺな」（石橋孝夫さんの話）

石橋さんは、五年分くらい貯蔵していたという。しかし、その量はまちまちであった。

「違うグループのところへ行ったあとは、必ずお返しの意味で招くんだ。どっちかの食糧だけが減るのを避けるためです」（塚本忠義さんの話）

「山のあちこちに分散して糧秣を穏しとったのに、いつの間にかなくなるんだよね。それで、別の壕の者にかっぱらったんだべえ？　と聞いたら、そうでもねえ。あとで分かったんだが、沖縄の人たちが犯人だったさ」（原裕さんの話）

海軍の設営隊のほとんどは現地徴用になった軍属であったが、このなかには沖縄出身者が多かった。町田宗繁さん（五〇）＝沖縄県北谷村＝もその一人であった。

「昭和十六年から出稼ぎで来ておったです。軍属になってから戦車壕とかトーチカ造りばかりでね。米軍が上陸してからは、もう散り散りばらばら。しかし、自分たち沖縄出身ばかり四人が一緒に逃げて、ジャングルのなかでテント張って暮らしておったです。カボチャを作ったですね。パパイヤ、ヤシも食べたです」

昭和二十一年三月、この沖縄グループ四人はカボチャ畑にいるところを日本兵グループに発見され、合流した。

「日の丸がひるがえっている間は、一緒に頑張ろうじゃないか！」

「はい、お国に捧げた生命ですから、兵隊さんたちに従います」

というようなやりとりのあと、共同生活に入ったのであった。

糧《カテ》ハ敵《テキ》ニ拠《ヨ》ル――というのが、日本軍の方針であった。いささか虫の良すぎるこの方針のため、いたるところで飢餓地獄が出現したのだが、ペリリュー島の生存者たちだけは、十分すぎるほどこの〝日本軍の方針〟を実践していたことになる。

女性不在で団結いよいよ強し

ところで、そろって二十代半《なか》ばの青年たちである。食糧が豊富で栄養もゆきとどけば、当然、性の欲望が頭をもたげたはずである。

「壕内はフルチンだから、誰の持ち物がどんな形をしとるか、覚えるつもりがなくても、覚えてしまうタイ。色気の話をするときなんか、Ｈさんのものを Ｙさんがいじってやるとです。そしたら、Ｈさんが『あちち、びちゃびちゃしてきたぁー』ちいうもんで、Ｈさんのあだ名は〝びちびち〟ちゅうことになったです」（土田喜代一さんの話）

「湿地の場合、満潮になると魚が上がってくるので、こいつを弓矢で射つ。ところが、うまくとれないときはムラムラするですよね。素っ裸で、まわりに誰もおらん。そこで一人楽しんで適当に放出して、あとは水の中へ入ってちょいちょいと洗う。水洗式の後始末はなかなかええもんです」（武山芳次郎さんの話）

34人の日本兵が投降した直後、「湿地の連中」が潜んでいたヤグラ造りの〝住居〟でくつろぐ米軍捜索隊員たち。

「ないのは女だけ。となると、同性愛みたいなのが生まれますわな。どこへ行くのも一緒、寝るのも一緒、離れたことのない二人がおりました。互いに〝おっとう〟〝おっかあ〟と呼びあってね」（滝沢喜一さんの話）

だが、潜伏しているあいだ、女性を見かけなかったわけではない。現地の女性がすぐ近くまで来ることもあった。

「Yが糧秣を取りに行ったとき、人の気配がしたんで隠れたんです。ちょうどそこに鉄カブトが捨ててあって、綺麗な雨水が溜まっておった。そしたら女が、ひょいとしゃがんで前をまくって、アソコを洗い始めたんだよ。もう、とても持ちこたえられんかった、とYが話しして、その話を聞いた我々も我慢できなくなってねえ……」（程田弘さんの話）

「そのころ現地人は、男女別々に宿舎に入れられていて、婦人の宿舎にはアメリカ兵がよく通っておったです。人妻もいたけど、貞操観念が薄いんですかね。ともかく、宿舎を覗《のぞ》くだけでもと思うて行って、草むらに潜んでおったら、シャーっと小便かけられた。生命がかかっておるから、眺めるわけにはいかんし……。
えっ？　私じゃないよ」（飯島栄一さんの話）
アメリカ人の女性が姿を見せるようになったのは、昭和二十一年の秋ごろからだったという。治安が回復したので、将校が家族を呼び寄せたのであろう。ピチピチした水着姿が海岸に現れるようになる。
「米兵の女をかっぱらうか、という話はよく出た」（森島通さんの話）
「しかし、将校以上しか奥さんを連れてこれん。そういう偉い人の奥さんをかっぱらったら大変なことになる。アメリカを刺激しないで生活しよう、と我慢したです」（滝沢喜一さんの話）
「それに、女がいると同志の撃ちあいになるのも目にみえとるしね」（鬼沢広吉さんの話）
「団結してこれたのは、女がいなかったからです」（飯島栄一さんの話）

でまかせ話で慰める望郷の念

あるとき、島の女性が湿地の隠れ場に入ってきた。椰子ガニを獲《と》りに来て、迷いこんだのだった。
「ゴミ捨て場でライフル銃なんかを漁《あさ》って帰ったら、白い簡単服《かんたんふく》を着た女が立っとる。『来い来い』というと、『日本人か？』と聞く。『そうだ』と言ったら、二、三歩あるくふりをして逃げてった。銃をもって追いかけたけど……。で、すぐに撤退したら、やがてゴミ捨場に火をつけられてしまった」（塚本忠義さんの話）
余裕が生じてきたとはいえ、ひとつ間違えると命にかかわる。危険はつねに身近にあった。だから、行動はもっぱら夜だけに制限される。
「申し合わせの第一番は、絶対に投降しないということだった」（土田喜代一さんの話）
「糧秣を盗《と》るとき敵に見つからない、壕の中でもの音を立てないことも重要な申し合わせだった」（原裕さんの話）
息づまるような日常だから、ノイローゼ状態も訪れる。
「虫歯が痛くて痛くて。針金を真っ赤に焼いて神経を焼き殺したけど、ばい菌が入ってまた痛む。こんなことじゃしかたないから、死ぬほかないと思って手榴弾を持って出かけたとき、戦友に見つかって止められてね」(石橋孝夫さんの話)

「希望というものがない。ただ食って寝るだけだから、虫歯が痛むぐらいで死にたくもなる」(滝沢喜一さんの話)

ささやかな救いは、それぞれ知恵をだしあう娯楽であった。

「森島は女の話がうまい。缶詰をやって、次を話せ話せとみんな言ったな。女の話はなごやかになるからね。それに将棋がうまい。二段といっていた」(浜田茂さんの話)

「私は職業軍人系統だから、将棋など覚えないでしまった。しかし、壕のなかで覚えた。魚釣りなんかも、ここで初めてやった」(永井敬司さんの話)

「花札も作った。ガソリンで灯《あか》りをとっていたから、そのススで絵を描いてね。壕のなかの缶詰は自分の持ち量があったから、それを賭《か》けて勝負をしたですよ」(斎藤平之助さんの話)

湿地のヤグラをねぐらにしているグループとは別に、洞窟をねぐらにしているグループは、その蒸し暑さから"裸の生活"を強いられていた。

「夜になると一カ所に集まって歌を唄うこともあった。それかち、思い出話をする。横田一等兵が小説を書いて、斎藤上等兵が朗読したです。しかし、思い出話も小説も毎日のことだから、ネタがなくなって……」（波田野八百作さんの話）

「横田は自分の恋愛話を書いとる。みんな何度も聞いとるから、またかい、と笑ったら『てめえらそういうけど、どれだけ難しいか書いてみろ、小説を』ちゅうて、どもりながら怒りよった」（土田喜代一さんの話）

「思い出話は、みんな口から出まかせです。生きて帰れるとは思わんから……。女がいたとか、許婚者《いいなずけ》がいるとか、松並木の石垣を積んだ一番奥の家がオレんとこだとか。出まかせなのに、みんな信用するんです」（森島通さんの話）

こうして語り疲れたころ夜が白み、睡眠時間になる。ぼた餅《もち》を食う夢、白菜の漬物で白いご飯にありつく夢、復員して芸者を買う夢などなど……。

捕われて舌を嚙《か》み切った人もいた

髪は伸び放題だが、やがて、散髪もできるようになる。散髪屋だった鷺谷一等兵が、ビール瓶のかけらを器用に操った。ただし、石鹼がないから海水に頭を突っ込んでジョリジョリとやる。

大便の処理にも神経を使う。米兵に発見されて追われた苦い経験を生かし、ジープの後部についた水缶に尻をあて、貯まると海に捨てるのである。

タバコは吸ガラを拾っていた。最初のころはマッチがないから、米兵がポイと捨てたら火が消えないうちに拾わねばならない。生命がけであった。

「たまに、女の口紅がついた吸ガラにありつくとです。そしたらもう奪い合いでね、長いヤツとでも交換するとですよ。女の匂いを求めてね。海軍の高瀬兵曹は、米軍の宿舎から女のパンツを盗んできてはいとったですバイ。

ああ、思いだしたです。亀谷一等兵がネズミを料理すっとですがね『これをよく見なさい、ネズミのあそこだよ』というて広げて見せる。『ほう、ネズミのあそこは小さいが、こげなときにゃ役に立つですなあ』

ちゅうて、私は感心したもんですバイ」（土田喜代一さんの話）

ネズミの性器に女を偲《しの》ぶ。現実の女性はあくまでもタブーだからである。

では、酒はどうだったか。たまに缶ビールにありついたし、ウイスキー瓶にわずかな飲み残しがあることもあった。

「食べ物が豊富になると、そりゃ酒が恋しくなるです」（飯島栄一さんの話）

「その話は、止めとこう。これはいえません。酒の話は、なし」（鬼沢広吉さんの話）

どうやら、飛行場で見つけたメチルアルコールを飲んで、死んでしまった人がいたらしい。せっかく〝戦死〟になっているのだからとの配慮であるようだ。

三四人以外にも、まだ生存者はいた。しかし、生還できなかったのは、メチルアルコールのせいばかりではない。米軍に捕えられ、恥じて舌を噛みきった人もいる。だが、ほかにも原因があった。

最大のタブー「投降しないこと」という申し合わせを破り、投降を口にしたばかりに〝処断〟された人もあった。また、戦友同士の衝突もあったらしいのである。

「それは、言えない。やむをえなかったことでもあるし、それに、いまさら明るみに出したところで……」

何人かの人が、開きかけた口を固く結んだ。だから、真相は分からない。確かにやむを得なかったのかもしれない。だが、敗戦を察知した人は、本当にいなかったのだろうか？

「日本が不利だということは、わかっていた。米軍のゴミ拾場で拾う『ライフ』のＡＰ電なんかが、東京から発信になっとるでしょ。マッカーサーが東京にいる写真や、皇族の写真もある。ですけどね、デマ宣伝だと思っていた。日本が負けるなんて……」（山口永さんの話）

しかし、昭和二十二年に入ってから、日本海軍の少将と名乗る人物の投降勧告のスピーカーの声が、壕の中に伝わってきはじめていた――。

投降か死か！　米軍に包囲された34人

このままでは自滅だ！　脱走を決意した一兵士にも、最後まで敗戦は信じられなかった。だが、周囲の状況と肉親の手紙に心は揺れ動いて……。

投降の意思表示、即裏切者！

　昭和十九年（一九四四）十一月二十四日、ペリリュー島守備の日本軍は、歩兵第二連隊長中川州男大佐の自決をもって〝玉砕〟した。だがこのとき、次のような無線連絡が同時にバベルダオブ島（パラオ本島）のパラオ集団司令部（第一四師団司令部）に送られていた。

――生存者根本大尉以下六五名、二十四日十七時遊撃隊一七組の編成を終わる。爾後《じご》一兵となるも神出鬼没、誓って敵の心胆を寒からしむ。之より無線連絡を絶つも、最後は何等かの方法により連絡せむ。

　しかし、連絡は届かなかった。日本軍が諸情報を総合してペリリュー島の全滅を認定したのは、その年の十二月三十一日であった。

　やがて敗戦。パラオ地区集団の日本陸海軍将兵は、昭和二十年十月から翌二十一年三月にかけて、全員が内地に復員する。

　集団司令部が引き揚げ船に乗る直前、ペリリュー島に「敗残兵が二、三人いる」と、米軍から連絡を受けた。そこで、参謀本部付の濱野少尉が二回にわたり派遣され、捜索にあたった。だが発見できず、捜索は打ち切られた。日本側による救出の努力は、これが最後だった。だが、翌年になって、旧日本海軍の将軍が、米軍から要請されて投降勧告に出かけている。

　戦時中、第四艦隊参謀長であった澄川道男少将（七九）＝山口市道場門前＝である。

「私は、トラック島から引き揚げる途中、戦犯裁判の証人にされて、グアム島に抑留されるかたちになっておった。そしたら米軍が『ペリリュー島にホールド・アウトが五〇人ばかりいて、米兵や島民とトラブルを起こしておるからなんとかしてくれ』というてきた。ホールド・アウトというのは、殺してもかまわん無法者の兵隊なわけでね。実際に発見されて、殺されたのがおるという。『お前はアドミラル（海軍将官）だから、行けばみんながいうことを聞くだろう』とのことなんで、それじゃあ、と条件を出した。救出後の生命の保障と戦犯にかけない約束です。そしたら両方とも承知したから、ペリリュー島へ出かけたわけです」

昭和二十二年三月、澄川さんはペリリュー島に行った。なによりも戦争が終わったことを伝えねばならないと思い、メガホンでふれ歩いた。渓部にいるらしいことはわかっていたので、島民に案内され、米兵の護衛付でまわった。しかし、山間部からはなんの反応もなかった。

実際は、山間部の洞窟や湿地のマングローブ林に潜む日本兵たちには、澄川さんの声は届いていた。

「私は、九分九厘まで、日本が負けたと考えるようになっとったです。だから澄川さんの放送を聞いて、これは考えにゃならんぞ、と思い始めたですけんど、なかなか口に出すわけにはいかん。なんでって？　けっして投降せんことが、私らの約束ごとでしたもんね」（土田喜代一さんの話）

「学生時代から、大東亜戦争は二年以内に解決がつかなければ負けると考えとりました。自由主義グループですな。だから、澄川さんの投降勧告を聞いて、あれしたかったんですが、なかなか……」（森島通さんの話）

「軍の規律というものは、この頃はもうなかったです。なかには上官だからって威張る人もおったけど、そんなのにかぎって臆病でね。そのくせ『負けたんじゃないか』と投降の意志を示す人がおると『裏切者！』というて……」（滝沢喜一さんの話）

ほとんどの人が澄川さんの投降勧告に心を動かしており、米軍の謀略などではないと判断していた。にもかかわらず、このときは一名の投降者も出なかった。

米軍将校らとともにジャングルに潜む日本兵たちに、拡声器で出てくるよう呼びかける澄川道男少将。

さりげなく置かれた勧告状

もし、〈謀略であったら〉という不安が皆無ではなかったからだろう。だが、投降を思いとどまったのは、そのためらいではなく、集団生活の規制であったようだ。

「負けたのだから投降しようと主張して殺された人がいます。だから、誰もなかなか勇気をもって切り出せなかったんです」（匿名希望の人の話）

殺されたのは准尉であった。この人は、昭和二十一年二月に敗残兵を捜査に来た濱野少尉が、木にくくりつけて帰った文書をみて「日本は負けた」といったため、別のグループと口論になり、背後から撃たれて死んでいる。だから澄川さんの呼びかけにも、うっかり応じられなかったのである。

澄川さんの文書は『ペリリュー日本人諸君へ』という呼びかけで始まっている。

——米軍側は、今回諸君が従順に降伏すれば、極めて寛大な処置をとり、アンガウル島に来る最近の日本船

で内地に還送することを約しております。もし降伏に関し疑義あれば、自分はいつでも諸君と面会し、よく事情を説明します。

今度の降伏は大命によるもので、捕虜としての取扱いは絶対に受けませぬ。米軍側も非武装軍人（武装解除軍人）として取扱うと約束しております。諸君の現在の行為は、大局から見て、日本の平和への前進を阻害するもので、現在においては意味がないと思います。日本は再建のため、一人でも若い人の手が欲しい時です。また諸君の父母兄弟あるいは妻子が、故国において安否を心配していると思います。

昭和二十二年三月二十三日付の、澄川少将と署名されたこのビラには、投降に際してのこまかな注意も添えられている。澄川さんは、日本兵の通路だと島民に教えられた場所に、目立ちやすいように置いて行った。

こうして、澄川さんはむなしい思いでグアム島へ引き揚げたが、洞窟や湿地のマングローブに潜む人たちの気持ちは、微妙に変化していった。

やがてそれは、土田喜代一さんの〝脱走〟となって現れる。

「千葉兵長が敵と格闘して負傷したり、斎藤上等兵が空き缶を捨てに行って島民に発見されたりして、いよいよ危ないことがわかって、大騒ぎになった。みんな一カ所に集まって、完全武装をしてどうするかを相談しよるると、壕の入口近くにポンと投げられたもんがある。それが澄川少将の手紙とタバコでした」（土田喜代一さんの話）

土田さんは、澄川さんの文書が海軍様式でもあるので、本物に違いないと思った。だが、前述のような事情で、うっかり口には出せない。

みんなで相談した結果、状況が悪いので一カ月ばかり壕のなかでじっとして、様子を見ようということになっていた。

米軍側の最後通告に抗して

しかし、土田さんは、〈このままでは自滅するだけだ〉と思った。

「それである晩、見張りを志願して外へ出て、逃げたとです。逃げる前に、青鉛筆でささっと書き置きしたです。横に足の悪い片岡兵長が寝ておって、変に思うたらしいが、べつだん何も言わんかった」

このときの土田さんの書き置きは、次のような内容だった。

――隊長以下其の他の者に告ぐ

私の行動を御許し下さい、私は飛行場に突込もうと思いました、而《しか》し他の持久作戦部隊に迷惑をかけると思い、私はガダブス進撃をやり、敵に逢い次第交戦、華々しく散る積りです。そして無事ガダブスを通り越した場合、本島へ渡り、そして其《そ》の時は其の時で散る積もりです。

おそらく本島へ渡れるのは、九分九厘まで不可能と思います。また気が向いたら本島より帰り、ニュースを持って再び帰ります、其の時は後弾丸《あとだま》を喰うのは覚悟して帰る積りです。今後、持久作戦部隊の武運長久を御祈り致します。私の行動をヒキョウと思ふのが全部と思います、而し私のやることが其の本人の幸福なら心から許して下さい。(以下略・原文のまま)

澄川さんは、再び米軍に要請されてグアム島から来ていた。土田さんはその声を聞き、ともかく、澄川少将と名乗る人物に会いたいと思って、脱走に踏み切ったのであった。

「まず島民のところへ様子を見に行きました。偉か人が来とんなさるなら、連中が知っとると思うたからですが、なかなか島人《とうにん》が見つからん。それで、仕方のなか、ジープでも停めようと思うて、道路わきの草むらに隠れて、手榴弾と銃と弾倉と帯剣を並べてジープを待ち、手を上げて、ええい、と道路に飛び出したです」

まず、武器の有無を調べられたので、草むらに並べたものを教えたら、ジープに乗せられた。ジープは飛行場へ向かったが、途中ずっと土田さんは伏せていた。土田さん自身、今まで道路脇によく出没しては辺《あた》りの様子を探っていたから、今度は裏切り者になった自分が襲われる立場にあることを思い、用心したのである。

やがて飛行場に着き、鍵《かぎ》のかかる兵舎に入れられた。しばらく放っておかれたので、このままでは殺されると思って、二人の番兵に手真似で説明を始めた。土田さんは海軍で手旗信号がいちばん得意だったからである。

そのうち、日本人二世の通訳が来て、澄川少将に会わせるといった。

「捕虜を捕まえたんで来てくれというから行ってみると、土田がしょんぼり座って、私だけが仲間から抜けて来たという」（澄川さんの話）

「私は澄川だ、というけど、あの人は頭が銀髪でアメちゃんみたいに見える。〈いっぱい食ったな〉と思うたですけんど、言葉は立派な日本語だし……」（土田さんの話）

そこで土田さんは、「敗戦の証拠を見せろ」と頑張る。澄川さんは雑誌を出して説明するが、「そんなものは信用ならん」と突っぱねた。

そのころ、ちょうど隣のアンガウル島に、日本人が六〇〇〇人ほどリン鉱石の採取作業に来ていた。そこで米軍と相談した澄川さんは、土田さんをアンガウルに連れて行くことになり、さっそく戦闘機が用意された。ペリリュー島からアンガウル島までは、飛行機なら十

日本の敗戦を信じた土田喜代一海軍上等兵（写真中央）は単身で澄川少将（土田上等兵の左）の呼びかけに応じ、米軍キャンプに出頭した。

分もかからない。

アンガウル島に着き、土田さんは日本人作業員たちの前に連れ出された。その土田さんを見た作業員たちは、驚きとあきれの混じった表情で「日本はとっくに負けましたよ」と口をそろえた。

日本の敗戦に納得してペリリュー島に戻った土田さんに、澄川さんは、他の敗残兵の救出法を相談した。

「土田が、何人かの住所を知っておったから、それぞれの郷里に連絡して、敗残兵たちへの手紙を書かせることにした。連中も肉親の字を見れば信用するじゃろうからね」（澄川さんの話）

「米軍は、今度言うことを聞かねば、火焔放射器でもなんでも放りこんで全滅するちゅうです。さあ、大事《おおごと》。私が壕を教えたとじゃけん。それで少々オーバーに、みんなが一斉に突撃して、米兵一〇〇人ぐらい殺す手はずはとっくにできとるというたら、震え上がった。で、米兵のためにも日本人のためにも、なんとかおだやかに引っ張りだそうちゅうことになったとです」（土田さんの話）

肉身の手紙を手に単身壕に

さて、土田さんが脱走したあとの壕は大騒ぎであった。
「完全武装して、自爆用の手榴弾を手もとに置いて寝たです。土田が相談なしに出るよりなかったことは十分に分かってたけど、こっちは最悪の事態を予想せにゃならん」（浜田茂さんの話）
「野郎が降伏したならば、壕が知れて攻撃されるに決まってる。食料は一、二年分あるから立てこもろうというて、内側からどんどん石を積み上げたよ」（原裕さんの話）
「土田さんが出てすぐ、手分けして探したら、ゴミ焼場に奴がつけとったズボンと靴があったんで、とっ捕まったことが分かった。それで、もう終わりだと……」（斎藤平之助さんの話）
「あの馬鹿、ただじゃーすまさねえ、ぶっ殺してやるぞって、みんな怒っていたですよ」（塚本忠義さんの話）
やがて内地から、それぞれの者の家族の手紙が米軍によって運ばれてきた。隊長の山口少尉には、父親や従兄や弟や妹から、近況を知らせる手紙が何通も来て、澄川さんがそれをスピーカーで読み上げる。

「手紙を見せられても、まだ信じられんかった。仮りに負けたとしても、死んだ戦友たちのことを思うと、生きて帰るのは申し訳ないし……」（山口永さんの話）

山口さんは少尉で、もっとも上官だったから隊長格であった。どうするか、一人一人に聞いていったが、はっきり答えられる者はいない。

一方、澄川さんは、ヒザ詰め談判で話すしかないと思い、壕に単身赴くことにした。米軍が、ピストルを持参するようすすめたが断った。

「土田は、やられるかも知れんので帰して、壕の入口を教えてもらい『山口少尉出て来い』といったら『連絡員を出します』と声がして、四、五分ぐらいしたら石がぐらぐら動きだした」（澄川さんの話）

「出て行ったら分《ぶ》が悪《わる》いんで、中に入ってもらったわけなんだが、さあ、一時間も話したかな。最終的には、自分が判断して出ることに決めたんですわ」（山口さんの話）

ハチマキして銃をかまえた者、抜刀して澄川さんの後にかまえる者など、殺気だっているが、澄川さんはどっかとみんなの真ん中に座り込んだ。そして言った。

「もし、オレが嘘をいっていると分かったら殺せ、そのために刀を持って行け、ともいうたら、ようやく信用してもらえた。しかし、明るいうちはいざというとき逃げにくいから夕方まで待ってくれというので、そうした。待ち時間のあいだ『閣下、チョコレートあげます』と、捧チョコをどっさりもらったな、豪勢な土産だったよ」

澄川さんがチョコレートをご馳走《ちそう》されているころ、成功間違いなしを報告するため、土田さんは米軍が待機する場所へ走っていた。だがこのとき、軍靴を脱いでぶら下げてやってくるのを遠くから見て、米軍は澄川少将の首だと錯覚して、大騒ぎした一幕もあった。約一〇〇〇人の討伐隊が、総攻撃の準備をしていたからだ。

湿地帯のマングローブのなかにいたグループも、翌日投降した。ここでは永井軍曹が投降拒否を主張して、最後までねばったというが、この人は最後まで〝軍人精神〟のかたまりみたいな人であった。

それはともあれ、土田さんの勇気と澄川さんの愛情が功を奏し、三四人は米軍の手厚い保護を受けて、昭和二十二年五月十五日、アンガウル島からのリン鉱石運搬船に便乗して故国の土を踏むことができた。澄川さんは、なおグアム島に残らねばならなかったが、同年十月には帰国を許された。

土田喜代一さんは、最後にしみじみ洩らした。

「帰って二四年間になるが、あそこの二年半の生活も同じ重みがあるです。この間、ペリリュー島に遺骨収集に行ったとき思うたですが、いろいろな思い出の残るペリリュー島に、自分の骨を埋めてもらいたかですね。この前は一番先に出たけんど、今度は一番先にあの島へ戻りたいと思うとるです」

解説

私―平塚がペリリュー島生還兵の皆さんの取材を始めたのは一九七〇年（昭和四十五）でした。そのとき生還兵の何人かの方はすでに亡くなっていましたが、大半の方は五〇歳前後と若く、社会の第一線で活躍されているときでした。

当初の取材目的は、本書の元となった「ドキュメント太平洋戦争・最前線に異常あり」の週刊誌連載記事の執筆のためでした。そして連載が終わり、太平洋戦争研究会のメンバーが各戦場ごとに分担して単行本化することになったのです。私はペリリュー島守備隊の中核となった歩兵第二連隊の兵士の皆さんと同郷（茨城県）ということもあり、帰還兵の皆さんの追加取材を続けました。単行本の「証言記録シリーズ」は、「終戦三〇周年記念出版」（新人物往来社）として、一九七五年（昭和五十）から順次刊行されました。

この取材続行の中で、私は帰還兵の皆さんに誘わ

澄川少将の度重なる呼びかけと、土田上等兵の勇気ある行動によってジャングルから姿を現した34人の日本兵たち。最前列左端の兵士が山口少尉。

れてペリリュー島の遺骨収集と慰霊の旅に参加するようになり、八回ほど島を訪ねました。遺骨収集団に誘ってくださったのは土田喜代一、武山芳次郎、塚本忠義、波田野八百作、程田弘の皆さんだった。

この中の土田さんは、二〇一五年四月に天皇・皇后両陛下（現・上皇上皇后）がペリリュー島を慰霊に訪れるに当たり、同じ帰還兵仲間の永井啓司さんとともに御所に招かれ、天皇皇后両陛下と懇談されている。さらに土田さんは、天皇皇后両陛下が実際にペリリュー島の西太平洋戦没者の碑の前で戦没者を追悼されたときは、最前列で立ち会っている。

上皇上皇后陛下のペリリュー島訪問時、同島帰還兵で存命だったのは土田さんと永井さんのお二人だけだった。そのお二人も、土田さんが二〇一八年十月に、永井さんが二〇一九年十一月に相次いで九十八歳の人生を閉じられた。まさに波乱に富んだ生涯だった。

死刑を宣告されたインファンタの14人

わたしが助命嘆願の表面にでればマニラ虐殺に波及する——無実を知りながら声にだせぬ一帰還将校の苦衷……。

絞首刑の判決にただ男泣き

フィリピンのルソン島インファンタ市は、山を背に太平洋に面した静かな町であった。坂道に教会が目立つ市内を、清流のアゴス川がつらぬき、海べりの水田には稲がたわわに実っていた。

そのインファンタを目指して、マニラ市街戦で米軍に追われた日本海軍の陸戦隊約一万六〇〇〇人が敗走してきたのは、昭和二十年（一九四五）三月初めごろからであった。なだれこむように——と表現するにはふさわしくないかもしれない。日本軍のほとんどは傷つくか疫病に罹《かか》るかして精彩がなく、なによりも飢えきっていた。その飢餓に苦しむ兵隊たちが、黄金色に実りはじめた稲を見逃がすはずはない。まもなく、農村出身者を中心とする稲刈り隊が編成されて、フィリピン人農民を尻目《しりめ》に採《と》り入れにかかり、さっさと裏山へ運び上げてしまったのである。

日本軍が集結したため、米軍は海と空からの砲爆撃を三月中ごろから始めていたが、五月十五日にはついに東海岸から上陸した。米軍上陸と同時にフィリピン人ゲリラ部隊の行動は活発化し、日本軍は山に立てこもり長期持久戦のかまえをみせながら応戦した。住民の大量虐殺が行われたのは、このような混乱の最中だった。避難しそこなった住民は、婦女子まで日本軍によって殺された。理由は、ゲリラ隊に通じており、さらに上陸の米軍に情報を流す恐れあり、ということなのであった。

昭和二十年九月八日、一万六〇〇〇人から一〇分の一の一六〇〇人に減ったインファンタの日本軍は投降、収容所入りした。米軍は「徹底して戦争犯罪を追及する」といって取り調べを開始し、戦後のフィリピン軍事法廷は、インファンタ事件の被告一四人全員に絞首刑の判決を下した。昭和二十四年（一九四九）二月十九日である。

上野正美さん（四八）＝埼玉県大宮市＝は、このときに死刑の判決を受けた一人である。

「私の罪状は『小隊を指揮し命令し強要して次の者を殺害したものである』として、六人ぐらいだったと思うが、ずらっとフィリピン人の名前が書いてあったですね。ぜんぜんやってない。私は知らなかった。しかし、事件そのものはありました。討伐したのだから。

捕虜になって収容所に入れられている間に撮られた写真が、住民の間を回覧されて『こいつだ』と指をさされたらしいんです。むろん同僚は弁護してくれましたが、日本人の言うことなんかぜんぜん信用されない。こんな場合、フィリピン人が『あの人はそんなことをする人ではない』と証言してくれたら、はじめて正当な裁判が受けられるんですけどね……。

裁判が始まるときから助からないとあきらめていましたので、『デス・バイ・ハンギング』といわれたとき、これが国際裁判なのかと、そらぞらしい気分でしたが、いざ独房に入れられると殺される実感が迫ってきて、いても立ってもいられなくなった。ええ、男泣きに泣く状態が続きましたね」

中俣富三郎さん（四八）＝東京都北区＝も、同時に絞首刑の判決を受けた。

「マニラ市街戦で中隊長が死んだため、僕は小隊長から中隊長に昇格した直後でしたよ。大隊長命令で、お前の中隊から一個小隊出せというので、僕はS兵曹長以下一小隊を現地に派遣しただけです。実際にはなにもやってない。

部下といっても、みんなボクより年上の連中でしたけど、帰ってきて『中隊長、あまりいいものじゃないですよ』と報告してきた。闇のなか、椰子油で灯《あか》りをとっている民家めがけて行き、やったあとで年寄りや女子供ばかりであることがわかったらしい。若いゲリラは、事前に逃げてたんですね。

僕は、その報告を司令部にまわしただけなんだが、検事側は『中俣が現地で殺した』として起訴した。もう覚えていないけど、二、三人やったことにされてたんです。命令を下した者を処刑するのじゃなく、現場で直接やった者を追及する形の裁判でしてね。こちらとしても無実を主張できたわけなんです。

S兵曹長は早く帰国してましたからね、次に帰る連中に『危ないから身を隠せ』と伝言しておきました。結局、彼は捕まらなかったけど、いまだに潜行中とみえて消息が分からないですね」

虐殺された住民は約六〇人とされている。そして、加害者として起訴されたのは一六人で、下士官一人を除いてすべて将校であった。このうち一人は裁判中に結核が重くなり、あと一人は起訴事実が立証できなくなり、途中で釈放されたから、残り一四人が判決を受けて全員絞首刑を言い渡されたのである

全員が戦犯容疑の海軍将校

小島温《こじまつつむ》さん（五三）＝神奈川県藤沢市＝は、いったん起訴されながら途中で釈放された一人であった。

「フィリピン人にしてみれば、事件そのものはあったのだから、日本人でありさえすれば誰でもいい、ただ報復したかったんじゃないですかね。昭和二十一年にはほとんどの捕虜が帰され、六〇〇人くらい残ったんですが、それが戦犯容疑者だった。私は軍医でしたから、まさか容疑がかかっているとは思わんかったのですよ。

インファンタの向かい側のポリリョ島から、正規の訓練を受けたゲリラが送り込まれて活発に行動してましてね。末期にはもういたるところ敵で、住民も区別するわけにはいかない。斬《き》り込みに行くときは米軍めがけて行くわけだけど、その前に住民とぶつかると、それをやっつけないわけにはいかない。私は軍医だから斬り込みにも行きませんでしたが。それがわかったから釈放されたんですが、監獄に未決囚でいるとき山《やま》

マニラ郊外で米軍に捕らえられ、Cレーション（戦闘用糧食）を与えられてほっとしている日本兵たち。1945年5月18日。

下奉文《したともゆき》将軍らの面倒を見ましたね。帰国できたのは昭和二十三年十月でしたが、なんとかせにゃならんと思って、インファンタ事件の真相を訴えてまわったです。GHQがうるさかったんですけどねえ」

インファンタ事件で絞首刑の判決を受けた一四人のうち、一〇人が予備学生出身ということもあって話題になった。陸軍士官学校や海軍兵学校などは、中学卒業後に入って四年間、職業軍人教育をするが、予備学生は専門学校または大学卒業者を八カ月ほど教育して士官にする。戦争の激化で陸士や海兵の卒業者だけでは数が足《た》りなくなったための苦肉の策であった。約一万人の予備学生出身の将校がいたといわれる。

宮田次男さん（四八）＝東京都杉並区＝もその予備学生出身であり、マニラ防衛隊に編成されて以来小隊長だった。そしてインファンタに行き、ここでマラリアとアメーバー赤痢と熱帯性潰瘍《かいよう》にかかってしまう。

「日本の気候なら梅雨の感じですね。さっき太陽が照っていたかと思うと、さあっと曇る。いやな気候で、病気がますます悪くなる。薬は持っているけど、飲まないですよ。どうせそんなもの飲んでも、いつまで生きられるかわからんのだから。

マラリアの高熱で気が変になる者もでてくる。大事なものを身につけて山を下ろうとするのがいるんで『どこへ行くんだ』と聞くと、『バシー海峡を泳いで渡って台湾へ行きます』なんていう。私はそれほどおかしくはならなかったけど、七月末ごろには歌ばかり歌っていたらしいです」

収容所入りしてからも、宮田さんの病気は重かった。しかし、それを隠そう隠そうとつとめた。入院すれば長期治療を要する。そうなると、いつ日本に帰れるかわからない。帰国後どうなってもいいから、とにかく復員船に早く乗りたいと思いつめていたのだった。

望郷の思いだけが、宮田さんをかりたてたのではない。早くフィリピンから離れたい事情があったからだ。

「海軍の将校は全員が戦犯の容疑者だったんです。インファンタ事件もそうだが、もっと大量におこなわれたマニラ市民殺害の容疑です。マニラ防衛にあたったのは海軍部隊でしたから」

宮田さんは、インファンタにくる前のマニラでのことを追及されるのを恐れていたのだ。だから、病気を隠してまで早く船に乗ることを願った。しかし、周囲の人たちから『せめて輸送船のタラップを昇れるくらいの体にならなければ』とすすめられ、思いきって入院したのだが、結果的にこれが幸いしたのだ。

宮田さんはいう。

「収容所に入ってすぐ、将校は写真を撮られた。正面からと横顔とです。そして所属部隊、階級、出身学校、両親の名前などなど、訊問《じんもん》カードに記入されたんです。私は入院したためにカードがそっちに移り、いつのまにか戦犯容疑からはずされたんですね。それで昭和二十一年一月に帰国命令が出たんです」

思いがけず日本の土を踏めた。だが宮田さんには、戦犯容疑で苦しんでいるかつての仲間のことが、つねに重く自分のうえにのしかかっていたのではないか。

「戦犯裁判はあくまでも手続きだけで、とても助からん仕組みだというのが当時の常識でした。だから、僕が未決でいた監獄では、処刑場に呼び出された人は『お先に行きます』と挨拶し、残る者も『自分もあとから行きます』と答えていました。インファンタ事件の一四人も処刑が決まって、もう穴が掘ってあるという便りなので、僕は助命運動に一生懸命になった」（小島温さんの話）

モンテンルパからの手紙

小島さんは死刑囚から送られてくる手紙を、まず新聞記者に見せた。やがて『朝日新聞』が大きくとりあげ、さらにインファンタ事件の被告Tさんをモデルにした小説『非情の庭』の作者・樋口茂子さん（故人）がローマ法王に助命嘆願するなど、ジャーナリスティックな話題となる。

次に引用するのは、モンテンルパに閉じこめられた上野正美さんが、昭和二十七年正月に小島温さんに送った手紙である。

『謹賀新年。（略）来る年も来る年も患《わずらい》多き年ばかりでしたが、今年こそ最良の年であるよう願って居ります。然《しか》し朝鮮半島をめぐる世界の動きは誠に微妙であり、毎日毎日が第三次世界大戦への瀬戸際であるように思われます。取るに足らない虫けらのような私たちの力ではありますが、今年だけでも平和の内に年を送りたい気持で一杯です。（略）

パンツ一枚の正月をこれで七度、迎え送りました。一年中変る事なく、こう暑くては頭も次第にぼけ、信州の身を切るような寒さが恋しくなります。（略）独房生活も二年になると神経がだいぶズ太くなり、皆この頃ほがらかになって来ました。

生命の危険を感じている時には、これが最後の正月だというし、状況が好転してどうやら生命の方は余程の事が無い限りまずまず大丈夫というようになると、内地移管も近かろうから此処《ここ》での正月はこれが最後だと、何時でも都合良く最後最後をくっつけて、今年の正月はルパオ、マンダルヨン当時の正月気分を独房内で味合いました。

演芸も大々的で、これが死刑囚かと思われる位でした。人生すべてが瞬間に生きるのであってはなりませんでしょうが、或る程度はこれで良いと思って居ります。（略）もし間違って帰るような事があれば、随一の土産は、毎年拾った要らない年齢とムクムク太った体くらいのものですよ。

大変長く馬鹿を書きました。今日はこれで失礼します。向寒の折、愈々《いよいよ》御自愛専一の程を、御祈りして居ります。

一月十日　上野正美

小島温様

助命嘆願かない祖国の土を

その上野さんはいう。

「最初に独房に入れられたころは、四等国、五等国というような目で見られて、その当時私は、どうして日本人に生まれたのかなあと考えていたです。でも、日本の情勢がよくなってくると、フィリピン人の態度が変わってくる。日本が良くなるにしたがって、フィリピン人もわれわれに良くなってくるんですね。

最初は差し入れが認められなかったのに、本も雑誌も入れてくれるし、散歩時間も一五分から三〇分になり、一時間になり、そのうち独房を互いに行き来できるようになり、やがて昼休みに外に出られるようになった。そうなったころに、やっと笑い声も出るようになりましてねえ。

それでもときどきは墓穴をいくつか掘ったぞ、というような情報が入ってくる。そんなときは、みんなシュンとなってしまって、どうしようもなかったですよ」

日本が講和条約を結び、賠償支払い能力を持つようになった背景のなかで、助命嘆願運動はしだいに実りはじめる。そして、とうとう昭和二十八年、フィリピン独立記念日の七月四日に減刑が決まり、一四人全員が七月二十三日に日本の土を踏んだのであった。

帰国してからは、終身刑として巣鴨の拘置所に入れられたが、しかし、その年の十二月三十一日、自由の身になることができた。

宮田次男さんは、インファンタ事件が大きな話題になり、助命嘆願の運動が戦友を中心に進められているときも、表面に出ることができなかった。少なくとも一四人が虐殺に直接手を下していなかったことは知っているし、入院さえしなければ宮田さん自身が戦犯にされた可能性が強い立場である。

そのジレンマに悩みながら、なお宮田さんが固く口を閉ざさざるをえなかったのは、さきに少しふれたマニラの虐殺の責任を問われるきっかけになりかねないからであった。

昭和二十年一月に米軍がルソン島に上陸し、マニラ奪還を開始したとき、陸軍が後退して海軍がにわか仕立ての陸戦隊約一万六〇〇〇を編成して死守することになった。このとき、インファンタの比ではない大量の住民虐殺が行われたのである。

しかし米軍もフィリピン側も、「マニラの虐殺」の戦犯をほとんど捜し出せなかった。だから、第一四方面軍司令官の山下奉文大将がすべての責任を負わされて、絞首刑になったのだった。

次項では、マニラ防衛隊の戦闘の模様を中心に、住民虐殺がいかにおこなわれたかを究明してみたい。

解説

昭和十九年（一九四四）十月二十日、マッカーサー元帥率いる連合軍はフィリピンのレイテ島へ上陸、八万余の日本軍を撃破すると、翌二十年一月九日、山下奉文第一四方面軍司令官の主力約二八万七〇〇〇が展開するルソン島に上陸してきた。そして二月四日頃には、日本軍の拠点マニラ市に迫った。山下司令官は市街戦を避けるためにマニラをオープン・シティ（非武装都市）にし、配下の部隊に同市を離れて山岳地帯への転進を命じた。しかし、マニラ海軍防衛部隊約一万六〇〇〇と陸軍の野口支隊約四〇〇〇人は撤退命令を無視し、徹底抗戦に出た。だが、一九万の米軍に対抗する術《すべ》はなく、生き残った日本軍は東海岸のインファンタ市方面に逃れたのだった。この市街戦では多くの市民が戦闘に巻き込まれ、二十日間の戦闘で約一〇万人が犠牲になった。戦後の軍事裁判で裁かれる「マニラの虐殺」は、こうした日米の死闘の最中に起きた悲劇だった。

私は見た！　マニラ虐殺の惨劇

一〇〇時間以上も睡眠がとれず、ボーッとしていたなかで行われた――と四人は証言する。

手製の手榴弾で肉迫攻撃！

昭和二十年（一九四五）一月下旬から、マニラ市奪還をはかる米軍と、首都マニラ死守を決めた日本軍の一部との間に激戦が展開され、結局、二月四日に米軍は市内に入る。この市街戦の前後に、多くの市民が戦闘のまきぞえで死んだが、しかし、あきらかな虐殺も日本軍によって行われたのであった。

だが、この虐殺にふれる前に、マニラ防衛がどのような状態でなされていたかにふれておく必要がある。

米軍がマニラに迫ったとき、山下奉文《やましたともゆき》大将率いる第一四方面軍司令部は、市街戦を避けるためにマニラをオープン・シティ（非武装都市）にし、配下の陸海軍部隊約二八万に、市内から退去して山岳地帯に転進するよう命じた。ところが陸軍の野口支隊（野口勝三大佐）約四〇〇〇人と、海軍のマニラ防衛隊（岩淵三次少将）約一万六〇〇〇人は命令を無視し、市街地での徹底抗戦の構えを見せた。マニラの惨劇は、ここから始まったといってもいい。

ここに登場する証言者たちは、このときの海軍部隊にいた人たちである。

「マニラ湾に出入りする艦船のための桟橋があって、その基地の警備をしていたが、昭和十九年の末になって海軍陸戦隊を編成してマニラ防衛にあたることになり、私は小隊長としてニコルスフィールドの前に陣地を築いて敵を防ぐ任務を与えられた」（上野正美さん）

「第九五四海軍航空隊だったが、飛行場が次々にやられたんで、十二月に編成された陸戦隊の小隊長になってマッキンレーの守備にあたった。マッキンレー陣地は、太平洋戦争が始まる前に予備役だったマッカーサー大将が築いたもので、マニラ湾が一目で見渡せる。この陣地の下に高角砲を置いていた」(宮田次男さん)

「海軍の本来の任務は、飛行場の整備と警備だったのに、陸戦隊にされて小隊長になった。陸戦隊というのはあまりいないから、レイテ沖海戦でやられた生き残りとか、フィリピン近海でボカチン(撃沈)くらって這い上がって来たような連中を、にわか仕立ての陸戦隊にしたんですよ」(中俣富三郎さん)

前回でふれたように、三人とも本格的な職業軍人教育を受けていない予備学生出身の海軍士官だったのに、こうして陸戦隊の小隊長になったわけだが、それは、山下奉文軍司令官以下の陸軍がマニラ市からしりぞいて、南へ四〇キロのバタンガスへ移動したためだった。

「陸軍はマニラを無防備都市にして、山の中へ入る命令を出した。ところが、海軍はかつて上海市街戦で陸戦隊が勇名をとどろかせた経験があるし、がんばってマニラを死守するんだといって引き揚げさせなかった」(上野さんの話)

「海軍の南西方面艦隊司令部、第三一特別根拠地隊、第九五四航空隊、北フィリピン航空隊、南フィリピン航空隊などのほかに、レイテ沖で沈んだ戦艦武蔵などの生き残りの水兵が加わって、五個大隊を編成したんです。私の小隊は六三人でしたが、小銃は一〇人くらいしか行き渡らない。飛行機からおろした旋回機銃が二挺《ちょう》あったけど、ほかの連中は天幕の支柱の先に尖《とが》らせた鉄管を刺したヤリを持たせて……」(宮田さんの話)

「まず兵器がないし、あっても使えるような連中じゃない。マニラにいて引き揚げられない在留邦人も現地召集されていたけど、とてもじゃないが戦闘の役には立たない。しかし、紀元節まで頑張れば、台湾から機動部隊が来て戦局を挽回《ばんかい》するんだと、聞かされてね」(中俣さんの話)

米軍指揮官マッカーサーの「アイ・シャル・リターン」は現実になって、圧倒的に優勢な米軍は、海軍の

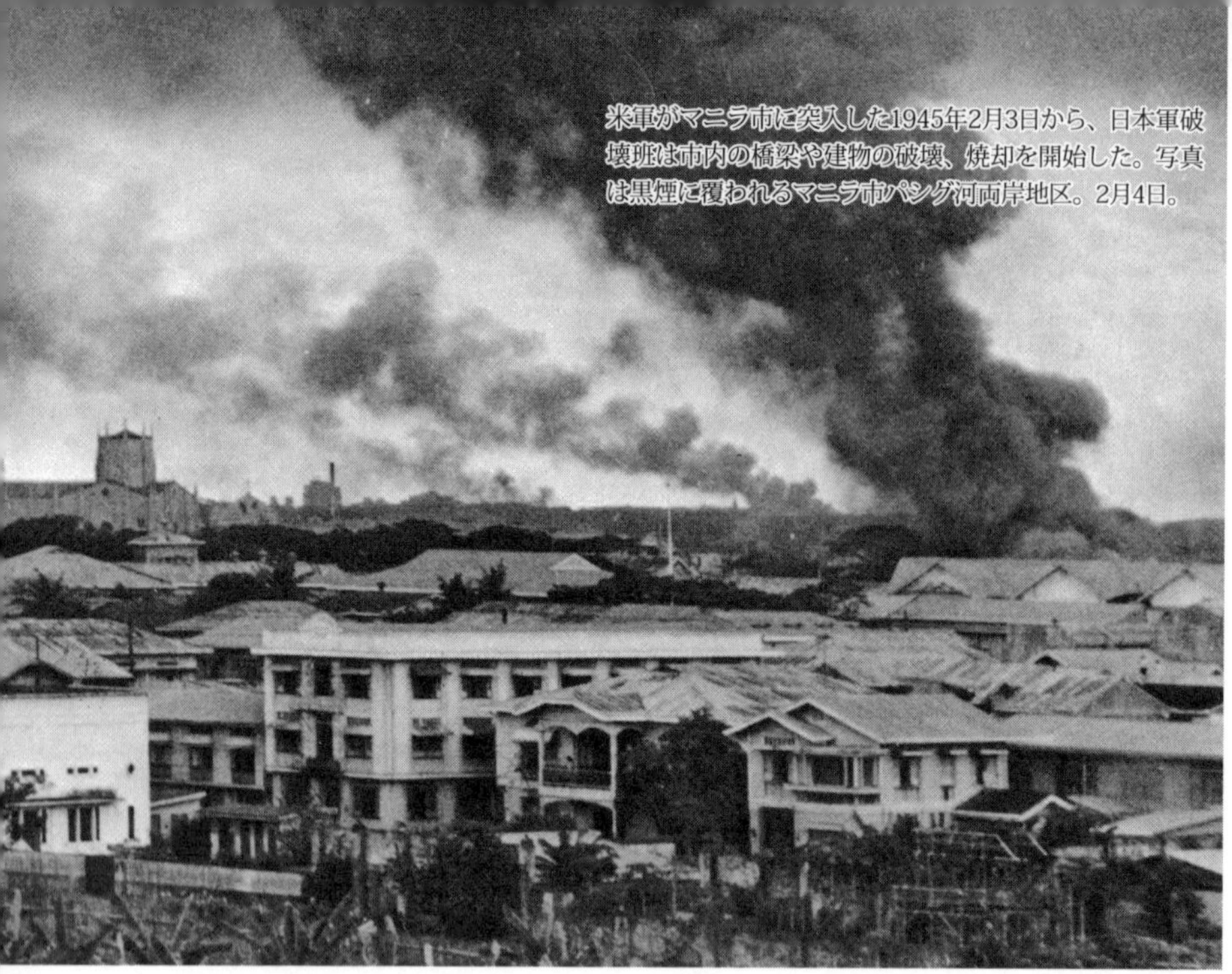

米軍がマニラ市に突入した1945年2月3日から、日本軍破壊班は市内の橋梁や建物の破壊、焼却を開始した。写真は黒煙に覆われるマニラ市パシグ河両岸地区。2月4日。

陸戦隊を主力とする約三万人のマニラ防衛隊を、徹底した空爆と砲撃でたたいてから市内へ迫った。

「私は予備学生ではあるけれども、ちょっと陸戦の教育を受けたことがあるので重宝がられ、おそらく敵がいちばん先に来るだろうというところに当てられたんです。いちおう装備の整った兵隊を四八人もらって、四個分隊に分けて市街戦をやるつもりで家の下に穴を掘ったり、コンクリート造りの強そうな窓を利用して土嚢《どのう》を積んだりして閉じこもっていました。

二月二日か三日ごろでしたか、タール湖の周辺に落下傘で降りた米兵が北上してきて、三日か四日ごろ、私たちの正面に現れました。戦闘の経験はないが一生懸命やろうとするけれど、砲爆撃が激しくて頭を出すことができない。二日二晩、眠ることもできずにじっとしていたです。戦争はこんなに眠いものかと思っていたです。

やがて中隊から命令が出て、海上から敵の背後にまわって斬り込めといわれたけど、ほとんどやられてしまう。やがてマッキンレーに健全な中隊がいるから移

動しろと命令されて危険な思いをしながら燃えるマニラ市内を突っ切り、マッキンレーに行ったんですが、このとき合流した中隊に中俣がいた」（上野さんの話）

「リンガエンとタガイタイから上がった敵にはさみ討ちにされて、三、四日眠れない日が続いたです。昼は爆撃があるのでじっとしていて、夜になって斬り込みに行くんだが、頭がぼうっとしてきて、どうにでもなれっていう気分になる。弾《たま》がどんどん飛んでくるのに、軍刀ぶら下げてふらふら歩くのもいて『危い、危い！』といくら叫んでも聞こえないんですよ」（中俣さんの話）

「夜陰に乗じて敵陣に斬り込むんですが、手榴弾で苦労させられた。陸軍は手榴弾も貸さずに撤退して行ったから、機関科の器用な連中が魚雷や水雷や機雷なんかを解体して、手製のやつを造りましてね。ちょっとこすっただけで発火して自分がやられたり、敵陣の前でカチカチやっていて発火しないうちに探照灯で見つけられて全滅させられたり……。

四、五日も不眠不休の日が続くと、頭がぼうっとして判断力なんてすっかりなくなり、眠い眠いとばかり思っていた。日時の記憶ははっきりしないが、包囲されてどうしようもなくなったので、今夜、斬り込みして玉砕しようと決心して、夕方、敵が引き揚げたあと下着をとりかえ、みんなでフンドシは赤いのをつけ、コレヒドールに沈む夕日を見ながら、この世の最後の酒盛りをしたんです」(宮田さんの話)

殺し、焼き尽くす暴虐の記録

上野さんも、中俣さんも、宮田さんも二二歳の若さであった。それぞれ初めて経験する戦闘の、しかも第一線指揮官として死を前提に行動していた。そして、三人とも一〇〇時間以上も睡眠がとれず、「ぼーっとしていた」と語る。

虐殺はまさにこのような中で行われた。

連合軍総司令部諜報《ちょうほう》課が昭和二十四年四月に発表した『マニラの悲劇』は、多くの事例を上げている。

①スペイン人居住区のローバン救護院に一〇〇〇人以上の避難民がいたのに放火。死者の数はつかめない。

②コンコルディア学校の二〇〇〇人の避難民は閉じこめられ、一人も逃がさぬよう周囲に機関銃を備えつけて放火されたが、慈善院の孤児などが多かった。

③スペイン領事館に避難していた五〇人は、生きながら焼かれ、または庭園で刺し殺された。

④ラサール学校に避難していた七〇人は、二〇人あまりの日本兵に銃剣で刺され、ピストルで撃たれ、一〇人が生き残ったが、強姦もなされた。

⑤寺院の待避壕のスペイン人一二五人は、通風孔から手榴弾を投げこまれ、二人が脱出できただけであった。

⑥赤十字病院に突然、日本兵が侵入、手あたり次第に医師、看護婦、患者、避難民を刺殺または射殺した。

⑦サンチャゴ堡塁の約四〇〇人の死体は、フィリピン人または中国人とみられるが、後手に縛られて積み上げられており、死因は射撃、刺突、飢餓とみられる。

⑧サン・ラゾロ病院前の大通りでは、食物を求めて外へ出た市民が、家を離れたという理由で機関銃で射たれた。約一〇〇人であった。

⑨トンド区の材木置場に四九人の死体があったが、子どもが三分の一、婦人が三分の一だった。
⑩バサイ区のバックス・コートに海軍の服装をした日本兵一四、五人が現われ、連れ去った一六人を民家に入れてガソリンをそそいで焼き殺した。
⑪待避所の約三〇人の市民が一二人の日本兵に銃剣で襲われ、男一一、婦人六、幼児九人が殺された。
⑫グアダループ地区で救出されたフィリピン人のうち、少女五人は両方の乳首を切断され、胸部と腹部を刺され、幼児五人は火傷と刺傷を受け、少女一人と幼児一人は左腕を切断され、年配の男子一人は両耳から後頸部《こうけいぶ》にわたりはなはだしい刺傷を受けていた。
これらは、いずれも戦後の裁判のさいに証人台に立った人々の記録である。

たしかにあった虐殺命令書

前記したように、このとき小島温さんは軍医としてマニラにいた。

「その『マニラの悲劇』が事実であることは間違いない。やった者がいるのだから。だが、日本軍にとって周囲の人間がだれ一人信用できなくなっていた。負け戦《いくさ》になってから、日本軍に協力しようというフィリピン人はいなくなったから、みんな敵みたいなもんです。マニラ市内に残っていた人のなかに、ゲリラが随分混じっていましたからね」

前回でもふれたように、小島さんはインファンタ事件の容疑者だったのだが、軍医であったために釈放された。だから、客観的に証言することも可能なのだが、さて、第一線の三人の小隊長はどう語るか。

まず上野さんは……。

「あちらからも敵、こちらからも敵で、若い私は臨機応変の処置もとれなかった。フィリピン人は私たちの姿を見ると逃げ隠れするし、露骨な反感を示す。市内を突っ切ってマッキンレーの中俣のところへ引き揚げるときも、危険な思いをしました」

その中俣さんはいう。

「あのとき、逃げるやつは逃がしておけばよかったんです。ゲリラが市内に入っていたし、市民が全部寝返ったので、カーッとなって『全部やっちまえ』ということになった。陣地をつくっても、住民がすぐ米軍に知らせるしね。だれが書いたかは知らないが、山下奉文の虐殺命令書が出たことは事実ですよ」

そして宮田さんはこう続ける。

「初めての戦闘で士気が高かったといえますがね、住民がこちらの陣地を道案内して米軍を連れてきて、全滅させられるなんてことが続くものだから、ゲリラが多いという噂を聞くと討伐に出かける。夜八時ごろから、各小隊から選抜されて出て、その町を包囲し、ガソリン撒《ま》いて放火する。住民が荷物をかかえて飛び出してくるけど、南京袋のなかに手榴弾を隠していた者もいて、それがゲリラです。やらないと、翌日、こっちがやられる相手ですからね」

多くの人が、私たちの取材を拒否したなかで、とくに会ってくれた三人である。しかし、具体的に何をしたかという質問になると、答えが微妙になってくる。書かないでくれと前置きして話した人もあるから、その約束は守らねばならない。

「市街戦は相当な激突だったそうだが、私ははずれにいて、市街戦をやっていない。それに、マッキンレーで砲弾で胸と左足をやられて倒れ、従兵にかつがれて後退したから……。インファンタでは死刑の判決を受けたけど、むしろマニラのほうが問題になるかなとは思っていたですがね」（上野さんの話）

「戦闘で小隊長が死んだので中隊長になっていたが、命令が組織だって上から下まで伝わる状態ではない。だから〝住民処分命令〟があろうがなかろうが、同じ結果になったんじゃないですか。やけのやんぱちといった感じでしたから」（中俣さんの話）

「フンドシまで取りかえて玉砕の斬り込みに出かける直前、撤退の命令を受けましてね。食うか食われるかの戦闘のなかで、ゲリラかそうでないかを区別する余裕はないから、女子供をまきぞえにする場合だって、そりゃ、ありますよ。やむをえないです」（宮田さんの話）

惨劇は不可避だったのか？

先に引用した『マニラの悲劇』の序文には、つぎのような部分がある。

《しかしながら、上官の命令とはいえ、このような恐るべき罪悪を行うことができたというのは、そもそもいかなる種類の人間なのであろうか》

「近代史に比類を見ぬ」「野蛮人にもまさる蛮行」というような表現もみられるが、しかし『マニラの悲劇』は、じつは単行本ではない。長崎に投下された原爆を浴びて死の床にあった永井隆博士の著書『長崎の鐘』(昭和二十四年四月十日発行・日比谷出版社)の付録なのであった。

なぜそうなったかは、おなじ序文ではっきりする。

《この無差別な殺傷行為を止め、戦争を終結させるため、アメリカと全世界とが原子爆弾を使用せざるを得なかった所以《ゆえん》である。かくすることにより、日本およびその他の国々における無数の人命を救うことができたのである》

『長崎の鐘』が出版されるには、GHQ(連合国最高司令官総司令部)の許可が必要であった。米軍は、原爆が無差別に広島、長崎の市民を殺したことを正当化するために、こうして『マニラの悲劇』を付録とすることを強要したのである。

米国のトルーマン大統領が、日本への原爆投下命令にサインしたのはポツダム宣言を発出する前であった。幸い日本の首相は、その直後に出されたポツダム宣言を「黙殺」してくれた。すでにそのとき、ソ連は対日参戦を決めていたから、一時も早い原爆の使用に踏み切ったのである。つまり、ソ連が直接の戦勝国になっては、戦後やっかいなことになるので、ソ連を牽制《けんせい》するために大量殺人をあえてしたのである。

まさに、語るに落ちた「序文」であるが、しかし、マニラの虐殺がそれで正当化されるめぐりあわせには絶対にならない。私たち太平洋戦争研究会は、日本軍の虐殺が正当化づけられる証言に一度も出あったことがない。つねに「やむをえない」という言葉が用意されているだけであり、それはフィリピン編でも同様であった。

さて、最後に四人の証言者の印象的な言葉を、ひと

マニラ市では多くの市民が日米両軍の砲火の犠牲になった。写真は焦熱地獄の戦闘地区から逃れてきた避難民を運ぶ米兵。2月23日。

言ずつ紹介しよう。

「マニラを戦場にしたことが一番まずい。死守といいながら、三万人のうち一万五〇〇〇人は撤退しているんですからね。ある時期になったら撤退することをはっきり伝えておけば、こんな大きな惨劇にはならなかっただろう」（小島温さんの話）

「南部へ逃げた人は助かったが、マニラから北へ逃げた人が苦しんだ。不思議なもので、北へ北へと逃げたくなるんですね、日本へ少しでも近づこうとして」（上野正美さんの話）

「生き残って帰った者は、結局、要領よく立ちまわったのであり、勇敢に戦っていれば戦死したでしょうねえ……」（中俣富三郎さんの話）

「ジャーナリストから、なんども取材の申し入れがあったけど、ずっと断わってきたんです。それが、こうして話す気になったのは、戦友の二六回忌の法事に招かれた翌日だったからかもしれませんね」（宮田次男さんの話）

第6章

戦いに敗れて……

住民を虐殺した沖縄の日本軍

米軍よりも日本兵の暴虐を恐れた沖縄県民の心底には、戦後二六年、いまだ〝ヤマトンチュ〟への怒りが……。

一般住民を道づれの洞窟戦法

昭和十九年（一九四四）七月から八月にかけて南洋群島北端のサイパン、テニアン、グアムのマリアナ諸島の日本軍が相次いで玉砕し、さらに翌二十年二月には硫黄島守備隊も玉砕して、いよいよ日本本土の防衛線は沖縄が最後の砦《とりで》となった。沖縄戦は、まさしく日米最後の決戦場でもあったといえる。

昭和十九年三月に発足した沖縄守備軍は、第九師団（金沢）、第二四師団（旭川）、第六二師団（京都）の三個師団に、混成旅団や特科部隊を加えて約一〇万の兵力であり、軍司令官は牛島満中将であった。

当時、沖縄（宮古島や石垣島など離島を除く）には、四三万五〇〇〇人の住民がいたが、そこへ一〇万もの大部隊が突然現れて「米軍は必ずこの島に上陸する。そのとき、沖縄県民はすべて軍と運命をともにし、玉砕の覚悟を決めてもらいたい」と、いたるところで開いた講演会で絶叫しはじめた。

沖縄守備軍は、島の目ぼしい建物なら、個人の家でも学校でも兵隊の宿舎に割り当てた。ときならぬ〝民宿〟にも、しかし、沖縄の住民は協力的だった。なにしろ、沖縄を守るためのたのもしい軍隊だからである。

しかし、日本兵たちは横暴をきわめた。いかに沖縄決戦を叫んでも、じりじり追いつめられた重圧下にあって、敗色が濃いことは明白である。昭和十九年十月十日の大空襲で、軍の施設はもちろん、民間にも大被害を出したが、日本軍は迎撃の飛行機すら姿を現さない。兵隊たちの多くは、絶望的な気分におちいり、そのとばっちりが住民におよんだのである。

親泊《おやどまり》朝政さん（七〇）＝那覇市山川＝はいう。

「なにかといえば『お前らを守ってやるんだ』と怒鳴り散らし、気に食わんことがあると『沖縄は沖縄人の手で守れ』と叱りつける。そのくせ、軍は沖縄はダメだと知っておった。私ら住民だけに景気のいいことをいう。はっきり言ってあれだね、私は米軍よりも、日本軍のほうがシャクにさわる」

低下した士気は、紀律をゆるませる。兵隊のなかには、軍の物資を持ち出して未亡人や娘を〝買う〟と称する者もいて、断わられたら強姦する。風俗習慣が違い、方言の訛《なま》りが強い沖縄県民を、異国の人間とみなす意識もあったに違いない。まるで占領軍の兵隊のように振る舞う風潮もあったのである。

沖縄防衛軍も、すべて本土優先の作戦をたてた。もし、米軍が沖縄を素通りして本土へ向かっては一大事だというので、引きつける作戦をとったのである。

昭和二十年四月一日、米軍は沖縄本島中部の西海岸から一斉に上陸したが、日本軍の抵抗は全くなく、まるで上陸演習のような無血上陸で、米兵たちは「エイプリルフールなのか？」といぶかったという。

実は日本軍は、このとき南部一帯にくまなく掘った洞窟にたてこもり、長期抗戦のかまえをとっていたのだ。空も海も制圧され、地上での戦闘も物量の差が歴然としている。残されたのは〝地下からの攻撃〟、すなわち洞窟戦法だったのである。だが、それは一般住民を道連れにする作戦でもあった。

昭和十九年十一月になって、現役兵が多く三二軍中の精鋭であった第九師団を、いきなりフィリピンに転用する大本営命令がきた。沖縄防衛軍は一挙に三分の一を引き抜かれたのである。その穴を埋めるために強化されたのが〝郷土防衛隊〟であった。一七歳以上四五歳までの男子住民はすべて召集されて、約二万五〇〇〇人がにわか仕立ての軍人にさせられたのだ。さらに、男子中学生は「鉄血勤皇隊」として武器をもち、師範学校の男子は斬込隊になり、女子は「ひめゆり部

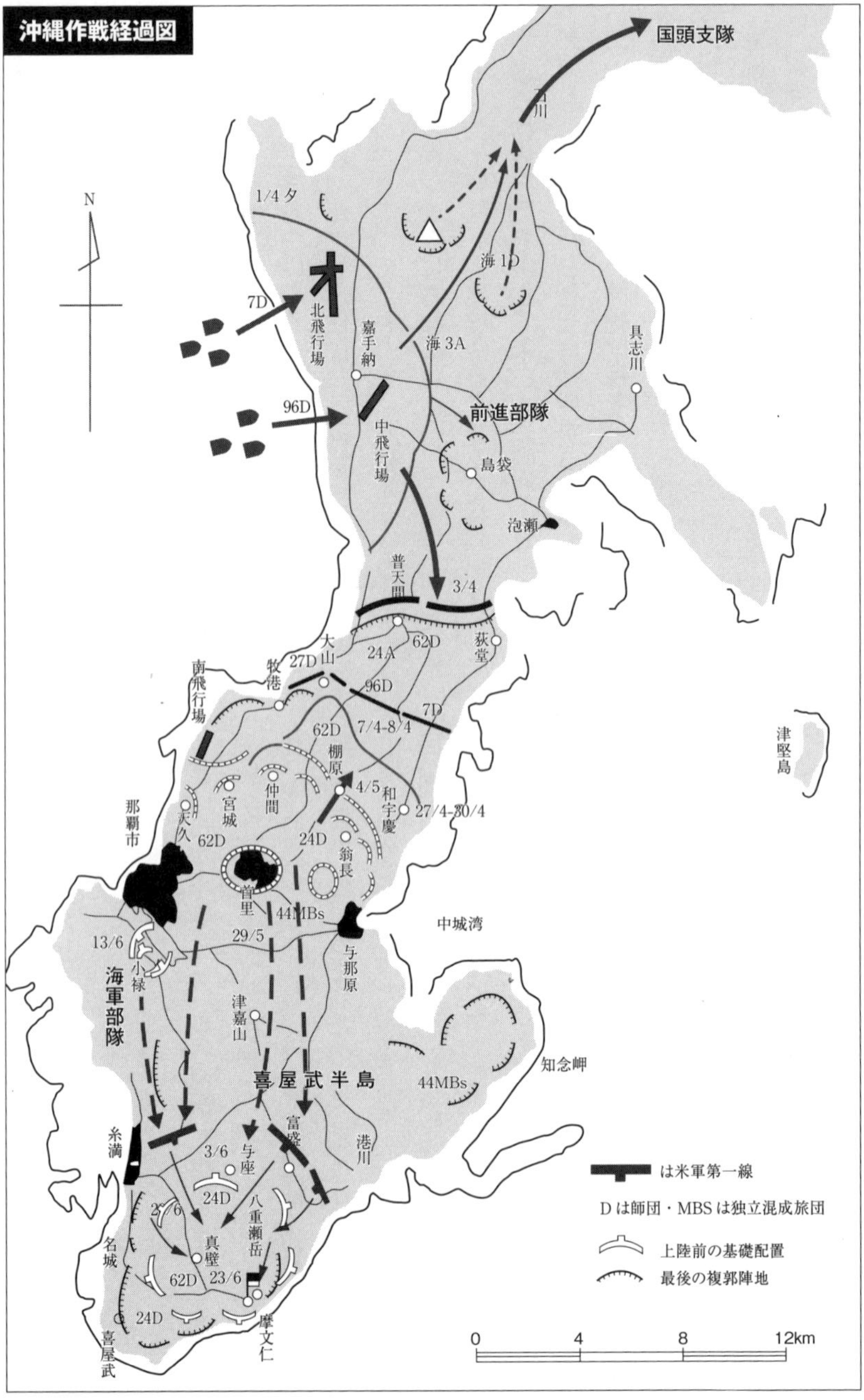
国頭支隊
1/4 夕
海 1D
7D
北飛行場
嘉手納
海 3A
具志川
96D
前進部隊
中飛行場
島袋
泡瀬
普天間
3/4
大山
62D
荻堂
27D
24A
牧港
96D
南飛行場
7D
62D
7/4-8/4
津堅島
棚原
4/5
和宇慶
27/4-30/4
那覇市
宮城
仲間
天久
62D
24D
翁長
首里
44MBs
中城湾
13/6
29/5
与那原
海軍部隊
小禄
津嘉山
知念岬
喜屋武半島
44MBs
糸満
富盛
港川
3/6
与座
24D
八重瀬岳
名城
真壁
62D
23/6
24D
摩文仁
喜屋武
は米軍第一線
D は師団・MBS は独立混成旅団
上陸前の基礎配置
最後の複郭陣地
0
4
8
12km
沖縄作戦経過図

隊」で知られる従軍看護婦になっていった。

富山ヨネコさん（四九）＝那覇市松川町＝は昭和十九年四月に結婚したばかりであった。だが、夫の嘉長さんは新婚三カ月目に召集されて、佐世保の海軍病院衛生兵として赴任し、姑と二人で家を守っていた。

「十九年の十月十日の空襲で焼け出されてね、壕で暮らしてるみたいなもんだった。ウチは蚕糸工場で働いとったけど、そこも焼けて仕事がない。しかたないから、田んぼの水芋を取って行商して、三人の暮らしを立てていたのです。ええ、ウチは妊娠していましたのでね」

赤ん坊が生まれたのは、昭和二十年二月十四日だった。朝五時に、男の子が元気な産声をあげたのだが、その産声に重なるように空襲警報が鳴り、出産を終えたばかりのヨネコさんは、おじいちゃんに背負われて壕に入らなければならなかった。

日本軍の弾《たま》よけは嫌だ！

親泊朝政さんの妻ナエさん（六〇）も、生後八カ月の赤ん坊を抱えていた。ナエさんは、沖縄本島から北西へ約三〇キロの伊是名島《いぜなじま》の生まれで、非常時体制の那覇を避けて実家に帰っていたのである。

朝政さんは、鉱石輸送船の機関員だったが、慶良間《けらま》列島から大分県の佐賀関に向かいかけて間もなく十月十日の空襲にぶつかり、北部の本部《もとぶ》半島沖で沈められた。生命からがら岸に泳ぎついた朝政さんは、その足で妻子のいる伊是名に行くのだが、昭和二十年の初めに、再び家族を連れて那覇に戻った。

ナエさんはいう。

「伊是名には友軍もいないし、壕も浅いのでね、ここにいては危ないというんで那覇に戻ったんです。今にして思えば、わざわざ苦労を買うようなものだけどね。まあ、オヤジと一緒だったから良かったようなものさ」

朝政さんは続ける。

「六つの長男と、八カ月の赤ん坊でしょう。なんとしても守らねばならんと思うて、私は防衛隊の召集を逃げまわりましたよ。馬鹿らしい、日本軍の弾《たま》よけにされてたまるか、と思うてね」

朝政さんは当時四四歳、防衛隊に召集されるギリギリの年齢であった。船員として東シナ海を中心に、アジア全域をまわっているから情報は早い。サイパンと同じように〝玉砕〟を強いられるのなら、せめて家族と一緒にいたいという願いからでもあった。

日本軍は軍司令部を首里城趾に置き、中部からの米軍上陸を予想して、第一防衛線を牧港から宜野湾にかけて敷き、第二防衛線は首里との中間にあたる位置に敷いた。そうして、南部に立てこもる作戦だったのである。もっとも、米軍が上陸する前に、住民への配慮がなされなかったわけではない。北部の山岳地帯（現在、米軍のゲリラ訓練所があるところ）なら戦場にならないから、一七歳以下と四五歳以上の老幼婦女子は疎開するよう命令をだしていた。

とりわけ血縁共同体意識の強い沖縄の人びとにとって、家族ばらばらになるのは耐えられないことであったから、疎開はスムーズにいかず、約八万五〇〇〇人が北部へ移ったにとどまった。

また、学童を中心として九州への疎開も行われ、約六万人が十九年夏から二十年三月にかけて運ばれて行ったが、学童二〇〇〇人を乗せた対馬丸の撃沈が象徴するように、制海権を奪われた今は、死出の旅でもあったのである。

敗兵に追われ豪雨のなかを

親泊さんの家は那覇市の松川町にあったが、十月十日の空襲で焼け、母親は死んでいた。そこで、那覇市に隣接する豊見城《とみぐすく》村の親戚をたよって行き、農協の化学工場のボイラーマンとして働いた。芋デンプンを原料にアメ玉をつくる工場だったが、このアメ玉の納入先は軍隊であった。

しかし、空襲は激しくなる一方で、三月下旬に一家は豊見城を離れる。米が二、三升と、赤ん坊の布団が財産の一家は、北部へ逃げようとしたのだが、普天間あたりにさしかかったとき、砲撃を受けた。飛行機の音がしないのに爆弾が降る。不審に思ったら、それは艦砲射撃だった。

「びっくりして洞窟に逃げ込んだけど、こんなに太い松の木がふっ飛んだからたまがった。艦砲はすぐ近くに落ちたときはパチッというだけだが、一〇〇〇メートルくらい離れて落ちたのはドカーンと音がする。だからね、ドカーンよりもバチッの方が恐ろしかった。どうなることかと思っていたら、北谷《ちゃたん》に米軍が上陸したというじゃないか。やれやれ、また島尻に逃げるのかと……」（朝政さんの話）

沖縄本島は南北一二〇キロの細長い島で、北部を国頭《くにがみ》、中部を中頭《なかがみ》、南部を島尻《しまじり》と呼ぶ。わずかの違いで北部へ逃げ損じた親泊さん一家は、また南部へと引き返す。

そのころ、富山ヨネコさんは松川町にいた。すぐ近くに球《たま》部隊（特科部隊の混成）がおり、憲兵隊の横の壕に入っていたのである。

「忘れませんよ、天長節（四月二十九日）の朝ですよ。兵隊がやって来て、この壕はダメだというじゃないですか。米軍がすぐ近くに来とるから、どこかへ行けというんです」

米軍上陸で動揺した住民は、しかし、どこからともなく流れてくる情報に、しがみついていた。日本軍は天長節を期して大反撃に出る、連合艦隊と大飛行集団が米軍を沖縄からたたき出すという情報であった。

しかし、連合艦隊はすでに壊滅状態であり、沖縄の海岸に乗り上げて逆上陸の援護をするはずの戦艦「大和」は、四月七日に奄美沖で沈められていたし、鹿児島を発《た》つわずかな特攻隊も、ほとんどが途中で撃墜されていた。

そういった不利な情報から、すべて遠ざけられていた住民に、そして多くの兵隊にとって、天長節がひとつのメドだっただけにショックは大きかった。

「仕方がないから他の壕に移ったら、一週間もたたないうちに、また、友軍の兵隊が来て『出て行け』でしょ。大雨が降るなか、しかも真夜中でしたよ。子供と年寄りだから、少し余裕を下さいとお願いしたけどね、どうしてもダメ。土砂降りの中を、ウチの兄のところへ逃げたです」（ヨネコさんの話）

その壕で過ごしたのも、わずか一日だった。行くところ行くところ、すべて兵隊から「すぐ近くに米軍が来た」という理由で追い立てられたからだが、しかし

昭和20年4月1日未明、沖縄本島への敵前上陸を目指して突進する米軍部隊。だが、米軍が上陸を目指す読谷海岸に日本軍は一兵もいなかった。

兵隊は、代わりにその壕に入った。

そこで、ヨネコさんたちは南部の港川に逃げることにした。太平洋側の港川は、最初に米軍の陽動作戦があったところであるが、ともかく押し寄せる米軍の逆へ逆へと逃げるしかなかったからである。

「雨でぬかるみになった道をね、兵隊の車を押しながら行った。ウチは赤ん坊をおんぶして、おばあさんに気をつけながらね……。移動できるのは、夜だけでしょう、もう何がなんだかわからんさ」（ヨネコさんの話）

港川に着くと、海の側の山羊小屋に駆け込んで、泥のように眠った。やがて目が覚《さ》めたら、山羊を抱くようにして死んでいる人の隣に寝ていたことに気付いた。

なんのために生まれたのか

一方、親泊さん一家は、糸満町の東の与座岳（一六八メートル）の山腹にある自然の洞窟に潜んだ。ハブが多い一帯で、普段なら誰も近付かないが、そんなことにかまってはいられない。

朝政さんには昨日のことのように思い出される。

「その壕には二三名いましたがね、ちょうど梅雨どきで、連日の雨で水がどんどん流れ込む。みんな中腰にしゃがんで、ただ息を殺すだけ。四四だけど一番若い私は、よく芋掘りに出かけたが、これが生命がけさ」

ナエさんとて同じだ。

「赤ん坊に、出ない乳をふくませるだけだから、泣くでしょ。そしたら敵に気付かれるいうて、みんなが叱るでしょ。もう、どうしたらいいか……。米を炊けば煙が発見されるから、みんな一日一回だけ黒砂糖をかじっていたです」

米軍の砲撃は、ちょっとした灯火や煙も見逃がさず、じつに正確だった。その正確さのゆえに、兵隊たちは沖縄住民のなかにスパイがいて位置を知らせているのだと思い込み、いたるところでバカげた疑いのために住民が惨殺された。

「若い母親たちを集めて、赤ん坊に栄養をつけるとかだましてね、毒殺したんですよ、具志頭《ぐしちゃん》の病院では……。そして、母親たちを炊事婦や弾丸運びに使っておるんです」(朝政さんの話)

「南部の百名《ひゃくな》海岸ではね、住民の食糧を友軍が奪って、文句をいったら片っ端から壕から引きずりだして、棒でなぐり殺しとるですよ。血も涙もない。これが友軍ですか……」(富山ヨネコさんの話)

沖縄の人々は、旧日本軍を語るとき皆〝友軍〟と呼ぶ。五月下旬に首里城が陥落していらい、バラバラになって南端の壕へ敗走した日本軍は、みずからを守るのが精一杯で、住民は足手まといだったのであろう。だが住民には、これら友軍のあさましい姿は、まさに〝昨日の友は今日の敵〟の図であったろう。

親泊さん一家は、兵隊に壕を追われて出た糸満の海岸で、富山さん一家はもう逃げ場のない南端の喜屋武《きゃん》岬で、それぞれ米軍の捕虜になった。そして、七月上旬、中部の収容所で親泊さんの次男は死んだ。富山さんが必死に抱いて逃げのびた長男も死んだ。

親泊ナエさんはいう。

「なんのために、この世に生まれてきたのか……」と。

そして、富山ヨネコさんは急に目を曇らせた。

「あの、もう、子どものこと、聞かないでください」

沖縄戦の死者は一般住民が約九万四〇〇〇人、県出身の軍人・軍属（学徒隊など含む）は二万八二二八人、日本兵六万五九〇八人といわれている。

親泊さんの家では、沖縄でさかんなモアイ（頼母子講）が開かれていたが、落札したドル紙幣を数える婦人の手の指は、三本しかなかった。砲弾の破片にちぎられたのだが、こういう犠牲者もまだまだ多い。

話題が、このごろ沖縄で目立つ自衛隊におよんだとき、朝政さんが「まあ、国として最小限の軍備はいるだろうが」といいかけたら、ナエさんが激しい語調で「いや、いらん。軍隊が来たから戦争になったんじゃないですか」と言った。

富山ヨネコさんも最後に言った。

「こんなこと言って、あれですけど、自衛隊の姿を見たら、ああ戦争を始めるつもりだな、と思うんですよ。国を守るというけど、壕から追い立てられたウチたちは、守るどころか殺されかけたんですよ。子供は殺されたも同様ですよ。もうたくさん、日本軍はいらん！」

解説

沖縄の本格的な戦いは昭和二十年（一九四五）四月一日に米軍の沖縄本島上陸で始まり、六月二十三日に日本軍指揮官の自決で組織的抗戦が終わった。

日本軍指揮官は第三二軍司令官牛島満中将。参加主要部隊は第二四師団、第六二師団、独立混成第四四旅団、戦車第二七連隊、野戦重砲兵第一連隊、同第二三連隊、重砲兵第七連隊、同独立第一〇〇大隊、その他総兵力約八万六四〇〇人。海軍部隊は沖縄方面根拠地隊（司令官大田実少将）で約一万人。

さらに沖縄県民の防衛召集と徴用によって、県民（一六歳から四五歳までの男子）約二万五〇〇〇人を防衛召集して防衛隊を組織。そのほか師範学校・中学校・専門学校・高等女学校の生徒を徴用、男子生徒を鉄血勤皇隊（一七六一人）、女子生徒を救急看護衛生班員（五三四人）とした。このうち、沖縄師範学校女子部（一二〇人）と県立第一高等女学校（二〇〇人）の三二〇人を「ひめゆり部隊」と命名して前線に派遣した。

全員上陸を果たした米軍は、日本兵を求めてトーチカはもちろん、自然壕にも次々爆薬を投げ込んでいった。

　日本軍の損害は沖縄本島だけで約六万六〇〇〇人、全体では七万五五〇〇人以上（二〇〇二年六月現在）。沖縄県民の戦没者は一般住民、軍人・軍属（学徒隊なども含む）など合わせて約一二万三〇〇〇人ともいわれている。アメリカ軍の参加主要部隊は第一〇軍の第一海兵師団、第二海兵師団、第六海兵師団、歩兵第七・第二七・第七七・第九六師団などで、上陸兵力は最大時（五月三十一日）で二三万八六六九人。沖縄戦終焉《しゅうえん》時（六月三十日）で一七万六四九一人。支援艦隊は第五艦隊の第五八任務部隊（空母九隻、戦艦二隻、重巡洋艦一隻、軽巡洋艦六隻、駆逐艦三一隻）のほか、合同遠征部隊としての第五一任務部隊（戦艦一〇隻、巡洋艦九隻、駆逐艦二三隻など一七七隻）。ほかに宮古島と八重山諸島の近海にイギリス機動部隊（空母四隻、戦艦二隻、巡洋艦五隻、駆逐艦一五隻）を配置。

　アメリカ軍の損害・戦死は一万四〇〇七人（うち海軍約五〇〇〇人）、戦傷約三万二〇〇〇人（海兵隊、陸軍のみ）。

竹ヤリで戦わされた沖縄県民の惨苦

家族八人を一瞬にして失った人、斬り込みに参加し、負傷して生き地獄の戦場からからくも生きながらえた人など……。

妻子を捨てて防衛召集に征《い》く

三カ月におよぶ地上戦闘で、沖縄住民は、まさに一寸きざみに殺されてゆく。私たちが会った沖縄戦の経験者は、じりじりと島の南端に追いつめられてゆく恐怖を語るとき、それでなくても重い口がいっそう重くなる。

前回登場した親泊朝政さん（七〇）＝那覇市山川町＝は言った。

「芋《いも》と裸足《はだし》の貧しい生活だったが、泡盛《あわもり》に酔うたからというて喧嘩をするでない、のんびりした島じゃった。それが、突然、あんな戦争に巻き込まれてしもうてから……。手を引いてくれていた母親に艦砲で死なれて、

三つになる女の子が通りかかる大人の着物のすそをつかんで、必死に歩きよったが、どこまで行ったか……。そこちらも必死だから、どうしてやることもできん。そんなふうに、一人ずつじわじわ殺されてしもた。敵が上陸してきて追いつめられるあの恐ろしさは経験した者でなければわからんよ」

経験した者にしか分からない、文字通りの地獄の戦場——生き残った人たちは一様にそう言い、多くを語りたがらないのである。

こうして、逃げまどう住民をさらに待ちかまえていたのは、防衛召集や軍属徴用であった。昭和十九年十月十日の大空襲直後から、一六歳以上四五歳までの男子住民は臨時召集令状によって、防衛隊に入れられる

ようになった。

『右臨時召集ヲ命セラル、依《よっ》テ左記日時到着地ニ参着シ、此ノ令状ヲ以テ当該召集事務所ニ届出ツヘシ』

という赤紙を渡されると、家族を振り切って行かねばならない。しかも、これは〝率先志願〟したから、召集したという扱いで「志願兵だからナベカマ食器類は自分で持ってこい。食料も一週間分は用意しろ」などという、無茶なものであった。

この防衛召集は、米軍上陸後も引き続いて行われ、避難民のなかから役に立ちそうな者を勝手に選び出した。むろん、手続きもなにもあったものではなく、やがて戦局が終末的な様相をおびてくると、婦人も狩り出されたのだった。

翁長良昌《おながよしまさ》さん（六四）＝那覇市山川町＝は、現役・予備・後備役を済ませて、これで軍隊とは縁が切れたと思った矢先に、臨時召集令状がきて防衛隊に編入された。

「もし、戦争に勝っておりましたならば、私は金鵄勲《きんしくん》章《しょう》ものであったと思っております。隊長の道案内をつとめていて、つねに部隊の先頭に立っておりましたから、斬り込みには必ず参りましたし、戦車も一匹やっつけましたし……」

翁長さんは農業を営みながら、首里市（戦後になって那覇市と合併）の市会議員であったから、軍司令部のある首里城近辺の地理には詳しい。大島という隊長がとくに望んで、翁長さんを自分の手もとに置いて、当番兵にしていたのであった。

行動は、もっぱら夜間に限られる。地形に不案内な日本軍にとって、翁長さんの存在はたしかに重宝だったろう。だが、子供を抱えた奥さんは、一家の柱を奪われて逃げまどわねばならなかった。

翁長さんはいう。

「戦闘の最中に、ばったり女房子供に出会いましてね。だけど、嬉しいなんてものじゃない。女房は艦砲の破片で右手の親指と人差指を落とし、子供は子供でいうにいわれぬ惨めな姿だというのに、どうしてやることもできませんでね」

避難の住民は、中部に上陸した米軍によって北部へ逃げる道を絶たれ、南へ南へと逃げるしかなく、日本軍の司令官が自決した南端へと追いつめられたのだった。

砲撃の跡に残る肉親の首

前回でふれたように、沖縄の人々は疎開にそれほど積極的ではなかった。それは、九州への疎開船が次々に米潜水艦にやられたり、北部へ移動しようにも食料の保証もない不安があったからでもあるが、なによりも家族と運命をともにしようという意識が強かったからなのである。

防衛隊に臨時召集された間に、家族八人が全滅した老人がいると聞いて会いに行ったら、交通事故で亡くなったあとだった。

長堂ヤスエさん（五〇）＝那覇市観音堂＝は、後妻としてこの家にきた。

「ウチは奄美の生まれでしてね、戦争のときは大阪におって、赤ん坊を殺すなど苦労して奄美へ帰ったらオヤジ（夫）が死んでね。それで、沖縄にこんなふうで家族八人を失った人がおるからどうかという話があったから、来たんですよ。一九六一年でしたが、まだまだ沖縄は戦争みたいでしたよ」

ヤスエさんが来たころ、家並みのあちこちに石油缶がぶら下げてあるのが、やたら目についた。なんのためかと思ったが、すぐ分かった。米兵が婦女子を漁《あさ》りに住宅に押しかけてくるので、そのときは住民が一斉に缶をたたいてガンガン鳴らして追い返す、せめてもの抵抗の〝武器〟だったのである。

ヤスエさんは、ご主人から家族の最後の模様を繰り返し繰り返し聞かされた。だから、いまではヤスエさん自身の体験みたいになってしまっている。

「長堂の家には、石部隊の兵隊が泊まっておったからね、兵隊さんとも仲がいいでしょ。だから、いざとなったら部隊と一緒に行動すればいいと思ってね、疎開はしなかったわけ。オヤジはやがて防衛隊に取られたから、ますます部隊を頼りにして、米軍が上陸してからは一緒に逃げたわけ。

だからね、真っ先に糸満あたりでやられたのね、八

上陸直後の米軍には、まだ日本軍に見捨てられて戦場を彷徨する老幼婦女子を収容する難民収容所もない。そこで子供たちに菓子を与えて慰める米軍軍曹。

人も、一度に……。オヤジは防衛隊で、家族が隠れとった壕のすぐそばを毎日歩いとったんだって。だからね『ああ、せめて声をかけたかった』としょっちゅう言うけど、夜だけでしょ、行動するのは。暗くて分からんさねぇ。それでも、知り合いに教えられて、家族が死んだことがわかったわけ。急いで行ってみたら、奥さんの首が……あった。胴体はないでしょ、一生懸命探したら隣の屋敷にね、死体がいっぱいある。大砲にやられたから、首や手足のちぎれた死体が、どろどろしてるわけさ。オヤジはね、モンペの柄で判断して、ようやく奥さんの遺体を見つけたわけさ」

ヤスエさんの話を聞くとき居合わせた老婆が、なにか悲しげに言った。沖縄方言だからわからない。あとで聞いたら、次のように言っていたのだという。

「まだ遺骨の戻らない人がたくさんいる。南部に行くと、誰のものとも分からない骨が多量に放ったらかしにされているが、むごい話だ。遠い外地での戦争ならあきらめもつくが、同じ沖縄で死んだのに、骨も拾えないとは、本当にひどすぎる」

一族が全員死に絶えた場合など、どうしようもないこともあるが、祖先崇拝がさかんな沖縄であるだけに、いっそう無残である。

手榴弾四個の〝戦闘要員〟

長堂嘉正さん（六〇）＝那覇市与儀＝は、土建業国場組の技術者であったが、昭和二十年二月になって軍属に徴用された。身長が低いために兵役を免れただけに心配だったが、軍属だというのでいくらか安心していた。しかし、やがて戦闘に狩り出されて負傷し、米軍の捕虜になってからはハワイに連れて行かれるという運命が待ちかまえていた。

「球《たま》部隊といってね、特科部隊の混成旅団に採《と》られたんですが、いま琉球大学になっとる首里城内に本部がありました。ここで、竹ヤリ訓練と手榴弾訓練をまず受けたけれど、これが哀れだった」

哀れだったというのは、難儀だったの意味である。竹ヤリ訓練といっても、まず竹を伐《き》りに行くところから始めねばならない。駆け足で竹のある地域まで行き、担《かつ》いで帰って先をとがらせて火を入れる。

この訓練は午前と午後、それぞれ三時間ずつ二回だったが、軍属としての作業はびっしりあるから、作業の合い間の訓練だったのであり、とにかく息つく間もないほどであった。

「私は警防団をしておったから、10・10空襲のときは自分の家を守ることもできんで、焼け出されましてね。家内と子供二人（うち一人は胎内にいた）を内地に疎開させたかったんですが間に合わず、国頭《くにがみ》（北部一帯）へやっておきました。まあ、訓練を受け始めたときから、これは到底生きては帰れんぞと肚《はら》を決めねばならんかったです」

長堂さんは建築の基礎工事が専門だったから、壕、陣地、トーチカなど築城の仕事を与えられたが、もっとも苦労したのは通信隊のトーチカ造りだった。

日本軍は洞窟作戦と称して、すべて地下にもぐる方針であったから、通信隊にもトーチカが必要であり、首里城周辺に五カ所ほど鉄筋コンクリート造りで設けることになった。

「結局、本土と交信できそうだという前日、首里城が落ちたから何の役にも立たんかったですよ。まあ、役に立たんといえば、やっていたこと全部が無駄だったわけですからねえ」

長堂さんは軍属になって以来、くつろいだ記憶がない。訓練で鍛えられながら（鍛えるというより、しごきと言った方がふさわしい内容だった）の激しい作業で、夜も昼もない。やがて米軍が上陸すると、建築技術の生かしようもないタコツボ掘り専門になり、さらに上陸の米軍が迫ると、対戦車用の爆雷づくりが主な仕事になってきた。

「重箱くらいの大きさの箱に火薬を詰める作業を、壕のなかで毎日やらされました。やってくる戦車の下に、その爆雷を抱いて飛び込むんですがね、兵隊よりも、防衛隊や軍属の方たちがそれをやらされたんじゃないですか」

長堂さんも、首里城に米軍が迫ったころ、戦闘要員に組み入れられた。一小隊に軍属が一二、三人配属されたが、それぞれ鉄砲はなく、手榴弾を四個渡されただけであった。

敗走の負傷兵が見た生き地獄

竹ヤリと手榴弾だけで武装した〝兵隊〟の用い方は、きわめて簡単であった。最後の予備軍として、ギリギリのとき戦場に投入しようというよりも、銃を持った正規軍をギリギリまで温存するために、まず、これら予備軍を消耗していこうというやりかたである。

「昨日今日《きのうきょう》臨時召集されたばかりの人に、爆雷を渡して『戦車をやっつけろ』とか、手榴弾を渡して『斬り込み隊に入れ』とかいう具合で、それはもう、ひどいもんでした。幸い私はそうならず済みましたが、戦闘に出てすぐ負傷してしまいまして……」

五月下旬のある日、戦車砲の破片が左腕を貫通したのだ。まだ活動していた野戦病院で、一応の手当てを受けたが、いずれ切断しなければならないだろうと言われたほどの重傷だから、戦場に復帰することはなかった。

だが、敗走の部隊にあって、負傷兵ほどみじめなものはない。長堂さんは、捕虜になるまでの一カ月間、島尻《しまじり》方面（南部一帯）を逃げまわったが、このときがまさに生き地獄であった。

「傷口にウジが湧くが、どうしようもないんです。一緒に行動したのは病院部隊といって負傷兵ばかりでしたが、衛生兵が一人ついとるだけで、ロクな手当てはできません。海岸へ出たかと思えば、次は山という具合に逃げまわるわけですけどね、片手だけでどうやって断崖絶壁を登ったり下ったりできたのか、いまだに不思議なほどです」

長堂さんの場合は、腕の負傷だからまだいい。みじめなのは足をやられた場合で、置き去りにされるよりない。だが、戦陣訓はここでも生きている。捕虜の恥をさらさぬために青酸カリが配られ、手投弾が渡され、重傷者は次々と自ら生命を絶っていった。

親泊朝政さんはいう。

「雨でぬかるみになった道を、膝までひたって逃げるんだが、歩いとるとなにやら足もとで動いとる。まだ死にきれんものが泥のなかでもがいとるわけで、うっかりつまずいて倒れて、一緒に泥のなかで死んだ人もいますよ」

そして、長堂さんもいう。

「病院部隊はバラバラになって、私が最後まで一緒だったのは、満州から転属になって沖縄へきた軍属の人でしたけどね、もっぱら夜ばかりの行動でしょ、下手をすると逃亡兵だとかスパイだとか汚名を着せられて、友軍から処刑される。それが怖かったです」

最南端の喜屋武《きやん》岬の森に潜んでいるとき、摩文仁《まぶに》の丘に逃がれていた軍司令官らが自決した噂を聞いた。これでおしまいだと思い、二人は靴下にしまっていた二合ばかりの米を最後の思い出に食べることにし、畑の泥水をすくってきて炊いて食った。

「この煙が見られておったんですね、米兵に取り囲まれて捕虜になった。ああ、これで終わりだ、どこで殺されるのかな、とばかり考えとりましたよ」

那覇市の南の小禄《おろく》に仮収容所があり、ここで軍人・軍属・一般人の区分けをされた。それから中部の東海岸の金武《きん》にトラックで運ばれ、三〇〇〇番目くらいの

島尻に追い詰められるにしたがい、日本軍の捕虜は激増していった。写真は臨時の捕虜収容所へ裸で行進をさせられる日本兵たち。6月20日。

捕虜番号をつけられて、一カ月後に船に乗せられた。どこへ行くのか分からない。たぶん太平洋の沖で沈められるのだろうと、泣きわめく人、声の出ぬ人……。絶望的な船出だったが、五〇〇〇人近い捕虜を乗せた船団は一七日間もの航海を続けてハワイに着いたのだった。

「内地の捕虜にくらべて、沖縄人の待遇はよかったですね。負傷の治療はしてもらえたし、約二万人といわれる沖縄移民の人たちからご馳走《ちそう》の差し入れはあったし、ハワイの生活はよかったです」

ただ気がかりなのは、家族のことであったが、これだけは調べようがない。長堂さんは昭和二十一年十二月三十一日に東京の晴海岸壁に着き、ここから沖縄出身者だけが乗り替えて南下して、なつかしい沖縄へ帰った。奥さんと二人の子供は無事で、収容所にいたのだが、めぐり会うまでさらに数カ月がかかったのであった。

斬殺の沖縄県民にスパイはいたか

沖縄方言の米軍二世が呼びかける投降勧告は、追いつめられた日本兵に異常な戦場心理を生み、無実の県民を斬殺した！

沖縄方言を使えば厳重処分

「ローマを隔《へだ》てるにつれ忠誠心は強い」という言葉があるが、沖縄はまさに、天皇への忠誠心の密度の高さにおいて他府県以上のものがあった。

日本人とも中国人ともつかぬ宙ぶらりんの状態において、中国大陸との貿易でフトコロを肥やしていたのが薩摩《さつま》藩であったが、明治維新後は一変して、沖縄に〝皇民化教育〟が集中する。中央から送りこまれた県知事が「極端にいえば、クシャミのしかたまで他府県人の真似《まね》をしろということであります」と、沖縄県民に要求するほどであったから、なにはともあれ〝本土並み〟になることが至上命令であった。沖縄県民にとって、他府県人の真似をすることが日本人の証《あか》しであり、それが天皇陛下の赤子《せきし》への道なのであった。

知念栄章さん（五六）＝那覇市山川町＝は、沖縄戦の初期は軍馬手であった。昭和十一年（一九三六）に第六師団（熊本）に入り、ノモンハン事件（昭和十四年にソ満国境で日ソが衝突して日本軍が大打撃を受けた）で、かろうじて生き残った一人として、昭和十六年（一九四一）二月に沖縄へ帰った。

「本職は左官でしたけどね、沖縄守備軍ができてから、帰還兵にはいつ召集がくるかもしれんので、軍属になっておいたほうがマシだと考えたんです。ええ、兵隊はもうコリゴリでしたから」

軍馬手は軍属であった。第三二軍司令部の首脳陣が乗る馬一頭につき、一人の軍属が配置される。知念さんの馬はある参謀の乗馬だったが、自動車の姿をみると驚いて暴れるので困りはてたという。本当の軍馬は、牛島司令官と長参謀長のもの二頭くらいで、あとは現地で調達した農耕用の馬だった。だから、米軍上陸前のすさまじい砲撃で、最初の犠牲になったのは、にわか軍馬たちであった。

「溝を掘って、そこへ避難させたんですがね、おとなしくすればいいものを、暴れに暴れて飛び出して、バタバタやられました。だから私なんか、馬のおらん軍馬手として司令部にしばらくいましたよ。だが、間もなく特編部隊の兵隊にさせられて、司令部の周囲のタコツボに入らにゃならんかった」

このとき知念さんは、首里城の壕のなかで、次のような軍回報を見たのである。

『今後、沖縄語で会話するものは、すべてスパイとみなし、厳重な処分をす』

沖縄方言を使えば、スパイとみなされる。臨時召集の防衛隊をはじめ、軍属や護郷隊や動員学徒など、軍隊のなかにはむしろ沖縄県民のほうが多い。

「沖縄人が沖縄の方言を使うのは当たり前でしょ。ところが、うっかり沖縄方言を使えば、それがスパイの証拠だというんだから……」

知念さんは軍隊経験が長いから、標準語には慣れている。しかし、沖縄で同じ沖縄の人と話すときは、ごく自然に方言が出る。それがスパイの証拠とみなされ、スパイの処分は極刑だから、斬殺か銃殺というのではたまらない。

首里城のなかで、実際にスパイとみなされて殺された人がいたかどうか、知念さんは目撃したことはないから確実なことはわからないが、戦後になって実際に殺された実例はずいぶん聞いた。

墓に潜み、追い立てられて

米軍上陸直後の沖縄は、島全体が混乱のうずであった。那覇市も例外ではあり得ない。その混乱の那覇に、歌を唄《うた》いながら流し歩いている、少々頭の弱い男がいた。日本軍のある将校は、その男を「スパイの擬装行為」とみなし、日本刀で首をハネてしまったこともある。

知念さんは続ける。

「米軍上陸直前にもありました。首里さんという南方方面に長く行っていて、帰ってきたばかりの人がいました。それだけでスパイと決めつけられ、殺されたんです。柱にくくりつけて、もんぺ姿の雑役婦たち十数人に銃剣でメッタ突きにさせたんですよ。女の人たちは顔をしかめ、横を向いて泣きながら突いたというんです。これが友軍だったんです」

そして知念さん自身も「お前はそれでも日本人か！」と軍人から怒鳴られ、日本人であることを証明するために、手榴弾や爆雷を抱いて米軍の陣地に飛び込む沖縄県民をどれだけ目撃してきたか。

「沖縄人は、昔からたくさんハワイへ移民しているでしょ。だから二世、三世が多いよね。アメリカは上陸するとき、沖縄の二世をだいぶ連れてきていたそうですよ。だから、軍隊は誤解したんだと思いますけどね」

ハワイの沖縄移民の日本語は、沖縄方言であったろう。日本語といえば方言しか知らない二世、三世たちが、沖縄につれてこられてやらされたのは、投降勧告である。スピーカーから流すその沖縄方言を聞いて「沖縄県民が裏切った！」と日本軍は解釈したにちがいない。

宮城トヨさん（四二）＝那覇市古波蔵＝は、お母さんと二人で島尻方面へ避難の途中、那覇市と豊見城村《とみぐすく》の境にある真玉橋《まだんばし》ではぐれて、それきり一人ぼっちになった人である。

「あっちの壕、こっちの壕、頼んで入れてもらったさ。でもね、みんな家族でかたまるのに精一杯でしょ、なかなか入れてもらえない。仕方ないから、お墓にもぐりこんでね……」

沖縄の墓は亀甲墓《きっこうばか》という。一門の骨をそこに入れ、しかも、副葬品をおさめる習慣があるから、たいてい内部が三畳以上はあり、なかには鉄筋アパート一棟分に相当する巨大な墓もある。

一六歳の娘であったトヨさんは、不気味さも忘れて墓に潜んでいた。だが、日本軍はそんなトヨさんをも、

沖縄の人たちにとって亀甲墓は絶好の避難場所であり、防空壕でもあった。それを察知した米兵たちは、亀甲墓を片っ端から探索を開始した。

容赦なく追い立てた。

「理由も何も言わん、ただ、出て行け！　ですよ。そして自分たちが入る。みんなが、みんなじゃないさ。なかには『自分たちは行くから、あんた入っていなさい』という兵隊さんもいたけどね」

壕のなかに避難民も兵隊も一緒に潜むこともあった。赤ん坊が泣き、その泣き声が米兵に聞こえたらいけないというので、兵隊が赤ん坊を銃剣で刺した話も聞いた。あるいは、母親が自発的に赤ん坊を抱いて壕を出て、一人だけで帰ったのを見たこともあるという。

スパイがいるという噂は、いたるところに広がった。米軍の砲撃と爆撃はきわめて正確で、ちょっとした煙や音だけでたちまち砲が向く。あまりにも正確なので、誰かスパイがいて合図を送っているのではないかと、疑心暗鬼は深まるばかりであった。

壕生活の最大の悩みは排泄《はいせつ》である。大便や小便は砲撃の合間に外でやるのだが、男も女もない。みんな並んで尻をまくる。若い女性も、人前でモンペをずらして平気だった。たいてい下痢症状だったから、しょっちゅう壕の外に出なければならない。壕の外に出ている間に、砲撃があった。用便のふりをして出て合図を送ったに違いないと、有無をいわさず斬りつける兵隊もいた。

トヨさんはいう。

「怖い、怖いばかり。友軍の兵隊さんは、本当に怖かった。スパイが本当にいたかどうか知らないけど、なんでわざわざ自分の身内がいる壕を撃たせるかしら?」

異常心理に怯《おび》える日本兵

比嘉賀真さん（五八）＝那覇市寄宮＝は、防衛隊にとられて読谷《よみたん》飛行場の守備にあたった。守備といっても、米軍の爆撃で滑走路に穴があいたのをせっせと埋めるだけで、かんじんの友軍機は草や木の枝をかぶせて隠してあるだけで、ほとんど飛び立たなかった。

「米軍が上陸して、ウチたちは国頭《くにがみ》の山へ逃げました。ウチの家族は家内と子供四人と両親と弟二人、合わせて九人が島尻へ逃げたもんだから、全部やられた。生き残ったのは、ウチ一人です」

比嘉さんは、ほとんど口をきかない。家族九人を失った戦争のあの重い体験を、思い浮かべたくないからだ。

奥さんのハツ子さん（四九）が言う。

「酒ばかり飲んでね、酔っぱらうと、自分も死ぬ、と言い出すんです。なに言うね、あんたばかりがつらいんと違うよ、とウチが言うてきたもんです」

ハツ子さんも、夫と母親と子供一人を戦争で失った。賀真さんと知り合ったのは、戦後の収容所暮らしの農作業でだった。生き残った者同士が、こうしてひっそり肩を寄せあう光景はずいぶん多かった。

「ウチたち、国頭へ逃げたものは助かった。けど、栄養失調で、みんなマラリアに罹《かか》って、子ども一人をおぶって一人を抱いて、あとは捨てて逃げた人もいる。そのうち子どもが重荷で動かれず、一人を捨て、もう一人を捨て……」（ハツ子さんの話）

そんな悲惨さのなかで、ここでもスパイの噂が広がる。米軍の捕虜を惨殺した日本兵を、占領してすぐ米軍が探し始め、目撃者の住民が密告したというようなことは確かにあった。それを聞いた日本兵が激怒して、敗残の山の中で住民をすべてスパイ扱いして処刑したという例もあった。

ハツ子さんは、ためらいがちに言う。

「密告も、日本人が沖縄人をいじめたからですよ。アメリカよりも、日本のほうが憎いという人は多かったですからね。だけど、スパイというのはおかしい。スパイなんか、いなかったですよ。沖縄人が日本を売るなんて！」

戦場の異常心理のなかで、スパイの影におびえる日本兵と、自分以外のものがスパイに見える疑心暗鬼の住民たち。

どうしても裏付けがとれなかったが、絶対に名前を明かさない約束で次のようなことを話す人もいた。

「国頭へ避難した那覇の住民が約一〇〇人ほど、日本軍に処刑されたというんですよ。北部の人は、南部の住民に反感があるから、避難してくるのをあまり快く思わん。スパイの噂で、その気になって避難民を見ると怪しい。そのうち北部の住民が『避難民の中にスパイがいる。鏡を使って沖に合図をした』というような密告をしてね、日本軍がさっそく容疑者を捕まえて、一〇〇人ほど海岸にならべてダダダッと撃ったらしい。日本軍がムチャをしたのはもちろんだが、沖縄の住民同士のなかにも、こんな面があったのは事実です」

だが、なんといっても日本軍が沖縄県民の〝忠誠〟に疑いを抱いたところに悲惨さの原因がある。

首里城内の軍回報がいうように、いったん疑いだすと方言でさえスパイの暗号に思えてくる。沖縄の方言は日本民族の大和言葉を原形としながら、長いあいだ交流が絶たれていたため、独特の言語になったものであり、まず、外来者には聞きとれない。明治後年になって強行された皇民化教育が、まず標準語の普及から始めたのも、いうまでもなく上意下達をスムーズにするためであった。小学校では、方言を使うと罰として〝方言札〟を首にかけられ「それでも日本人か！」とののしられた。

「やっぱり、あれですね『それでも日本人か！』というのがいちばん応《こた》えましたね。方言の訛りが強いとすぐそう言われたし、なにかヘマをやらかすと、『それでも日本人か！』とくる。沖縄人は気が小さいから、いつもびくびくして日本兵に怒鳴りつけられてばかりだった」（知念栄章さんの話）

沖縄戦史研究の目的は何か

その知念さんが、こんなことをいう。ノモンハン事件は近代装備のソ連軍にたたきのめされた戦闘であり、日露戦争の勝利感のままのぞんだ軍部に深刻なショックを与え、その敗北はひた隠しにされた。だから知念さんたちは、決して帰還してからは口外してはならぬと厳命された。実に事件から三二年、いまだに知念さんは「ノモンハンのことはアタシから聞いたと書かないでくださいよ」と、真顔に言うのである。

知念さんは、空襲の米機からパラシュート降下した米兵の捕虜が二人、師範学校に収容されていたのを知っている。はじめ、お宮の前の木にくくりつけられてさらし者になっているのを見たが、やがて米軍の上陸後は日本兵の手で殺された。

「言えんですよ、どんなふうに殺されたか、誰がやったか……。うっかり言えばとんでもないことになるですよ」

米軍占領下の沖縄が、どんな状態にあったかをうかがわせると同時に、日本軍の締め付けがいかに厳しかったかを、いまなお示していると言えないだろうか。

「北部はアメリカとの接触がほとんどなかったです。だから、それだけ日本軍と住民が一緒にいることが多かったです。降伏しなさい、しなさいって、どんどんマイクで呼びかけたけど、なかなか降伏しなかった。防衛隊も避難民も、それで自決する人が多かったですね」（比嘉賀真さんの話）

奥さんのハツ子さんも、北部避難の経験から次のように言う。

「なにも兵隊さんが怖かったから、捕虜にならないように、ならないように逃げたのと違います。やっぱり、最後まで日本人らしく立派に行動しようと思っていましたからね。ウチの親戚の人なんか夫婦で手榴弾で自

何日ぶりの太陽であろうか……。米軍に保護されて収容所に向かう一族の人々。

決したし、手榴弾がなくて首くくったり、岩で頭を打って死んだりした人も知ってます。誰から命令されたのでもない。自分でね、自決したんです」

米軍のやりかたも、住民を苦しめた。いったん捕虜にした住民のなかから、何人かを選んで投降勧告に行かせる。日本兵が待ちかまえていて、それを殺す。

沖縄本島から、ちょっと離れた渡嘉敷島では、伊江島の住民六人（女五人、男一人）が、降伏勧告状を持って陣地に向かわせられ、日本軍に斬殺された。

このとき、自分たちの墓穴を掘らされた女三人は、首をはねる前に歌を唄わせてくれといい『海ゆかば』を唄いながら殺されていった。やはり伊江島では、女性が五人斬り込み隊を志願し、丸坊主になり戦闘帽をかぶり、爆雷とマッチと赤十字カバンを持って突進していったという。

比嘉賀真さんは昨年、身内の二五回忌を営んだが、妻子に親兄弟と甥姪だけで二五柱になったという。

ビールで末期の水を取った牛島中将

司令官らの末期の水は、酒とかスコッチとかいわれる。しかし、二人の現地兵は証言する。「私らが運んだのはビールだった」と。

「慰霊の日」が沖縄の終戦日

戦争終結は昭和二十年（一九四五）八月十五日——と思うのは、あくまでも本土の日本人の感覚であって、沖縄では第三二軍司令官が割腹自決した六月二十三日に「終戦」になったのであり、だから戦後ずっと六月二十三日が「慰霊の日」として県民の記念日である。

この『慰霊の日』は、はじめ六月二十二日であったが、途中で六月二十三日に変更された。牛島司令官と長勇《ちょういさむ》参謀長が自決した時刻が、二十二日の夜ではなく二十三日の午前一時過ぎであったことがわかったからだという。

しかし、なにも沖縄守備軍の最高指揮官を慰霊するのが、この記念日を制定した趣旨ではない。むしろ、本土防衛の名のもとに行われた沖縄決戦で、沖縄県民が約一八万人も死ななければならなかった、その痛恨の思いをこめた記念日なのである。

昭和二十年四月一日に米軍が上陸して以来、沖縄本島は文字どおり地獄になった。だが、私たちが繰り返し確認しなければならないのは、日本軍の作戦が米軍をどれだけ沖縄に引きとめるかにあった点である。

周知のように、沖縄守備軍の陸軍と海軍は、意見がまったく対立した。海軍司令官の大田実《おおたみのる》少将は「徹底的な水際作戦で敵を上陸させない」作戦を主張したものの、陸軍の参謀長・長勇中将らの「無血上陸させたあと、洞窟を中心とした陣地で米軍をたたく」作戦が採用された。このしこりが最後まで残り、海軍部隊の大田司令官は、上官である牛島中将の命令を無視して行動し、六月十四日に自決している。

　ともかく、米軍をどれだけ沖縄に引きとめるかを主目的にした決戦であったことが、沖縄県民の三分の一も殺すことにつながったのであり、その意味でも「なにも沖縄だけが犠牲になったのではない、広島も長崎もあるではないか、沖縄はいつまでも甘えるな」（根本前自治大臣の発言）といった声に、沖縄県民の怒りが爆発するのである。

　新垣正達さん（五三）＝那覇市大道＝は、はじめ軍属の軍馬手として採用され、長参謀長の当番をつとめるとともに、牛島司令官の馬を曳《ひ》くことも多かった。さらに、四月一日の米軍上陸以来、軍隊に編入され、陸軍徒組《かちぐみ》兵長としてつねに司令部と行動をともにしたから、牛島中将の最期を知る数少ない人である。

「忘れられないのは、やっぱりビールの味です。というのはですね、牛島閣下が自決されるにあたり、別れの酒はビールにするから、お前が取って来いと命令されて、部下と二人で決死の覚悟で行ったんですよ。ですから、私らだけ特別に一本いただいて、飲んだわけなんです……」

　摩文仁《まぶに》の第三二軍司令部壕から、約二キロ離れたところ（現在の「ひめゆりの塔」南側）に野戦倉庫があった。新垣さんは主計の鈴木少尉から「閣下のビールを取って来い」といわれたとき、最期の酒と直感した。

　司令部は摩文仁の丘の頂上近く、切りたった崖の自然壕のなかに置かれていた。新垣さんたちは、そ

牛島満中将・第32軍司令官

長　勇中将・第32軍参謀長

の司令部壕のずっと下の炊事壕と呼んでいたところ（現在の「健児の塔」東側）にいて、ここで炊事をして司令官以下幕僚たちに運んでいたため、牛島司令官らの顔はほとんど毎日見かけていたから、そこの動向はだいたいわかっていたのである。

「大変なことになった、と思いました。しかし、なんとかして閣下のビールを取って来なければならん。軍馬手当時からの部下の、仲村渠幸吉《なかんだかりこうきち》ちゅう元気者をつれて野戦倉庫に向かったのが、二十一日の夜十時ぐらいだったと思います」

すでに米軍は沖縄本島のほとんどを制圧し、わずかに最南端の摩文仁周辺を残すだけになっていた。黄燐《おうりん》弾を中心に、米軍の砲爆撃はすさまじく、深夜だからといって途絶えるわけではない。

雨が降り続いていた。新垣さんと部下は、約二キロの距離を走りに走った。鉄カブトをつけたところで、やられるものはどうせやられるというので、すでにみんな無防備であり、新垣さんは鉢巻きを巻いていた。

「野戦倉庫には、よく行っていたから、ビールが埋めてある位置はだいたい見当がついて、素手で掘り起こしましてね。二四本入り一箱をかついで帰ったんです。棒で二人でかついだら、かえって走りにくいから『幸吉！　交替でかつぐぞ』というて、五〇メートルごとぐらいに交替して帰ったんですが、よくまあ、無事だったもんだと不思議な気がします」

新垣さんは〝閣下のビール〟をなんとか無事に届けたい使命感に燃えていたという。それは最高指揮官への忠誠心ということだけではなく、牛島中将個人への想いも込められていたからであった。

ワンマン参謀長と仏の軍司令官

昭和十九年六月に第三二軍に獣医部が設けられたとき、最初に軍属となったのは新垣さんであり、軍馬手の班長になったのは現役当時に新馬調教手の免状をもらった馬取り扱い兵だったからでもある。

獣医部が発足してからは、本土から送られてきた二頭以外はすべて農耕用の馬であるのを、軍馬に鍛えなければならない。新馬調教手としての新垣さんの腕の見せどころだったが、司令官用の馬を一頭つぶす勇み足もやった。「つるみ号」という五歳馬で、茶褐色のいい馬だったが、馬喰《ばくろう》の手に負えないし、兵隊をかたっぱしから咬《か》んだり蹴ったりする。あばれ馬をおとなしくするには、玄能《げんのう》で鼻をたたいたり、両脚をくくって蹄《ひづめ》をたたいたり、引き倒して目の玉に指を突っ込んだりの荒療治が効果的だという。

「ところが、やり過ぎたもんで、牛みたいにのろまな馬になって使いものにならんようになった。牛島閣下はよく『新垣さん、戦争に勝ったら、この馬で国頭《くにがみ》まで行こうね』とおっしゃっていたけど、その戦争の使いものにならんようになったから、若い馬に取り替えましたよ」

軍属は兵隊とちがうから、司令官といえどもさんづけで呼ぶ。のちに軍隊に編入されてからも、牛島中将はかつての軍馬手を○○さんと呼んでいた。

まだ沖縄戦が始まらないのどかな時代に、新垣さんは牛島中将の馬をときどき曳《ひ》いた。当番の軍馬手が休んだときなど、班長の新垣さんがその役目をはたすことになっていたからである。

朝、馬を持って行くと、庭で竹刀《しない》の素振りをしている。「遅くなりまして」というと「いいよいいよ、私が早いんだから」と牛島中将はいう。そして、ある日「新垣さん、あんたの家に寄ってみたい」といって案内させ、生まれたばかりの長男をみて「これは立派な兵隊になるぞ」と頭をなでたりしたことが、いまでも新垣さんには忘れられないとか。

新垣さんが、いまでもなお牛島中将の人柄を崇拝する理由は、どうやら当番をつとめさせられた長参謀長への反発があるからのようだ。

「長さん？　あれはもう大変なワンマンでね、みんなから嫌われとったです。軍馬手が二、三日も続かんで、次々に交替するから、斑長の私にオハチがまわったですけど、とにかく、ひどいんで……すぐ殴る」

軍馬手は迎えに行くときは、乗ってもいい。ところがある朝、新垣さんは足をかける部分の調節を忘れて、長参謀長に渡した。この人は体格はいいが足が短い。足の長い新垣さんにコンプレックスを覚えたからかど

うか、突然、はげしく怒りだして、

「キサマ、重営倉にたたき込んでやる！」

と言って、ムチで新垣さんを打った。激昂《げっこう》すると、相手が大佐でも殴ったり蹴ったりするくらいだから、軍馬手などなんとも思っていなかったらしい。

水泡に帰した内地への報告

知念栄章さん（五七）＝那覇市山川町＝は、やはり軍馬手の一人であったが、面倒を見なければならない馬が早く死んでしまったため、特編中隊に入れられた。

やがて、首里城の司令部が危くなり、南部に逃がれるというときに、道案内をさせられた。

「長さんを案内したんです。私と安室軍曹の二人で、首里から津嘉山の壕まで誘導しましたが、馬がないから徒歩ですよ。夜明けまでにたどり着かんことにはどうしようもないですからね、こっちは閣下をせき立ててどんどん行く。ところが閣下は歩き慣れんうえに闇のなかでありましょう。どんどん遅れて、とうとうはぐれてしもたです……。それきり会わんからよかったようなものの、もしあとで顔を合わせたら、どんな目に遭わされたことやら……」

知念さんの話を聞いて、新垣さんはすかさず言う。

「そこが牛島さんと長さんの違いです。誰があなた、長さんを生命がけで守る気になりますか。あのですね、私はその場におらんかったけど、こんな話があります。牛島閣下が摩文仁に逃げる途中、ものすごい砲撃で身動きがとれんようになったことがある。このままでは危いというのでですね、艦砲でできた大きな穴の底に閣下を入れて、その上に兵隊が二〇人ばかりおおいかぶさった。かぶさった兵隊の何人かは死んだけど、閣下はかすり傷ひとつ負わなかったですもんね……」

司令部を摩文仁に移してから、食事を運ぶ新垣さんは「奥さんと子供さんはどこにいますか」と尋ねられたりもした。

「はっ、閣下、わからんのであります」

と答えると「それは心配だねえ」と思いやる。そんなやりとりを思いだしながら、新垣さんは「神さまみたいな人ですよ」と述懐する。

記録や資料に接するかぎり、牛島中将は凡庸な将軍でしかないし、これらのエピソードもまた、めずらしいものではない。しかし、やがて捕虜になりハワイに送られた新垣さんや知念さんが、収容所暮らしのなかでそれぞれの体験の断片をつなぎあわせたとき、次のようなことがわかった。

自決を前に牛島司令官は幕僚たちにそれぞれ任務を与えた。まだ戦況が最悪の事態にならない前に、参謀の神直道《かみなおみち》少佐を知念半島からくり舟で奄美大島に向かわせ、そこから飛行機で大本営に飛んで「とにかく飛行機をよこせ」と要求させたが、それに対する返電は「サイゴマデガンバレ　アトハヒキウケタ」でしかなかった。

また、自決の数日前に薬丸参謀、永野参謀は遊撃戦に、木村、三宅両参謀は沖縄本島各地に潜入して地下工作をするために軍服を脱がせて浴衣に着替えさせ、司令部壕を脱出させたが、この四人は東風原《こちばる》村で爆死した。

さらに自決の直前、一緒に死ぬ覚悟の高級参謀（作戦主任）八原博通《やはらひろみち》大佐に「キミは生きのびて、本当の沖縄戦はこうだったと大本営へ伝えてくれ」と命令した。八原大佐は沖縄の婦人と夫婦連れの避難民を装い、北部へ逃がれたが、収容所の中で朝鮮人から身分を暴露されて目的を果たせなかった。

「閣下の酒」はうまかった！

さて、いよいよ自決の二十三日未明、まず牛島中将が腹を切り、B29とあだ名のついた坂口大尉が介錯。続いて長中将が自決し、介錯《かいしゃく》の大尉はピストルで後を追った。牛島司令官の首は、なんとかいう少尉が持って行ったが、途中で戦死したためにどうなったかわからない——。

新垣さんはいう。

「日本軍の将校のなかには、なんでこんなバカな戦争をしたのかなあと、毎日毎日、泣いて暮らすのもおったです。しかし、こっちは自分の島だからね、一生懸命でしょ、腹が立ったです。お前たちが始めた戦争のくせにと思うてね……」

戦車が押し寄せてくる。司令官の自決は、ほんの数十メートルにまで敵が迫ったなかで行われたのだった。

最後には弾帯もなくなり、ズボンのポケットに銃弾を入れて戦った沖縄の防衛隊員(臨時召集を受けた住民)たちは、爆雷にみせかけた空のブリキ箱を抱いて、戦車の速度を少しでも鈍らせるために飛び込んだ。

新垣さんは、そのように祖国への忠誠を示して死んでゆく人びとに「ここは沖縄だ。われわれの島なんだから、死に急がずに一分でも一秒でも生きよう」と訴えてきたとか。戦後は人民党に入って一五年間にわたり瀬長亀次郎さんとともに活動し、市会議員を務めたこともある。だが「民族主義のために活動したのであって、共産主義のためではない」という理由で脱党、いまは保守派にまわっている。その新垣さんは、話が終わると蛇皮線を持ちだしてきて、収容所の中で作ったという自作の数え歌を唄った。

一つとさのエー

広い世間のそのなかで

聞くも哀れな物語

聞いてくださいみなさまよ……

で始まるこの歌は、戦闘のなかの経験を織りこんだもので、一五番まで続く。

一五とさのエー

護国の花と散りました

戦友思えばつい涙

流す涙の口惜しさよ……

ところで、生命がけで持ち帰った〝閣下の酒〟はどうなったか。新垣さんはいう。

「最後の酒はスコッチであったとか、いろいろ言われとるけど、私ら運搬係に言わせるとウソ。私と幸吉が運んだ二四本のビールを、みんなが分けて飲んだんです。私と幸吉は特別に二人で一本もろうて、歯で栓を開けて飲みました……。閣下の壕にはコップぐらいあったでしょうが、私らはラッパ飲みです」

さて、その味は?

「ずっと雨が続いて、しかも地面を掘って埋めとったから、よう冷えとりましたねえ。そう、思い出しました、『アサヒビール』だったです。うまかったです、

沖縄本島の戦闘で、一般住民は14万人近い犠牲者をだした。写真は11人の住民と共に救出された母子。

いまでもあの味が忘れられませんです……」

崇拝する司令官が自決する末期《まつご》の酒の相伴とわかりつつ、かくもうまかったのは、やはり戦《いくさ》から解放される喜びの美酒だったからなのだろうか。

解説

第三二軍が首里城の地下司令部を放棄して、本島南端の摩文仁の丘の自然壕をめざして行動を開始したのは五月二十二日だった。陸軍の各戦闘部隊も島尻（本島南部）をめざした。

そして一カ月後の六月十八日、その摩文仁周辺も米軍の攻撃にさらされていた。ひめゆり部隊が全滅し、牛島司令官は参謀本部に訣別《けつべつ》電報を送った。翌十九日、牛島司令官は全部隊に対して指揮権放棄を宣言して、ゲリラ戦突入を命じた。

六月二十一日、軍司令部が入っている洞窟の頂上から直接攻撃を受ける事態となった。牛島司令官は最期を決意した——。

屍《しかばね》と避難民で埋まる敗走のソ満国境

「王道楽土」をうたいあげた満州国の崩壊は意外に早く、そしてあっけなく、ソ連軍戦車の轟音《ごうおん》とともに訪れた……。

人馬を連ねて朝鮮を通過

昭和六年（一九三一）の満州事変は、周知のごとく関東軍の謀略で引き起こされたものであった。そして翌七年、関東軍が強引に満州国を建国し、清朝の廃帝（第十二代目の宣統帝《せんとうてい》）を皇帝にまつりあげた。この満州国は漢民族・満州民族・蒙古民族・朝鮮民族・日本民族の《五族共和》をうたい、天にも昇るような楽土建設の《王道楽土》をスローガンに掲げていたが、しょせんは日本の植民地であり、関東軍の憲兵政治が施かれていたのである。

関東軍は、日露戦争の勝利で獲得した南満州の特殊権益を守るために明治三十八年（一九〇五）に設置されたもので、関東州（現在の大連市一帯）および満州に駐屯した日本軍の総称であった。それが「満州国」を作って以来、ソ連邦との国境を守備する部隊として急激にふくれあがる。

そもそも昭和に入って以来、日本の指導層が一貫してとった政策は共産主義の浸透を防ぐための反ソ戦略であり、満州は〝防共の砦《とりで》〟であった。そして関東軍は米英と敵対する南進策が実現しないときは、北進してソ連軍と闘う部隊として補強され、昭和十六年（一九四一）秋ごろには五〇万を呼号するのである。

千葉甚蔵さん（四七）＝奈良県天理市＝は、昭和十四年二月に《王道楽土》のスローガンにつられて満州に渡ったが、このとき一六歳であった。

「スネ一本マラ一本、単身でおました。西満州に奈良県の出身者が集まった十津川開拓集落いうのがあったので、そこで大百姓になろうと思うたのに、着いたらすぐ義勇軍に入らんとあかんといわれて……」

満蒙開拓青少年義勇軍には鉄道守備にあたるものと、拓植関係のものと二種類あって、満州に約六万人いたといわれる。千葉さんは前者のほうであった。部隊の装備は九九式歩兵銃を約三分の一が持ち、残りは三八式歩兵銃であったが、本部には軽機関銃も重機関銃もあり、哈爾浜《ハルビン》には速射砲も備えてあった。

軍の補助機関であるから、千葉さんたちはもっぱら工兵に準じて鉄道敷設作業などにあたらされた。開拓者を志す千葉さんは、早く農場に帰りたいので何度もそれを申し出たが聞き入れてもらえず、昭和十六年夏まで義勇軍にいた。

「ハイラル駅に、急に一〇本あまりの引き込み線を敷くことになりましてな、なんやろと思うとりましたら、これが〝関特演〟ですねん。来るわ来るわ、暑いさなかに無蓋《むがい》貨車に詰め込まれた兵隊がぎょうさん。あそこ単線ですから、引き込み線を作らんことには兵隊の波をさばききれんかったですわ」

関特演の正式名称は「関東軍特種演習」といったが、実際は演習に名を借りた対ソ大デモンストレーションであった。

昭和十六年七月一日に、まず本土要地の防空部隊要員に教育召集が発令され、続いて約三〇〇の部隊が本土から動員された。さらに満州と朝鮮の師団にも動員令が下り、大量の軍馬とともに集中輸送されたのである。朝鮮を通過する人馬の一日の最大数は人一万、馬三五〇〇頭であったというから、満州の奥地ハイラルで受け入れる千葉さんが目を丸くしたのもむりはない。

機銃の応酬が挨拶がわり

魚路治司さん（五九）＝神奈川県川崎市＝はこの関特演で召集され、第一二師団（久留米）の二等兵として満州に渡った。三三歳の召集兵は、こうしていきなり〝泣く子も黙る精鋭部隊〟の関東軍にされるわけだが、訓練は大変な厳しさであった。

「東満州の東寧に着いて、さっそく演習と壕掘りの毎日です。ハゲ山ばかりのとこでしたけど、そこに幅三メートル、深さ三メートルの壕を掘りましてね。ソ連軍の戦車が侵入するのを防ぐのです」

このころ日本政府と軍部は北進か南進かをめぐって、侃々諤々《かんかんがくがく》の論議の最中であったが、ドイツの侵攻で苦戦のさなかのソ連といつ戦火をまじえるのかという期待の関東軍だから、訓練はすさまじい。

「冬はメチャメチャ寒いですからね。すぐ凍傷に罹《かか》る。行軍のときなんか足を動かしとるときの汗が、休止のときたちまち氷になって凍傷になるから、しょっちゅう足を動かしとかんと……。それで凍傷防止訓練ちゅうのをやるのですが、これは零下二〇度くらいの日をみはからって、兵隊を裸足にして砂利の上を走らせる。足が痛くなったころ、乾いたタオルで摩擦して、皮膚をきたえるわけです」

耐寒訓練で鍛えられた関東軍の兵隊たちも、やがて次々と南方へ転用されて行く。零下二〇度があたりまえの場所から、いきなり赤道を越えて猛暑の地へ行くのだからたまらない。南方の日本兵がたちまち疫病にやられた原因は、ここにもあったのである。

「私は輜重《しちょう》部隊で馬の世話をしとったんですが、馬に蹴られて怪我して入院するようなこともあったもんですから、南方へは行かずに済んだんです」（魚路さんの話）

渡辺健一さん（四八）＝北海道函館市＝が、第七師団（旭川）に現役入隊したのは昭和十九年（一九四四）二月だが、幹部候補生として満州の延吉士官学校で教育を受けたため、実際に部隊に配置されたのは昭和二十年六月であった。

「ノモンハン事件（昭和十四年五月の日ソ衝突）ゆかりのハルハ河べりの阿爾山《アリシャン》の国境監視哨へ六〇人の部下を連れて赴任したです。あの辺、丘みたいな山がいくつもありましてね。八～一五キロおきに監視哨が置かれて、対岸のソ連陣地を見張るんです。

一二〇倍の望遠鏡で見るんですが、めったに人間の姿が見られるところじゃないから、敵さんでもなつかしい。で、河で水浴びしとるソ連兵を機銃で威嚇射撃すると、向こうもこちらが水汲《く》みに降りたところをダダダッと射ってくる。互いに殺す意志はなく、イタズラとチョッカイの応酬で、まったくのどかなもんでした」

のどかな光景はまさに嵐の前の静けさであった。日本の盟友ドイツはすでにソ連から撃退されて降伏していたし、沖縄の守備隊が玉砕した情報も伝わってきている。そして七月、渡辺さんたちの部隊は新京に移る。満州国の首都・新京防衛のために、国境の部隊が次々に呼び戻されていたのである。

戦車の軌道に残る死体の山

しかし、軍部は自己保身の転進をはかっていても、民間人は放置されていて、何も知らされていなかったのである。

三宅博さん（五九）＝東京都渋谷区＝は、昭和十年（一九三五）に東京外国語大学のロシア語科を卒業して南満州鉄道（満鉄）に入社、昭和二十年には斉斉哈爾《チチハル》鉄道局の要職について、国境の満州里《マンチュウリ》駅にいた。

「満州里駅は〝ひとつ山越しゃ他国の星が、凍りつくような夜もある……〟と歌われた、国境の駅でしてね。ここは日本とソ連の共同使用になっていて、ヨーロッパへ通じる陸の唯一の出窓でしたから、ベルリンオリンピック日本選手団もここを通過したもんです。町の人口は約五〇〇〇人で、ソ連領事館もあって、パーティーにも呼ばれることがあり、昭和二十年八月八日のソ連参戦までは、平和な陸の孤島という感じでしたな」

しかし、それはあくまでも表面だけのことであった。三宅さんは六月に入るとすぐ満州里の日本人約一〇〇〇人をいざというときどう避難させるか、具体的な方法を検討しはじめていた。

「四月にモスクワ駐在武官として長いことソ連にいた朝比奈さん（元関東軍参謀）が、満州里経由で帰国したんです。私は日本領事と一緒に出迎えたんだが、朝比奈さんの顔が引きつっている。あとで領事から『いよいよソ連参戦らしい』と耳打ちされましたよ。

五月に入って間もなくソ連領事館から電話があり、戦勝パーティーをやるから来いという。領事と出かけていきましたら、ベルリン陥落の実写フィルムを見せられましてね、最後に『かくてドイツのファシストは死せり！』と字幕が出るんです。

ところが、字幕はさらに続いて『だがあと一つ残っている』ときて、大文字で『それは日本だ！』と写されたときにはギョッとしました。これで参戦確実だが、さてその時期が問題です」（三宅さんの話）

三宅さんの予想では、冬が来る前に作戦を終了させるために六、七月にはソ連軍が越境してきて、九月には戦闘が終わるだろうとみていた。そこで、避難列車の準備をして予備の機関車の罐《かま》をいつも焚《た》いていたが、日本領事館では「煙を吐く列車は、絶好の標的になるから無理」というし、軍は避難のことをあらかじめ考えることさえ反戦思想とみている。

そこで三宅さんは、せめて馬でも調達しようと奥地へ出張したのだが、そこでソ連軍の侵攻を知った。

「八月八日はいつになく暑い晩でしたけど、午前三時に電話があって知らされ、それから二日がかりで満州里に引き返しましたが……おびただしい死体で、戦車の通った跡が縦横に残っている。満州里には白系ロシア人が多くて、その人たちも残されていたけど、寝巻き姿で子どもを抱いている日本婦人の死体やら……悲惨すぎる。約三〇〇人の日本軍はさっさと逃げだしていて、鉄道警察隊と満州里警察隊が中心になって抵抗したものの、大部分が戦死しています。私は興安嶺以北の日本人はすべて軍関係者とみなすというソ連側の捕虜になって、満州里から四キロほど西のソ連領マツエフスカヤーに収容されましたよ」（三宅さんの話）

千葉甚蔵さんは昭和十六年夏に義勇軍から開拓地区に戻り、ここで国家から援助を受けながらトウモロコシ、大豆、粟などのほか、野菜やスイカなどの果物を作っていた。

だが昭和二十年三月、今度は現役召集で第一〇七師団に入った。昭和十九年に入って関東軍の精鋭がどんどん南方へ転用されたため、満州では穴埋めににわかづくりの師団が編成された。第一〇七師団もそのひとつだった。

「入営三カ月後に第一期検閲がおますけど、これは擬装した荷車を戦車にみたてて、爆雷抱いて突っ込まされるんですわ。やがて二回もソ連戦車と交戦しましたけど、なるほど日本軍は最初から対戦車訓練させたはずやと思いましたな」

千葉さんたちは伊爾施《イルセ》に駐屯していて、阿爾山の第九三五野戦病院へ衛生兵教育を受けに通っていたが、八月八日の朝、非常呼集のラッパが鳴り、長い一日が始まった。そして、あわただしいなかで一日が終わった翌朝、ソ連機が上空を舞い始め、鉄道で撤退することになった。

極秘の満州国皇帝脱出作戦

しかし、途中で機関士が中隊を置き去りにして行ったため、ソ連の戦車と競走するようにしてノモンハン街道を南へ下り、西口というところに着いたとき戦闘になる。八月十四日だった。

「師団本部の撤退が完了するまでここを死守せえといわれて、衛生兵の私は軽機（軽機関銃）を持たされた。小銃の歩兵がみんな爆雷持たされて、タコツボにもぐっとるんで、それを援護するわけや。

ソ連の一〇〇トン戦車がもうもうと土ぼこりあげて来よります。そして、タコツボのとこは掘ったばかりで土の色がちがうから、手前でぴたっと停まって、一〇〇尺もある砲身で狙い撃ちでんね。それっとこっちの機関銃が火をふくけど、火花が目標になって反対にやられる。私も撃とうとしたけど、故障でんねん。突っ込みいうても弾がつかえる。手がブルブル震えてつかえた弾が出せんから、とうとう一発も撃たずじまいで退却や」

夕方から興安嶺の山中に入る。ここから南東の索倫《ソロン》に下って鉄道で奉天まで行く計画で、大草原のなかを靴を脱いで隠密行動だったが、どこをどう違ったのか十日後に反対側の左翼前旗《ザライトキ》へ行き当たった。ジャガイモ畑の多いところだった。

ここでも敵はすでに近くにいて、小高い丘の争奪戦になる。八月二十六日か二十八日で、いずれにしても敗戦後だが、それはわからなかった。無電は入っているのだが、通信隊が全滅しているため暗号が解読できないのである。

「いよいよ突撃ちゅうとき、はじめに手榴弾を投げますやろ。稜線《りょうせん》はさんで投げるが、ロスケ（ロシア人のこと）というたら力があるから飛び過ぎて、みんな私らの後ろへ落ちて、ワーワーこっちが喊声《かんせい》をあげるたびに向こうからポンポン投げて……。私は連隊本部へ連絡せえ言われて途中で丘を降りたから突撃せなんだけど、この戦闘では勝ちましたんや」

　無条件降伏後の戦闘だから、あとになってシベリアでは反乱軍として扱われて、千葉さんたちは苛酷な扱いを受けたという。何とも理不尽なことであった。

　魚路治司さんは昭和十九年夏から白城子《パイチョン》飛行場に移り、飛行機の修理にあたっていた。八月九日にソ連軍侵入の報《しら》せを受けて、さっそく撤退用の貨車を準備するために白城子駅へ走った。

「本隊が駅へ来るのを待ってたら、バラバラに逃げてくる。戦車隊に包囲されて三分の二が死んで、ようやく逃げのびた連中なんですが、たいてい裸足で鉄砲なんか持たない……」

駅へ逃げおおせた者一五〇人ぐらいで貨車に乗って新京をめざしたが、途中で機関車の水が切れたため徒歩で行く羽目になる。

　国境の阿爾山から新京に戻り、在留邦人を臨時召集する任務を与えられていた渡辺健一さんは、八月八日午後、第三八三連隊の鈴元大佐に呼びだされた。

「薄暮に乗じて新京駅に前進し重大任務を遂行せよ、という命令です。なにごとかと思ったら、極秘のうちに満州国皇帝を脱出させる作戦でした……」

　すでに新京駅周辺には照明弾が落下し、開拓団の避難民はいっぱいだし、満州人たちは圧制からの解放が近いことを知って肩を張って歩いている。その混乱のさなか、皇帝・溥儀《ふぎ》は八月九日午前零時に朝鮮国境に近い通化めざして逃がれて行った。

「作戦らしい作戦はこれが初めてでしたからね。八月十四日に少尉に昇進したのは、この功績によるものだろうと思うとります」（渡辺さんの話）

　一方、鈴なりの引き揚げ列車になんとか乗りこんで新京に着いた魚路治司さんは、捕虜になってすぐ関東軍司令部の衛兵所に呼び出された。
「将校がソ連兵に引きたてられて行くのを見ながら、私らが国旗を降ろし、そして焼いたんです。よく晴れた日でしたが、みんな無言で……燃える日の丸を見てました」
こうして皇帝は脱出し、満州支配の象徴であった国旗は焼かれる。関東軍の首脳と家族はいちはやく安全圏に逃がれていたのだが、しかし、兵士と民間人は混乱のさなかに放りだされてしまったのであった。

解説

昭和二十年（一九四五）八月九日午前零時、ソ連軍が満州に侵攻してきた。総兵力一七五万、迫撃砲を含む大砲約三万門、戦車・自走砲約五〇〇〇輛、飛行機約五〇〇〇機。大軍団だった。対する日本の関東軍は二四個師団、約七五万だった。一見〝大兵力〟だが、実は張り子の虎で、かつての精鋭部隊は大半が太平洋戦線に抽出されて、急ぎ集められた兵力だった。このうちの一五万はこの年の六月以降に現地召集され、まだ編成が終わっていない師団もあった。

装備も貧弱で、全体で大砲が約一〇〇〇門でソ連の三〇分の一、戦車約二〇〇輛で同二五分の一、飛行機約二〇〇機で同二五分の一というありさまだった。なかには山砲がたった一八門という師団（第六三、第一二七師団）もあったし、兵隊全員に小銃が行き渡らない歩兵連隊（第四八師団）もあった。

そのうえ、もしソ連軍が越境してきた場合はチチハル、ハルビン、新京（長春）など満州北部は放棄し、鴨緑江《おうりょっこう》寄りの満州南部を確保して抵抗するというのが関東軍の作戦計画だったから、多くの開拓団員や在留邦人は、早々と現地に置き去りにされてしまったのである。

国共内戦で激闘を強いられた元日本兵

国共内戦の混乱のさなか、中国山西省・閻錫山《えんしゃくざん》軍に強制残留を命じられ、命をかけて戦い、敗れた元日本兵の証言。

敗戦国日本のため進んで残留

昭和二十年八月――無条件降伏した日本軍は、いっさいの武装を解いて捕虜にならねばならなかったのだが、中国大陸では奇妙なことに中国共産党軍（以下中共軍）との戦闘状態だけは続行する方針をとったのである。これはアメリカの意志であった。蔣介石が戦後の中国の指導者になることを望んだアメリカは、毛沢東の中国共産党が支配勢力となることを妨《さまた》げるために、みずから約一〇万人の部隊を送りこむと同時に、日本軍が国民党軍に協力するよう要求したのである。

蔣介石が侵略国である日本に対する賠償請求権を放棄するという恩情あふるる処置をとったのも、このためである。強大な勢力となった中共軍と戦うために、たとえ昨日の敵の日本軍とはいえ、今日の友としなければならなかった蔣介石にしてみれば、まさに溺《おぼ》れる者は藁《わら》をもつかむ心境であったろう。

いや、敗れたとはいえ、日本軍は水面に浮かぶ藁などではない頼もしい存在なのであった。とくに山西省にとどまった日本軍は、この地の軍閥の首領である閻錫山の部隊に参加して、約四年間にわたり中共軍の大攻勢を支えぬいたことで知られる。

若尾孝さん（五三）＝千葉市＝は第七師団（旭川）歩兵第二六連隊に現役入隊した昭和十四年以来、ずっと中国大陸を転戦し、敗戦は山西省で迎えた。

「八月二十日に移動が始まりましてねえ。八路軍の攻

山西軍閥の首領・閻錫山

撃を受けながら、閻錫山の支配地域へ向かいました。私らはてっきり閻錫山に投降したら日本へ復員できると思い込んでいたんですがね。武装解除もせぬまま待機する状態が続いて、昭和二十一年一月に残留を命じられたんです」

　全員の残留が命じられたのではなく、希望者を募るやりかただった。しかし、だからといって自発的な意志を尊重するものでもなく、「残留希望者が三分の一に達しないときは、その中隊の全員が帰国できなくなる」との条件付きで、「お前はどうする?」と問われた。

　結局、下士官以上の者は残留し、兵隊のなかのある程度の者を残すことで落ち着いたのだが、どこの部隊でも大変な葛藤《かっとう》があって、帰国組を残留組が背後から撃って殺すような場面もみられたし、自殺者もあちこちに出たのである。

　若尾さんが聞いた話では、山西省に約一万五〇〇〇人が残留して閻錫山の軍隊に編入された。兵は一律に準士官待遇を受け、曹長だった若尾さんは中尉に昇進して中隊長になった。

「中隊は一五〇人ぐらいでして、私とこの小隊長は全部日本人だったです。山西省の省都太原で部下の中国人を訓練しましたが、私らは中国人は弱いものと頭から軽蔑《けいべつ》していて、しばらくは威張っていたもんです。私自身はむしろ積極的に残留して、閻錫山に協力することで敗戦国日本をなんとか守りたてねばならんと考えておりましたから」

曲戦救国を標榜する閻錫山

　湯浅質治さん（五三）＝東京都保谷市＝は、昭和十二年に志願兵として騎兵第一四連隊（習志野）入りして中国大陸に送られて以来、ずっと中国と縁が切れない状態が続いたが、敗戦のときは民間人であった。

「昭和十九年春に現地除隊になりましてね、太原に本社がある河北交通に入社したんです。満鉄の支流で、やっぱり国策会社でして、僕は運城という駅の機関区助役になりました。機械とか石炭などの用品を調達する仕事でしたが、昭和二十年の二月ごろから中国人の機関士で出勤しなくなる者が目立ちはじめて、しかたなく若い日本人職員を一〇〇人ばかり選んで機関士の特訓です。ええ、助役の僕も七月から機関士として乗務してたんです」

にわか仕立ての機関士を〝鉄火隊〟と呼んでいたが、まもなく敗戦で大混乱となり、仕事など手につかなくなる。

「人員整理があって、食えなくなった沿線の日本人がどんどん太原に引き揚げてくる。威張っていた連中は中国人にぶんなぐられる、女性が中国人相手の売春をしてかろうじて生活を支える……といった状態で、僕は社宅に引っこんで若い連中とバクチばかりしてたんです。そしたら山西軍の軍服をつけた日本人が来て『就職口がある』と誘うんです」

鉄道護路総隊なるものがつくられるという。湯浅さんは面倒をみていた若い連中二〇人を連れて、この鉄道護路総隊に入ることにした。すでに太原から第一次帰国が始まっていた昭和二十年十月のことだった。

湯浅さんらが入ったのは第六大隊で、日本軍の加藤という軍曹が大隊長におさまり、以下二〇〇人全員が日本人であった。この集団は翌年になって保安大隊と名称を変え、さらに「十総隊」と呼ばれるようになるころには、完全な戦闘部隊になっていた。

「中国人を訓練する教官集団でした。敗戦直後の混乱のさなかに、閻錫山部隊が表向きは日本人に丁寧だったのも、日本の軍人を利用するためだったんでしょうね。鉄道護路総隊に入るとき日本軍の辞令が出ていたことからもわかるように、閻錫山と山西省政府顧問の城野宏（のちに野戦軍副司令）が組んで、こういうかたちで僕らを事実上の強制残留にしたんだと思います」

閻錫山は長い間蔣介石と対立してきた人物だが、むろん毛沢東とうまくいくはずもなく〝曲戦救国〟なるスローガンを掲げていた。すなわち、日本軍と戦いながら日本軍の手を借りようというわけで、山西軍（国民党軍には違いないが）が中共軍と戦うときには日本軍と協力してきたほどであった。

だから、敗戦前から日本軍・保安隊（日本軍の傀儡《かいらい》である中国人部隊）・山西軍・中共軍が入り交じって、山西省はきわめて複雑な状態を呈していたのである。

「それぞれの密偵が盛んに遊泳して情報をさぐりあう。日本軍には千葉という特務がいましたけど、この男なんかは戦っている相手である山西軍に兵器弾薬を売りつけ、共産軍の情報を入手するというようなこともしていました」（湯浅さんの話）

ともあれ、湯浅さんも若尾さんも山西軍の一員として行動するようになる。

日本人少佐、東京募兵に飛ぶ

中共軍は太原を解放しようとしてじわじわ攻撃を強めるが、山西軍はしかし、頑強な抵抗を続けた。湯浅さんは中隊長になっていた。日本人一二〇人、中国人九〇人を率いて戦闘に明け暮れ、月給一億七〇〇〇万円をとっていた。

「月給をもらいに行くときは、大きな麻袋をもって出かけて、法幣《ほうへい》と金票という二種類の紙幣をぎっしり詰めこむ。さて一億七〇〇〇万円で何が買えるかというと、中共軍に包囲されてものすごいインフレのさなかだから、二〇本入りのタバコ一箱が一二〇〇万円でしたかなあ」（湯浅さんの話）

「谷をはさんで解放軍と向かいあったときなんか、あちらは人海戦術でね。撃っても撃っても敵の数が減らない。こちらは山砲、榴弾砲、曲射砲などが主力でしたが、山砲がいちばん効果がある。私は少佐に昇進して観測班長をしておりましたんで、三角関数なんか使って距離の測定をしながら山砲の砲術教育をしてたんです」（若尾さんの話）

このころ〝三人小組〟というのが視察調査に来ていて、これは国民党軍・中共軍・米軍から出された軍人が組んで状況を見るのである。日本軍が戦場にいるとわかると大変だから、この一行が現れると日本人は外出禁止で姿を隠した。

「三人小組が視察を終えたあと、米軍の少佐だけが山の陣地にいる僕らのとこへ引き返して来て、『キミたちを見殺しにしない、必ず援軍をよこすから』と言ったのを覚えています。その時点ではやっぱり当てにして聞いたですけどね。

昭和二十三年の暮れでしたか、中共軍の包囲網が縮まってほとんど絶望的になったとき、五味という少佐が多額の金を持って東京に飛びました。兵隊を集めてくるというわけです。僕ら、日本の状況なんかわかりっこないでしょ。いまに精鋭が来るだろうと、米軍少佐の言うことよりも、こっちのほうを当てにして待ちました。ところが、その五味さんがいつまで待っても帰って来ない。そこで、なんて名前だったかもう一人の日本人が飛んで行ったけど、やっぱり戻って来ませんでしたよ」（湯浅さんの話）

残留者はだいたい二年契約だった。だから途中で少しずつ帰国できた人たちもあるが、よほど幸運な場合だった。

「日本へ帰りたいと申し入れると、ドスを抜いて『これで切腹して、死ね』と言われるしね。鉄条網にもろにひっかかった死体を調べると、後ろから機関銃でやられたことがわかったし、南站《ナンジャン》てとこの発電所で日本人の将校が黒焦げになってるのを見たこともあるんです。それに戦場から脱走する日本兵五、六人を、パンパン射つのを見たし……」（湯浅さんの話）

結局は中共軍の戦犯捕虜に

中共軍側の大攻勢が開始されたのは、昭和二十三年七月からだった。

「これは四カ月続いて、閻錫山の勢力圏が次第に縮小され、太原の周辺のみになってしまいました。太原の東四キロにある陳家峪ってとこに私たちの中隊が分屯していたら、いつのまにか最前線になってしまって。日本軍が作ったラジオロケーター（電波探知機）のあるところで、大変な激戦になりましたよ。押したり退いたりしてるうちに、とうとうラジオロケーターも占領されて、このとき私たちの最後の団長（大隊長）である田中武夫さんが砲の直撃で死にました。四人入れ

国共内戦で国府軍を圧倒する共産軍は、新解放地区で匪賊退治も行い、農民を援助して土地改革を行うなど、その支持を拡大していった。

る壕内にいたところをやられて生き埋めになり、五分後に掘り出して人工呼吸したけどダメだったんです。

大攻勢は十一月になるとゆるんできて、こちらは太原に籠城《ろうじょう》したかたちで膠着《こうちゃく》状態が続くんですが、このころ日本人は六〇〇人たらずになっていたんじゃないかと思います。ずいぶん死んだもんですよ」（若尾さんの話）

「僕が部下をつれて馬糧など買いつけに行ったとき、中共軍に包囲されてようやく脱出して本隊に戻ったら、十総隊は全員出動している。岩田という参謀が残っていて、すぐ援護に出てくれというんでそうしようとしていたら、全滅の情報が入った。あわてて太原に引き揚げることにしたものの、逃げる途中でずいぶんやられましてねえ。昼は砲撃、夜は手榴弾に追われて、よく助かったもんだと自分でも不思議です。中国人を歩哨に立てて、日本人が五、六人ずつで穴にもぐるような日が続いて、やがて塹壕《ざんごう》が死体で一杯でどうにもならなくなって気づくと、生き残ったのは僕をふくめて七人の日本人だけです。

そこで最後の突撃で、軍刀を抜いてヤアッと駆けだしたんですが、三〇メートルくらい走ってひょいっと後ろを見たら、誰もついて来ていない。なんともいえない気持ちになって引き返したんですが、連中はもう逃げ出してる。途中で追いついたものの、もう信用できないから、僕一人で行動することにして太原にたどり着いたんですが、日本人の憲兵から『なぜ一人だけで帰ったのか』ってずいぶん非難されましたよ」(湯浅さんの話)

〝三人小組〟のなかの米軍少佐が援軍を寄越すと言ったのも、日本人が兵隊を集めに東京へ札束をかかえて飛んだのも、こうして太原に封じこめられていたときのことだった。

やがて、昭和二十四年四月二十六日の〝太原解放〟の日が来る。

「僕は太原城外の南門街が宿舎で、そこに掘った壕で撃ちまくったんですが、銃声がやんだので外に出たら、ちょっと服装のちがう軍人がこっちへ来て『日本人か中国人か』と中国語で聞く。『日本人だ』と答えたら、こんどは日本語で『そうか、それならこっちへ退《さ》がっていなさい』って安全なところへ連れて行ってくれた。彼は中国人です。

そして『いま解放軍の砲を操作してるのは七人の日本人だ』なんて教えてくれる。たがいに敵意を感じませんでしたねえ、このときは。こうして捕虜になったんですが、縛られるわけでもなかったし、どんどん彼らの陣地のほうへ連れて行かれて、中共軍のなかにもだいぶ日本人がいたことがわかりました。四月二十四日のことです」(湯浅さんの話)

「私は観測班長だからキリスト教会の鐘撞《かねつ》き堂に登って、砲撃でズシーン、ズシーン揺れながら周囲を見てましたけど、もう何万という兵隊が目の下にひろがっていて。太原は一日の砲撃で陥《お》ちたんですが、それはもうものすごいのなんの……。下を見ると、もう味方の姿なんか見えやしない。それで、しかたなく鐘撞き堂から降りて、旧日本軍の第一軍司令部まで行ってしょんぼりしていたら、解放軍の兵士がやって来て身柄を拘束されたんです。二十六日の午後一時ごろでした

かねえ」（若尾さんの話）

閻錫山はすでに二月に南京へ飛行機で脱出していた。そして台湾へ逃がれて蔣介石の下で行政院長を務めるのだが、日本軍の将兵たちは中共軍の捕虜になり、多くが戦犯容疑者となるのである。

湯浅質治さんは収容所暮らしのあとの昭和二十九年九月二十七日、約五〇〇人の引き揚げ者の総責任者になって帰国した。

若尾孝さんは帰国が昭和三十一年九月四日になった。他の人より遅れたのは戦犯容疑が濃いうえに、スターリンが死んだ（昭和二十八年三月五日）ニュースを知って思わず笑ったため、一緒に笑った七人とともに思想的な反省が足りないとして、再び太原に送り返されたためだった。

ところで日本政府は、このように中国に残留して戦争を続けた日本人を「好きで残ったのだから」という理由で保護したがらなかった。閻錫山と一緒に太原を脱出した日本軍の某参謀が、帰国して厚生省に都合のいい証言をしたためでもあった。その後、湯浅さんらの努力で死者は戦死として扱われ、生存者には一定の保護もなされた。

解説

日本が降伏した昭和二十年（一九四五）八月、中国山西省を基盤にする閻錫山軍は中国共産党との内戦が本格化するとみて、現地の日本軍に「山西残留」を画策した。その結果、当初は一万名近い日本人が残留したが、次第に数を減らし、約二六〇〇名の旧日本兵が閻錫山軍に合流、以来四年間、熾烈《しれつ》な国共内戦に身を投じさせられた。

内戦は中共軍が優勢に進め、昭和二十三年には山西省の大半は中共軍の制圧下に入った。包囲された省都・太原では補給が途絶え、人肉を食する事態もでたという。そして翌二十四年四月、太原は陥落、閻軍は降伏した。頭領の閻錫山は太原陥落直前に飛行機で脱出したが、大半の閻軍将兵と残留日本兵は捕虜となり、多くは戦犯として裁かれた。

英軍捕虜が暴く収容所の三年間

食糧の不足に苦しみながら、手術すら拒まれて死んでいった連合軍捕虜たちと、親身に世話をして戦犯の汚名を着た日本兵——

水の減量に苦しむ高熱患者

日本軍にとって、最前線とは中国大陸であり、南方の各諸島であった。その末期、硫黄島が陥《お》ち、沖縄が血の海と化しはしたが、いわゆる〝内地〟日本本土はかろうじて〝最前線〟からは逃がれられた。だが、連合軍兵士にとっては、日本本土は文字どおりの最前線であった。ことに捕虜にとっては——

「八月十五日」は、日本には敗戦の日、連合軍には勝利の記念日である。そこで〝最前線ニッポン〟で記念日を迎えた、それら連合軍捕虜の実態を、われわれ敗戦側国民ももう少し知っておいていいのではないだろうか。

終戦記念日を三日後にひかえた昭和四十四年（一九六九）八月十二日、瀬戸内海をフェリーで広島から四国・松山に向かう外国人夫妻がいた。元国連カーネギー国際平和財団外交企画局長のジョン・フレッチャー・クックさん（五九）夫妻であった。

太平洋戦争勃発《ぼっぱつ》まもない昭和十七年（一九四二）四月初め、ジャワ（現インドネシア）駐留イギリス空軍の中尉であったクックさんは、マレー半島からジャワ・スマトラと破竹の進撃を続ける日本軍の捕虜になり、バタビア（ジャカルタ）の収容所からシンガポールに送られ、さらに昭和十七年十一月二十五日、九州の門司港に護送される。そして、翌二十六日の午後、上陸したクックさんたち約一〇〇人の空軍小部隊の捕虜は、瀬戸内海の因島土生《いんのしまはぶ》にある「西部軍福岡俘虜《ふりょ》収容所・因島分所」、通称「土生捕虜収容所」に送られるのである。

クックさんは、かつて自分が虜囚の身として過ごしたこの土生収容所をはじめ、その後移送された「善通寺俘虜収容所」、福岡県宮田にあった「第九俘虜収容所」などを訪れるために来日したのだった。忘れようとしても忘れられない三年間を送ったところだったからだ。

クックさんは、その三年間の体験を、このほど発売された『天皇のお客さん』(徳間書店刊)という〝俘虜記〟のなかで詳細に記している。クックさんの体験記をみてみよう——

＊

南方各地で日本軍の捕虜になったイギリス、オランダ、オーストラリアの将兵たちを乗せた輸送船・大日丸(一万五〇〇〇トン)がシンガポールを出港し、門司に向かったのは昭和十七年十月三十日の早朝であった。

大日丸は南支那海を航行していた。空は晴れあがり、私たちはデッキに出るのを許された。ところが、デッキの下は話がまったく違う。瀕死《ひんし》の者は衰弱が激しいため急な梯子《はしご》を登ることができず、汚物にまみれて横たわっていた。おまけに中は真っ暗だから、死んでも毛布にくるまったまま、何日間も人知れず横たわっていることもある。

十一月中旬ごろだったろうか、船は台湾の高雄港に寄港した。私たちの隊長は重症患者を下船させようと、やっきになって働きかけた。日本側も、最終目的地へ着いたものの死体ばかりでは、と考えたにちがいない。さして反対はしなかった。

病人を連れて私も上陸した。死者もたくさんいたので、葬儀をして火葬に付した。波止場で別の船に乗せられている捕虜に会ったが、彼の船でも一つの船倉から二〇〇人の患者と一二人の死者が出たという。

実際、高雄を出港したのちも死者の続出はあとを絶たず、私たちは水葬を繰り返えさなければならなかった。

理由はいくつもあるが、食糧の不足と船倉内の衛生状態のひどさは、一、二位にあげられる。台湾を出港してからはことにひどく、米飯はまずさに加えて日ましに少なくなるし、配給される水の量も減らされていった。それは高熱に苦しむ者にとっては耐えきれない剝奪《はくだつ》行為といえよう。

その結果、瀕死の者は互いの小便を飲み合うことになり、さらに、いや、これはそう噂されたまでかもしれないが、カミソリで互いの血管を切り、血をすすり合うこととともなったのである。

私たちを乗せた大日丸が、門司に着くまでに、こうして死んでいった仲間は、いったい何人になったろうか……。

寒中に藁布団《わらぶとん》、紙のように薄い毛布

大日丸の〝旅〟が終わったあとでの私たちの目にうつった土生の収容所は、一見してそんなにひどいところには見えなかった。それは、大日丸の船倉内で過ごした一カ月間が、言葉では言い表せない苛酷《かこく》なものであったからかもしれない。しかし、大日丸での恐怖の記憶が薄れるにしたがい、それまでは自覚していなかった土生の生活の不愉快さが、やがて日増しにつのってくることであろう。

収容所の所長は野本大尉といい、やせて神経質で臆病《おくびょう》そうな、私と同年配の男だった。彼はわざとらしいぶっきら棒な態度で、その自信のなさをカバーしているようなところがあった。彼はヨーロッパ人というのを見るのは、私たちが初めてらしい。そのうえ、明らかに部隊の指揮を執《と》った経験がなく、どうみてもサムライではなかった。本質的には気のやさしい男なのである。しかし、彼は彼の立場と責任、そして、私たちが捕虜であることに気が付いたとき、にわかに私たちを怒鳴り散らし、殴りつけるのだった。

その他、彼の下で副所長の役にあたっていたのが、根っからの農夫で、体格がよく単純で、荒っぽくて卑俗なユーモアのセンスがあった中野軍曹。私たち捕虜を殴りつけることによって、欲求不満を解消するという方法をすぐに覚えた通訳の中野兵長、シナ事変で片腕をなくした親切で好意的なジョージ、そして土生の村の小さな薬局店主である衛生兵などであった。

終戦と同時に日本に進駐した連合国軍は、真っ先に国内の捕虜収容所の解放を行った。写真は解放の喜びをかみしめる大森捕虜収容所の連合国の捕虜たち。上空から投下された食料や衣類を集めている。

衛生兵といっても、薬はヨードチンキ以外は持ってこないで、彼の役目といえば、赤痢と栄養失調で死にかかっている者が、今日一日造船所での重労働に耐えられるかどうかを決定することであった。もっとも、彼の医学知識はいい加減なもので、実質的に意識不明ででもないかぎり、彼の判決は「耐えられる」と下されることになっていた。

だが、衛生兵ドノの手厳しい診断にもかかわらず、数百名の捕虜のなかで作業につける人員は、めったに四〇、五〇人を上回らなかった。赤痢患者も作業に駆り出されていたが、午前中にある一〇分間の休憩時間以外は便所に行くことも禁じられていた。

造船所（日立造船因島造船所）での労働時間は次のようであった。

午前7時30分〜9時30分（10分休み）
午前9時40分〜12時（30分休み）
午後12時30分〜2時30分（10分休み）
午後2時40分〜4時30分（終業）

しかし、この造船所での労働もさることながら、収容所に戻って過ごす日本の寒い冬の夜も耐えがたい苦労となっていた。

木の棚の上に藁布団《わらぶとん》を敷き、まるで缶詰のイワシのようにぎっしりくっつきあって寝る。寝具といえば紙のように薄い毛布が二、三枚と、砲丸のようにかたい枕があるだけで、まるで眠りの神をからかうように、私たちの睡眠を頑強に拒むのだ。

誰かがテーブルの上に置き忘れた金属製のコップのなかの水が、カチンカチンに凍っている。寒さは、私たち全員に湿性脚気《かっけ》の一種の水腫《すいしゅ》を見舞い、夜中に何度も戸外の便所に通うことを強制し、薄い毛布でやっとつくりだした暖かみをたちまち消し飛ばしてしまうことを強要した。

もちろん、暖房設備は皆無だった。海岸沿いに建てられたこの隙間《すきま》だらけの建物は、夏の住居としては長所もあるかもしれないが、寒い日本の冬に対してはまったく不適当なものであることを証明してくれたのである。

手術すらできず空《むな》しく悶死《もんし》

土生収容所の捕虜のうち、私たち士官だけが四国の善通寺俘虜収容所に移ったのは、ちょうど一年後の十二月十八日であった。

善通寺の捕虜（大半が将校、下士官）は、総数七〇〇名たらずで、その内訳はアメリカ人将校三〇〇名、イギリス人将校一一〇名、オーストラリア人将校八〇名、オランダ人将校七〇名、そのほか約一三〇名のアメリカ人下士官が調理場などで働いていた。

善通寺の生活は、初めは土生よりも悠長であった。が、食糧は日ましに少なくなり、年中、すきっ腹をかかえ通しだった。捕虜同士が食べ物のことで派手な立ちまわりを演じ、打ちのめされて幾針も縫う傷を負う者が登場するのも、さして珍しいことではなくなっていた。

土生から一緒に移ってきたティム・ホーラムが、もめごとを起こしたのはこんなときだった。装具の点検があり、入所時に支給された茶わんを紛失したというので、収容所当局からお目玉をくらったのである。ティムは（土生からきた）私たち五人には食器類はいっさい支給されていないと主張した。事実そうなのであるが、尋問中、ティムが私の名を出したため、私も事務所に呼び出されるハメになってしまった。

このとき兵站部《へいたんぶ》の中西中尉のために通訳したのは、小林という軍属で、通称ドナルド・ダックという小柄で剽軽《ひょうきん》な男だった。ドナルド君は、私に英語でこう問いかけた。

「このハラムウというおかちな男を知っとるかァ」

去年の十二月、土生から一緒に移ってきた仲間だと答えると、

「収容所から支給されたおまえの茶あんは、どこにあるのかァ」

「土生から来た五人は支給されていません。現在使用中の茶わんは、私物で金属性ｍｕｇｓです」

「きさま、ワシを馬鹿にしとるなァ。ワシは英語がわかるんだ。いま、ワシのことを〝バカｍｕｇｓ〟と言ったな。それが英語では人を侮辱する言葉であるぐらいワシは知っとるのだァ！」

というや、私の横面に平手打ちをくらわした。たしかにｍｕｇには「茶わん」のほかに「あほう、未熟者」の意味もある。しかし、私は悪意はないのだと説明するが、ドナルド君は聞き入れようとはせず、大声でがなり立てるのだった。

「貴様らはワシのことを、小粒なつまらん奴だと思って馬鹿にしとるかもしれんが、ワシは大物なんだ」

なるほど、ますますもってこれはつまらない男だ、と私は内心そう思った。

食糧事情は最悪の状態になってきていた。食べ物が収容所にまったくないことすらあった。私たちの動作はきわめて緩慢になり、動くのが大儀になった。なかには衰弱のあまり倒れて、意識不明になる仲間も何人か出た。とくに年輩の将校が急な階段を上がるとき卒倒することが非常に多くなった。それを見ている他のものも手助けできないありさまなのである。

葬式も何組か出した。十二指腸潰瘍《かいよう》で悶死《もんし》したアメリカ人少佐のときなどは、収容所当局に入院させて手

術をしてくれるよう懇請したが、いつもながらの拒絶にあった結果であった。

もっとも、なかには日本の軍医曹長から手術を断わられ、捕虜の軍医中佐に缶詰の空き缶で作った〝外科メス〟で手術を受け、あやうく命びろいをした急性虫垂炎患者もいたが――

捕虜〝供述書〟に裏切られて

こうしてクックさんたち連合軍捕虜は、飢えと病気と、あまり人のよくない監視兵のなかで、異国での捕虜生活を送ったのだが、それは、終戦の年の六月、善通寺から九州の宮田にある俘虜収容所に移ることによって、さらに苛酷《かこく》さを増していく。

だが、戦況は確実に連合軍に有利に展開しており、大日本帝国はもはや断末魔のあがきを繰り返していた。そして、昭和二十年八月十五日、日本は無条件降伏を宣言、それまで威張り散らしていた監視兵と捕虜の立場は、一夜にして逆転してしまったのである。

＊

広島から松山にフェリーで渡ったクックさん夫妻は、松山市の道後温泉の旅館で二人の日本人に会った。当時、土生収容所長だった旧姓を野本といった水口明さん（六〇）＝愛媛県東宇和郡卯之町＝と、副所長だった中野繁馬さん（五九）＝愛媛県大洲市菅田町＝であった。

地元紙は『今はなつかし、戦時の思い出、元捕虜の英人と県人収容所長ら松山で二十六年ぶり再会』と報じた。いまは平凡な農民に帰っているその野本明さんは、こう回想する。

「土生に捕虜の第一団がきたのは昭和十七年十一月でした。ジャワからきた連中（クックさんら）で約一〇〇名。そのあと香港から一〇〇名がきて、約二〇〇名にもなりましたか。

収容所は木造のバラック建築でした。今はどうなってますかねえ。一度行ってみたいと思ってるんですが……（現在も日立造船の社宅で、当時の面影をとどめるものは何もない）。当時、私の考えとしては捕虜を日本に連れてくることには反対だったんです。なにしろ、食糧のないときですからね。しかし、ま、日本軍としては人的資源の補給という意味で連れてきたわけです。

捕虜は日立造船で働きました。仕事は掃除、溶接のためのボンベの運搬、木材製材工場などで、だいたい雑役、運搬ていどのものでした。ぼくは捕虜に対しては公平にやったつもりです。部下となって働いてくれるわけですからね。例の休憩時間にある〝二〇分間〟というのも、日本人の工員にはないものですが、ぼくが捕虜のために特別にもうけたものです。日本人の工員はいくらもサボれますが、捕虜は監視付きでサボれないので、かわいそうだからタバコを吸う時間くらい与えようと考えたわけです」

クックさんの回想記には、休憩時間にスパスパ吸うほどタバコが配給されたとは書いてない。

が、野本さんが捕虜にとって悪の対象でなかったことは事実らしく、そのため野本さんは上官である福山兵団の副官（大佐）から、「捕虜を大事にしすぎる」と怒られたこともある。別の上官（中佐）は「捕虜なんか死んでもかまわん」と怒鳴り飛ばしたともいう。


「食糧の入手には苦労しました。ぼくら、ほんとにヤミ屋みたいなもんでした。二〇〇名の捕虜に対してタバコが五〇〇〇個、他に石けん、チリ紙などが送られてきましたが、それを尾道の野菜出荷場に持って行き、野菜をもらい、八幡浜へ行って魚、カルピス、海草の干したものなどと交換してきたものです。しかし、捕虜が本国へ戻るとき、アメリカの司令部の命令かなんかで口述書というのを残して行きましてね、それが証拠になって戦犯になりました。でも、なんですな、こっちが大事にしとった捕虜にかぎって、われわれのことを悪くいって（口述書に）帰る者が多かったですなァ……。おととし、クックさんが日本へきて、松山でお会いしましたが、とても懐かしかったですなァ。ええ典型的な英国紳士で、とても人格高潔な人でした。私ですか、農業をやっております。ハイ」

「占領国」の独立戦争に参加した敗残兵

英仏軍に協力する日本兵。ベトナム独立運動に身を投じた日本兵。たがいに相撃たねばならなかった敗残の日々……。

大本営に裏切られた宣伝班

太平洋戦争とは、結局、日本人にとってなんであったのだろうか——。

皇軍たる日本軍がアジアでなにをしてきたか、すでに第一線の兵士だった人々が数多く証言をしてきたが、アジアの盟主としての思い上がりで、アジア人を踏みつけてきたことがはっきりした。しかし、太平洋戦争の結果、欧米の強大国に支配されていたアジアの国々が独立を獲得したこともまた、はっきりしている。むろん、それは歴史の必然であったのであり、日本の手柄などではなく、いわば怪我《けが》の功名《こうみょう》とでもいった性格のものではなかろうか。

ここではインドネシア・ベトナム・朝鮮の〝戦後〟がどのようなものであったかを聞こう。

金子智一さん（五七）＝東京都世田谷区＝は、インドネシアのバンドン市で敗戦を迎えた。中学生のころからインド独立運動の力になることが夢であったというが、所は違うとはいえ、インドネシアへ開戦と同時に派遣された金子さんは、ここでの独立運動に情熱をかたむけたのであった。

第一六軍の宣伝班は町田敬二中佐を班長として編成され、大宅壮一、阿部知二、横山隆一ら一三〇人あまりが、昭和十六年十二月二十三日にインドネシア（当時はオランダ領東インド＝蘭印）へ向けて出発した。

『出家とその弟子』の著者・倉田百三の弟子であった

金子さんも、この宣伝班の一人であった。金子さんたちは開戦前から「アジアにおいて日本が米英と同じことをやるのならなんの意味もないではないか。そうならないためにはどうすればいいのか？」という議論を、グループの人たちとかわしていた。

「ベトナムのカムラン湾を発《た》つ昭和十七年二月十七日に、シンガポール陥落のニュースを聞いたときは嬉《うれ》しかった。アジア民族を解放するためには、戦争もまたやむをえん、という感じだったです。ジャワ島のバンタム湾に上陸したんですが、ここでは中国とはちがい、住民が敵じゃなくオランダ人が敵ですから、占領そのものは簡単でしたよ」

宣伝班はさっそく建物の壁などに横山隆一のマンガ入りで『アジア民族よ団結せよ！』『兄弟よいらっしゃい』というような文句を書いたりした。そして、さっそく『赤道報』という日刊紙を創刊したが、三月十九日付の第一号の見出しはこうつけた。

『バタビアは陥落せり／神の軍隊来るとインドネシアの狂気乱舞』

「神の軍隊とは、いま考えてみるとなんとも思い上がったものですがね。しかし、住民が日本軍を歓迎していたのはたしかなんです。大本営はさっそくインドネシアに独立を与える約束をしましたが、わずか二カ月後には方針を変えて、直轄領にすることになったんです。これには現地の人々はもちろん、ボクら宣伝班にも大きなショックでしたよ」

武器を分解して独立軍に

しかし、宣伝班は仕事をしなければならない。さっそく始められたのは〝三A運動〟であった。「日本はアジアの光」「日本はアジアの母体」「日本はアジアの指導者」なるスローガンだが、インドネシア語の光・母体・指導者の頭文字がAであり、アジアの「A」と重ねて〝三A運動〟と称したのである。

日本軍政は知事クラスが日本人で、その下の局長クラスにインドネシア人を据えるやりかたであった。だがミッドウェー海戦の惨敗で敗色が濃くなってくるにつれ、独立運動が頭をもたげ始めた。

「やがて僕はバンドンで運動しているスカルノ（のちの大統領）やハッタを知ったんです。この二人は、当時すでに一目おかれた指導者でしたな。僕はバンドン地区の責任者になって、若い独立運動の連中に〝独立とは与えられるものではなく勝ち取るものである〟なんてしゃべっていましたよ」

昭和十九年四月になり、日本は再び独立を与える政策を取り始めたから、金子さんはやがて大っぴらにそういう発言ができるようになったのである。そして昭和二十年三月に、金子さんのところに集まる若者たちが全国大会を開くことになった、アンカタンムダ（独立青年隊）という集団で、金子さんは会場を提供する約束をした。

日本の敗戦後、オランダとの"独立戦争"を勝ち抜いて、やがて大統領に就いたスカルノ。

「スカルノやハッタは参加しなかったけど、若い無名の人たちのなかに現国連議長のアダ・マリクや、インドネシアの共産党書記長になったアイデットなんかがおりました。アイデットはそのころ十九歳でしたが、〝日本はわれわれ労働者を搾取してるじゃないか〟と軍政批判をぶってました。当然、この種の論議は起こるだろうと思ったし、僕としてはいざとなったら独立軍に入るつもりでしたから……」

この大会では①インドネシア語に統一しよう（公用語はオランダ語だった）、②国旗を持とう、③われわれの国歌はインドネシアラヤ（独立歌）である、の三つが決議された。反響が大きかったが、金子さんが根まわしをしたことで、日本の陰謀ではないかとも囁《ささや》かれて、アンカタンムダに分派ができたりもした。

そして、敗戦。金子さんは去就に迷ったが、アンカタンムダの指導者たちが「われわれの独立する気持ちに変わりはないのだから、あなたは日本に帰って北から応援してください」というので、恥をしのんで昭和二十一年一月に捕虜になった。

「捕虜になるまでのあいだ、バンドンとジャカルタを往復してインドネシア独立軍と日本軍関係者をとりもつ工作をしたんです。バンドン地区司令官の馬淵少将は理解のある人で、武器弾薬を独立軍に提供しましてね。ただ、武器をそのまま渡すのはまずいんで、銃を分解してバラバラにしてトラックごと捨てるんです。それを、双眼鏡で眺めていたインドネシア人が拾いに来て、組み立てるというわけです。ほかにも軍票やダイヤモンドを軍資金としてごっそり渡しましたね」

昭和二十年八月十七日、スカルノがジャカルタの私邸で独立宣言を読み上げ、やがてオランダとの戦争が始まり、インドネシアは四年後の十二月二十七日、ようやく独立国になったのだった。

敵味方に分かれた旧日本兵

金子さんはいう。

「インドネシアを独立させたのは、やっぱりインドネシア人です。日本人じゃありません。僕は幸運にもその渦中に身を置くことができたわけで、幸せだったと思っています」

名井治美さん（五二）＝千葉市＝は落下傘部隊として、昭和十七年二月十四日にスマトラ島パレンバン降下作戦に参加した人だが、敗戦はベトナム（当時はフランス領インドシナ＝仏印）のケサンで迎えた。

「仏印とはずっと中立を守っておったんだが、昭和二十年三月十日に進攻して接収したんだ。インパール作戦の生き残りなど、ビルマからの悲惨な撤退部隊もふくまれてはおったが、ほとんど無傷でやる気十分でね、終戦というても兵隊が承知せんかったですよ」

日本軍の地上部隊はベトナムに七万八〇〇〇人いた。フランスはいちはやくダンケルクで捕虜になっていた部隊二万人を派遣してきたが、アメリカの銃、イギリスの制服といったぐあいで、寄せ集め部隊という印象を受けた。そのあとイギリス軍二万人も加わって、日本軍に代わって街の警備についた。しかし、交替した晩からビール工場などがベトナム人によって攻撃された。

「日本が降伏するとすぐベトナム人が街角で兵隊の訓練をはじめてね。『われわれは七〇年間フランスから搾取されてきたので、日本がフランスをやっつけると思って協力してきたのに負けたから、今度はわれわれがやるんだ』という。私ら感激してねえ、これ持っていけ、あれをやろうという調子で、ずいぶん武器弾薬をやっていたんです」

街の警備についたフランス軍とイギリス軍はベトナム人の攻撃に手を焼いて、再び日本軍を警備につかせた。名井さんたちは仕方なく警備にあたったが、歩哨に立っているとベトナム人に誘われる。われわれを助けてくれれば、家も土地も女も提供するというのである。

「一個中隊まとまっていなくなる組もあって、やがて一万五〇〇〇人くらいがホー・チ・ミン軍に行ったんじゃないかな。だから正規に残って英仏軍に協力する日本軍と、逃げた日本軍の区別がつかない。河を挟んでフランス軍とホー・チ・ミン軍がやりあってる。そのとき、日の丸を掲げると両方とも撃たない。ホー・チ・ミン軍側へ近づくと『ニッポン上等!』なんて声がかかり、見るとねじり鉢巻の日本兵がちらほらしてる。『しっかりやれ!』と言うと『おー!』なんて答えている。こんなおもしろい経験はなかなかできないって んで、二〇人ぐらい仲間を誘ってホー・チ・ミン軍に入ったんですよ。このとき一緒に行った仲間の四人は、いまだに向こうにいるらしいけど」

ホー・チ・ミン軍の討伐に日本軍が来ることもあったが、こんなときは八百長をやる。もっぱらサイゴン（現ホーチミン市）付近での戦闘だったが、ときどき名井さんは元の中隊に出向いて、翌日の攻撃を予告したりもした。

そんなとき、日本びいきの老婆と知り合いになった。名井さんがベトナムにずっといるつもりだというと、やめて日本へ帰れとすすめる。この老婆の夫は独立運動をやっていたが、密告されて殺された。だからベトナム人を信用するなというのだった。

「ホー・チ・ミン軍は、自信を持っていなかった。密告されては組織をつぶされてたからね。私はホー・チ・ミンが共産主義者とは知らなかった。国粋主義者と思っとったんだ。……別にどちらでもかまわなかったがね」

名井さんは中隊から持ち出した旋回機銃で、山賊まがいのこともやっていた。あるとき華僑の家を襲ったが、包囲されて危く捕えられるところだった。麦わら帽に褌《ふんどし》一つで道路ぞいのドブを伝って逃げながら、

フランス軍と戦うベトナムのホー・チ・ミン軍の兵士。

こんなことやっちゃダメだ、と初めて思った。

そのあとデング熱に罹《かか》り、気が弱くなったこともあって中隊に復帰する。日本へ帰ったのは敗戦の翌年五月であった。名井さんは言う。

「ベトナム戦争は日本が負けた日から始まった。あのときフランスとオランダの捕虜が喜んで馬鹿騒ぎをしていたら、取り巻いて見物していた民衆が突如として連中に襲いかかり、商店を打ち壊しだした。これがホー・チ・ミン軍の戦争の始まりじゃないですか」

銃声を背に、慣れ合いの逃避行

都甲芳正さん（四六）＝東京都目黒区＝は朝鮮のソウルで敗戦を迎えた。お父さんが国民学校の校長として早くから朝鮮へ渡っていたので、生まれも朝鮮だった。

「あのとき、京城帝国大学の予科二年でした。八月九日にソ連軍が鴨緑江を越えて朝鮮に入ったもんだから、十日ごろからソウル市内には関東軍の敗残兵がどんどん流れ込んで、日本人住民は恐怖のドン底にありました。朝鮮人の左翼団体が一斉に蜂起《ほうき》したのは、八月十五日だったと思います。警察や商店なんかが襲撃されたんです」

三八度線を境に分割されるという話が伝わったのは、敗戦から十日ほどたってからだった。都甲さんの両親と兄弟三人は、北の定州から二〇キロ離れた郭山《カクサン》という小さな町にいた。家族のことが心配ですぐ北へ向かったが、このとき乗ったのが最後の南北貫通列車だった。

郭山の日本人居留民は一〇〇人たらずだったが、満州からの避難民が加わって一〇〇〇人を越え、学校に収容されていた。長と名のつくのはすべて日本人の町だったから、警察署長や神主などは朝鮮人虐待の責任を問われて逮捕されていたが、都甲さんのお父さんは無事だった。

「共産主義政権がさっそくできたので、収容所生活の日本人は、彼らに最低生活の保障を求めて暮らしていました。なにしろ相手は革命の真っ最中でしょ、責任者がコロコロ変わるもんだから、そのたびにこっちは一喜一憂です」

日本の大学を出た弁護士が政治部長に立ったときは、待遇がよかった。だが、たちまち彼は失脚してしまった。日本の弁護士資格だというので、批判されたのである。日本人はみな勤労奉仕にかり出されていた。帝国主義者の手先として朝鮮へ来て、人民を勤労奉仕にかりたてたのだから、今度はあと始末をしろという論理であった。

「勤労奉仕でも賃金はくれましたね。私は若くて仕事ができるので、朝鮮人並みの賃金だったから家族を飢えさせずにすみましたが、楽しみな作業は糞の処理です。カチカチに凍って盛り上がったのを、鉄棒で割って捨てるんですが、あちらの習慣で昼夜と飯《めし》を腹一杯食わせてくれるからですよ」

立場が完全に逆転していた。冬は零下三〇度を越す地帯だから、栄養不足も手伝って死者がずいぶん出た。年を越してまもなく、脱出の話が持ちあがった。南では受け入れ準備が整っているから、とにかく三八度線を越そうということで、生き残った六〇〇人で三班を編成した。都甲さんは第三班長だった。

「これは私の想像ですが、朝鮮側でもわれわれの最低生活を保障するのが重荷になっていたんじゃないですかね。逃げるのを黙認してましたから……」

昭和二十一年六月十日の夜、人通りが絶えた町を脱出した。途中でソ連軍の警備兵にストップをかけられ、女を要求されたりもしたが、満州からの避難民に芸者と娼婦がいて自発的に出て、一晩だけ彼らの要求を満たした。

三八度線を越えたのは六月十八日の夜だった。腰ぐらいまでの深さしかない小さな川を黙々と渡りかけたら、背後から三発射たれた。脅しの発砲とわかったが、川を渡ってしばらく歩くと、今度は大男たちが銃をかまえて立っていた。それが米兵とわかり、三八度線を越えたことを知ったのである。

都甲さんはいう。

「帰国して二年後に引き揚げ体験の手記を書いたんです。じつはお見せしようとして引っぱりだしたんですが、私の人生のもっとも多感な部分の、生命を賭《か》けた記録でしょ。あのときの記憶がよみがえってきて、申しわけないんですが、他人に見せたくなくなりました。これは私だけの記録にさせてください。死ぬときには墓場へ持参するつもりですから……」

解説

現在、東南アジアと呼んでいる旧仏印、蘭印、マレー・シンガポール、ビルマ（現ミャンマー）などを占領していた日本軍は、寺内寿一陸軍元帥を司令官とする南方軍の配下にあった。このうち本稿に登場する占領地は仏印（現ベトナム、カンボジア、ラオス）と蘭印（現インドネシア）で、タイは当時も独立国だったから戦後の独立闘争には関係がない。

日本の敗戦が決定的となった昭和二十年（一九四五）八月十二日、寺内司令官はインドネシア独立運動の指導者スカルノとハッタに「独立を容認する」旨を告げた。そして日本の敗戦。スカルノはすかさず十七日に独立を宣言した。

終戦時のジャワの日本軍は二個旅団のみで、その兵力不足を補うために現地青年を選抜して約九〇〇〇人の兵補制を採用していた。さらに約三万八〇〇〇人が義勇軍として守備隊に編成されていた。この兵補制と義勇軍、これに警察隊二万四〇〇〇がスカルノの〝独立軍〟の中核になった。それまで彼らが携行していた武器・弾薬はそのままスカルノ軍の武装兵器になった。

まもなくジャワには英軍が、次いでオランダ軍が進駐してきた。インドネシア人は、英軍はオランダの主権回復のためにきた「敵」であると見ていたから、ここに激しい独立戦争が開始された。戦闘は六カ月余におよんだが、旧日本兵らの〝援軍〟などもあり、一時は敗走しながらも盛り返し、インドネシア軍は優勢に立った。そして一九四六年三月、オランダとインドネシア軍との間に停戦協定が成立したのである。

日本敗戦後のインドネシアでスカルノ軍が反蘭戦争を開始したとき、仏印でもホー・チ・ミン率いる

写真は"朝鮮動乱"勃発当時のソウル（京城）の街並みだが、都甲芳正さんたちが38度線を越えて現在の韓国側に入った当時も似たような風景だったに違いない。

ベトナム軍が反仏独立戦争を開始していた。このとき寺内元帥の南方軍司令部はサイゴン（現ホーチミン市）にあったが、司令部員をはじめ日本軍首脳の心情はベトナム軍支持だった。

　最初、仏印に進駐した連合軍は英印第二師団だったが、ホー・チ・ミン軍の激しい抵抗が起き、各地を騒乱に巻き込んだ。鎮圧に手を焼いた英軍は、日本軍に「鎮定せよ！」と命じてきた。日本軍はベトナム軍首脳と会談したが、九月十七日に「ベトナム共和国」の独立を宣言したばかりで士気は高く、話し合いは物別れに終わった。英軍との終戦協定で「旧占領地の治安は日本軍が行う」ことを認めさせた日本軍は、やむなくベトナム軍への武力行使を指令した。

　日本軍の武力行使はベトナム軍の潰走《かいそう》で短期間で終わったが、このときすでにかなりの日本兵がホー・チ・ミン軍と行動をともにしており、やがて始まるフランス軍との独立戦争にそのまま参加したのである。

あとがき

戦時中の日本は日中戦争（支那事変）から対米英蘭戦争にいたる戦いを「大東亜戦争」と呼んでいたが、敗戦後はＧＨＱ（連合国軍最高司令官総司令部）の指導で「太平洋戦争」という呼称が定着し、今日にいたっている。さらに現在は、昭和六年（一九三一）の満州事変をも含めて「一五年戦争」とも、「アジア太平洋戦争」とも呼称されるようになっている。今年二〇二一年は、その「一五年戦争」「アジア太平洋戦争」が勃発してから九〇年、対米英蘭の太平洋戦争が始まってから八〇年の節目の年でもある。

そして戦後も七五年を過ぎると軍隊経験者も年々減り、メディアに登場して先の戦争の「証言」をする人もめっきり少なくなっている。戦争を知らない人々が日本の人口の大半を占めている現状を見れば、太平洋戦争（大東亜戦争）が、現実の世界から歴史の世界に入ったことを証明しているともいえる。

別な見方をすれば、先の戦争について、いまやその体験談を直接聞くことはほとんど不可能になっているということでもある。仮に元軍人の戦場体験者が存命していても、かなりの高齢だったり、記憶力が不確かだったり、あるいは戦後に吸収したさまざま知識や仄《そく》聞《ぶん》が入り交じって「知り過ぎ」ていたりして、なかなか真実は語り得なくなっているのが現状である。

明治維新以降の日本の近現代史は戦争の歴史であり、なかでも太平洋戦争では三一〇万人もの日本人が戦没している（日中戦争も含む）。日本の有史以来、これほどの人的損害を出した〝大事件〟はない。それだけに私たちは、この大事件をおろそかにしては近現代史を語ることはできない。

同時に、事件が起きた直近に生きる世代として、事件の原因を追い、実態を把握し、検証して後世に伝える義務もあると思っている。本書に収録した戦場体験者の証言録は、その格好の一次資料であると思っている。本書に登場する五〇年前の証言者たちは、当時、大半が五〇歳前後で、記憶も鮮明だった。そして証言録は、私たち太平洋戦争研究会のメンバーが一人一人生還者に直接お会いし、インタビューしたものである。

ただ残念なことは、誰がどなたを取材したかという記録が残っておらず、証言者の皆さんの連絡先もわからなくなっていることです。証言者の方々の多くはすでに鬼籍に入られていることと思います。ここに、改めてご冥福《めいふく》をお祈り申し上げます。研究会のメンバーも大きく入れ替わり、当時、取材・執筆したメンバーはほんの数人になっている。すでに亡くなった者も数人いる。五〇年という歳月は、ふり返れば昨日のようでもあるが、やはり遠い昔なのであろうか――。

太平洋戦争研究会

【編者プロフィール】

平塚柾緒（ひらつか・まさお）

1937年、茨城県生まれ。戦史研究家。取材・執筆グループ「太平洋戦争研究会」を主宰し、これまでに数多くの従軍経験者への取材を続けてきた。主な著書に『東京裁判の全貌』『二・二六事件』（以上、河出文庫）、『図説・東京裁判』『図説・山本五十六』（河出書房新社）、『玉砕の島々』『見捨てられた戦場』（洋泉社）、『太平洋戦争大全〔海空戦編〕〔陸戦編〕』『太平洋戦争裏面史 日米諜報戦』『八月十五日の真実』（以上、ビジネス社）、『写真で見るペリリューの戦い』（山川出版社）、『玉砕の島ペリリュー』『写真でわかる事典日本占領史』（以上、PHP）など多数。

【著者プロフィール】

太平洋戦争研究会

日清・日露戦争から太平洋戦争、占領下の日本など近現代史に関する取材・執筆・編集グループ。同会の編著による出版物は多く、『太平洋戦の意外なウラ事情』『日本海軍がよくわかる事典』『日本陸軍がよくわかる事典』（以上、PHP文庫）、『面白いほどよくわかる太平洋戦争』『人物・事件でわかる太平洋戦争』（以上、日本文芸社）などのほか、近著には『フォトドキュメント本土空襲と占領日本』『フォトドキュメント特攻と沖縄戦の真実』（以上、河出書房新社）がある。

【写真提供＆主要出典】

U.S.Navy Photo
U.S.Army Photo
U.S.Marine Corps Photo
U.S.Air Force Photo
アリゾナ記念館
オーストラリア戦争博物館
「写真週報」（内閣情報局）
「大東亜戦争海軍作戦寫眞記録」Ⅰ・Ⅱ（大本営海軍報道部）
「歴史寫眞」（歴史写真会）
「國際寫眞情報」（国際情報社）
「世界画報」（国際情報社）
近現代フォトライブラリー

証言　我ラ斯ク戦ヘリ　兵士たちの戦争秘史

2021年8月1日　第1刷発行

編　者　平塚柾緒
著　者　太平洋戦争研究会
発行者　唐津　隆
発行所　株式会社ビジネス社
〒162-0805　東京都新宿区矢来町114番地　神楽坂高橋ビル5階
電話03-5227-1602　FAX03-5227-1603
URL　http://www.business-sha.co.jp

〈カバーデザイン〉大谷昌稔
〈本文DTP〉茂呂田剛・畑山栄美子（エムアンドケイ）
〈印刷・製本〉モリモト印刷株式会社
〈編集担当〉本田朋子　〈営業担当〉山口健志

ISBN978-4-8284-2303-6

ビジネス社の本

太平洋戦争大全［陸上戦編］

定価２７５０円（税込）
ISBN978-4-8284-2050-9

太平洋戦争研究会
平塚柾緒
……著

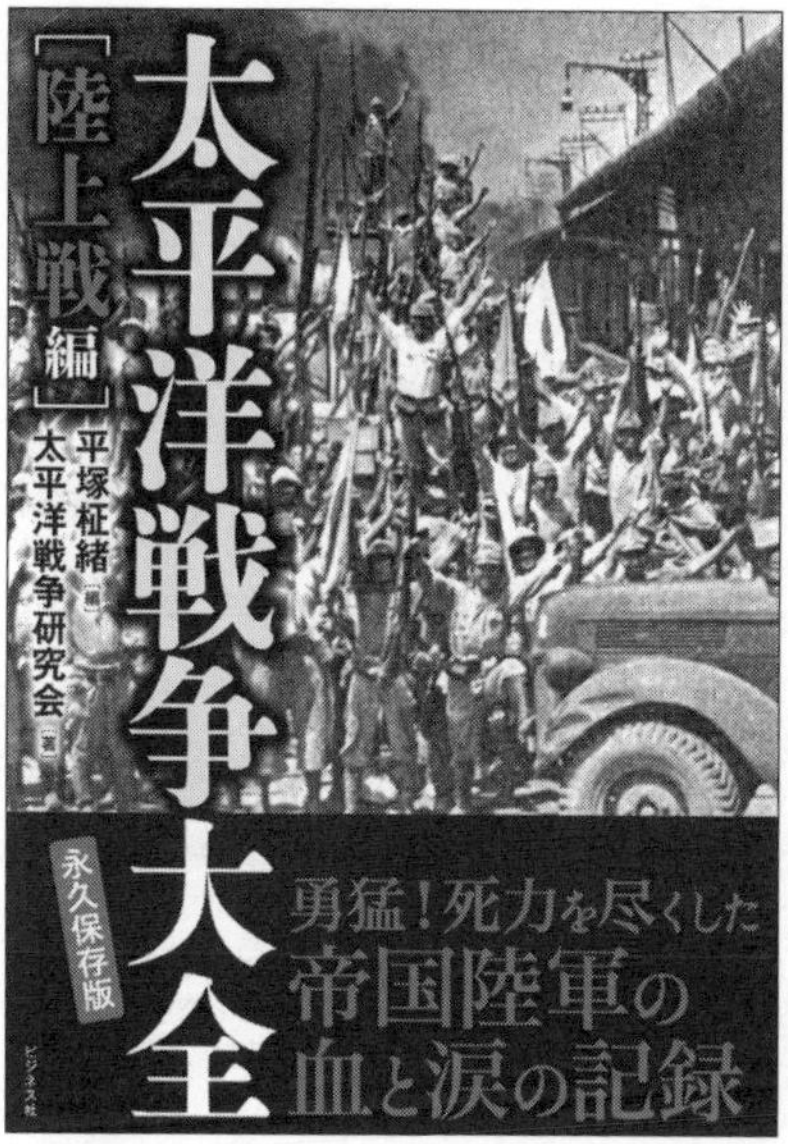

勇猛！　死力を尽くした
帝国陸軍の血と涙の記録

太平洋戦争を総括！　多数の写真と
地図でまとめた永久保存版！

本書の内容

第１部　日本軍の進攻作戦
　南方資源地帯の占領をめざした日本軍の第一弾作戦
第２部　激化する太平洋の攻防
　拡大する日本軍の戦線に本格的反攻を開始した米軍
第３部　孤島の玉砕戦
　広大な太平洋に見捨てられた孤島の日本軍の最期
第４部　降伏か本土決戦か
　日本の本土攻略をめざす連合国と日本の決断